LES CAMPS SOVIÉTIQUES
EN FRANCE

Georges Coudry

LES CAMPS SOVIÉTIQUES EN FRANCE

Les « Russes » livrés à Staline
en 1945

Albin Michel

22, rue Huyghens, 75014 Paris

ISBN 2-226-08936-5

« 1. — Les prisonniers de guerre soviétiques seront marqués (au fer) d'un signe distinctif et durable.
2. — Cette marque consistera en un angle aigu d'environ 25 degrés et 0,5 centimètre de côté, dirigé vers le bas et appliqué sur la fesse gauche à environ une main du rectum. »

Maréchal Wilhelm Keitel
(Ordre du 26 juillet 1942)

PREMIÈRE PARTIE

LES ÎLES FRANÇAISES DE L'ARCHIPEL SOVIÉTIQUE

Chapitre 1

Le camp modèle de Beauregard

Ce matin de Noël 1944, avec trois mois de retard, valise à la main, en vêtements civils, Ivan Kolesnik et ses camarades, des maquisards « russes », descendent du train de banlieue aux banquettes en bois venant de Paris-Saint-Lazare. Sur le quai de Vaucresson souffle une bise glaciale. Transis, anxieux, les hommes du petit groupe s'éloignent de l'espèce de chalet suisse où la France, naguère encore, recevait ses hôtes de marque. Ils gagnent la route qui enjambe les voies avant le tunnel où s'engouffre en grinçant le convoi pressé. Ils marchent pendant une demi-heure environ sur la chaussée verglacée entre de hauts bosquets de châtaigniers dégarnis par l'hiver. Quelques rares maisons en meulière aperçues entre les haies de lauriers, au fond des jardins, laissent deviner l'ancienne aisance d'avant-guerre.

Ivan est songeur. Comme lui semblent lointaines les isbas de son village de Tchernavodsk, dans son Ukraine natale. Après le réveillon et la soirée de Noël en famille avec sa fiancée Gisèle, il s'est levé tôt. Gisèle a tenu à l'accompagner jusqu'à la gare Saint-Lazare. Ils ont pris le métro à Auteuil. Gisèle a eu du mal à le quitter. Et pourtant, ce n'était qu'un au revoir, pas un adieu. Il y aura des sorties, a promis Ivan, des « permissions »... si tout va bien. Mais cela ne l'empêche pas d'avoir le cœur gros, presque des remords.

Quand il a rencontré la jeune fille, à l'automne, Ivan était résolu à rester en France, à se cacher chez l'un ou l'autre des Russes émigrés qui lui proposaient de l'héberger. Mais il a tout de suite compris que la mère de Gisèle, membre du Parti communiste français, ne s'opposerait pas à ce que sa chère fille parte avec lui pour la « patrie du socialisme ». Et puis, tout ira bien puisque les temps ont changé... Il est impossible de rester. Les hommes de Staline traquent partout les récalcitrants. Leurs agents, vrais et faux émigrés, les dénoncent à l'ambassade et tendent des pièges. Même la police française s'en mêle.

Les marcheurs ont atteint la route de Versailles à Bougival. Au croisement, ils prennent à droite et longent le mur d'enceinte d'un grand parc arboré, ancienne propriété du comte de Bendern *. Ils s'arrêtent à une grille rouillée : l'entrée du camp de Beauregard, leur destination. Près de la grille, la maisonnette qui fut celle des concierges abrite le poste des gardes. L'un d'eux, un civil armé, accompagne les arrivants jusqu'au « bureau », petite construction en rez-de-chaussée toute en longueur, sise à l'écart d'un groupe de baraques.

À la suite de la sentinelle nonchalante, Ivan découvre un quadrilatère de constructions en planches dont les toitures sont simplement recouvertes de toile goudronnée. Sur le seuil du « bureau » se tient une dame bottée d'allure martiale. Pas trop sûr de lui, Ivan sort de sa poche le brevet de combattant FFI que les maquis du Morvan lui ont délivré l'été dernier, à Nevers, après la libération de la ville. Avec le papier, la dame passe dans une pièce contiguë. Ivan l'entend parler en russe un moment puis elle réapparaît. Elle rend le papier à Ivan et lui annonce que l'interrogatoire aura lieu un autre jour. Comme tous les nouveaux, Ivan se voit attribuer un lit (et un numéro) dans une des baraques. Malgré le retard mis à obéir aux injonctions d'avoir à « rentrer au pays », cela ne se passe pas trop mal...

... Relisant ce que Gisèle a transposé en français des propos colorés de son mari, je ne peux m'empêcher d'évoquer le regard plein de malice et les yeux rieurs de mon ami. Je sais maintenant que s'il a longtemps esquivé certaines questions, c'était que sa famille demeurait encore dans la ferme de Tchernavodsk, près de Kharkov. L'interprète fidèle, Gisèle, a épousé Ivan quelques jours avant leur départ pour l'Union soviétique, le 31 août 1945 :

« La partie du camp qui nous était réservée, se souvient Ivan qui dessine le plan du camp de mémoire **, se composait de six rangées de cinq baraques. Entre les baraques circulaient des hommes

---

* Voir ci-après p. 14.

** Voir p. 15.

de corvée et quelques femmes en fichu qui pressaient le pas dans le vent et le froid. Des cheminées fumaient sur le toit des baraques et la fumée, en volutes épaisses, sentait le bois vert.

« À l'intérieur, les hommes étaient vautrés sur des lits de fer de l'armée que séparaient des toiles tendues. Des enfants se poursuivaient et jouaient dans l'allée centrale. Il ne faisait pas froid. Des provisions de bois coupé séchaient près des poêles. »

Ivan s'installe et attend. Il se sent un peu perdu. Il se sait observé en silence. Après la libre équipée dans la campagne du Cotentin et une visite clandestine au camp de Cherbourg* où les Américains ont rassemblé les « Russes » capturés par eux en Normandie et en Bretagne, après les petites affaires de cigarettes Lucky et de jerrycans d'essence auprès des Parisiens, le sol de la baraque est dur à ses pieds. Une nouvelle étape de son errance en Europe s'amorce ici. Que va-t-il advenir ?

Depuis 1941, il n'a connu que des baraques enfumées, il a le plus souvent dormi sur des paillasses pouilleuses. Il les avait sans doute trop vite oubliées dans la chambre de bonne prêtée par l'émigré « blanc » Serge Skorik, rue Antoine-Roucher, à Auteuil. D'évoquer cette adresse lui ramène le vif souvenir de Gisèle. Et comment, la nuit, il attendait le craquement des marches de l'escalier quand elle venait le rejoindre, dans son septième étage...

Un petit tour dans la chambrée le rassure et l'inquiète à la fois. Beaucoup de ses nouveaux compagnons sont du genre « kalmouk »... mais il en a l'habitude, dans cette guerre, depuis qu'il a quitté son village. Chacun a l'air résigné et personne ne se parle.

... Décembre 1944 s'achève dans le doute et l'ennui. Une vague crainte l'étreint lorsqu'il est convoqué au bureau. C'est le moment de montrer qu'il est « du bon côté ». Son talisman FFI est un certificat d'antifascisme. Allez vérifier ! Comme, trois ans plus tôt, à la caserne de Staraïa Roussa, le papier qu'il a montré aux Allemands, avec la mention *Uberlaufer* (déserteur), a été son sauf-conduit.

Ivan est affecté à la compagnie des gardes du camp et il apprend que le chef se nomme Andreï Korchounov (que tout le monde, par

* Il y aura cinq camps « russes » tenus par les Américains en France : Cherbourg, Rennes, Angers, Reims et Marseille (cf. pp. 72 et 73).

ailleurs, nomme Ivanov). Ivan ne regrette pas la décision qu'il a prise, fin août, à Château-Chinon, quand il a faussé compagnie à son bataillon d'« auxiliaires » de la Wehrmacht. Il ne regrette pas non plus les risques encourus sur les petites routes du Morvan, ni la mauvaise nuit passée dans la grange avec d'autres prisonniers, hostiles et allemands, ni l'interrogatoire serré conduit par un major américain, à l'usine Thomson de Nevers...

Le camp de Beauregard n'était pas une création de la Libération. Il y avait eu, dans cette propriété du comte de Bendern, un dépôt d'un régiment français d'infanterie. De ces temps lointains dataient les barbelés sur les murs d'enceinte et les postes de garde dans les anciens pavillons d'entrée. En juillet 1940, les Allemands en avaient fait un camp de transit pour dix mille prisonniers français qu'ils venaient de capturer. Ensuite, quand le *Frontstalag* avait été évacué, l'organisation Todt avait logé ses ouvriers dans les baraquements préalablement désinfectés. Le drapeau à croix gammée avait flotté toute la guerre sur le château dont il ne reste, aujourd'hui, au milieu d'une implantation de HLM de la Ville de Paris, qu'un fragment de façade avec pilastre et fronton triangulaire. En contrebas, au haras de Bel-Ebat, exista même un « centre aéré » pour les enfants des travailleurs français volontaires pour l'Allemagne*.

Le château avait été construit sur une propriété qui compta plusieurs propriétaires successifs, depuis les Sansac, les du Val, les de Paris, le comte de Boigne, Miss Howard, la duchesse de Bauffremont, le baron de Hirsch et le comte de Bendern... Le bâtiment principal n'était qu'un mauvais « pastiche Louis XVI » entrepris sur une construction datant du XVIIe siècle.

Fin août 1944, après les combats de la libération de Paris, une partie du camp installé dans le parc fut réquisitionnée par une compagnie de FFI qui y établit ses quartiers. C'est dans cette partie que fut ouvert, peu après, le camp « russe ». Dans une autre partie du domaine, l'administration pénitentiaire débordée aménagea une annexe provisoire de la prison de Fresnes. On y enferma un fort contingent de « droit commun » et une soixantaine de « collabos » vrais ou supposés tels.

En 1972, Philippe Loiseleur des Longchamps recueillera, pour

* Court-métrage conservé à la cinémathèque des Bundesarchiv (cote 44/236).

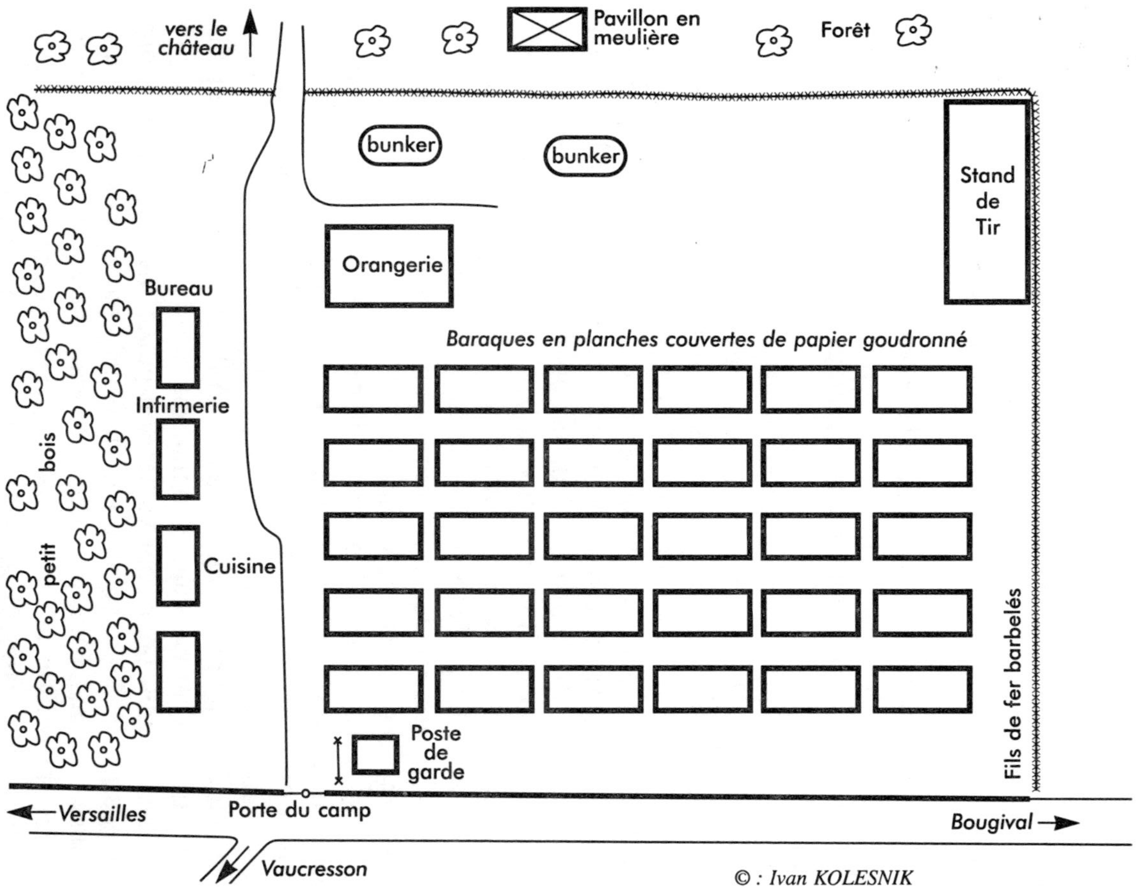

© : Ivan KOLESNIK

CAMP SOVIÉTIQUE DE BEAUREGARD À LA CELLE-ST-CLOUD 1944-1945

un bulletin local, le témoignage d'un prêtre, le père Herbreteau, eudiste à Versailles, qui fut l'aumônier désigné de ce groupe de « détenus politiques ». C'est ainsi qu'on garda souvenir du passage en cette prison improvisée de l'académicien français Abel Hermant, âgé de 85 ans, qui s'y convertit, semble-t-il, et communia régulièrement. On y retrouva aussi l'ancien ministre de l'Éducation de Vichy, Jacques Chevalier, ainsi que le savant Georges Claude, lequel demandait à Dieu de le délivrer de sa « sacrée intelligence »...

Pour ce service du culte, le père Herbreteau recevait une indemnité officielle des « sans-Dieu » : cinq mille francs par an. Il recrutait ses enfants de chœur parmi les élèves du collège Saint-Jean de Béthune...

Au camp de Beauregard, les hommes sont calmes et bien nourris. Chaque jour, l'intendance française livre du ravitaillement qui arrive à bord de camions Mercedes récupérés dont seules les plaques d'immatriculation ont changé. La discipline est peu sévère en dépit de ce que pourrait laisser croire l'abondance des gardes armés circulant mitraillette à l'épaule et malgré la menace d'un enfermement aux bunkers. Ceux-ci, on ne sait pas très bien ce qu'ils contiennent. Il y en a deux, là-bas au fond, derrière l'orangerie, contre les barbelés qui délimitent le camp à l'intérieur du grand parc. Devant leurs portes blindées piétinent, jour et nuit, des sentinelles armées de fusils-mitrailleurs et habillées de ponchos bariolés récupérés sur la Wehrmacht.

Pour sa part, Ivan n'a pas reçu d'arme. Pas même un revolver. Il se dit qu'un doute doit subsister dans l'esprit des autorités en raison du retard qu'il a mis à se présenter. Il se dit aussi que sa désignation pour les moins mauvais degrés de la hiérarchie du camp a été faite pour l'amadouer. Ivan illustre exactement la politique qui est suivie dans l'attente du rapatriement. La direction incline à l'oubli pour apprivoiser son gibier. Les prisonniers sont retenus par le doute comme par un fil à la patte : et si, quoi qu'il se dise, la mansuétude annoncée s'avérait une réalité ? Les bénéficiaires du pardon attirent leurs congénères comme des appeaux, des canards dressés. Bientôt, les staliniens refermeront la trappe... Cela se fera « en douce » — à la stalinienne. Ivan se tient tranquille.

Ni voyante ni sévère, du moins en apparence, l'administration du camp fait son possible aussi pour distraire et « éduquer » les exilés. Un club fonctionne dans les locaux de l'orangerie et propose des représentations théâtrales, des projections de films, de petites fêtes patriotiques. Par la presse de l'époque, on sait qu'en janvier 1945, un chœur « russe » de soixante prisonniers de Beauregard s'est produit sur la scène de l'Apollo (à Paris) en présence de hautes personnalités gouvernementales, de Son Excellence l'ambassadeur Bogomolov et d'une délégation de l'association France-URSS nouvellement reformée.

Apparemment, la vie était belle à Beauregard. Ivan Kolesnik en témoigne [1] :

« Les journées s'écoulaient sans emploi du temps bien défini. Les gens étaient oisifs et s'occupaient comme ils l'entendaient. Certains travaillaient à l'infirmerie ou aux cuisines... ou ailleurs. Les autres flânaient. L'été, quand le temps était beau, on passait la journée dans les bosquets du parc, derrière les bâtiments des bureaux. Il y avait des femmes et des enfants. Et puis, on sortait facilement en ville. On demandait la permission. Certains faisaient le mur, la nuit, en emportant leur balluchon. Ils se sauvaient...

« Chacun avait ses propres soucis mais on passait le temps sans s'inquiéter du lendemain. On n'était pas brusqué par les autorités du camp. On était nourri par la propagande optimiste du retour dans la chère patrie. Mais il y avait en même temps un certain désœuvrement. Certains commettaient des rapines et volaient des fruits et des volailles chez les cultivateurs, derrière le parc du Château, ou faisaient toutes sortes de trafics.

« Il y avait des débrouillards avec de faux *Ausweis* fabriqués par des faussaires avec la complicité des Russes de la première émigration. On allait toucher de l'argent dans une banque, à Paris, près du métro Arts-et-Métiers. Avec cet argent, on achetait des chronomètres en or à des marchands ambulants qui venaient à la porte du camp, ou des vêtements de cuir et d'autres objets. Certains, qui n'étaient pas sûrs de pouvoir emporter tous ces achats, revendaient ce qu'ils avaient acheté et, avec l'argent, faisaient la foire. Devant la porte d'entrée, des émigrés russes venaient souvent bavarder avec les prisonniers. Certains voulaient les photographier. D'autres proposaient des casquettes à la mode soviétique, avec l'étoile rouge.

« La garde avait été formée à l'ouverture du camp, en septembre 1944. Les armes n'avaient pas été distribuées à tout le monde. Certains d'entre nous montaient la garde, d'autres, bien qu'ils soient inscrits, n'y participaient pas. Comme nous étions tous habillés en civil, on ne pouvait pas connaître les opinions du gardien. On ne parlait jamais sérieusement. On n'échangeait que des futilités. Nos sentiments réels ne filtraient jamais.

« Par exemple, on ne savait pas qui était "vlassovien" ou pas. Si les autorités [du camp] en voulaient à quelqu'un, elles procédaient sournoisement. Il y eut ainsi un accrochage, en plein jour, devant l'orangerie. Un groupe d'individus tenaient un homme par les pieds et par les mains, l'élevaient à bout de bras et le précipitaient d'en haut sur le sol bétonné jusqu'à ce que mort s'ensuive. Personne n'aimait voir ces scènes. On passait... Qui étaient ces gens, qui était cet homme ? On l'ignorait. »

Ivan Kolesnik, qui devait embarquer le lendemain pour sa patrie, ne fut pas le seul à voir la scène. Il s'en souviendra, quarante-cinq ans plus tard, en recevant par l'ambassade de France à Moscou, une lettre d'un certain Alexis Borodatchev, « invalide de la Grande Guerre patriotique », vivant à Nalchik et demandant à la France de l'aider à retrouver la tombe de son frère, Dimitri :

> « Je m'adresse à vous pour que vous m'aidiez à retrouver la tombe de mon frère Dimitri Grigorievitch Borodatchev, décédé en France (il a été tué) le 10 septembre 1945 dans le camp de Beauregard, dans le bourg de Vaucresson (probablement) à trente-cinq kilomètres de Paris.
> Selon des témoins, il a fait partie d'un groupe de résistants sur le territoire français après son évasion. D'après de courtes notes inscrites dans son journal, il a eu rapport avec un hôpital et il est souvent fait mention de la ville de Grenoble et du mot maquis.
> Il est né au Kouban en 1917, dans la station de Storozhevaya. Jusqu'à sa mobilisation, il était enseignant dans la région de Zelenchukskaya, dans l'oblast autonome de Karachaïevsk[2]... »

De traces visibles, la France n'a conservé de ce détenu du camp de Beauregard qu'une inscription au registre d'état civil de la commune de La Celle-Saint-Cloud (Yvelines). Pour cette année 1945, ils sont d'ailleurs vingt-quatre « ressortissants soviétiques et polonais » à être décédés au camp — dont quatre femmes ou filles et un enfant.

> « Acte n° 58 / Décès n° 27 / Dimitri BORODATCHEV
> Le onze septembre mil neuf cent quarante-cinq, vingt-trois heures, est

décédé route de Versailles, au camp soviétique de Beauregard, *Dimitri Borodatchev*, né en mil neuf cent dix-sept dans la région autonome de Tcherkassk (URSS) domicilié à La Celle-Saint-Cloud, au camp soviétique de Beauregard (sans autres renseignements connus du déclarant). Dressé le treize septembre mil neuf cent quarante-cinq, onze heures trente minutes, sur la déclaration de Claude F..., trente ans, officier mission française de rapatriement, décoré de la croix de Guerre 1939-1940, domicilié à La Celle-Saint-Cloud, Haras de Bel-Ebat, qui, lecture faite, a signé avec nous, André Guibert, maire officier de l'État-Civil./. Signatures[3] »

La tombe de Dimitri demeure introuvable. Bien qu'il ait été, comme l'écrit son frère, « sociable et bon, facilement confiant avec les amis et, pour cela, aimé de tous[4]... », il n'aura pas connu d'autre sépulture que celle réservée, dans les sous-bois de Seine-et-Oise (et d'ailleurs), aux victimes des premiers règlements de comptes soviétiques sur le sol français. Son sort est égal à celui qui attend une authentique crapule, comme le rapporte un autre témoin, lui aussi détenu au camp de Beauregard dans ces mois-là : Nicolas Voïnov.

Dans ses Mémoires[5], qui n'ont pas été traduites en français, ce compagnon (inconnu) d'Ivan Kolesnik raconte comment un bandit nommé Titarenko fut, dès son arrivée, affecté à l'encadrement du camp. Cela aurait eu tendance à prouver, dit Voïnov en commentaire, que « les autorités choisissaient leurs supporters en fonction de leur efficacité supposée [...] Être doué d'une parfaite immoralité et reconnu comme criminel était la qualification requise... »

À Beauregard, certains reconnurent Titarenko, il avait travaillé pour les Allemands et sauvagement traité ses camarades, des prisonniers des bataillons de travailleurs occupés à construire des fortifications à Guernesey et à Cherbourg. Un soir, les gars des baraques se saisirent de lui dans l'intention de le lyncher. Il fut sauvé par la direction du camp qui, pour le protéger, l'enferma dans un des bunkers qui servaient de prison. Le commandant du camp demanda des instructions à l'ambassade soviétique... Un jour passa. Le suivant, une rumeur se répandit : Titarenko avait été abattu et jeté dans les bois, au fond d'un trou.

L'épuration est voulue comme une pédagogie. Dans le cas de Titarenko elle est l'expression de la volonté populaire — ce qui ajoute à sa valeur. Elle permet de renforcer l'image rassurante que veut se donner, aux yeux des autres prisonniers, le pouvoir soviétique. Elle aide à faire passer d'autres exécutions, des assassinats, qui visent tout particulièrement ces « traîtres » d'un nouveau genre que sont les « vlassoviens » vrais ou supposés.

À quelle catégorie appartenait Dimitri Borodatchev ? Certainement pas à celle des bandits du type Titarenko. Caucasien et enseignant, il est vraisemblable qu'on l'assimila de fait à celle des « traîtres » — catégorie dont on sait aujourd'hui combien elle fut extensible et propice à la rapidité du châtiment.

Bien qu'il n'y eût aucun « vlassovien » en France (Hitler n'autorise la création d'une armée Vlassov qu'en novembre 1944*), le terme a connu une rapide et durable fortune par la simplification redoutable qu'il propose. Cela tient pour une bonne part à la confusion (voulue par la propagande allemande) autour du sigle « ROA » que, dans les *Osttruppen*, portent sur la manche gauche les natifs de l'« ethnie » russe. ROA signifie *Rousskaya Osvoboditelnaya Armya*, soit « Armée russe de libération ». Il faut bien noter que le terme « vlassovien » n'est guère employé en 1944-1945. Dans l'évocation du sort de certains de ses compatriotes, notre ami Ivan Kolesnik l'emploie, comme la plupart, de manière anachronique, en tenant compte de sa signification ultérieure : « [...] On venait [avec ma femme] d'acheter nos billets pour Kharkov, à la gare de Koursk [à Moscou] et nous étions allés au buffet, acheter des provisions pour le voyage, quand, tout à coup, un homme m'aborda. Je reconnus tout de suite un gars du détachement des gardes de Beauregard. Nous étions partis ensemble le 12 septembre. Lui était affecté à la surveillance de trois wagons de « vlassoviens » qu'il conduisit jusqu'au camp de Dora, en Allemagne. C'est là que nous nous étions séparés. Et maintenant, à Moscou, coïncidence troublante, voilà qu'il me proposait de venir avec lui, chez lui, près de Riazan où sa mère "possédait une vache" (quand on avait alors une vache, cela signifiait qu'on était riche). »

Quarante-six ans plus tard, cet autre fils de moujik a répondu brièvement à son ancien « collègue » de Beauregard[6]. Son histoire tient en quatre pages, traduites du russe par une association orthodoxe de la rue Daru.

---

* Voir à ce sujet le chapitre 9.

Né en 1905, Michel Stépanovitch est mobilisé le 2 août 1941 et affecté au 102e régiment de chasseurs appartenant au front du Sud-Ouest. À Kiev, son corps d'armée est encerclé et capturé. Michel Stépanovitch est conduit au camp de Grodno (Biélorussie) qu'il décrit comme infesté par les poux, la dysenterie et autres maladies. « On évacuait cent à deux cents cadavres par jour. » Dans ce cloaque, il attend la mort mais n'en a pas peur : « Nous espérions survivre pour rentrer dans notre patrie. »

Là s'interrompt sa biographie. Un trou se creuse dans la vie de cet homme qui ne refait, pour nous, surface que le 2 août 1944, libéré par les soldats américains sur la côte atlantique. Il ne dit rien de la période intermédiaire. En revanche, il se montre plus prolixe pour expliquer comment il échappa à l'enrôlement dans l'armée américaine pour finir « au camp soviétique de Beauregard, près de Versailles » : « En septembre 1945, les représentants de l'armée soviétique ont formé, avec les anciens prisonniers, un détachement armé destiné à convoyer les anciens combattants de l'armée Vlassov. Nous avons traversé trois zones d'occupation et sommes arrivés dans la zone soviétique en Allemagne. Les "Vlassov" ont été livrés à la commission soviétique (de contrôle). Quant à nous, après le contrôle, les vieux comme moi ont été renvoyés dans leurs foyers et les jeunes versés dans l'armée... »

Mais Michel Stépanovitch ajoute : « En route, 400 à 500 d'entre nous ont été arrêtés à une station et un représentant du gouvernement soviétique nous a proposé d'aller travailler dans la région de l'Oural. C'est ainsi que par chemin de fer nous sommes arrivés à la station de Smichka, rayon de Tagil, région de Sverdlovsk... Ce n'est qu'en 1956 que je suis rentré dans mon village de Krasnogvardeisk, avec toute ma famille. »

Nous retrouverons plus loin ces « trois wagons de vlassoviens » conduits, bouclés de l'extérieur, jamais ouverts, toujours silencieux, jusqu'à l'ancien camp de concentration nazi de Dora où les autorités soviétiques ont installé un centre de triage, une commission de contrôle. Comme les archives nous l'apprennent, ces « vlassoviens » arrivaient tout droit de la caserne Luxembourg, à Meaux. À l'intérieur des wagons fermés, des hommes mouraient de faim et de soif. Ils avaient demandé le « droit d'asile » et, pour avoir ce droit, nombre d'entre eux s'étaient engagés dans la Légion étrangère... De « vlassoviens », ils n'avaient que la qualification mensongère.

Le meurtre, toutefois, restera discret dans ce camp de Beauregard où résident près de 2 000 Soviétiques en instance de rapatriement. C'est que Beauregard est le point de mire des Parisiens et des ambassades, des états-majors alliés et d'un fort contingent d'émigrés russes très attentifs. À leur intention, le gouvernement soviétique bat le rappel. Nombre de ces exilés semblent décidés à oublier ce pour quoi ils ont quitté le pays et applaudissent fièrement aux victoires de la glorieuse Armée rouge. En novembre 1946, à l'occasion du départ d'un train pour Marseille et Odessa, le journal *Le Monde*[7] écrira qu'ils sont « 10 000 » (sur « 45 000 ») à avoir demandé « à profiter de cette mesure » (de rapatriement)...

Ce contexte d'opinion favorable et de « mesure de pardon » de la part des autorités soviétiques favorise une certaine détente. À Beauregard s'appliquent aussi les paroles du commandant Gardon, officier de rapatriement dans la XVe région militaire — qui parle, lui, du « 1er régiment soviétique de France », constitué à Nîmes après la Libération (et qui ne fut jamais employé...) : « Le régiment de Nîmes était considéré comme le thermomètre des sentiments des autorités soviétiques vis-à-vis des prisonniers de guerre enrôlés ou non dans la Wehrmacht. Les conditions faites au régiment, connues de tous les ressortissants soviétiques se trouvant en France, jouèrent un rôle psychologique considérable dans la possibilité de leur rapatriement[8]. »

En parvenant aux oreilles de dizaines de milliers de prisonniers et de réfugiés soviétiques, les nouvelles de Nîmes et de Beauregard, camp « modèle », facilitaient la tâche des missions militaires françaises et soviétiques qui travaillaient main dans la main depuis la fin d'août 1944.

En cet hiver 1944, au moment où arrive Ivan Kolesnik, chaque homme et femme du camp de Beauregard peut se réveiller au milieu d'un cauchemar, même si les assurances d'un retour paisible de tous les enfants de la patrie soviétique sont partout prodiguées. Son Excellence l'ambassadeur Bogomolov joue un rôle débonnaire. Il possède un bagou reconnu. Jean Laloy[9], par exemple, qui fut l'interprète personnel du général de Gaulle lors de la visite de ce dernier à Moscou, en décembre 1944, raconte qu'il leur administrait « des cours sur tous les sujets » et que ces « cours » étaient pour lui « un supplice » car, sans cesse, l'ambassadeur lui demandait « secours pour un mot ». Mais Bogomolov sait aussi jouer les croquemitaines. Il ne cesse de harceler le Quai d'Orsay avec ses récriminations. Camp « modèle », Beauregard devient, sous la pression, une sorte d'annexe du consulat soviétique de la rue de Galliéra — lequel, depuis l'assaut donné par les « partisans russes » et les FFI, en août 1944, lors de la libération de la capitale, est une sorte de sanctuaire de l'action soviétique en France. Et la question des « ressortissants soviétiques » n'est évidemment qu'un des aspects de sa fonction.

Des « cours », Bogomolov en administre aussi aux hôtes de Beauregard, comme en témoigne Ivan Kolesnik :

« En mai ou juin 1945, Bogomolov est venu au camp. Il est monté sur la scène de l'orangerie et a prononcé quelques mots d'encouragement à ceux qui allaient rentrer dans la patrie. Il a dit que les difficultés étaient les mêmes pour tous — à cause des fascistes. Désignant son costume croisé dernier chic, il a fait cette confidence : "Je l'ai fait couper ici, en France, car chez nous, faute de moyens, c'est encore impossible"...

« Ce soir-là, à Beauregard, il y avait aussi un autre artiste, un gars de Leningrad qui était enfermé comme nous. Pas très grand, environ quarante ans, il jouait des sketches et chantait d'une façon assez amusante mais, toujours, avec l'arrière-pensée de glorifier la patrie. Comme dans la salle il n'y avait que des hommes, il fredonnait à peu près ceci en montrant du doigt, au hasard, un des prisonniers : "Ici, garçon, vous n'êtes pas seul ! On parle de vous là-bas... En ce moment, votre femme est assise sous la fenêtre avec un moujik. Elle vous attend. Tranquille nuit à tous ! Bon retour à la maison ! Que chacun rêve à sa stanitsa..." Après, Bogomolov remontait sur scène et débitait lui aussi une historiette. Et chacun, même celui qui n'entendait pas le russe, applaudissait très fort. »

Si la discipline apparente est assez relâchée et si le pouvoir soviétique prend l'allure paternelle, parfois un peu grondeuse, qu'affectionne Staline (et Bogomolov), à Beauregard comme dans le reste de l'univers soviétique, on ne sait jamais comment la journée peut s'achever. C'est ce que se répète, depuis le premier jour, Ivan Kolesnik, c'est ce à quoi songe Nicolas Voïnov dont nous avons déjà entrevu le témoignage.

Nicolas Voïnov est l'auteur d'une autobiographie singulière : *The Waif*[10] (l'Abandonné, l'Épave...), qui révèle, elle aussi, ce *dark side of the moon* (« le côté sombre de la lune ») comme on a souvent dit en anglais mais rarement, notons-le, en français...

Nicolas Voïnov appartient à cette catégorie sociale d'enfants errants que le régime soviétique a rendus orphelins après l'arrestation et (au mieux ?) la déportation de leurs parents, dans les premières décennies de la terreur (années vingt et trente) déchaînée par Lénine, Trotski et Staline. Ce sont ces enfants perdus que décrit précisément le « pédagogue » Makarenko...

Enfant de la révolution et des méthodes « tchékistes », Voïnov survit dans l'illégalité. Il devient un « enfant loup », un de ces *besprizornis** qui étonnent André Gide dans ce voyage au « paradis » soviétique qui se terminera par le terrible *Retour de l'URSS*. Adopté par une bande de malfrats, parfois manipulés par les « organes » de sécurité de Staline, il apprend la violence et les mauvais coups. Cependant, peu avant le service militaire, il reçoit une meilleure éducation dans une école d'Etat.

Mobilisé en 1941, il franchit la porte de l'établissement sous la vareuse kaki des simples soldats de la grande Armée rouge. Guerre, captivité, il connaît le sort de près de 6 millions de Soviétiques. Ballotté d'un camp infernal à l'autre, il est finalement jeté sur l'île « anglo-normande » d'Aldernay occupée d'où, entre deux punitions, par temps clair, il aperçoit les côtes de France. À La Hague, au cours d'une corvée, il s'évade et rejoint un maquis par une filière de Russes « blancs »... et « rouges ». En août 1944, il est sur les barricades de Paris et compte parmi ces « 400 Russes » dont, avant même les (nouvelles) autorités françaises, se préoccupe la représentation diplomatique suédoise. Le consul Nordling et son adjoint Forssius signalent au Quai d'Orsay, dès le 9 septembre [11], la présence de ces « citoyens d'URSS » au camp de Beauregard tenu alors par les FFI. Voïnov a tôt fait de repérer les gens de sa trempe parmi les premiers regroupés mais il reste à distance de la bande de chenapans, de *lads*, comme il le dit, en anglais. Cependant, les bonnes occasions ne manqueront pas.

Après ce qu'il a connu de la captivité sous les Allemands, Nicolas trouve que Beauregard est un « paradis ». Quand il n'en peut plus d'ennui, il saute le mur et part faire le jeune homme dans la capitale où, comme les autres Soviétiques en goguette ou en rup-

* Nous utilisons ici le terme employé par André Gide : *Retour de l'URSS*, 1936, Paris, Gallimard (Appendice VIII).

ture de ban, les familles d'émigrés l'accueillent. Au cours de ces soirées, il rencontre des gens qu'il regrettera bientôt de n'avoir pas davantage écoutés. Les discussions tournent toujours autour des doutes qui traversent l'esprit de ceux qui n'ont pas encore rejoint le camp de Beauregard (à cette époque, c'est le cas d'Ivan Kolesnik — que Nicolas ne connaît d'ailleurs pas). Un certain ex-capitaine Meshkov rappelle à Nicolas quel fut le sort des prisonniers de guerre revenant en Russie après la désastreuse campagne de Finlande, à la fin de l'hiver 1939-1940. Tous ont été expédiés directement en Sibérie. Leur tort était de ne pas être morts devant les « gardes blancs » finlandais...

Nicolas n'ignore pas ces faits mais affirme que tout a changé. Au camp de Beauregard, ses compagnons sont du même avis : il faut rentrer. La patrie aura besoin de tous les bras pour la reconstruction quand la guerre sera finie. Et puis, croient-ils, les Alliés ne permettront pas que Staline revienne à la terreur... Finalement, pensent-ils, il n'y a que ceux qui ont vraiment collaboré avec les « fascistes » qui ont quelque chose à craindre.

En réalité, Nicolas n'en est pas si sûr. C'est ce qu'il se dit quand, après ses escapades à Paris, il reprend sagement le train à la gare Saint-Lazare et se glisse à nouveau sous les barbelés du camp où il retrouve ses camarades et l'ennui planant sur les baraques et leurs mystères.

Un jour, un chenapan de la bande invite Nicolas à « descendre » avec lui à Marseille pour tenter un passage en Corse — où la liberté et la contrebande, lui a-t-on dit, enrichissent son homme. Sur les quais de Marseille, en ces temps de nécessité, la *Military Police* (MP) est omniprésente. Il n'y a pas de bateau pour l'« Île de Beauté ». Hébergés au « camp des Russes » par les Américains, les deux compères déchantent. Les conditions y sont moins bonnes qu'à Beauregard. Nos deux gaillards rebroussent chemin — en stop, comme à l'aller...

Au bord de la route, ils font des signes aux voitures et s'annoncent ainsi : « Nous Russes soviétiques. Pas couché. Pas mangé. » « Russes soviétiques » ! Pareil mot de passe touche les cœurs fraternels des camarades communistes (français), ces « innocents », selon Voïnov. On accueille les fugitifs en héros. Les « naïfs » du parti ne cachent pas leurs certitudes aux deux voyageurs. En France va s'établir un régime au moins aussi bon que dans leur pays...

De retour au camp modèle de Beauregard, Voïnov et son camarade apprennent que l'ambassadeur Bogomolov a réuni les « pensionnaires » pour leur annoncer qu'ils seront « tous pardonnés par la mère patrie ». Une telle magnanimité a pour effet immédiat de charger un peu l'atmosphère et... d'accroître les évasions.

Le 15 novembre 1944, dans cet automne morose, la rumeur se répand qu'un gars a pu capter une émission au cours de laquelle il a été donné lecture d'une proclamation dite « manifeste de Prague ». Son auteur, le général Vlassov, annonce la création d'un Comité pour la libération des peuples de Russie (KONR) et la constitution d'une « armée russe ». Alors, en grand secret, on écoute désormais les appels quotidiens à rejoindre les rangs de l'Armée de libération russe (ROA).

L'hiver arrive et le moral des prisonniers baisse. Les militaires des missions de rapatriement ont la main rude. L'étau se resserre. Le désespoir finit par s'emparer des hommes qui cherchent à s'évader ou bien « se livrent à la débauche », s'enivrant avec des alcools frelatés ou les rations de vin de l'armée française. D'autres participent à des razzias dans les environs.

En fait, loin des regards bienveillants de l'opinion publique, les premiers contacts entre les autorités soviétiques et leurs ressortissants retrouvés sous l'uniforme allemand (même bâtard) ne sont pas des plus amènes. Nicolas Voïnov résume parfaitement l'état d'esprit des autorités soviétiques lorsqu'il relate la visite qu'il fait au consul général Gouzovski pour connaître les raisons du refus de tout engagement dans l'armée américaine. « On peut faire sans vous, camarade. Nous n'avons pas besoin de vous ! » lui assène Gouzovski, comme une gifle.

Chapitre 2

Naissance d'un goulag en France

Dès 1942, la présence de soldats d'origine soviétique combattant dans les rangs allemands pose un problème à l'armée britannique sur le théâtre d'opérations de Cyrénaïque. Les autorités britanniques s'empressent, comme on le leur demande, de séparer les ressortissants soviétiques des sujets allemands pour les acheminer vers l'URSS. Les soldats d'origine soviétique capturés sont rassemblés en Égypte où opère une mission militaire dirigée par le général Soudakov, assisté du major Boulakov. La voie du retour passe par le Moyen-Orient : Haiffa en Palestine, Bagdad en Irak, Téhéran avant Bakou et la mer Caspienne. Les Britanniques ne font pas de manières pour se débarrasser des transfuges de l'Armée rouge... dont la simple existence constitue, aux yeux du pouvoir soviétique, une sorte d'offense. Le gouvernement « russe » s'insurge et proteste à chaque fois qu'il apprend que certains de ses nationaux demandent à combattre et donc à s'engager dans les rangs des armées anglo-américaines.

Soucieux de préserver l'avenir de leurs propres soldats prisonniers que l'Armée rouge pourrait libérer à plus ou moins long terme, les Britanniques autorisent les officiers de la mission militaire en poste au Caire à visiter les lieux de détention où vivent les « traîtres ». Ils veulent aussi éviter toutes difficultés lors de l'embarquement des rapatriés. Ils prennent à la lettre les bonnes paroles et les promesses de pardon que les officiels soviétiques diffusent à flots lors des visites. Incidents, règlements de comptes, supplications, évasions et suicides, même, n'entravent pas le cours des choses à la satisfaction des deux parties...

Le débarquement du 6 juin 1944, en Normandie, jette tout de suite un nouveau jour sur la complexité du problème. Le tir des soldats enterrés dans les casemates de la côte émane parfois de ces « Russes » en tenue *feldgrau*. Sur ordre de Hitler, en août 1943, après les déconvenues de l'offensive contre le saillant de Koursk, soixante-douze *Ostbataillone* ont été transférés à l'ouest et répartis du golfe de Gascogne à l'île de Texel. Constituées par « nationalités » (vraies ou imaginaires) sous encadrement allemand, ces unités sont employées comme « troupes de forteresse » ou « bataillons de travailleurs ». Dès l'assaut en Normandie, ces combattants « peu sûrs » (*unverlässig*, précisent les documents du Haut Commandement allemand) tombent très nombreux aux mains des Alliés*.

Le commandant suprême allié, le général Eisenhower, peut annoncer, le 12 janvier 1945, que les armées américaines détiennent « 21 000 Russes faits prisonniers sous l'uniforme allemand »** — ce qui doit s'entendre au sens strict, excluant les civils... Eisenhower ajoutait que, sur cinq prisonniers, il y avait en moyenne un « Russe » et que quatre pour cent d'entre eux se trouvaient dans un état physique tel qu'il fallait les hospitaliser. Le document précisait[1] : « Ces hommes posent, en tant qu'alliés libérés, de sérieux problèmes d'intendance, de logement, d'administration et de discipline. Ils sont une source constante de friction et de discussion avec les représentants de la mission militaire soviétique qui formulent de très lourdes exigences en ce qui concerne le traitement, l'administration et les conditions de travail de leurs ressortissants. On risque en permanence de voir se produire des incidents... La solution satisfaisante à tous égards serait de rapatrier ces Russes au plus vite. »

Le mémorandum que le général Eisenhower destinait à ses chefs d'état-major résume parfaitement la question. Droit international et morale sont concernés.

Sous la pression et dans l'urgence du combat, les transfuges

---

* Voir notamment les études de Georges Coudry et Paul Rigoulot sur l'importance des auxiliaires « russes » dans l'occupation de la France. Inédite à sa parution dans le n° 85 d'*Historama* la carte des auxiliaires russes en France donne l'ordre de bataille de ces troupes à la veille du 6 juin 1944.

** Vu leur nombre, il s'agit certainement d'une allusion aux Russes détenus à Marseille puisque les documents officiels précisent que les Alliés anglo-saxons détiennent alors "74 000" prisonniers "russes" (cf. note page 57).

capturés en Normandie et au-delà sont expédiés en Grande-Bretagne, notamment dans des camps du Sussex et du Yorkshire, avant de voyager, avec les prisonniers allemands, à fond de cale, dans les bateaux ravitailleurs retraversant l'Atlantique pour les États-Unis et le Canada.

Le gouvernement américain et le président Roosevelt n'ont alors pas encore pris position — ce qui contrarie les militaires. Il n'en va pas de même en Grande-Bretagne. Au mois de janvier 1945, entre Londres et Moscou, sur ce sujet, les choses sont parfaitement claires. Des arrangements verbaux et écrits (accords Eden-Molotov) fixent la bonne exécution des acheminements de prisonniers « russes » tombés aux mains des Britanniques : soit par Bakou (et l'Iran, au sud), soit par Mourmansk (la route des convois). Une conférence (nom de code : Tolstoï) a eu lieu à Moscou en octobre 1944. Eden et Churchill sont arrivés là-bas le 9. Conversations, repas et réceptions avec Molotov et Staline en personne ont eu les plus grandes conséquences sur la conduite de la guerre et sur ce qui devait suivre. C'est même à cette conférence au sommet que s'est décidé ce qui, par un effet de vision française du monde, sera faussement attribué à la rencontre de Yalta : le partage de l'Europe.

À Moscou, la question des prisonniers détenus en Grande-Bretagne a évidemment été abordée. Décidés à faire le premier pas et à obtenir des assurances concernant leurs propres ressortissants détenus en Europe orientale (prochainement libérée, on pouvait le prévoir, au cours de l'avance de l'Armée rouge), les dirigeants britanniques ont annoncé que dix mille ressortissants soviétiques seraient conduits au port de Liverpool et embarqués sur des navires qui appareilleraient, dès le 23 octobre, à destination de Mourmansk. Le Kremlin a accueilli ce geste avec satisfaction. La négociation concrète et la signature d'une convention de réciprocité (secrète, en neuf articles) n'ont cependant lieu que le 11 février 1945, à l'autre conférence majeure, celle de Yalta, en Crimée.

Parallèlement aux discussions soviéto-britanniques, les gouvernements américain et soviétique se sont mis également d'accord. Le 11 février 1945, le major-général John Deane et le lieutenant-général Grytzlov signent une convention fixant les conditions de retour de leurs nationaux — ce qui met un terme à l'irrésolution de Washington.

Le modèle britannique inspire et guide les négociateurs d'un accord franco-soviétique. Il est sous les yeux des dirigeants de la France libre dès la fin de 1942, au cours de la campagne de Tunisie (après le débarquement en Afrique du Nord). À l'automne de 1944, lorsque les forces allemandes achèvent leur repli vers les frontières du Reich, les prémices de l'accord soviéto-britannique définitif sont mis en avant comme base de discussion. Si tous les points du futur protocole sont âprement discutés, la négociation n'est toutefois pas encore engagée officiellement. Par des protestations, récriminations et menaces directes, les Soviétiques obtiennent les avantages et gages désirés sans grande contrepartie. Comme le prouvent des archives désormais accessibles, ils parviennent à leurs fins grâce au soutien d'organisations françaises et étrangères comme, par exemple, le CADI (Comité d'aide et de défense des immigrés), issu de la MOI (organisme du Parti communiste français dénommé « Main-d'œuvre immigrée » et chargé du « travail » en direction des étrangers).

Les Français s'empressent de créer un grand nombre de camps pour le rassemblement des étrangers groupés par nationalités. Dûment exécuté sur le terrain, le futur accord franco-soviétique trouve son modèle « juridique » dans le protocole (secret) de Yalta signé par Eden et Molotov :

> « ARTICLE I. — Tous les ressortissants soviétiques libérés par des forces opérant sous le commandement britannique et tous les sujets britanniques libérés par des forces opérant sous le commandement soviétique seront, immédiatement après leur libération, séparés des prisonniers de guerre ennemis et internés séparément dans des camps ou centres de concentration jusqu'au moment où ils seront remis entre les mains des autorités soviétiques ou britanniques, suivant le cas, ou en des points convenus entre lesdites autorités [...][2]. »

Si l'Union soviétique n'a pas à libérer de soldats britanniques avant la fin de 1943, la Grande-Bretagne détient de nombreux citoyens soviétiques. Elle les réexpédie selon les possibilités du trafic et la tournure des événements. Le processus des rapatriements est déjà enclenché ; il ira jusqu'à son terme. L'état-major américain s'aligne sur cette position, surtout après Yalta. Cependant, « l'armée des États-Unis ne remet pas automatiquement aux représentants de l'URSS les ressortissants qu'elle fait prisonniers », remarque, dans une note du 9 septembre 1944, le chargé d'affaires français à Moscou, Roger Garreau[3]. Il explique aux nouveaux patrons du Quai d'Orsay que le Département d'État américain ne renvoie chez eux que les *claimants*, c'est-à-dire ceux qui reconnaissent leur appartenance à l'Union soviétique et qui s'en réclament. Cela signifie que les États-Unis, à l'automne de 1944, avant Yalta, appliquent strictement le droit international, les conventions de La Haye et de Genève sur les prisonniers de guerre.

Au cours de l'automne 1944, l'autorité de l'État sur le territoire national (français) n'est encore que ponctuelle. Dans un pays fragmenté par la rupture du réseau continu des voies de communication, au milieu de toutes sortes de conflits d'attribution de pouvoir, la soudaine apparition de « bandes russes », débris du naufrage allemand, ajoute à la confusion. L'administration en cours de reconstitution a d'autres préoccupations que de prendre en charge tous ces transfuges. Et, surtout, elle n'a pas les moyens de le faire. Les groupements armés des maquis les plus proches des Soviétiques, par admiration ou attachement politique et idéologique, s'autorisent à prendre en main le problème. Ce sont eux qui recherchent et rassemblent les laissés-pour-compte de l'occupation. Ils seront parfois le bras armé de missions soviétiques qui surgissent un peu partout comme par une sorte de génération spontanée. Accrédités sans difficulté par le SHAEF (Supreme Headquarters, Allied Expeditionary Force) — ce sont des alliés —, les officiers de l'Armée rouge suivent de près le reflux allemand. En Île-de-France, l'ambassade soviétique encore installée à l'hôtel et Staline représenté par un simple chargé d'affaires qui en réfère à Londres, trois jours à peine après la libération de Paris et le défilé sur les Champs-Élysées, quatre cents ressortissants soviétiques, transfuges de l'armée allemande, sont parqués près de Versailles, au camp de Beauregard, sous la garde de « FFI russes[4] »... À l'est, en Franche-Comté où l'armée « B » de De Lattre est devenue la Ire Armée française (subordonnée au VIe groupe d'armées américain qui talonne la XIXe Armée allemande en retraite), la présence d'officiers soviétiques est attestée dès le 8 septembre, à Vercel (Doubs), aux abords du camp de Valdahon qui vient d'être évacué par les Allemands. Un officier FFI, Achille Guillermet, en est témoin[5] : « Arrivent deux officiers de l'Armée rouge en grand uniforme, un colonel et un capitaine, détachés auprès de l'État-

Major interallié et chargés, déclarent-ils, de ramener dans le giron du "petit père des peuples" les brebis égarées. L'accueil qui leur est réservé est des plus hostiles. Les officiers français membres de cette commission (de rapatriement) n'osent pas se désolidariser des officiers soviétiques... »

Le 21 septembre 1944, un message d'Yves Farge, commissaire de la République à Lyon, monte jusqu'au Quai d'Orsay par le truchement du ministère de l'Intérieur[6]. Le représentant de la Résistance (et du général de Gaulle) en Rhône-Alpes demande ce qu'il doit répondre aux « délégués soviétiques officiels » qui réclament un « recensement immédiat de tous les citoyens soviétiques et leur regroupement à Grenoble ».

La manière a sans doute irrité les services de Georges Bidault (le ministre des Affaires étrangères du Gouvernement provisoire). Annonçant que la question sera « examinée le mercredi 27 septembre au cours d'une réunion qui comprendra, en dehors d'un représentant du Département (un service du ministère), des représentants du ministère des Prisonniers, Déportés et Réfugiés, du ministère de l'Intérieur et de la Défense nationale... », le Quai, direction Europe, répond en demandant à « Farge [de] s'abstenir de toute initiative avant instructions[7] ».

À cette même époque, dans la région du Nord et du Pas-de-Calais libérée par la IIe Armée britannique, des informations font état d'une population de « 150 000 Soviétiques » composée essentiellement de déportés du travail et de prisonniers de guerre affectés aux mines. Ce flot survit, apprend-on, grâce aux distributions alliées... et au brigandage[8]. Les autorités militaires souhaiteraient s'en débarrasser.

Alors que la guerre se poursuit en Belgique et dans l'Est de la France — ainsi qu'autour des « poches » allemandes de l'Atlantique —, le Gouvernement provisoire (installé officiellement à Paris le 9 septembre) prend la mesure du problème posé et réfléchit aux solutions. Il lui faut aussi répondre aux doléances soviétiques dont le but évident est d'accentuer la pression. Comme annoncé, la première réunion interministérielle consacrée aux problèmes des ressortissants soviétiques se tient le 27 septembre. Les 6 et 7 octobre, on parvient à un projet de réponse dont il reste le brouillon[9].

« Sur la base des décisions de principe prises hier (6 octobre 1944) au cours de la conférence qui s'est tenue sous la présidence de M. Frenay*, une sous-commission s'est réunie aujourd'hui (7 octobre) pour arrêter le sens de la réponse à faire à la protestation soviétique concernant le traitement réservé aux ressortissants de l'URSS libérés à la suite de la bataille de France. Faisaient partie de cette sous-commission des représentants du ministère des Affaires étrangères, du ministère des Prisonniers, Déportés et Réfugiés, du ministère de la Guerre, de l'État-Major de la Défense nationale, de la direction de la Sécurité militaire, enfin le général directeur du service des Prisonniers de guerre.

Voici le schéma sur lequel l'accord a été réalisé.

1. Les autorités françaises ont examiné attentivement les doléances exprimées par l'ambassade de l'URSS.

Le flottement et les insuffisances qui peuvent subsister encore sont les conséquences des difficultés matérielles considérables auxquelles se heurte l'administration française pour les tâches multiples qui suivent la Libération. De ces difficultés, la population française est la première à souffrir en bien des régions. Les autorités feront les plus grands efforts pour résoudre ces divers problèmes de transport, d'hébergement et d'entretien.

2. D'ores et déjà, des ordres sont donnés pour la recherche et l'emploi immédiat de tous les moyens propres à la solution de ces problèmes. La bonne volonté et les efforts des services compétents sont attestés par les résultats obtenus au camp de La Celle-Saint-Cloud. Des délégués de l'ambassade soviétique ont toute faculté de visiter leurs compatriotes après s'être mis d'accord avec les services français compétents.

3. En ce qui concerne la propagande qui se serait exercée en certains endroits sur des citoyens soviétiques dans un sens défavorable à leur gouvernement, il n'a pu s'agir que de cas sporadiques. En tout cas, le ministère des Prisonniers, Déportés et Réfugiés a prescrit d'y mettre fin. Il a, par une circulaire aux commissaires régionaux de la République, interdit dans tous les camps toute propagande politique.

4. D'autre part, dès le 30 septembre, le général chef d'État-Major général a interdit, par une circulaire aux commandants des régions (militaires), toute action tendant à recruter des citoyens soviétiques pour des formations militaires françaises.

5. Les indications qui précèdent sont de nature à donner au gouvernement soviétique l'assurance que, pour ce qui concerne les autorités françaises, tout sera fait pour que les citoyens soviétiques soient traités, compte tenu des circonstances actuelles, en ressortissants d'un pays ami et allié en attendant leur rapatriement.

---

* Ministre des Prisonniers, Déportés et Réfugiés.

6. Une réserve bien naturelle doit être faite pour ceux qui, soit dans les unités qui se réclamaient de Vlassov, soit individuellement, ont collaboré avec les autorités allemandes ou même se sont rendus coupables de crimes.
7. D'autre part, les assurances données plus haut permettent au gouvernement français d'insister avec d'autant plus de force sur les demandes que sa délégation et sa mission militaire à Moscou ont adressées en vain aux autorités soviétiques pour obtenir que les Français évadés des rangs de la Wehrmacht où ils avaient été enrôlés de force et aussi ceux qui avaient été envoyés comme prisonniers ou comme travailleurs en URSS et que l'avance de l'Armée rouge a libérés ne soient pas traités sur le même pied que des ennemis, qu'ils puissent être visités par des membres de ladite mission et qu'ils jouissent d'un régime aussi favorable que possible en attendant d'être rapatriés dès que les moyens de transport auront été rassemblés.
Les facilités que demande ainsi le gouvernement français ne sont que la contrepartie des ordres qu'il a déjà donnés et des mesures en cours d'exécution concernant les citoyens soviétiques se trouvant en France, la réciprocité étant, en pareille matière, une règle toute naturelle./. »

Ce texte ne sera pas au point avant la fin du mois d'octobre — pendant plusieurs semaines, les Soviétiques continueront de s'impatienter. À sa lecture (point 1), on peut noter un certain ton d'autocritique, cher alors aux communistes — comme si le gouvernement de la France libérée avait à se justifier... C'est dans le même esprit qu'on peut noter les bonnes résolutions. Toutefois, la règle de la réciprocité est réaffirmée comme allant de soi.

Si la réponse du gouvernement français tarde un peu trop (du point de vue des Soviétiques), c'est que Paris a tout lieu de s'alarmer du sort des ex-prisonniers de guerre français libérés par l'Armée rouge — et du sort, pas davantage enviable, des « malgré nous » capturés dans les territoires repris à la Wehrmacht. Un télégramme chiffré est arrivé au Quai, le 24 septembre, à 16 h 20 en provenance de Moscou et destiné au « cabinet du général de Gaulle [10] ». Il émane de la représentation française en poste dans la capitale soviétique (le chargé d'affaires est encore Roger Garreau). Son rédacteur rend compte des démarches qui ont été entreprises après un premier geste des Soviétiques, la libération, le 7 juillet 1944, « d'un groupe de 1 500 prisonniers [français] ». Il termine par ces remarques assez pessimistes :

« Enfin, le 25 août, au cours d'une conversation à titre privé, M. Decanosov [Dekanozov] me laissa entendre que la libération d'un nouveau groupe de prisonniers présentait de grandes difficultés et qu'il lui semblait préférable d'attendre la fin des hostilités.
[...] Nos compatriotes resteront donc en captivité jusqu'à la fin des hostilités si aucune mesure n'intervient en leur faveur. Or, on peut affirmer que le nombre des prisonniers qui sont dans les camps russes depuis le 12 mai à la faveur des grandes offensives soviétiques s'est considérablement augmenté. D'autre part, mon passage au camp de Rada me permet d'affirmer que nos compatriotes, comme les Belges et les Luxembourgeois, restent internés dans les mêmes camps que les prisonniers de guerre des puissances de l'Axe.
[...] En ce qui concerne les prisonniers de guerre et déportés en Allemagne qui se sont évadés par la Russie, aucune mention ne m'en a été faite par les autorités soviétiques.
En tout état de cause, la réciprocité pouvant jouer désormais, je me permets d'attirer votre attention sur la nécessité et la possibilité de régler au plus tôt, par une mesure générale entre alliés, le sort de nos compatriotes en même temps que celui des ressortissants des autres pays alliés qui se trouvent dans une situation analogue. »

La religion des plus hauts dirigeants français est faite à la mi-octobre. Le ministre de la Guerre, André Diethelm, a expédié une note en date du 11 octobre 1944 [11] aux commandants des régions militaires dont l'objet est « [les] prisonniers de guerre non-allemands ». On peut considérer qu'elle reflète le sentiment du Gouvernement provisoire.

Se référant à l'article 3 de la Convention de La Haye (18 octobre 1907) et à l'article 81 de la Convention de Genève (27 juillet 1929), elle indique précisément qui doit ou non être considéré comme « prisonnier de guerre » parmi le « personnel combattant et non combattant faisant partie des forces armées allemandes ou les suivant sans en faire directement partie ». Comme les hostilités n'ont pas encore cessé (et que tout le territoire national n'est pas libéré), le ministre précise :

« En raison, d'une part, de la difficulté de définir tous les cas particuliers et de vérifier la situation exacte de chaque individu, d'autre part du danger que présenterait la libération d'agents passibles d'espionnage, de sabotage ou de désordre, il est indispensable de conserver provisoirement pour enquête et décision dans les dépôts et camps tout ce personnel. Toutefois, il y a lieu :

1. de grouper ensemble les individus de même nationalité ;
2. d'assurer à ceux appartenant aux nationalités alliées tous les adoucissements justifiés par leur attitude antérieure et actuelle et compatibles avec l'ordre et la sécurité au régime normal des prisonniers de guerre. »

La note du ministère de la Guerre détaille « les diverses catégories » considérées : les Alsaciens-Lorrains (« à libérer immédiatement après vérification [...] par le service de la Sécurité militaire... ») ; les Italiens (« sujets d'une nation ennemie ») ; les Polonais (« remis pour incorporation dans l'armée polonaise... aux autorités américaines ») ; les Tchécoslovaques, Yougoslaves, Belges, Luxembourgeois et Hollandais ; les Russes ; les coloniaux britanniques enfin (« notamment Hindous »). À propos des « Russes », qui constituent la cinquième catégorie, la note du ministère de la Guerre est explicite :

> « Les Russes seront tenus prêts à être examinés par des représentants du gouvernement soviétique chargés de fixer la destination à leur donner. Ils ne pourront être libérés que dans des conditions qui seront fixées ultérieurement après entente avec les autorités russes compétentes. »

Ordre est donné d'autre part, « aux commandants des dépôts et des camps de prisonniers de guerre », de s'efforcer, « pour éclairer les autorités chargées d'enquêter et de décider au sujet des prisonniers non allemands, de recueillir tous les renseignements, témoignages et documents concernant leurs antécédents, leur activité au cours des opérations en France, les conditions de leur capture et leur conduite actuelle ».

À cet effet, on constituera des dossiers qui « suivront » certains groupes de prisonniers de guerre ou certains prisonniers de guerre isolés. De même est spécifiée la possibilité, « pour certains isolés dont le cas serait particulièrement intéressant », d'être « chargés dans un dépôt ou camp d'un emploi spécial ou détachés comme travailleurs ».

Cette note est d'une grande importance. Elle fixe le cadre « légal » de la politique qui doit être suivie désormais, du point de vue des militaires, à l'encontre des ressortissants étrangers — et tout particulièrement des Soviétiques — ayant ou non porté l'uniforme allemand mais liés, d'une manière quelconque, à la présence des forces d'occupation entre 1940 et la Libération. Notons qu'il y a plus de cinq semaines, désormais, que l'initiative précède la directive. La note du ministre Diethelm ne fait qu'entériner ce que pratiquent les FFI sans rien demander (en apparence) à personne. Le point de vue des militaires s'est d'ailleurs exprimé un peu plus tôt par la bouche du général Juin, chef d'État-Major général. Juin se plaint, aux Affaires étrangères, de « l'indescriptible confusion ambiante » (verbalement, il a dû employer un mot plus cru). Des données qui lui ont été présentées se dégage « l'impression que le problème est traité par plusieurs autorités d'une manière indépendante et contradictoire [12] ».

Cependant, tout n'est pas affaire seulement de « confusion » comme le croit l'ancien chef de l'armée d'Afrique en Italie. Des problèmes d'une autre nature qu'administrative apparaissent dès que la question n'est plus examinée du seul point de vue de la guerre. Il y a le droit international et, surtout, ce « droit des gens » qui est au cœur même du conflit mondial — le « Pourquoi nous combattons » des Américains. C'est là que se situent les hésitations et le retard mis à répondre au harcèlement des Soviétiques.

Le 15 octobre 1944, un événement important se produit dans les relations entre Paris et Moscou : l'ambassadeur Bogomolov — qui était en poste à Vichy au temps de Pétain... — arrive en France et reprend ses fonctions. Plus d'un, en France, est sensible à cette délicatesse du « maréchal » Staline qui, de cette manière, semble vouloir signifier qu'il y a « continuité de l'État », qu'il n'y a pas de différence fondamentale entre l'État français et son successeur, le régime républicain instauré par le général de Gaulle... Bogomolov, qui prend la relève du chargé d'affaires Kosirev, est expert dans les petites remarques désobligeantes. Ainsi, à propos du consulat d'URSS à Alger (doit-il rester ouvert ou être fermé à la suite de l'installation du Gouvernement provisoire à Paris ?), Bogomolov rappelle aimablement (aux autorités françaises qui s'impatientent) qu'il faut « bien comprendre » que le gouvernement soviétique « ne pouvait négocier avec le Comité français de Libération (qui a précédé le Gouvernement provisoire) [13] ».

Une des premières interventions de Son Excellence va être de relancer le Quai d'Orsay sur le problème des ressortissants soviétiques. Une note, enregistrée le 21 octobre mais dont l'objet date au moins de la veille, signale que « M. Bogomolov a marqué sa surprise de n'avoir pas encore de réponse à la note de la représentation de l'URSS [dirigée alors par Kosirev] au sujet des prisonniers » et qu'il a ajouté que « la situation des ressortissants soviétiques [tient] beaucoup à cœur au gouvernement [de Moscou] [14] ».

Au cours de la rencontre qui est à l'origine de cette note interne, les représentants du Quai d'Orsay suggèrent à Bogomolov de faire mettre un navire soviétique à la disposition des prisonniers français retenus en URSS. Au retour, ce navire « ramènerait des ressortissants soviétiques ». Cela signifie au moins que le problème des ressortissants français a retenu l'attention des diplomates. Cependant, Bogomolov fait observer que la flotte soviétique « n'a pas de navire disponible » et que les Détroits (le passage de la mer Noire à la Méditerranée) ne peuvent être utilisés « tant qu'il y a des Allemands dans la mer Égée ». En revanche, l'ambassadeur se demande si le gouvernement français ne pourrait pas, lui, « fournir un navire ou en louer un »... pour transporter des ressortissants soviétiques à Beyrouth : « Un camp pourrait être organisé à Marseille et une démarche [faite] auprès des Anglais et des Américains [...] afin d'organiser le ravitaillement et le transport des prisonniers. »

Ce jour-là, M. Bogomolov parle aussi d'une « arrivée prochaine en France de fonctionnaires soviétiques chargés de s'occuper des prisonniers [russes] ». Ceux-ci sont estimés (20 octobre 1944) à environ soixante mille*. Il est également question de l'envoi d'une mission française en URSS pour traiter du problème des prisonniers de guerre français.

D'après ce compte rendu, on remarque aussi que l'emploi éventuel des prisonniers « russes » dans l'économie française continue d'obséder les autorités françaises. Bogomolov le relève puisqu'il indique « que le ministre de l'Agriculture qu'il [a] reçu récemment lui [a] déjà posé la question [15] ». Sur le principe, l'ambassadeur est d'accord mais il suggère « que les demandes soient présentées aux camps ». Dans la pratique, cela se traduira par une floraison de

---

* Voir note, p. 57.

conditions aboutissant à une impossibilité d'emploi de cette main-d'œuvre espérée bon marché.

Le 3 novembre, une nouvelle conférence interministérielle se tient au ministère des Prisonniers, Déportés et Réfugiés. La confusion relevée par le général Juin semble se dissiper [16] :

> « 1) Les étrangers arrêtés en France sous l'uniforme allemand seront considérés comme prisonniers de guerre. S'il est établi qu'ils ont la nationalité d'un pays allié et s'ils sont réclamés par celui-ci [c'est le cas des Soviétiques], ils seront remis aux autorités de ce pays.
> 2) Les civils étrangers autres qu'Allemands se verront accorder un régime différent suivant qu'ils sont ou non réclamés par un gouvernement allié :
> a) dans l'affirmative [c'est le cas des Soviétiques], ils bénéficieront, en attendant leur rapatriement, des avantages accordés aux Français, notamment pour le travail mais non pas en ce qui concerne la circulation ;
> b) dans la négative, ils seront internés. »

La conférence du 3 novembre se penche plus « spécialement » sur les ressortissants soviétiques dont le représentant du ministère des Prisonniers signale qu'il y a, dans le nord de la France, « plusieurs camps dans lesquels les Russes sont armés et ne laissent pas pénétrer les autorités françaises ». De même, « il se présente souvent dans les camps des délégués soviétiques dont le mandat ne paraît pas toujours régulier. Parfois aussi, ces délégués ne se font pas obéir des commandants soviétiques du camp... ». On en conclut « qu'il y aurait intérêt à ce qu'un membre de la mission soviétique de rapatriement prît contact avec le ministère des Prisonniers [MM. Guedon ou Poignant] afin de remettre de l'ordre dans cette situation ».

Le 15 novembre 1944, M. de Ricci, du ministère des Prisonniers, résume parfaitement la situation dans laquelle se trouvent le gouvernement français et, surtout, les étrangers qui, dans les camps ou la clandestinité la plus précaire, attendent qu'il soit statué sur leur sort. M. de Ricci écrit au chef de la mission française (de rapatriement) qui se trouve à Londres [17].

> « Depuis les premiers jours de la Libération, le problème des étrangers en France s'est posé d'une façon aiguë.
> L'organisation Todt avait amené dans notre pays des travailleurs de

toutes nationalités et l'ennemi, s'il a pris grand soin d'entraîner avec lui les travailleurs et même les prisonniers français, a au contraire abandonné ceux originaires de l'Europe de l'Est, pour la plupart des Russes et Polonais.

La situation de ces personnes, très précaire au début, est allée en s'améliorant. Elle ne pourra devenir acceptable que lorsqu'elles auront pu être transportées dans les centres de réception définitifs en cours d'aménagement, quand également les transports permettront ce transfert.

Nous avons été prévenus de source sûre que le gouvernement des Soviets avait l'intention de procéder dans les délais très rapprochés au rapatriement, en bloc, de la totalité des ressortissants russes actuellement en France. Or il est possible que certains d'entre eux ne soient pas désireux de regagner la Russie.

Il est évident que nous ne serions pas, en principe, favorables à une obligation imposée à des personnes qui peuvent se considérer comme étant sous notre protection. Cette obligation serait en effet contraire à tout ce que nous avons fait dans le passé en faveur des étrangers qui ont cherché refuge dans notre pays en invoquant le droit d'asile. Il faut cependant remarquer que leur cas est un peu différent car elles ne sont pas venues volontairement dans notre pays ; elles pourraient donc être assimilées à celles qui se trouveront dans les zones qui, en Allemagne, seront occupées par les Alliés.

Il ne serait pas désirable que la France prenne position à ce sujet sans s'être mise d'accord au préalable avec les États-Unis et la Grande-Bretagne pour une politique et éventuellement une déclaration commune.

Il pourrait être décidé, par exemple, que les personnes ci-dessus qui en feraient la demande, seraient prises en charge par le Comité international des Réfugiés, lequel aurait à rechercher et à mettre sur pied une solution définitive.

Je vous prie, en conséquence, avant que nous n'entamions des négociations officielles, de prendre contact avec les organismes responsables afin de recueillir leur opinion et de me faire connaître celle-ci dès que possible, afin que je sois en mesure de répondre au gouvernement des Soviets si celui-ci venait à formuler une demande précise./. »

L'histoire des camps soviétiques en France et celle du rapatriement des ressortissants « russes » est aussi celle de l'éternel conflit entre les principes moraux et la raison d'État. Un mois à peine après la lettre de M. de Ricci, du cabinet d'Henri Frenay, une note du ministère des Affaires étrangères vient refroidir les souhaits humanitaires, voire humanistes [18] :

« Le gouvernement soviétique demandant que *tous ses ressortissants lui soient renvoyés sans distinction* *, le souci du ministre de la Justice est de ne pas créer un précédent contraire à la règle de compétence territoriale en matière de droit pénal international. On recherche de part et d'autre une formule qui concilie cette préoccupation avec le désir du gouvernement soviétique... »

Sans doute s'agit-il de questions relevant de l'ordre public et de compétence de police — les camps vont bientôt passer de l'administration militaire à celle du ministère des Prisonniers, Déportés et Réfugiés et un règlement sera laborieusement mis au point. Si de telles contradictions apparaissent entre les exigences morales et celles de la politique, si l'on voit l'administration hésiter, tâtonner, se contredire, cela est dû, en bonne partie, à l'insuffisance des informations provenant du niveau local comme du niveau national. Essentiellement aussi à la force et à la détermination du partenaire soviétique.

En mars 1945, plus de cent officiers de l'Armée rouge ou du NKVD sillonnent les routes françaises, prospectent les sites de la France encore en guerre. C'est une meute en regard de la minuscule équipe — deux personnes, l'attaché militaire général Petit et son adjoint... — que la France libérée entretient à Moscou. Tandis que trois officiers supplémentaires attendent vainement, à Paris, leur visa d'entrée en URSS...

Le gouvernement français (de bonne foi ?) a mis tous les moyens possibles à la disposition de la mission soviétique mais, chaque jour ou presque, l'ambassade lui reproche de ne pas en faire assez. Sa sincérité prise comme une faiblesse, la France prête le flanc à un coup de main (réussi) contre sa souveraineté retrouvée. Si, du point de vue de l'ordre public, en janvier 1945, la situation se stabilise, pour le reste, c'est-à-dire les exigences morales, les décisions prises vont dans le sens souhaité par Staline.

En décembre 1944, le général de Gaulle s'est rendu à Moscou en compagnie d'une forte délégation où figure son ministre des Affaires étrangères, Georges Bidault. Au terme de séances glaciales pendant lesquelles le maître du Kremlin a joué parfois de la séduction, le chef du Gouvernement provisoire de la République française a signé un traité que d'aucuns (et lui-même) nomment

* Souligné par l'auteur.

un « pacte ». Pour l'hagiographie de la nation, c'est de cet acte que date le retour de la France dans le concert des « Quatre Grands ». Il en va sans doute autrement. Agrippé à sa ligne politique qui est de tenir la balance égale entre les Alliés — tout en espérant une relation privilégiée avec l'URSS pour se donner de l'air du côté occidental —, le général de Gaulle ne pouvait que se rendre aux exigences immédiates de Staline. Il en sera récompensé par une... non-invitation à Yalta !

Staline a parfaitement mesuré la marge de manœuvre (étroite) qui est celle du Général. Il en profite. Si la France, dit-on, modèle (en la matière) son attitude sur celle de la Grande-Bretagne, elle ne fait pas mieux que Churchill et Eden avant elle : elle se soumet. Sur le sujet qui nous intéresse, les documents publiés à l'issue du voyage et les *Mémoires de guerre* sont restés muets.

Les décisions concernant les ressortissants soviétiques qui vont être prises, en janvier 1945, sont le reflet d'une soumission générale aux exigences soviétiques. Dans la note qui parvient, le 6, à l'Etat-Major général [19], il est demandé de procéder à un inventaire des lieux de détention et de leurs possibilités. Des listes du personnel hébergé doivent être fournies à l'ambassade d'URSS. Tout mouvement doit être signalé... Le 12, un projet de règlement est élaboré : « Ce projet doit être soumis par l'État-Major général au général Dragoun, chef de la mission de rapatriement pour l'ouest de l'Europe [20]... »

Chapitre 3

La part de Staline

À Téhéran fin 1943, à Moscou en octobre 1944, à Yalta en février 1945, Staline obtient de ses partenaires, Roosevelt et Churchill, ce que l'association avec Hitler, au tout début du conflit, lui avait fait espérer. Mieux, la ligne délimitant les nouvelles frontières, la ligne « Baltique-mer Noire », élaborée en août et septembre 1939 à l'occasion des signatures du pacte germano-soviétique puis du traité d'amitié avec l'Allemagne nazie, passe désormais huit cents kilomètres plus à l'ouest, par l'Elbe et Trieste. Elle devient pour quarante ans le « rideau de fer ».

L'insistance mise par Staline à faire reconnaître, notamment par le général de Gaulle, le « gouvernement » polonais de Lublin au détriment de celui de Londres, puis la reconnaissance, de fait, de l'annexion des États baltes ainsi que du pouvoir de Tito sur l'espace « yougoslave », laissent augurer une mainmise soviétique sur toute la partie de l'Europe que l'Armée rouge allait atteindre. Staline parvient à ses fins. Comme l'écrira de Gaulle dans ses *Mémoires de guerre*[1] : « Rassembler les Slaves, écraser les Germaniques, s'étendre en Asie, accéder aux mers libres, c'étaient les rêves de la patrie, ce furent les buts du despote. Deux conditions pour y réussir : faire du pays une grande puissance moderne, c'est-à-dire industrielle, et, le moment venu, l'emporter dans une guerre mondiale. La première avait été remplie au prix d'une dépense inouïe de souffrances et de pertes humaines. Staline, quand je le vis, achevait d'accomplir la seconde au milieu des tombes et des ruines [...]. »

La distance qui nous sépare désormais de cette époque nous empêche d'apprécier comme ils doivent l'être les moindres faits qui s'y attachent. L'implosion du monde communiste rend encore plus difficile la compréhension des attitudes et du sentiment que nous en avons car elle banalise la tyrannie en gommant l'aspect tragique du quotidien de ce temps-là. Les séquelles de la propagande enferment, d'autre part, d'entrée de jeu, tout discours sur la Seconde Guerre mondiale dans une schématisation qui est la source de tous les contresens. En cette fin du XXe siècle, après soixante-dix ans de mensonge d'État et de parti sur la révolution soviétique, l'erreur serait de mettre sur le même plan de la mémoire, non pas Hitler et Staline, mais Staline et les vainqueurs occidentaux de Hitler.

Aujourd'hui nous savons que, fin 1944, une négociation (un marchandage) entre Staline et de Gaulle — ou Churchill, ou Roosevelt — n'était pas un échange entre « gentlemen » mais une âpre confrontation entre hommes d'État dont l'un était un tyran cynique et sanguinaire, une sorte de Caligula comme l'écriront Nicolas Volski et Boris Souvarine [2].

Sur le tyran, la vérité n'est jamais au juste milieu. En 1944-1945, Staline avait des partisans dans le monde entier qui justifiaient le pire au nom de la gloire militaire et d'un avenir « meilleur » soutenu par une pureté doctrinale relevant des fantasmes cromwelliens ou robespierristes. Pour les communistes européens occidentaux, Staline était désormais beaucoup plus que cet « homme à la tête de savant, à la figure d'ouvrier et à l'habit de simple soldat » que l'écrivain Henri Barbusse avait célébré en 1934 [3].

Dix ans plus tard, la guerre sur le point d'être gagnée, le culte voué à Staline s'était enrichi de reconnaissance et d'affection. Il avait débordé du seul cercle des inconditionnels. Il était désormais soutenu par d'indéniables victoires et, dans un pays comme la France, par l'apparente cohérence et la grande efficacité de la composante communiste de la Résistance.

Le problème des « Russes » retenus sur le sol français se posait dans une ambiance assez peu propice aux réponses naturellement « humanistes »... bien que tout le monde ne fût pas nourri d'idéologie « marxiste » ni soumis à l'obédience soviétique.

Aujourd'hui, la question centrale demeure de savoir pourquoi, au moins jusqu'à la « guerre froide », les gouvernements occidentaux se sont montrés aussi dociles à satisfaire les exigences de

Staline alors même que la perspective d'une mainmise générale des communistes sur l'Europe les effrayait.

Dans la biographie qu'il a consacrée, dès 1935, au maître du Kremlin et à l'histoire du bolchevisme, Boris Souvarine considère Staline comme « un cas pathologique » et le stalinisme comme l'œuvre d'un véritable malade mental. A défaut de meilleure explication, notamment par l'analyse de la nature tyrannique de tout mouvement révolutionnaire, cela peut être acceptable.

Dans l'édition de 1977[4], Boris Souvarine s'étend sur les problèmes posés à Staline par la Seconde Guerre mondiale (rebaptisée, après le fameux « changement de nature » de 1941, « Grande Guerre patriotique »). C'est ainsi qu'il reprend, en ce qui intéresse notre propos, le célèbre article de Wallace Carroll*, ex-chef du War Information Office en Europe au temps de la guerre. Dans cet article, Carroll expliquait comment les Allemands ont échoué (en Russie) « pour n'avoir pas répondu aux espérances des minorités nationales et des paysans soumis contre leur gré à la collectivisation ». Il rappelait, à des oreilles qui devaient avoir du mal à entendre, que « les Allemands furent stupéfaits de voir le peuple les accueillir en libérateurs et leur offrir sa collaboration ». Wallace Carroll abordait aussi un sujet qui restera tabou (du moins en France) pendant près de cinquante ans : le cas du général Vlassov. Prenant à contre-pied la déferlante de propagande stalinienne alors au maximum de sa puissance, il affirmait ce qui demeure une vérité d'évidence : « C'est à tort que l'on confond [l'armée Vlassov] avec les détachements de prisonniers et corps d'allogènes auxiliaires de l'armée allemande [...] »

Aujourd'hui nous dirions que la confusion a été constamment entretenue afin de masquer un indéniable crime. Pour en avoir une idée, il n'est que de se reporter à ce qui s'est dit, ici et là, à propos des « Russes » que le Liechtenstein refusa d'expulser à la fin de la guerre — et du film que le cinéaste français Robert Enrico tira de cette « anecdote » : *Vent d'Est*. L'effet de propagande à long terme que révèle cette confusion encore active permet aussi de jauger l'influence persistante des structures de désinformation mises en place à l'époque stalinienne... et bien après.

À propos des « transfuges », Boris Souvarine note que « dans nombre de pays, comme la France, tout fut mis en œuvre pour

---

* Paru dans *Life* le 19 décembre 1949.

maintenir le peuple dans l'ignorance [et] accréditer les pires tromperies ». C'est ainsi que les « Russes » furent présentés, la plupart du temps, comme des bandits très exotiques et des traîtres — les camps de rassemblement et leur rapide expulsion devenant le meilleur moyen de circonscrire cette plaie. Cependant, si, comme l'écrit Boris Souvarine, « la révélation tardive [de cette réalité] parut inactuelle au public berné par des propagandes mensongères [et] rétif aux vérités qui troublent les consciences », on ne peut pas en dire autant des chefs d'État. Ceux-ci disposent, par définition, de moyens d'information qui leur sont destinés : services de renseignement, organes de sûreté, réseau diplomatique... Ils sont censés ne rien ignorer.

Comment interpréter, alors, cette note du Deuxième Bureau de 1944 qui paraît avoir défini une fois pour toutes l'opinion des plus hautes autorités militaires françaises sur la question ? Cette note, insérée dans l'argumentation que développe, au tout début d'octobre 1944, le général Juin, chef d'État-major général de la Défense nationale, provient du « Bulletin de renseignements n° 13 du 1er septembre 1944, publié par le Deuxième Bureau de l'État-Major général de la Guerre » : « La présence en France de nombreuses unités russes que les Allemands auront sans doute abandonnées à elles-mêmes constitue un danger pour les populations. Indépendamment du fait qu'elles ont été *employées contre les FFI*, on a signalé que les unités en cause auraient été *privées de solde et de vivres pour les inciter au pillage** [5]. »

L'une et l'autre de ces deux assertions sont, à la fois, relativement exactes et relativement mensongères. En amalgamant à leur pire emploi *toutes* les « nombreuses unités russes », le Deuxième Bureau procède à une généralisation hâtive et démentie par les faits. Au moment où cette note est rédigée, en Normandie, dans le Sud-Ouest et le Midi, en Franche-Comté, les exemples abondent d'un ralliement des *Osttruppen* aux FFI. Il faut donc, de la part du rédacteur de la note du Deuxième Bureau, une volonté particulière de simplifier dans un sens péjoratif. Que les plus hautes autorités militaires françaises fassent, durant des mois, leur religion de cette observation rapide pose tout de même un problème. D'autant que cette indication très autorisée se trouve tout de suite en contradiction avec ce qui émane des notes provenant du Quai d'Orsay ou

* Souligné par l'auteur.

du ministère des Prisonniers, Déportés et Réfugiés d'Henri Frenay. Nous verrons comment, jusqu'au quasi-épuisement de l'objet du débat, les « Russes » rendus à Staline, le gouvernement français du général de Gaulle s'en tiendra strictement (et durement) à la version des faits proposée par les militaires.

Ce n'est une consolation pour personne de voir, fin 1945, le chef (travailliste) du Foreign Office, Ernest Bevin, prétendre qu'il lui est impossible, « en pratique, de faire la différence entre les traîtres et les réfugiés politiques »... et qu'en conséquence, il convient de réexpédier tout le monde à Staline[6].

En plusieurs circonstances, les propos et l'attitude de l'allié soviétique auraient pu laisser entrevoir aux Occidentaux ce qui allait advenir. Tout se passait, cependant, comme si l'impasse était faite sur les vingt années de « stabilisation » du pouvoir bolchevik, sur les horreurs de l'épuration conduite par les tchékistes et leurs successeurs (Guépéou, NKVD...), sur la « dékoulakisation » et le génocide ukrainien (par la famine et les déportations), sur la réalité de la « Grande Terreur » de 1937-1938*. Dans l'esprit des dirigeants occidentaux (Roosevelt, au contraire de Churchill, n'a jamais voulu « croire » aux crimes bolcheviks — de même, d'ailleurs, qu'à la réalité des premières exterminations massives de juifs), seul semblait compter le chef de guerre à qui étaient attribués désormais les mérites de l'Armée rouge. Le Staline qui, en août 1939, avait levé son verre à Hitler et à l'amitié germano-soviétique paraissait oublié**.

Le 3 juillet 1941, revenu de son incapacité passagère à faire face au désastre, après une disparition d'une semaine, Staline avait expliqué, sans insister, les aléas de sa politique étrangère. La larme à l'œil, il avait adopté un profil bas qui permettrait de faire croire, plus tard, à la farce du « grand pardon » : « ... Mes frères, mes sœurs, c'est à vous que je m'adresse, mes amis... »

Mais, comme l'écrit l'historien américain Adam B. Ulam[7], « le tyran subsistait » (sous le bonhomme). L'autre versant du discours était un appel à la lutte implacable contre l'ennemi et contre son

---

* Sur ce sujet, voir notamment Robert Conquest : *La Grande Terreur*, précédé de *Sanglantes Moissons*, 1996, Robert Laffont, coll. « Bouquins », et Vassili Grossman : *Tout passe*, 1972, Stock.

** C'est bien à tort qu'on emploie le terme « pacte Molotov-Ribbentrop » pour désigner la « belle et bonne alliance » consacrée, en août et septembre 1939, au Kremlin, par les toasts de Staline.

allié intérieur, tous ces « saboteurs, paniquards et déserteurs » qui étaient la cause des revers. Joignant le geste à la parole, Staline allait faire payer au général Pavlov et à son état-major au grand complet sa propre défaillance. De plus, dans les premières semaines de cette guerre surprise, le NKVD de Beria allait s'en prendre aux « oppositionnels » survivants des massacres d'avant-guerre dans les prisons et les camps.

Au cours du second été de la « Grande Guerre patriotique », Staline a stigmatisé une nouvelle fois le défaitisme dans un ordre du jour farouche (28 juillet 1942) : « Il ne faut pas reculer d'un seul pas [...] Vous devez vous battre jusqu'à la dernière goutte de votre sang pour défendre chaque position, chaque pouce de territoire soviétique. »

Tandis que les désastres s'accumulaient, cette fois au Sud : Ukraine, Kouban, Caucase..., ces proclamations d'un patriotisme intransigeant ont eu toutefois moins d'effet sur les Soviétiques que l'attitude criminelle des envahisseurs. Les nazis, dont les troupes avaient été souvent accueillies en libératrices, ne devaient jamais se départir de leur vision du monde qui situait les Slaves à peu près au niveau des Juifs : dans la classe des « sous-hommes ». Hitler, pour sa part, estimait qu'il ne pouvait être question de quelque « libération » que ce soit et que dans le vaste « espace vital » que ses armées taillaient à l'Est, on ne pourrait se fier qu'aux seuls musulmans...

L'arrivée des Allemands a suscité l'espoir des « nationalités » mais les nationalistes ont compris très vite que Hitler ne souhaitait pas plus que Staline favoriser l'éclosion d'entités indépendantes de quelque importance.

Sur le territoire ravagé par la guerre, il y a eu, pour des raisons différentes mais finalement convergentes, une double « épuration ethnique ». Les nazis, aidés parfois par les organisations extrémistes des nationalistes, ont massacré les juifs à grande échelle comme en témoignent les récits de Nuremberg. Cependant, en juin 1942, il a été question d'un plan gigantesque de « déplacement » des populations. Himmler a envisagé sérieusement de déporter « 34 millions » de Soviétiques vers l'Allemagne et de leur substituer « 5 millions » d'Allemands de souche. Goering, pour sa part, a parlé de tuer « tous les Ukrainiens mâles » et de « lâcher les étalons SS » dans les territoires conquis !

Lorsque les colonnes blindées de Kleist ont rebroussé chemin à la fin de cet été 1942, les populations du Caucase ont eu à rendre des comptes à Staline. Les troupes spéciales du NKVD, assistées par des unités de l'Armée rouge qui auraient eu, à l'évidence, autre chose à faire, se sont employées à « liquider les régions musulmanes » — c'est-à-dire à déporter les populations et à détruire (à raser) les villages accessibles. Kalmouks, Tchétchènes, Ingouches et autres Balkars qui, sans forcément collaborer, s'étaient trouvés au contact des troupes hitlériennes, ont été « déplacés » vers le Kazakhstan, la Sibérie, le « Goulag ». Comme le souligne Soljénitsyne[8], qui consacre plusieurs pages à ces « courants d'alimentation » des camps : « Toutes ces nations n'étaient exilées qu'en fonction du seul critère du sang » — c'est-à-dire de ce que les nazis appelaient « la race ».

En 1946, un décret du conseil suprême de la « RSFSR » (ce qui est aujourd'hui la « Fédération de Russie ») supprimera les deux républiques « autonomes » de Crimée et des Tchétchènes-Ingouches. La première sera transformée en simple région rattachée directement à Moscou, la seconde purement et simplement dissoute. Dans le journal *Le Monde* (5 juillet 1946), André Pierre explique ainsi la « chose »[9] :

> « Le fait est que, durant la guerre, de nombreux habitants de ces Républiques se rendirent coupables de haute trahison. Il s'agit surtout des Tatars de Crimée et des Tchétchènes du Caucase qui sont de religion musulmane. Sous l'influence de la propagande allemande, ces Tatars et ces Tchétchènes s'engagèrent volontairement dans les unités spéciales créées par la Wehrmacht et combattirent contre l'Armée rouge. En conséquence, le présidium du Conseil suprême a ordonné le transfert des Tatars et des Tchétchènes "vers d'autres régions de l'Union soviétique".
> Combien de personnes furent ainsi déportées ? Plusieurs centaines de milliers sans doute, car les Tatars de Crimée [...] étaient au nombre de 250 000 environ. Quant à la République des Tchétchènes-Ingouches, elle comptait plus de 650 000 habitants et avait pour capitale Grozny, centre de la région pétrolifère du même nom.
> Ces régions ne furent conquises qu'assez tard par Moscou et brutalement "russifiées". Au début du XIXe siècle, à l'époque de la pénétration russe dans le Caucase, la région peu accessible des Tchétchènes, sur la rive droite du Terek, fut le foyer même de l'insurrection. »

Dans le crédit qu'il accorde aux allégations officielles du pouvoir soviétique, ce texte est tout à fait significatif des illusions de son époque. À ceci près que le décret ordonnant la déportation des populations musulmanes du Caucase a été pris un peu plus tôt (après les faits), au tout début de 1944, et qu'il est signé du Soviet suprême de l'Union soviétique — comme le précise Alexander Werth[10]. Ni cette déportation ni le décret du pouvoir soviétique qui la couronnait ne pouvaient être ignorés des chefs d'État alliés et de leurs représentants et agents de renseignement. Ce qui a fait taire alors les scrupules des dirigeants occidentaux et adopter le point de vue de Staline sur le châtiment des « collaborateurs » est, à l'évidence, la nécessité de la « grande alliance » contre Hitler.

Au printemps de 1943, quand a éclaté le scandale de Katyn, Churchill (qui sait quand même à quoi s'en tenir) rassurait ainsi l'ambassadeur soviétique Maïski : « Il s'agit de battre Hitler, ce n'est pas le moment de se disputer et de s'accuser[11]. »

À la conférence de Téhéran, en novembre 1943, Staline, mi-sérieux, mi-enjoué, a proposé qu'à l'issue de la guerre on fusillât « cinquante mille officiers allemands à commencer par l'état-major au grand complet ». Si Roosevelt, avec un humour douteux, s'en est tiré en déclarant que « quarante-neuf mille suffisaient », Churchill a quitté la salle de conférence en manière de protestation... avant de se radoucir, convaincu par Molotov et Staline en personne qu'il s'agissait d'une « vaste plaisanterie ». Ce n'est pas un simple truisme : Staline ne raisonne ni comme Roosevelt ni comme Churchill. Pour lui, il n'y a pas à rechercher un consensus minimum pour défendre son pouvoir. Il se détermine, au niveau le plus élémentaire, par la formule : « Qui n'est pas avec moi est contre moi. »

Dans cette optique, un prisonnier était non seulement assimilé à un lâche mais à un traître. C'est le sens exact que donne à la situation des hommes capturés par la Wehrmacht l'ordre « numéro 270 », du 16 août 1941, signé par Staline. Tous les soldats soviétiques tombés aux mains de l'ennemi étaient et seraient automatiquement considérés comme des traîtres. Survivre, c'était non seulement avoir eu la lâcheté de se laisser prendre au lieu de mourir en défendant la patrie mais c'était aussi contredire la vision officielle de cruauté qui caractérisait l'agresseur.

Dans *L'Archipel du goulag*, Soljenitsyne raconte aussi comment le cas des prisonniers de guerre et des déportés du travail en « Europe » était aggravé par le fait qu'« ils avaient entr'aperçu un petit bout de la vie européenne et pouvaient en parler », et que les prisonniers de guerre, « en particulier », « avaient vu en Occident un peu plus qu'un camp de la mort allemand [12] ».

C'était bien sûr là le fond de la question.

On pourrait certes dire que les Occidentaux ignoraient tout de ces « détails » et que ceci peut excuser cela. Outre que ce serait avoir une bien piètre idée des informations possédées, à ce moment-là de la guerre, par les services de renseignement britannique, américain ou français, la vigueur de la réaction des gouvernements occidentaux au tout début de la « guerre froide » ne peut laisser aucun doute sur ce qu'ils savaient déjà et qu'ils avaient jusque-là voulu ignorer.

Au fin fond de la Sibérie, Soljenitsyne trouve bientôt ces prisonniers de guerre restitués à Staline et, notamment, ceux de la guerre de Finlande. Comme il l'écrit : « C'est avec eux qu'on inaugura l'expérience qui consistait à juger comme traîtres à la patrie ceux de nos soldats qui avaient été faits prisonniers. Ce fut la première expérience de ce genre dans l'histoire humaine [13] ! »

On notera au passage que ceci corrobore ce que le capitaine Meshkov avance à Nicolas Voïnov, l'ancien *besprizorni* * détenu au camp de Beauregard, quand il incite le jeune homme à ne pas écouter les « sirènes » du grand (et paternel) retour au pays. Cela signifie aussi qu'à Paris, en haut lieu, nul ne pouvait ignorer ce qui se disait dans un milieu très surveillé. Cela signifie enfin que la formidable pression de la propagande communiste stalinienne était parvenue à rendre aveugle et sourd qui aurait dû voir et entendre.

Leur réaction à l'affaire de Katyn est sans doute ce qui met le plus en doute la « bonne foi » des dirigeants occidentaux. Ni Roosevelt, ni Churchill (ni de Gaulle) ne pouvaient ignorer, près de deux ans après la découverte des charniers de Katyn, qu'il s'agissait là des preuves d'un crime soviétique. Les Polonais de Londres (le gouvernement en exil) leur en avaient fait la démonstration. Les nazis aussi, indirectement, par l'intermédiaire des diverses commissions d'enquête (dont celle des neutres). Ils n'en dirent pas un mot, firent taire les Polonais et entérinèrent la version servie par Staline qui eut officiellement cours, chez les communistes purs et durs, jusqu'en 1992. Si, au procès de Nuremberg, la question fut écartée, ce fut moins par souci de rétablir la vérité

* Voir note p. 24.

que pour éviter un « clash » avec la partie soviétique. Le prétexte fut tout trouvé dans le peu de sérieux du dossier. Les Soviétiques faisaient état de la participation au massacre d'une unité allemande qui, au moment supposé des faits, se trouvait ailleurs.

Comme l'a souligné l'historien polonais Jerzy W. Borejsza[14], « l'attitude des Alliés [...] ne fit que raffermir le sentiment d'impunité de Staline ; il en déduisit qu'il pouvait utiliser sa méthode de liquidation physique de ses adversaires également au-delà des frontières de l'URSS [...]. »

Du côté français, ni dans les *Mémoires de guerre* ni dans le récit que fait, de l'entrevue de décembre 1944, l'interprète officiel du général de Gaulle, Jean Laloy, il n'est nulle part question de Katyn à Moscou. En revanche, il est abondamment fait état des tergiversations qui accompagnent l'apparition d'un « Comité de libération nationale » (polonais) plus connu sous le nom de « Comité de Lublin » (le futur gouvernement de la Pologne communiste). Staline semble insister lourdement pour que la France « reconnaisse » ses protégés — sous-entendu comme l'Union soviétique a reconnu le comité présidé, à Londres puis à Alger, par le général de Gaulle. C'est même en évoquant ce « Comité de Lublin » (et M. Bierut) que se trouve posée, dans les *Mémoires* du général de Gaulle, la douloureuse question des ressortissants français présents, côté soviétique, par fait de guerre...

Et Staline répond ceci au Général : « C'est à Lublin que vous devez vous adresser pour tout ce qui concerne vos intérêts dans le pays, notamment le sort des prisonniers et des déportés français *que les Allemands en retraite laissent sur place** [...][15]. »

La formulation est étrange. Elle résonne, d'une part, en écho à la formule utilisée dans la note, déjà citée**, du Deuxième Bureau (les « unités russes que les Allemands auront sans doute abandonnées à elles-mêmes ») : le « concept » est le même... Elle laisse entendre que Staline veut ignorer ce qui se passe au-delà des frontières de son pays. On est très loin d'une « réciprocité » possible entre l'Union soviétique et la France. Tout se passe, y compris dans le récit du Général, comme si, hormis les héros de Normandie-Niémen, il n'y avait pas de Français en Russie et comme si ce n'était pas l'Armée rouge qui les avait en charge, soit après les

---

* Souligné par l'auteur.

** Voir p. 46.

avoir libérés, soit après les avoir capturés... Des Français dans cette partie du monde ? Adressez-vous aux Polonais... Plus étrange encore est le fait que de Gaulle accepte d'entrer dans pareille fiction et qu'il finisse par recevoir Bierut et autres « ministres » polonais comme le lui a demandé Staline.

Une fois accepté par le « Comité de Lublin », le commandant Christian Fouchet ne trouvera pas en Pologne ce que le général Petit, à Moscou, ne parvient pas à obtenir : une vue d'ensemble de la question des « ressortissants français en Union soviétique ».

Chapitre 4

La France applique les accords avant la lettre

Fidèle à elle-même, la France de 1944-1945 applique des accords franco-russes... qui ne sont pas encore signés. Elle s'empresse de rendre à Staline les ressortissants soviétiques qui ne sont pas encore officiellement réclamés. Au fur et à mesure d'une nécessité qui apparaît aujourd'hui toute relative, elle invente des camps pour un appareil soviétique dont elle ne veut surtout rien savoir. Elle laisse faire sur son sol des policiers et des militaires étrangers au nom d'une réciprocité qui n'est même pas effective.

Début septembre 1944, les centres d'hébergement se sont formés au gré des circonstances, disposant « spontanément » de cadres issus du corps des officiers « russes » captifs ou des FFI. Puis, reconstituées au fur et à mesure de la libération du territoire, les régions militaires prennent la responsabilité d'en nommer l'encadrement français et de laisser aux « Russes » le choix de leurs chefs... Exemple de ces décisions rapides : le « détachement soviétique » créé par la subdivision de Saint-Étienne :

> « L'an mil neuf cent quarante-quatre, le 1er décembre, nous, intendant militaire de seconde classe, employé dans la garnison de Saint-Étienne
> Vu l'instruction du 8 janvier 1935
> Vu l'instruction n° 1569 INT. G/AG du 7.6.44 sur l'administration et la comptabilité des corps de troupes,
> en présence de M. le colonel Corbin de Mangoux, commandant la subdivision de Saint-Étienne,
> avons procédé à la constitution du détachement soviétique de Saint-Étienne [1]. »

Suivent la liste nominative de trente-quatre officiers (dont les capitaines Solodownikow Michel, Jakuszyn Mathieu, Bucko Pierre...) et le tableau quantitatif de la troupe : soixante-quatorze sous-officiers, cent quarante et un hommes de troupe et quatre-vingt-neuf civils... Le commandant du camp est le lieutenant Trifonow et son adjoint le capitaine Jakuszyn. Il y a cinq détachements.

Le procès-verbal « constatant la formation du détachement soviétique de Saint-Étienne » n'oublie pas de mentionner, comme il se doit, que ledit détachement « aura droit aux allocations réglementaires à compter du 1er décembre 1944 » mais qu'il ne lui est accordé ni « boni » ni « avance ».

Le 17 mai 1945, un autre procès-verbal[2] émanant du même intendant militaire (Ballay) constate « la formation du détachement d'administration et de liaison des ressortissants soviétiques de Saint-Étienne chargé de la gestion [du] camp », créé en vertu de « l'instruction ministérielle n° 1 du 12 février 1945 sur les mesures à prendre à l'égard des ressortissants de l'Union des républiques socialistes soviétiques ». Le détachement français est dirigé par le capitaine (de réserve) Lefranc Joseph. En fait, ce document souligne le passage de l'administration des camps du ministère de la Guerre (1er Bureau) au ministère des Prisonniers, Déportés et Réfugiés auprès duquel est détaché, désormais, un personnel militaire. Ce qui est intéressant, en l'occurrence, c'est que le procès-verbal décrit en détail les effectifs et les fonctions qui ont été pris en charge, jusque-là, par l'armée. Il mentionne notamment les soldes et allocations consentis à chacun :

« [...] B. — CAMP DE RESSORTISSANTS SOVIÉTIQUES (Personnels administrés)

a) Ressortissants soviétiques sans emploi :

Lieutenant à	1 200 =	1
S/Lieutenants à	1 000 =	5
Aspirants à	700 =	9
S/Officiers à	500 =	45
Soldats à	400 =	97
Civils à	400 =	18
Femmes à	400 =	41
Enfants à	400 =	10
Total...		226

b) Ressortissants soviétiques occupant au camp des fonctions administratives :

Chef de camp	1 = 2 500
1er adjoint au chef de camp	1 = 2 000
Adjoint au commandant du camp	1 = 2 000
Chef d'état-major du camp	1 = 2 000
Médecin du camp	1 = 1 800
Commandants de compagnie	3 = 1 500
Chef de ravitaillement	1 = 1 500
Chef des services artistiques	1 = 1 500
Instituteur	1 = 1 500
Sténo-dactylo interprète	1 = 1 400
Commandants de détachement	9 = 1 300
Chef cuisinier	1 = 1 300
Trésorier	1 = 1 300
Adjoints aux chefs de détachement	9 = 1 000
Adjudants	4 = 1 000
Blanchisseuses	3 = 1 000
Interprète chef du secrétariat	1 = 1 000
Chefs de section	11 = 800
Cuisiniers et ouvriers divers au camp	9 = 800
Secrétaire au camp	1 = 800
Total	61 »

Au point 6 de ce procès-verbal figure le détail suivant : « Le capitaine Lefranc, chef du détachement d'administration et de liaison, reçoit des mains du capitaine Bucko, faisant fonction de trésorier du détachement soviétique, une somme de soixante et un mille cinq cents francs, reliquat des sommes reçues par le capitaine Bucko, et à valoir sur la liquidation des comptes de la gestion précédente. »

En annexe est reproduit un état du « Matériel existant au détachement soviétique de Saint-Étienne » :

« I. COUCHAGE ET AMEUBLEMENT

Couvertures	362
Couvre-pieds	154
Matelas	242
Traversins	31
Lits métalliques	72
Couchettes en bois	85
Tables	59

Bancs	29
Chaises	108
Armoires	105

II. ARTILLERIE

Cuisine roulante	1
Camionnette (Peugeot)	1 n° 460030
Touriste (Peugeot)	1 n° 160080 »

Cet exemple pris à Saint-Étienne illustre ce que chacun des soixante-dix camps « soviétiques » en France* va connaître au cours des douze mois qui suivent la Libération. On note une pléthore de fonctions d'encadrement — où, un « adjoint au commandant du camp » venant après un « adjoint au chef de camp » dissimule sans doute un « commissaire politique ». De même, quelle est la fonction exacte de l'« instituteur » ? On relève enfin que les civils passent de « 89 » (le 1er décembre 1944) à 69 et que

* Voir la carte et la liste, p. 72 et 73. Outre ces soixante-dix camps, on comptera en définitive soixante-seize camps « soviétiques » en France, cinq d'entre eux étant sous administration américaine et un sous administration britannique.

Une estimation du nombre de « ressortissants soviétiques » ayant passé par les camps « de prisonniers » est envisageable mais elle n'a de valeur qu'hypothétique. Les Anglo-Saxons ont fait environ 74 000 prisonniers « russes » se répartissant ainsi :

— camp britannique du Touquet :	6 000
— camps américains :	
de Cherbourg	30 000
de Marseille	21 000
de Rennes	6 000
d'Angers	6 000
de Reims	5 000

À ces « prisonniers alliés », il convient d'ajouter ceux qui sont détenus dans les camps français mais ceux-ci sont difficilement comptabilisables car les camps « soviétiques français » regroupent les civils avec les militaires.

En tenant compte des 30 000 auxiliaires et volontaires de l'Est qui échappèrent à l'encerclement des Alliés en France et formèrent l'essentiel des deux divisions de la « ROA » de Vlassov, au printemps de 1945, on arrive à un total de 104 000 « Russes »... Si nous ajoutons les 7 062 tombes des nécropoles et des carrés ainsi que les 2 000 morts « soviétiques » dans la Résistance, nous ne sommes pas loin de l'estimation à 120 000 (minimum) des auxiliaires et volontaires de l'Est qui figurent sur le tableau des forces auxiliaires de la Wehrmacht à l'hiver 1943, p. 121.

l'effectif total tombe de « 304 » à 287. Il manque donc, d'une part 20 civils et, d'autre part, 17 rationnaires...

L'histoire strictement administrative de ce « détachement soviétique » montre comment est finalement régularisée la situation d'un « camp-guerre », selon le jargon des rapports et des procès-verbaux du temps. Ces « camps-guerre » passeront progressivement, après février 1945, sous le contrôle de la mission française de rapatriement, un organisme qui dépend du ministère des Prisonniers, Déportés et Réfugiés d'Henri Frenay. Après le départ du général de Gaulle (janvier 1946), le ministère sera confié au communiste Laurent Casanova. Cette mutation de la prise en charge se traduira par le maintien de la couverture des dépenses par l'État mais par une perte de contrôle de ce qui se passe à l'intérieur des camps où la mission militaire soviétique aura désormais tout pouvoir, y compris le droit de basse justice...

Un rapport établi en 1946 fait le point sur « la question des ressortissants soviétiques au 1er novembre 1945 ». Il est ainsi sous-titré : « Activité du ministère de la Guerre au profit de la mission militaire soviétique pour le rapatriement des citoyens soviétiques libérés dans les territoires de l'ouest de l'Europe[3]. » Dans sa première partie (« Travail effectué »), le rapport résume assez bien l'aspect matériel du problème :

« I. TRAVAIL EFFECTUÉ

A. Situation générale

Jusqu'au 30 septembre 1944, les ressortissants soviétiques se trouvant en France par suite d'événements de guerre et non enrôlés dans les FFI étaient rassemblés dans des camps, casernements ou cantonnements organisés à l'initiative de l'Etat-Major national FFI (Service « Etrangers » : lieutenant-colonel Fournier) par les régions militaires ou les préfets. On comptait soixante-sept points de rassemblement répartis sur l'ensemble du territoire.

À partir du 30 septembre 1944, le ministère de la Guerre a pris à son compte l'administration de tous les organismes et a entrepris de regrouper tous les ressortissants soviétiques, même engagés dans les formations combattantes, dans les camps spéciaux pour lesquels un statut particulier a été établi.

Le recensement, effectué fin novembre (1944), en accord avec la mission soviétique de rapatriement, donne comme effectif global des ressortissants soviétiques se trouvant en France, le chiffre de *93 918*. À cette époque, il fut créé une commission interministérielle pour les questions soviétiques (rapatriement) comprenant le ministère des Prisonniers, Déportés et Réfugiés, le ministère de la Guerre, le ministère des Affaires étrangères, le ministère de l'Intérieur, le ministère des Finances. La présidence de cette commission fut confiée au ministère des Prisonniers, Déportés et Réfugiés. Le secrétariat général revint au ministère de la Guerre (lieutenant-colonel Fournier).

D'un commun accord, plusieurs camps furent passés au ministère des Prisonniers, Déportés et Réfugiés.

La résorption des centres initiaux et le regroupement dans des camps spéciaux dits « camps de rapatriement » se sont poursuivis jusqu'en février-mars 1945.

À cette époque, la situation était la suivante :

Camps dépendant du département de la Guerre : 20
Camps dépendant du ministère des PDR : 26
Total 46

La répartition dans les camps est très inégale ; on a utilisé au mieux les capacités existantes ; certains ont un effectif de plus de six mille, d'autres ne dépassent pas trois cents.

Le passage des camps au ministère des Prisonniers, Déportés et Réfugiés se poursuit. À partir du mois d'avril (1946), le ministère de la Guerre ne garde à sa charge, jusqu'à la fin du rapatriement, que douze d'entre eux, situés dans le sud de la France.

B. Activité du département de la Guerre : hébergement, habillement, nourriture, solde, etc.

La commission interministérielle élabore (12 février 1945) une circulaire dite « Circulaire interministérielle n° 1 » mettant ainsi au point les mesures à prendre à l'égard des ressortissants de l'Union des Républiques socialistes et soviétiques.

Aux termes de cette instruction, la tâche d'héberger, d'habiller, de nourrir et de payer les ressortissants soviétiques est répartie entre les deux ministères.

En pratique, la Guerre garde à son compte l'administration complète de quinze mille ressortissants soviétiques environ. Mais elle *nourrit* et *paie* indistinctement la totalité des effectifs regroupés en France.

a) *Habillement* : Dès le début du regroupement dans les camps spéciaux, le ministère de la Guerre s'est préoccupé de l'habillement des ressortissants soviétiques ; les régions militaires ont d'abord été chargées de subvenir aux besoins les plus urgents : elles ont prélevé sur leurs stocks des quantités importantes d'effets (capotes, vareuses, pantalons, chaussures, etc.). L'administration centrale de la Guerre a obtenu de son côté le déblocage de plus de 15 000 paires de chaussures, 13 000 collections complètes, 7 000 gilets, 1 700 pull-overs... etc.

b) *Vivres, tabac, solde* : Le ravitaillement en vivres et en tabac a été assuré dans tous les camps par l'Intendance militaire. La ration allouée était la même que celle des troupes françaises stationnées à l'intérieur, qu'il s'agisse d'hommes, de femmes ou d'enfants. Les soldes et indemnités payées aux ressortissants soviétiques ont été fixées en accord avec la mission soviétique de rapatriement.
c) *Service de Santé* : Il a été assuré par le Service de Santé militaire dans tous les camps dépendant du département de la Guerre. Le même Service de Santé militaire a apporté son aide efficace dans tous les camps relevant du ministère des Prisonniers, Déportés et Réfugiés et s'est même substitué à lui dans de nombreux cas.
Des hôpitaux soviétiques ont été créés (Marseille, Paris, Le Puy) destinés à recevoir exclusivement des ressortissants soviétiques.
De même, une maison de repos a été installée à Nantiat. »

Dans la réalité, le déroulement presque trop idéal rapporté par la note de synthèse du ministère de la Guerre paraît beaucoup plus hésitant, voire confus. Si le cadre administratif est établi, ni le fonctionnement ni les moyens mis en œuvre ne donnent entière satisfaction. Jusqu'en décembre 1944, l'état du pays et les contre-pouvoirs ont créé confusion et embarras. Même quand la situation s'améliore, les services des ministères continuent de s'affronter à l'occasion des attributions d'autorité.

Une note des Subsistances de la région militaire de Paris (XXIIe région) précise[4] :

« UNITÉS ÉTRANGÈRES. — Il n'y a, dans la région de Paris, que des groupements russes. L'un de ces groupements, stationné en Seine-et-Oise [il s'agit du camp de Beauregard], perçoit ses vivres auprès des services de l'Intendance.
Cette perception se fait à titre remboursable en principe mais le remboursement n'a jamais été effectué.
Le service de l'Intendance a été invité, par le général commandant la région, à fournir à ces groupements du matériel de couchage et de cuisine.
Un autre groupement est stationné en Seine-et-Marne [à Meaux...]. Il n'est ni administré ni alimenté par le service de l'Intendance qui a cédé, par ordre du général commandant la région, du matériel de couchage pour 1 100 hommes au ministère des Prisonniers et Réfugiés [*sic !*] : supports ; sacs de couchage ; enveloppes de paillasses. »

Deux mois à peine après la libération de Paris, une note du ministère des Affaires étrangères met l'accent sur les difficultés rencontrées dans la résolution des problèmes posés par l'hébergement et l'entretien des ressortissants soviétiques se trouvant en France. Cette note est du « 14 octobre 1944[5] ».

« La solution des problèmes posés par la présence sur le territoire français de nombreux étrangers, en majorité ressortissants de l'URSS, se heurte toujours à de grandes difficultés. Il est inutile de souligner l'importance de ces problèmes tant au point de vue de la sécurité publique que des relations avec le gouvernement soviétique. Celui-ci a déjà fait une démarche à ce sujet et nous ne pouvons guère lui donner jusqu'à présent que des assurances platoniques de bonne volonté.

Nous ne pouvons subvenir aux besoins des étrangers qu'en les groupant en quelques "centres de rassemblement". C'est là non seulement une nécessité pour les opérations de triage et de contrôle, mais aussi une première condition indispensable à leur hébergement et à leur ravitaillement dans les circonstances actuelles. En vue de la surveillance de ces "centres", le ministère des Prisonniers compte faire appel aux équipes de cadres dont il se servira pour les centres d'accueil des prisonniers français au moment de leur libération. Les États alliés n'auront donc de ce côté aucun motif de plainte.

Mais la difficulté commence lorsqu'il s'agit de constituer ces centres. Les conférences interministérielles qui ont déjà examiné la question ont abouti à cette constatation que les rares camps existants sont ou situés dans des régions froides (Massif central) ou en mauvais état et dépourvus d'équipement ou requis pour l'instruction de troupes françaises [c'est encore le cas de Beauregard...]. Afin de créer de nouveaux camps ou d'aménager les anciens, il faudrait en particulier des baraquements. Or les disponibilités en baraques démontables se trouvent dans l'Ouest et en nombre restreint. Force sera donc pour le début d'établir un ordre de priorité qui ne pourra être fixé que par l'arbitrage du gouvernement entre les différents besoins et les différentes administrations. Le ministre des Prisonniers réunit la documentation nécessaire.

L'arbitrage gouvernemental devra intervenir également pour les transports. Il y aurait avantage à mettre les ressortissants soviétiques non loin de la Méditerranée afin qu'ils puissent être évacués et rapatriés par mer au fur et à mesure que des possibilités se présenteront. Mais ils sont en concurrence avec les Nord-Africains et les coloniaux. De plus, dans la région Sud, le ravitaillement est plus difficile.

Une autre difficulté qui vient aggraver sensiblement la précédente tient à l'absence de coordination des efforts entrepris par les autorités militaires pour résoudre le problème et spécialement à l'absence de liaison entre les autorités centrales (ministère de la Guerre et Etat-Major général de la Défense nationale) et les commandants locaux des Forces françaises de l'Intérieur [...]. »

Dans les premiers mois, le caractère principal est l'improvisation. À la naissance spontanée que nous avons décrite succède, en décembre 1944 et en janvier 1945, l'arrivée massive de réfugiés, déportés et ex-prisonniers des Allemands rassemblés par les Britanniques dans le Nord libéré, et en Moselle par les Américains, et remis aux Français. La répartition effectuée par les autorités civiles ou militaires locales tient compte des locaux et des propriétés disponibles. Ancien camp allemand, caserne désaffectée, propriété close ou ensemble de baraquements déserts, tout est bon pour recevoir son contingent.

L'automne pluvieux, l'hiver précoce accroissent la dureté des conditions d'hébergement. La pénurie alimentaire générale dont souffre la population va s'étendre évidemment aux personnes « déplacées » car les déblocages de stocks de vivres, quand ils existent, passent par la voie administrative : l'Intendance militaire. Dans certains camps, on brûle, pour se chauffer, les planches arrachées aux baraques. Si les réclamations de la mission militaire soviétique sont justifiées, elles le sont par la précarité générale, le provisoire, la pénurie, l'insalubrité. Selon les régions, les conditions de vie dans les camps sont très inégales. Sollicitée par le ministère des Prisonniers, Déportés et Réfugiés, l'Organisation des Nations unies pour l'aide aux réfugiés apporte son soutien, en priorité, aux zones septentrionales. Les camps de prisonniers « russes » tenus par les Britanniques et les Américains sont approvisionnés par les armées respectives et par l'UNRRA*. La disette n'y règne pas. On constaterait plutôt une abondance de biens. Pour pallier cette différence de traitement, les directives françaises tentent de répartir la pénurie : elles encouragent la création de centres disséminés dans tout le pays et recommandent un faible peuplement.

Alors que Cherbourg et Marseille (de création américaine) voient leurs effectifs se situer entre 20 000 et 30 000 « allocatai-

* UNRRA : United Nations Relief and Rehabilitation Administration (Administration des Nations unies pour l'assistance et la réadaptation).

res », le camp de Beauregard ne comptera pas plus de 2 500 personnes, au 1er décembre 1944 (y compris la compagnie des gardiens)[6]. Les camps de Bouteillerie et de Fouilloy, dans la Somme, ne totaliseront pas plus de 1 700 réfugiés[7]. Le camp de Velars-sur-Ouche, près de Dijon, sera constitué, fin janvier 1945, avec 43 officiers et 287 sous-officiers et hommes de troupe soviétiques[8].

Les conditions de vie difficiles poussent au brigandage les éléments étrangers non encore désarmés. Les heurts avec la population sont fréquents — mais également avec les forces de l'ordre ou l'encadrement FFI. Ainsi en témoigne ce document émanant de la Préfecture de police de Paris[9] :

> « A 22 h 30, le 26 [janvier 1945], faubourg Saint-Antoine, face à la station Ledru-Rollin, six individus armés ont attaqué des passants et plus particulièrement un automobiliste qui circulait dans ladite rue.
> Alertés par les coups de feu, trois gardiens de la paix ont fait usage de leurs armes, permettant l'arrestation des individus après en avoir blessé deux. Il s'agit de six Russes du 1er bataillon de la Liberté, actuellement à la caserne de Reuilly. Au cours de l'arrestation, les gardiens ont été légèrement blessés. L'un d'entre eux, blessé à la nuque, est dans un état satisfaisant. La blessure est superficielle. L'un des agresseurs est décédé des suites de ses blessures. Un second est hospitalisé hôpital Saint-Antoine. Les quatre autres sont transférés au poste de police des Quinze-Vingts.
> La *Military Police* est intervenue et a saisi les papiers de l'un des agresseurs car il portait une arme anglaise. »

Dans le même esprit, pourrait-on dire, se situe le compte rendu[10] d'un incident survenu au « Centre de perfectionnement des officiers supérieurs FFI de Provins », au lendemain de la capitulation allemande :

> « Provins, le 10 mai 1945
>
> COMPTE RENDU
> Le lieutenant-colonel Genesteix, Directeur du Centre [...], a l'honneur de rendre compte de ce que dans l'après-midi du 9 mai, vers 18 heures, le chef de bataillon FFI Désiré, stagiaire au Centre, a été blessé dans les circonstances suivantes :
> Une bagarre ayant éclaté dans un bal public entre ressortissants russes et la population dans laquelle se trouvaient de très nombreux soldats

français, un certain affolement se manifestant dans la ville, le chef de bataillon FFI Désiré se porta sur les lieux, de sa propre initiative, pour essayer de calmer la foule. Au moment où il arrivait sur les lieux, Russes et policiers français étaient en lutte : les Russes se montraient très menaçants et un certain flottement semblait se manifester dans le service d'ordre. Le chef de bataillon FFI Désiré s'interposa très bravement en essayant de calmer les Russes. Il fut blessé presque aussitôt à la tête sans gravité. Transporté à l'hôpital de Provins, il fut dirigé sans tarder sur Paris où il se trouve actuellement. »

Avant le 1er septembre, c'est-à-dire moins d'une semaine après la libération de Paris, une note [11] fait état d'un « commandant des FFI de Versailles », un « lieutenant Ternil », qui se plaint de manquer de moyens alors que « depuis trois jours », « environ quatre-vingt-dix Russes » gardent des baraques. Le 1er septembre, un commissaire de police écrit [12] au directeur régional qu'il a reçu « la visite du colonel Morel, chargé du ravitaillement des prisonniers et internés, venu m'entretenir de la situation du camp d'hébergement de Beauregard à La Celle-Saint-Cloud ». Ce colonel Morel « s'offre à continuer de gérer ce camp ». Il donne de précieuses indications sur les associations « dirigeant des Slaves sur le camp de Beauregard » et sur des « sujets russes, parlant français, domiciliés en Seine-et-Oise, et s'intéressant aux hébergés de ce camp ». Le colonel Morel dirigera Beauregard du 25 août 1944 au 11 septembre, comme le précisera une note de l'inspecteur « Serge C. » à son patron des Renseignements généraux, en date du 26 septembre [13].

Le 3 septembre, la Sécurité militaire s'est intéressée à ce camp « où sont rassemblés les Russes faisant partie de l'organisation Todt en France après leur déportation de Russie ». Le colonel Morel rapporte que, pressant le chef de camp (« un Russe ») de questions sur l'origine de leur présence à Beauregard, celui-ci lui a répondu [14] : « Deux ressortissants russes se sont présentés à leurs compatriotes de la part de l'Union des patriotes russes, 4 rue Galliéra, Paris (KLE. 9420) et leur ont fait d'alléchantes propositions concernant leur transfert prochain pour les environs de Paris où ils seraient embrigadés dans les milices patriotiques russes afin de continuer la guerre en France. »

Le lieutenant-colonel Morel fait remarquer que son attention avait déjà été attirée « par deux individus inconnus de lui qui étaient venus s'entretenir avec les occupants du camp qu'il dirige [et que] la démarche dont traite le précédent paragraphe lui est apparue, de façon tout à fait nette, comme une manœuvre de propagande communiste et une tentative de recrutement vraisemblablement pour des bandes armées destinées à mettre le désordre dans la banlieue parisienne et à créer une atmosphère propre au trouble. Une enquête devrait être ouverte sur cette "Union des patriotes russes" qui se couvre du manteau de l'entraide aux prisonniers mais dont la véritable raison d'être n'est pas difficile à entrevoir ».

Cette note de la Sécurité militaire met l'accent sur un fait qui apparaît beaucoup plus confus dans la plupart des régions de France où s'ouvre un « camp soviétique ». La spontanéité apparente de ces créations laisse supposer à certains qu'elles ont été organisées par des agents soviétiques, qu'ils appartiennent à un embryon de représentation « diplomatique » de l'URSS, ou qu'ils soient membres, clairement ou clandestinement, des FFI (des communistes français au premier rang). C'est ce que subodorent ces officiers qui ont conservé leurs « vieux réflexes » d'avant-guerre...

Le 13 septembre, après le départ du colonel Morel, une note [15] du patron des « RG » de Versailles (le commissaire Baron) précise que « Monsieur le Préfet » veut être renseigné d'une façon « aussi exacte que possible » sur la situation au camp de Beauregard. Une coupure du journal *L'Humanité* du 11 septembre 1944 est épinglée à la note. Ce document est une photo montrant une dizaine de personnes en civil : trois sont debout, celui du milieu tient un drapeau soviétique, sept sont assis (dont une femme).

Deux jours plus tard, l'inspecteur Roger A., après avoir décrit le camp de Beauregard « divisé en deux zones » (partie « russe » et partie réservée « aux compagnies FFI en formation »), rapporte [16] qu'une réunion s'est tenue le 10 septembre (sans doute la photo de *L'Humanité* du 11). Au cours de la réunion, un discours a été tenu par « le commissaire du peuple russe venu spécialement pour la circonstance [...]. Y assistaient quelques membres du parti communiste français venus dans une demi-douzaine d'automobiles [...] De l'opinion générale il apparaît que cette réunion avait pour but de reprendre en main ces hommes et de leur communiquer des ordres émanant du commandement soviétique ».

Le 26 septembre, une enquête [17] signée de l'inspecteur Serge C.

arrive sur le bureau du chef des Renseignements généraux. C'est elle qui sera transmise au préfet :

> « [Le 25 août], "150 à 200 Russes, vus aux alentours de Versailles" viennent à Beauregard. [...] À ce moment apparaît un certain Ivanoff se disant capitaine de l'armée soviétique et prisonnier de guerre évadé. Il se dit également commissaire du parti à l'armée. Cet homme âgé de trente ans environ [...] connaît Karl Marx par cœur [*sic !*] [...] Il a pris en main la direction du camp. [...] Depuis le début du mois de septembre, trois Russes appartenant à l'Union des patriotes russes, comité d'entraide aux prisonniers soviétiques, 4, rue Galliéra, à Paris, font de fréquentes visites au camp et poussent les hommes vers la caserne de Reuilly. »
>
> Selon l'inspecteur C., l'entraînement de ces hommes révèle "une possibilité d'insurrection". Au 23 septembre [sans doute la date de la visite de C. à Beauregard], les effectifs sont de "910 Russes", dont un tiers de femmes. L'âge moyen est de 35 ans (entre 13 et 55...). [...]
>
> C. note que le colonel Morel a dirigé "du 25 août au 11 septembre" et qu'il appartenait "à un groupe dissident de FFI en opposition avec les FTP du colonel Rol". [Une note du directeur régional de la police au préfet, jointe à ce rapport, précise : « Je ne puis affirmer [...] que l'unité FFI cantonnée également au camp de Beauregard soit un groupe dissident. Leur tenue est, jusqu'à ce jour, très correcte. »]
>
> C. note que les officiers se sont installés au château, "sans doute avec leurs femmes", et qu'il y a [pour la garde] "douze GMR".
>
> C. termine son rapport par cette remarque : "Les représentants de l'URSS en France pourraient rendre conforme à leur politique envers le gouvernement français l'activité de l'Union des patriotes russes [...]." »

En octobre, au moment où la Commission interministérielle commence à formuler ses intentions et à préciser ses réponses aux insistances soviétiques, un personnage clé apparaît : le commandant Victor Fournier, officier de l'état-major FFI (« du XVIe arrondissement »), authentique capitaine de réserve dans l'aviation.

Victor Fournier, né en 1894, est un soldat et un technicien. Mobilisé en septembre 1914, il est blessé en mars 1915. Proposé pour la réforme, il la refuse. Il demande à entrer dans l'aviation et il est breveté pilote en mai 1916. Il est envoyé aussitôt sur le front de Verdun puis en Italie. Nommé sous-lieutenant en février 1918, il termine la guerre avec un total de trois blessures, sept citations, la croix de guerre, la croix de guerre italienne et le grade de chevalier dans l'ordre de la Légion d'honneur. Entre les deux guerres, il suit un certain nombre de stages et de cours de perfectionnement. Breveté d'état-major (réserve), il est nommé capitaine le 14 juillet 1937. Il est promu officier de la Légion d'honneur l'année suivante « sur le rapport du ministre de l'Air ». Mobilisé à nouveau en 1939, il obtient une 8e citation. Il est démobilisé en juillet 1940 et « retourne aux Métaux et Alliages blancs, société qu'il quitte le 1er décembre 1940, en excellents termes, pour entrer comme chef de service des métaux non ferreux au Comité d'organisation de l'automobile et du cycle, 2, rue de Presbourg, Paris [18] »...

C'est ce qui s'appelle de brillants états de service. De plus, Victor Fournier est un incontestable patriote. Médaillé de la Résistance (« avec barrette »), il appartient, dès septembre 1940, à ce qui deviendra l'OCM (l'Organisation civile et militaire), réunion des groupes fondés par Maxime Blocq-Mascart et le colonel Heurteaux, un aviateur héros de la Grande Guerre...

Le Comité d'organisation de l'automobile et du cycle (COA) *, où Victor Fournier devient chef de l'un des services stratégiques (les métaux non ferreux) est un de ces organismes comme les aime la « Révolution nationale ». L'administration de Vichy peut ainsi contrôler la production automobile... et mieux répartir les « commandes » allemandes. L'importance du poste de Victor Fournier saute aux yeux. Responsable de la répartition des matières premières telles que le cuivre, l'aluminium, le nickel, le chrome, etc., il est évidemment au courant de la destination des commandes qui lui sont passées. Membre d'une organisation de résistance qui s'est manifestée très tôt dans les milieux dirigeants (technocrates, industriels, banquiers, chercheurs...), on devine le travail de renseigne-

* Institué dès le 30 septembre 1940, le COA est dirigé par François Lehideux, neveu par alliance du constructeur automobile Louis Renault. Il dépend directement de Jean Bichelonne, ministre de la Production industrielle. Il instaure une sorte de planification (de la pénurie) en établissant et répartissant les programmes de chaque constructeur (Renault, Citroën, Berliet, etc.). Il en contrôle sévèrement l'exécution et veille à « économiser » les matières premières. Berliet se verra, par exemple, reprocher son « productivisme ». En zone « occupée », mais également en zone « libre », l'essentiel de la production automobile est destinée à donner satisfaction aux forces armées allemandes. Le COA veille tout particulièrement à ce que les marchés passent par lui [19].

ment qu'il a pu fournir. Et comment ne pas prendre en compte, à son propos, cette remarque d'Henri Noguères sur l'OCM : « ... par son noyau militaire initial — et spécialement par le colonel Heurteaux qui travaillait directement avec le SR Air du colonel Ronin — l'OCM n'a cessé d'être en contact avec les officiers du Deuxième Bureau de Vichy détachés en zone Nord[20]. » Malgré les coupes claires opérées par la Gestapo et les services de renseignement allemands, Victor Fournier semble avoir échappé aux arrestations qui frappent les résistants OCM de la première heure — à commencer par les fondateurs du mouvement.

C'est cet homme qui, par une lettre en date du 9 octobre 1944, surprend un résistant très valeureux*, le général André Basse, commandant de la subdivision de Versailles. Le général écrit au préfet de Seine-et-Oise qu'il ne connaît « absolument pas cet officier FFI » qui s'adresse à lui d'une manière « curieuse ». En fait, Fournier demande à Basse de remettre la totalité du camp de Beauregard à la disposition des « prisonniers soviétiques ». Et c'est un ordre[21]...

> « Ce camp [Beauregard] a reçu primitivement cette destination [regroupement des ressortissants soviétiques]. Or, depuis un mois environ [depuis le début septembre], et parce que les places disponibles le permettaient, il y stationne une unité du 22e RI [22e régiment d'infanterie].
>
> Actuellement, Monsieur le consul général de l'URSS procède au travail de regroupement des citoyens soviétiques. Il désire formellement l'utilisation unique du camp de Beauregard à ces fins, le régiment de Reuilly et d'autres groupements régionaux devant s'y rendre.
>
> Je vous demande également de désigner un officier sous vos ordres responsable de ce camp à qui je confierai le matériel roulant à l'usage des ex-prisonniers, matériel actuellement affecté à un organisme en dissolution. Cet officier devra veiller au désarmement des citoyens soviétiques, sauf les officiers qui peuvent avoir servi dans les formations FFI ou FTP. Ceci à la demande également de Monsieur le consul général de l'URSS. Il faut envisager la garde de ce camp en liaison avec le commandant soviétique, garde qui pourra, avec votre assentiment, être mixte... »

* Le général Basse, ancien commandant de la place de Versailles, avait créé les « Bataillons de la mort » (BDLM), mouvement de résistance anéanti, en août 1942, par des arrestations. Le général Basse avait eu le temps de gagner la zone Sud.

Contrairement à ce que le général Basse attendait sans doute, l'urgence n'est pas à la formation des unités combattantes pour la continuation de la guerre (et la poursuite de la libération du territoire) mais à la satisfaction des tâches policières pour le compte des Soviétiques. Un ordre de Staline a plus d'importance que le passage des FFI à l'armée active... Fournier obtient ce qu'il demande et, avec lui, « Monsieur le consul général de l'URSS ». Début novembre 1944 (Strasbourg ne sera pris que le 19), le camp de Beauregard a été libéré des « éléments FFI qui l'occupaient[22] »... Un détachement de CR (Compagnies de réserve), nouvelle appellation des GMR (Groupe mobile de réserve), renforce la garde dans le camp. Le commandant Bardet, du « groupement » d'Île-de-France, fixe les consignes : il s'agit d'« interdire aux réfugiés russes et à quiconque l'accès de la partie du camp rendue disponible par le départ des FFI et y empêcher tout acte de pillage ou de destruction ». La trentaine de cadres et de gardiens ont aussi reçu en « consignes particulières » d'éviter tout incident « entre le personnel de garde et les réfugiés russes ».

En décembre, le commandant régional des CRS (les Compagnies républicaines de sécurité ont été créées le 8) rapporte[23] à la Direction régionale de la police de Seine-et-Oise et de Seine-et-Marne que, « en raison de l'effervescence [qui règne] à Versailles », il a pris sur lui de faire relever le service « de plantonnement » assuré au camp de Beauregard et qu'« aucune consigne ne peut être donnée [...] par suite de l'impossibilité matérielle de la faire respecter ».

Au fil des documents, les incidents semblent devenir de plus en plus nombreux. Est-ce un effet de la remise en marche de l'appareil d'État qui recommence à noter, quotidiennement, les manquements à l'ordre républicain ? Est-ce un effet de la déception que doivent ressentir tous ces « ex-prisonniers » soviétiques, de ne pas être employés utilement au front ? Est-ce enfin un effet de la propagande qui nécessairement, pour justifier les ouvertures de camps, a tout intérêt à diaboliser les « Russes » et à les présenter comme des « traîtres » et des « bandits » ? Peut-être tout ensemble...

Les archives de Seine-et-Oise font état d'incidents, tout au long de l'hiver 1944-1945. La demeure du « marquis de Vaucouleurs » est totalement pillée, par « vingt Russes », le 27 décembre... « Trois Russes » volent 4 900 francs à des Russes « blancs » habitant « le château des Ombrages » le 30 décembre... Le 18 février 1945, des « Russes du camp de Baillet » sous les ordres du « commandant soviétique du camp » cambriolent « la propriété du baron Empain » à Montmorency... Début mars, des « détenus de Beauregard » font des raids autour du camp et jusque dans le Loiret, l'Aube et l'Aisne... Ce même mois, une note de police fait état d'une certaine fréquentation « des maisons de prostitution » de Versailles par des « Russes malades » qui refusent les préservatifs (en plus de l'habituelle et mythique manie « russe » de boire... des alcools frelatés, « de l'eau de Cologne, de l'alcool à brûler et des carburants » [*sic !*]...). Interrogés, les services du ministère des Prisonniers, Déportés et Réfugiés répondent au préfet qu'après « avoir pris avis de l'officier de rapatriement Winter, commandant directeur du centre d'hébergement des ressortissants soviétiques de Beauregard et du capitaine Ivanov, commandant russe dudit camp, il est suggéré que l'interdiction visant les militaires des troupes alliées soit étendue aux ressortissants soviétiques[24] ».

Mais il n'y a pas que la région parisienne... Mme Desmur, dont le mari fut officier de rapatriement au camp de Courpierre, près de Clermont-Ferrand, se souvient d'un agent du NKVD du nom de « Smirnoff » avec lequel son mari, Dimitri, eut plusieurs fois des altercations. « Je le connaissais bien. Il venait chez nous, en ville. Je l'ai giflé quand il a tué mon chat ! » Selon Mme Desmur, l'agent Smirnoff, ainsi que les autres officiers, « montraient une certaine civilité », quoique très éloignée des belles manières des nobles (russes) qu'elle avait connus. Le camp de Courpierre n'était pas hermétiquement clos. Les militaires étaient d'anciens prisonniers libérés. La règle, pour eux, était plus douce qu'envers ceux capturés sous l'uniforme allemand. Mme Desmur se souvient encore d'une « chaude soirée » au cours d'un bal bruyant et animé par la vodka. Un incident était survenu entre deux officiers passablement éméchés qui avaient sorti leur pistolet à cause d'une dame... « Dimitri leur a volé dans les plumes et les a désarmés l'un après l'autre. Je crois que sans mon mari, le sang aurait coulé... Les Russes disposaient de beaucoup d'argent, faisaient des achats en ville et trafiquaient de toutes les manières. Après la fermeture du camp, en faisant les comptes, la mission [de rapatriement] s'aperçut que le nombre des allocataires avait été surévalué très largement[25]. »

Pareil détournement, imputable à la direction du camp, explique évidemment l'argent facile. Les surplus du ravitaillement alimentaient le marché noir florissant qui régnait alors à Courpierre. L'Intendance militaire, de son côté, n'avait pas vraiment les moyens de contrôler — sinon au moment de la dissolution.

Les procès-verbaux des camps « russes » (ou « soviétiques » quand les bureaucrates font la différence) sont tous issus des intendances des régions militaires retrouvées. Ils sont très significatifs pour la raison qu'ils marquent souvent le passage d'une administration à l'autre : de la Guerre au ministère des Prisonniers. Ils représentent le dernier contrôle de l'État dans un domaine qui lui échappe de plus en plus.

Dans la pratique, les camps sont des enclaves étrangères surgies d'une décision de l'état-major FFI. La représentation civile et militaire de l'URSS — les « organismes de sécurité » comme le NKVD aussi... — force le consentement, d'abord tacite puis actif, du gouvernement français. Celui-ci ne protestera pas vraiment contre cette atteinte à sa souveraineté avant novembre 1947. Ces milliers de « Russes » logés, chauffés, nourris, blanchis et assignés à résidence par petits paquets contrôlables (et manipulables) sur des morceaux de sol national provisoirement aliénés, cela vaut-il au moins une contrepartie politique à la France ? Pas même...

LES CAMPS SOVIÉTIQUES EN FRANCE EN 1944-1945
(DANS LES RÉGIONS MILITAIRES DE 1944)

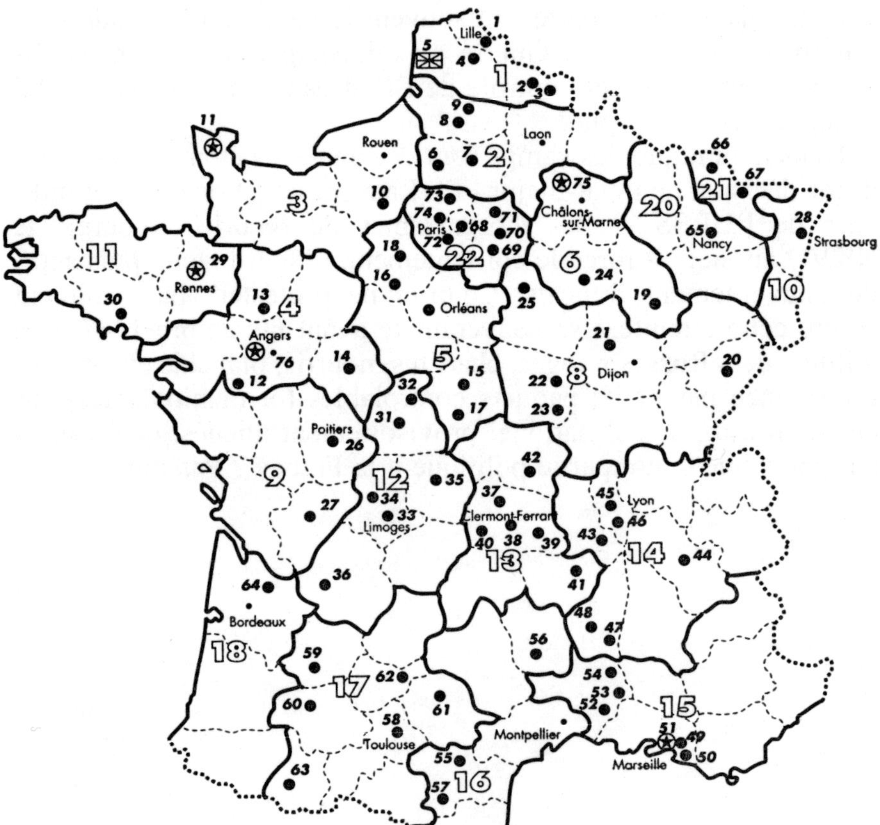

● Camps sous administration française
⊛ Camps sous administration américaine : 11, 29, 51, 75, 76.
Camp sous administration britannique : 5.

Carte établie par Georges COUDRY © Éditions Albin Michel. Sources : SHAT

Les camps sont répartis par régions militaires (régions créées par les décrets du 9 juin et du 21 octobre 1944).

Ière RM (Lille)
1 Ronchin-Lille (59)
2 Saint-Amand-les-Eaux (59)
3 Valenciennes (59)
4 Hénin-Liétard (62)
5 Le Touquet (britannique)
IIe RM (Laon)
6 St-Germain-la-Poterie (60)
7 Compiègne (60)
8 Boutillerie (80)
9 Fouilloy (80)
IIIe RM (Rouen)
10 Evreux (27)
11 Cherbourg (américain)
IVe RM (Angers)
76 Angers (américain)
12 Cholet (49)
13 Château-Gontier (53)
14 Tours (37)
Ve RM (Orléans)
15 Bourges (18)
16 Châteaudun (28)
17 St-Amand-Montrond (18)
18 Hanches (28)
VIe RM (Châlons-Champagne)
75 Reims (américain)
19 Bourbonne-les-Bains (52)
24 Troyes (10)
VIIIe RM (Dijon)
20 Besançon (25)
21 Velars-s/Ouche (21)
22 Mâcon (71)
23 Chalon-s/Saône (71)
25 Sens (89)
IXe RM (Poitiers)
26 Poitiers (86)
27 Le Basseau-Narsac (16)
Xe RM (Strasbourg)
28 Strasbourg (67)
XIe RM (Rennes)
29 Rennes (américain)
30 Theix (56)
XIIe RM (Limoges)
31 Châteauroux (36)
32 Brives (36)
33 Limoges (87)
34 St-Junien (87)
35 La Courtine (23)
36 Creysse (24)
XIIIe RM (Clermont-Ferrand)
37 Clermont-Ferrand (63)
38 Aynes (63)
39 Courpierre (63)
40 Bourg-Lastic (63)
41 Le Puy (43)
42 Périgny (03)
XIVe RM (Lyon)
43 St-Étienne (42)
44 Grenoble (38)
45 Lyon (camp sov. N° 45)
46 Lyon (Fort de Chapoly)
47 St-Pons (07)
48 Val de Neyrac (07)
XVe RM (Marseille)
49 Marseille (Le Rove)
50 Marseille
51 Marseille (américain)
52 Nîmes (30)
53 Laudun (30)
54 L'Ardoise (30)
XVIe RM (Montpellier)
55 Carcassonne (11)
56 Mende (48)
57 Couiza (11)
XVIIe RM (Toulouse)
58 Toulouse (31)
59 Agen (47)
60 Montestruc-s/Gers (32)
61 Isle-s/Tarn (81)
62 Caylus (82)
63 Tarbes (La Planète)
XVIIIe RM (Bordeaux)
64 Libourne (33)
XXe RM (Nancy)
65 Nancy (54)
XXIe RM (Metz)
66 Metz (57)
67 St-Avold (57)
XXIIe RM (Paris)
68 Paris (Caserne de Reuilly)
69 Melun (S&M)
70 Provins (S&M)
71 Meaux (S&M)
72 Versailles (Beauregard)
73 Baillet-en-France (S&O)
74 Pontoise (S&O)

Chapitre 5

Les hommes de Staline

Débarquant, en juillet-août 1944, sur les plages normandes, atterrissant au Bourget, en septembre, souvent arrogants, constellés de décorations et d'étoiles d'argent, les officiers soviétiques se manifestent soudain à l'arrière du théâtre d'opérations en Europe de l'Ouest. Ils explorent les zones fraîchement libérées, déchaînant ici l'allégresse, là, plutôt la surprise, ailleurs l'épouvante.

En tête de ces observateurs se trouve le général Dragoun, officiellement « représentant plénipotentiaire du gouvernement de l'URSS pour le rapatriement des citoyens soviétiques dans l'ouest de l'Europe [1] ». Le littoral de la mer du Nord encore occupé au nord d'Anvers, l'Allemagne en repli mais toujours dressée contre l'« invasion » alliée, Paris est devenu le quartier général de la mission militaire dépêchée par Staline. Aussitôt en place, le général Dragoun distribue les tâches à ses adjoints — dont un général et cinq colonels — qui assurent le fonctionnement de la mission et coiffent, en France, les régions militaires mais encore l'Algérie, le Maroc, la Tunisie et l'Allemagne du Sud quand elle sera occupée par la Ire Armée française.

Citant Soljenitsyne, Nicolas Tolstoï écrit : « En France, par exemple, le général Dragoun disposait de soixante agents dont la moitié seulement venaient d'URSS. Les autres étaient d'ex-prisonniers qui espéraient ainsi se dédouaner. Il est peu probable, d'ailleurs, que leur espoir ait été comblé [2]... »

Un document émanant du ministère de la Guerre, « État-Major Deuxième Bureau », et transmis au ministère des Affaires étrangères, donne ainsi, fin 1945, une liste de vingt-cinq officiers et définit leur fonction [3] :

ÉTAT-MAJOR DE L'ARMÉE / DEUXIÈME BUREAU
Mission militaire soviétique de rapatriement
4, rue du Général-Appert

Liste du personnel à la date du 15 novembre 1945

1. Général DRAGOUN Représentant plénipotentiaire du gouvernement de l'URSS pour le rapatriement des citoyens soviétiques dans l'ouest de l'Europe.
2. Général VIKHAREV Chef-adjoint de la représentation plénipotentiaire actuellement à Berne.
3. Colonel KOLESSOV Chef-adjoint de la représentation plénipotentiaire.
4. Lt-colonel NOVIKOV Chef-adjoint de la représentation plénipotentiaire.

Adjoints au représentant plénipotentiaire

5. Lt-colonel VOLOCHIN Détaché auprès de la VIe région militaire et celle de Paris.
6. Lt-colonel MELJNIKOV Détaché auprès des Ire et IIe régions militaires.
7. Lt-colonel DOBRININ Attend sa nomination au Maroc.
8. Commandant KOUSNETZOV Chef d'état-major de la représentation.
9. Commandant ORLOV Chef d'état-major adjoint.
10. Commandant ANANJEV Intendant de la représentation.
11. Commandant DERJOUGIN Actuellement à Alger.
12. Commandant CHAKHOV Chef du service sanitaire de la représentation.
13. Commandant LVOV Détaché auprès des Xe, XXe et XXIe régions militaires.
14. Commandant BERESIN Détaché auprès de la XVe région militaire.
15. Commandant POLYSALOV Attend sa nomination en Tunisie.
16. Commandant NAOUMOV Actuellement détaché en Hollande.
17. Commandant PEREGOUDOV Détaché auprès de la Ire armée française en Allemagne.
18. Capitaine LELIKOV *idem.*
19. Capitaine SIDORENKO *idem.*
20. Capitaine CHTCHERBAKOV *idem.*
21. Capitaine KASJANOV Détaché auprès des IIIe, IVe, V^e^ et XIe régions militaires.
22. Capitaine ISSAEV Chef du service administratif.
23. 1er lieut. CHABANOV Interprète (attend sa nomination en Tunisie).
24. 1er lieut. STRANGUE Interprète à Paris.
25. Ss/lieutenant KACHTCHEEVA *idem.*

Ainsi, pour appuyer son action, au fur et à mesure de l'avance alliée, Dragoun étoffe ses états-majors dans les régions militaires et les commandements des camps. Il recrute parmi les compatriotes évadés des oflags et des stalags ou parmi les transfuges des armées allemandes ayant fait leurs preuves dans la Résistance française. C'est le cas de Gregori Ritvas qui, après avoir gagné ses galons de capitaine FFI, est nommé, par la mission militaire soviétique, au poste de « chef opérationnel » d'un camp de rapatriement (région du Puy et de la Haute-Loire). Ce qu'il dit de son expérience ne lui vaut pas d'échapper au « filtrage et aux interrogatoires » en arrivant, en Allemagne, en zone d'occupation soviétique. Sa chance, son habileté dialectique, l'astuce ou... autre chose lui évitent le « Goulag ».

Trois mois après la rédaction de la note précédente, une nouvelle liste donne dix-huit noms d'où ont disparu ceux des généraux Dragoun et Vikharev. La représentation plénipotentiaire est désormais confiée au colonel Kolessov[4], chef de la mission soviétique en France. En zone d'occupation française en Allemagne, on trouve un nouveau venu, le général Davidov (accompagné du lieutenant-colonel Panzirev), mais les capitaines Lelikov et Sidorenko sont désormais à Paris. On constate également une curieuse mutation entre ceux qui devaient aller au Maroc et ceux qui sont destinés à la Tunisie. Deux régions militaires [celles de Marseille (XVe) et de Metz (XXIe)] conservent un représentant. Les autres sont concentrés sur Paris.

Mais il n'y a pas que les personnels. Pour loger tout ce monde, les locaux laissés vides par les Allemands ne manquent pas. Les autorités françaises réquisitionnent également des immeubles et des appartements. Les effectifs de la délégation soviétique et ses services annexes implantés en Île-de-France gonflent à partir de la fin 1944 et réclament sans cesse de nouvelles attributions. Une note du ministère des Affaires étrangères, en date du 12 octobre 1946, constate que les Soviétiques occupent six immeubles à Paris et trois villas en Seine-et-Oise. Mais la liste est incomplète car la mission accapare le maximum de surface pour ses bureaux, ses transmissions ou ses fichiers sans toujours le signaler...

Voici, parmi d'autres, une liste[5] de locaux réquisitionnés « au profit des autorités soviétiques » établie, en 1945, par l'état-major de l'armée, section de libération des Prisonniers de guerre :

NATURE DES LOCAUX ET BÉNÉFICIAIRES

Office soviétique d'information
Appartement
75, avenue des Champs-Elysées
2e étage, gauche

Mission militaire
Appartements
134, avenue Victor-Hugo
188, avenue Victor-Hugo (6e droite)
188, avenue Victor-Hugo (2e droite)
188, avenue Victor-Hugo (1er droite)
Hôtel particulier
2, rue Charles-Lamoureux
Appartement
6, rue Wurtz (recasement du concierge de l'immeuble 2, rue Ch.-Lamoureux)

Mission de rapatriement
Hôtel particulier
57, avenue Bugeaud
Appartements
11, boulevard Jules-Sandeau (5e face)
17, avenue du Colonel-Bonnet
47 bis, boulevard de Courcelles
3, boulevard Suchet
78 bis, avenue Henri-Martin
Box
78, rue de la Faisanderie

Bien logés, nourris par l'intendance, approvisionnés en produits introuvables par les « PX » (Post Exchange) réservés aux officiers du corps expéditionnaire allié (Allied Expeditionary Force), équipés en véhicules et en carburant par les mêmes et l'armée française, auréolés par les glorieuses victoires qui, depuis 1943, marquent le redressement de leur pays, les officiers de la mission soviétique tiennent le haut du pavé à Paris et patrouillent jusque dans les coins les plus reculés de la province. À l'écoute, renseignés par les multiples réseaux de sympathisants que compte leur cause, appâtant l'indécis, jurant miséricorde au coupable, intouchables, ces officiers de l'Armée rouge (et des « organes » de sécurité) constituent une véritable tête de pont au cœur de l'Europe occidentale libérée.

Outre les tâches traditionnelles remplies par tous les attachés militaires et notamment le renseignement, les officiers soviétiques accomplissent des missions diplomatiques : réclamer le traitement qu'ils sont en droit d'attendre de l'Allied Forces Act*, chapeauter les gradés du « corps français de rapatriement », sensibiliser les autorités départementales et communales par le relais des organismes issus de la Résistance, accélérer le ravitaillement et les fournitures destinés aux centres de rapatriement.

Les officiers soviétiques se montrent fermes sur l'ensemble des exigences et intraitables en ce qui concerne un point particulier : les nationaux des pays annexés avant 1941 (Pays baltes, Ukraine subcarpatique, partie orientale de la Pologne d'avant 1939...) doivent leur être remis.

Cependant, l'exécution des consignes qu'ils ont reçues de Moscou va de pair avec des tâches qui requièrent parfois la collaboration de la gendarmerie et de la police françaises : traquer les fuyards (les « traîtres ») et les criminels au sein de la population française, déceler les « planques », recueillir et apprécier les dénonciations. Les officiers soviétiques auront également à gérer des missions plus « confidentielles » : recruter et dépêcher des hommes de main (des « agents d'exécution »), monter des enlèvements, faire justice, etc.

Dans une note déjà citée du 1er novembre 1945[6], le ministère de la Guerre français estime le « travail restant à effectuer » après le « travail effectué ». Pour l'essentiel, il s'agit de « recherches » qui incombent, d'une part, au ministère de l'Intérieur et, d'autre part, au ministère de la Guerre (Service « Ressortissants soviétiques ») — dont le patron est le colonel Fournier. Cela signifie que les autorités françaises ont facilité la tâche des Soviétiques sans aucune restriction :

> Activité du ministère de la Guerre au profit de la mission militaire soviétique pour le rapatriement des citoyens soviétiques libérés dans les territoires de l'ouest de l'Europe.

---

* Élaboré en 1940, l'Allied Forces Act permettait aux gouvernements alliés en exil de faire stationner des troupes en Grande-Bretagne. Les Soviétiques en réclament le bénéfice afin de changer le statut des prisonniers « russes » capturés par les armées de corps expéditionnaire. Ces « Russes » étaient ainsi devenus des soldats alliés (qui resteraient inemployés).

[...]Point de la question au 1er novembre 1945.
II. TRAVAIL RESTANT À EFFECTUER. [Il s'agit de la seconde partie de la note.]

A. Recherches :
a. des ressortissants soviétiques isolés, n'ayant rejoint ni les camps spéciaux, ni les centres de rassemblement ;
b. des ressortissants soviétiques pouvant se trouver à nouveau dans les camps de prisonniers de guerre de l'Axe, aussi bien dans la métropole que dans la zone d'occupation française en Allemagne, par suite d'envoi à ceux-ci par les Alliés de prisonniers de guerre non triés ;
c. des ressortissants soviétiques pouvant encore se trouver dans certaines formations de la Légion étrangère, stationnées en Tunisie et au Maroc (suivant les dires de la mission militaire soviétique).
[...]

C. Organiser et assurer leur départ :
Il a été décidé que :
1. la recherche des isolés civils en France et leur garde incombent *maintenant** au ministère de l'Intérieur ;
2. la recherche des ressortissants soviétiques pouvant encore se trouver dans des formations françaises (Légion étrangère en particulier) et dans les camps de prisonniers de guerre de l'Axe, continuerait de dépendre du ministère de la Guerre (Service « Ressortissants soviétiques) [...] ».

On remarquera, une nouvelle fois, qu'il n'est pas fait état du cas de « ressortissants soviétiques » choisissant de devenir citoyens français ou, tout au moins, d'acquérir le statut de « réfugiés ». Le service des « ressortissants soviétiques » du ministère de la Guerre ne connaît qu'une catégorie de récalcitrants. Cependant, même aidés par leurs diligents auxiliaires français, les exécutants du NKVD (du NKGB après 1946) rateront parfois leurs objectifs et certaines « affaires » seront éventées.

Dès la fin de l'été 1944, bénéficiant de sauf-conduits et de larges facilités, les officiers soviétiques sont donc à pied d'œuvre en France. Après la libération de Paris, pour laquelle des détachements soviétiques ont fait aussi le coup de feu — comme ce détachement de « Russes évadés » qui tient le pont d'Asnières durant

* Souligné par l'auteur.

vingt-quatre heures[7] —, on retrouve un petit groupe de « Soviétiques alliés » dans les baraquements du camp de Drancy. Une note des Affaires étrangères en date du 9 septembre 1944 informe le ministère de l'Intérieur que le Quai d'Orsay a reçu « la visite de M. Girard, muni d'un ordre de mission de la 5e compagnie de FFI, 2, boulevard Malesherbes à Paris, demandant l'intervention de la Suède pour obtenir la libération de dix-neuf citoyens soviétiques[8] ». On apprend aussi que M. Forssius, adjoint du consul de Suède Nordling (celui-là même qui a servi d'intermédiaire entre le général von Choltitz et les résistants parisiens), se préoccupe de ces dix-neufs « sujets soviétiques »[9] :

« 9 septembre 1944, URSS.

M. Forssius, consul de Suède, a téléphoné pour signaler que dix-neuf ressortissants soviétiques démunis de papiers et n'ayant pas mangé depuis quarante-huit heures sont venus s'adresser au consulat de Suède pour être protégés. M. Forssius s'est mis en rapport avec la préfecture de police pour que ces sujets soviétiques soient dirigés le plus rapidement possible vers le camp de Beauregard en Seine-et-Oise où se trouvent déjà environ quatre cents citoyens d'URSS. »

Dans l'histoire des relations franco-soviétiques, la question des « ressortissants soviétiques » est sans doute la première que le nouveau pouvoir du général de Gaulle ait eu à traiter. En témoigne une poignée de documents qui racontent aussi la mise en place de la nouvelle représentation diplomatique.

« 10 septembre 1944, par avion, AMB. LONDRES*

Je vous serais obligé de transmettre à la légation de Suède le télégramme suivant du consulat suédois à Paris :
"Prière demander et nous transmettre instructions ambassade soviétique concernant évadés et déportés citoyens soviétiques en France qui au nombre de quelques milliers se trouvent dispersés dans la région parisienne ; 1° le consulat peut-il avancer fonds nécessaires ? 2° le consulat peut-il soutenir le Comité d'aide aux prisonniers de guerre soviétiques qui sous la direction de l'Union des patriotes russes dont le président est Katchva a déjà commencé à secourir les évadés et

* Cela signifie aussi que le service diplomatique des représentations étrangères demeurées en poste à Paris est, à cette date, encore assuré par Londres.

déportés soviétiques en France. Ce comité est dirigé par Savinkov qui déclare être bien connu à l'ambassade soviétique à Londres. Actuellement environ 400 citoyens soviétiques réunis au camp de Beauregard près Versailles sous la direction du capitaine Ivanoff."
Veuillez d'autre part me communiquer toutes informations que vous pourrez recueillir sur la manière dont le gouvernement soviétique entend assurer la protection de ses citoyens en France en attendant la venue à Paris d'un de ses représentants./. *Signé* : p.o. de Hauteclocque[10]. »

On aura noté au passage la différence de ton entre cette dépêche et la note déjà citée (page 46) émanant du Deuxième Bureau de l'État-Major général. Un troisième document, en date du 11 septembre, apporte d'intéressantes précisions sur le rétablissement de la représentation soviétique en France et sur son soudain raidissement à l'égard de ses « sujets » :

« 11 septembre 1944, URSS

NOTE
Le consul de Suède a téléphoné qu'il avait reçu ce matin la visite de M. Kosirev, chargé d'affaires de l'URSS. Il a été avec lui visiter l'ambassade que le représentant du gouvernement de Moscou a trouvée en bon état. Il craint toutefois qu'il y ait des mines à retardement et voudrait qu'elle fût examinée par des artificiers.
M. Kosirev a exprimé le désir de prendre contact cet après-midi même avec les sujets soviétiques internés dans le camp de Beauregard en Seine-et-Oise. Il s'y rendra avec un membre du consulat de Suède.
D'après les indications recueillies par M. Forssius, le camp serait très bien tenu et l'impression sera vraisemblablement favorable.
Le chargé d'affaires de l'URSS a demandé au consul de Suède d'envoyer les citoyens soviétiques qui se présenteraient au consulat [de Suède], à l'hôtel Bristol, chambre 306, où un membre de l'ambassade soviétique les recevra.
M. Forssius a signalé à M. Kosirev la démarche faite auprès de lui par l'Union des patriotes russes (Comité d'aide aux prisonniers soviétiques) qui avait exprimé le désir de venir en aide aux citoyens internés. Le représentant soviétique a remercié le consul de Suède d'avoir écarté, comme le lui avait conseillé le Département [le Quai d'Orsay], l'offre de cet organisme[11]. »

On peut être étonné par la dernière phrase puisque la suite des événements nous porte à croire que le groupe d'émigrés « Patriotes russes » demeure de stricte obédience. D'autant que ce groupe figure, avec neuf autres organisations, parmi les signataires d'un « Appel aux immigrés[12] » qui émane du CADI, l'organisation dérivée de la MOI* . Pareille remarque de l'autorité soviétique induit une version de la mansuétude stalinienne que les Russes un peu trop confiants vont bientôt découvrir.

C'est par une sorte de génération spontanée que sont nés, à travers la France, les camps de regroupement des ressortissants soviétiques. À leur origine, en tous les cas, on trouve les états-majors des FFI. Paris ne fait pas exception puisque Beauregard, par exemple, naît d'une initiative de l'état-major FFI du XVIe arrondissement — lequel, au sein de la Résistance, a été attribué à l'OCM (l'Organisation civile et militaire), l'un des tout premiers mouvements clandestins. Ces directions sous contrôle des FFI vont bientôt être remplacées (doublées, évincées serait plus juste) par des directions composées d'officiers soviétiques recrutés par les missions militaires qui sillonnent le pays.

Le 8 septembre 1944, en pleine bataille de Franche-Comté, se distinguent, à Lamblin (Doubs), aux côtés du 3e régiment de tirailleurs algériens de la Ire Armée, les combattants d'un bataillon ukrainien. Les héros sont des déserteurs de la 30e division de Waffen SS (« russe n° 2 »). Sitôt connu, ce fait d'armes vaut l'apparition de deux officiers de l'Armée rouge en grande tenue. C'est que pareil ralliement a jeté le trouble jusqu'en Union soviétique où le gouvernement, aussitôt averti, a fait célébrer l'événement dans la presse et envoyer une mission sur place...

« Cela jette le trouble », constate Achille Guillermet, l'officier FFI (et franc-comtois) qui a pris en charge les Ukrainiens. Pour les maquisards français, c'est un spectacle peu ordinaire que de voir deux officiers soviétiques discourant du pardon de Staline au milieu de soldats encore revêtus de l'uniforme « feldgrau ».

Le 23 septembre, d'autres officiers dînent à la table du général de Lattre, à Besançon. Dans ses mémoires inédits, le colonel Jacques Borie, aide de camp senior, décrit la rencontre entre l'officier soviétique dirigeant la mission et le commandant américain Bullit... La scène se passe au PC de De Lattre, rue Lecourbe[13] :

---

* Voir p. 194.

« [...] Le 23, le général [de Lattre] dut recevoir une mission russe dont on pouvait se demander ce qu'elle venait faire [...] Notre cher commandant Bullit, qui n'avait guère d'estime pour les représentants d'un régime et d'une idéologie indéfendable, m'avait demandé [...] de le placer à mes côtés, c'est-à-dire en bout de table. Le dîner manqua d'ambiance, ce qui était logique, aucune affinité ne pouvant exister entre, je ne dis pas des Russes mais des communistes et nous. Essayant de créer une faille dans l'homogénéité du corps des officiers présents, le chef de la mission soviétique s'approcha, comme nous nous levions de table, du commandant Bullit qui, à l'évidence, avait depuis longtemps dépassé la limite d'âge de son grade fictif. Avec un sourire mielleux il lui demanda s'il sortait du rang... Je dus expliquer au camarade [général] que William Bullit était un ancien ambassadeur américain, ce qu'il aurait dû savoir, et que son affection pour la France lui avait fait accepter ce modeste grade fictif pour être aux côtés du général de Lattre durant les opérations. Mon air impassible et méprisant fit brusquement faire demi-tour à mon interlocuteur rouge, lui faisant implicitement constater que sa tentative pour créer une petite lutte de classe [...] avait piteusement échoué. Cet incident était normal : manque de tact, mauvaise éducation, malhonnêteté morale, le tout élevé à l'état de principe. Le camarade* général était bien le type parfait du communiste. »

Les ressortissants soviétiques ne pouvant pas être employés dans une autre armée que la leur, les glorieux Ukrainiens vont être retirés du combat sur ordre supérieur. La mission militaire soviétique veille à ce que tous les hommes soient désarmés (mais les armes conservées). On les conduit à Épenoy (Doubs), au camp d'entraînement de Valdahon. Leur responsable français, l'officier FFI Achille Guillermet, notera que le bataillon ukrainien dont il a la charge passe « trois semaines » environ à Épenoy. « De nouveau des officiers de l'Armée rouge font une apparition et communiquent la possibilité de partir pour Odessa via Marseille. De nouveau, découragement et mécontentement sensible au bataillon[14]. »

On peut admettre, certes, que les officiers d'une puissante armée puissent contrôler l'emploi d'hommes relevant de leur nation mais il faut aussi tenir compte de ce que ces « Ukrainiens » sont, en fait, des « Galiciens » dont l'appartenance à l'URSS est toute nou-

---

* Il s'agit du général Golikov.

velle, et qu'en conséquence, refusant le nouveau partage du monde, ils souhaitent, dans leur grande majorité, continuer à combattre en unités autonomes. Les officiers de l'Armée rouge, qui sont en train d'organiser leur « rapatriement », nient à la fois leur identité nationale et leur qualité de soldats.

La toute-puissance soviétique ne se manifeste pas seulement à ce haut niveau des problèmes. Un an après leur arrivée en France, les officiers des missions de rapatriement exercent leur pouvoir jusque dans des détails de police. Une note de la Direction Europe du ministère des Affaires étrangères, rédigée à l'automne de 1945, constate un certain nombre d'abus :

> « D'une part, les commandants soviétiques [des camps] se considèrent depuis l'automne 1944, comme maîtres absolus dans leurs camps et ont souvent refusé d'accepter le moindre contrôle français. D'autre part, ils ont entrepris de rechercher à l'extérieur des camps leurs concitoyens récalcitrants pour les ramener de force sur le chemin de la patrie.
> [...] Dans d'autres cas, très nombreux, les commandants soviétiques ont refusé de laisser la police française poursuivre, à l'intérieur des camps, les enquêtes sur les agissements de citoyens soviétiques accusés de vols et attentats divers. Il a été impossible dans ces conditions d'établir les dossiers nécessaires pour l'action de la Justice française ou soviétique.
> [...] Mais les faits les plus graves restent les enlèvements de force sur territoire français de personnes recherchées pour une raison ou pour une autre par les missions soviétiques. C'est ainsi que les 25 et 30 juillet [1945], un ressortissant belge, M. Charles Dumont, et une Française, Mme Cafritza, étaient arrêtés et internés à la caserne de Reuilly, centre de rassemblement des citoyens soviétiques.
> Sur intervention immédiate du Département auprès de l'ambassade de l'URSS, les internés ont été remis en liberté le 7 août.
> Vers la même date, six Ukrainiens originaires de Galicie étaient emmenés de force de leur domicile à Lyon par des militaires soviétiques et internés au camp de Chapoly. Le 20 juillet, des militaires soviétiques prétendaient vérifier l'identité des passants dans le quartier de la Part-Dieu, à Lyon. Interpellés par des inspecteurs français, ils ont voulu tirer sur eux, et au cours de l'escarmouche qui s'ensuivit l'un des Russes, le lieutenant Limanski, fut blessé à la jambe [...] [15]. »

Parce qu'il y a eu scandale public et utilisation de l'arme diplomatique, ces incidents ont pu être connus. Ils sont néanmoins la partie émergée de la banquise... Imagine-t-on ce que recouvrent, par exemple, des remarques comme celles qui suivent :

> « [...] Il importe enfin de signaler l'attitude prise par la mission de rapatriement en ce qui concerne les femmes soviétiques ayant épousé des Français. De tels mariages n'étant valables, en URSS, qu'après autorisation du Presidium du Conseil suprême, la mission soviétique prétendait rapatrier de force ces jeunes femmes. Plusieurs d'entre elles furent ainsi enlevées à leur domicile [...] Au camp de Ronchin (Nord), il fallut exercer une pression énergique sur les officiers soviétiques pour les empêcher de rapatrier des femmes soviétiques mariées à des Français. Sur intervention pressante du Département auprès de M. Bogomolov, l'ambassade de l'URSS a consenti, le 31 août, à admettre la validité de principe de ces mariages et à mettre fin à ces séparations forcées [mots rayés]. Elle [l'ambassade] a tenu néanmoins à ce que les jeunes filles russes qui épouseraient des ressortissants français en territoire français fussent prévenues de la défaveur avec laquelle ces unions sont considérées par les autorités soviétiques [16]. »

Un tel contrôle de la société française (et étrangère dans la société française) ne peut s'exercer par le seul labeur des quelque « vingt-cinq » officiers dont le Deuxième Bureau nous donnait la liste au début de ce chapitre. Il y faut tout d'abord un réseau de renseignement susceptible de quadriller campagnes et grandes villes afin de déceler ce qui est « suspect » et de pointer caches et refuges éventuels.

Pour appliquer les décisions (arrestations, perquisitions, enquêtes et enlèvements...), il faut aussi un appareil d'exécution, une véritable force armée très organisée qui ne se limite pas à un groupe d'hommes de main. La conclusion est évidente : les hommes de Staline dépêchés par l'Armée rouge et le NKVD ont bénéficié, en France, de solides appuis et de réseaux de complicités.

Au niveau le plus prévisible, on pense aux communistes. C'est ce que souligne une note des Renseignements généraux de Versailles, en octobre 1945 [17] : « Un service secret de recherche dépendant de l'ambassade russe en France serait en relation constante avec des membres du PCF qui, obéissant aux directives du comité central de leur parti, doivent faciliter et éventuellement aider ce service en vue de rechercher les sujets russes résidant en France. »

Ce serait trop facile. D'autant qu'il est aisé de rapprocher cette « information » policière de la seconde partie du rapport émanant du ministère de la Guerre et cité plus haut (p. 78-79) qui précise, « travail restant à effectuer » au 1er novembre 1945, que « la recherche des isolés civils en France incombe maintenant au ministère de l'Intérieur ». Cependant, dans la France de 1945, l'un n'empêche pas l'autre...

La mission militaire soviétique en France reçoit l'appui de milieux à la fois plus discrets et plus efficaces. Il y a d'abord les services très officiels du ministère de la Guerre et du tout nouveau ministère des Prisonniers, Déportés et Réfugiés où, le contraire serait étonnant, les Soviétiques ont certainement placé quelques-uns des leurs. La France n'est pas encore armée pour éviter ce genre de pénétration. Il y a ensuite les membres des réseaux très confidentiels qui ont survécu à la clandestinité imposée bien avant la guerre et qui agissent soit directement soit en manipulant des personnes en situation de rendre service.

La fonction officielle du commandant Fournier est d'être « chef du service des ressortissants soviétiques de la section de libération des prisonniers de guerre de l'État-Major général Guerre ». Pareille titulature, en septembre 1944, se trouve parfois résumée en « détaché aux questions russes ».

Victor Fournier, 50 ans, apparaît pour la première fois dans cette note du général Juin, chef d'état-major général de la Défense nationale, adressée, le 2 octobre 1944, au ministre des Affaires étrangères, à laquelle nous avons plusieurs fois fait allusion. Le « commandant Fournier » est l'objet de deux des six points de ladite note [18] :

> « [...]
> 3) Un officier des FFI, le commandant d'aviation Fournier, du commandement des Forces militaires du XVIe [arrondissement], "Détaché aux questions russes" *, m'a remis copie d'une note en date du 25 septembre 1944, adressée par lui à son chef d'état-major, et contenant le compte rendu d'un entretien qu'il a eu à l'ambassade soviétique avec M. Gousovski, consul général, et avec M. Kozireff, chargé d'affaires. D'après ce document, M. Kozireff devait avoir un entretien

* Les guillemets sont du cabinet du général Juin.

avec vous, à la même date, au sujet de la situation des prisonniers russes en France.
[...]
5) D'un entretien avec le commandant Fournier nommé plus haut, il ressort que le consul principal de l'URSS applique la procédure suivante. Lorsqu'il a connaissance de rassemblements, en France, d'individus, militaires ou civils, se réclamant de la nationalité soviétique, M. Gousovsky fait sortir un de ces individus du camp, l'interroge et le renvoie au lieu de rassemblement avec une autorisation officielle l'habilitant à discriminer, parmi les prisonniers, ceux qui relèvent effectivement de l'URSS. Ce messager reçoit en outre un laissez-passer délivré par le général Blanc, sous-chef d'état-major général Guerre. Le général Blanc donne en outre l'ordre d'accorder un traitement de faveur, en attendant les résultats de la discrimination, à tous les prisonniers se réclamant de la nationalité soviétique.
On signale que Beauregard est un de ces lieux de rassemblement où sont détenus un millier de prisonniers. »

On retrouve Fournier quelques jours plus tard (avant le 13 octobre 1944) sur une note du ministère des Affaires étrangères [19] cette fois. Il y a maintenant plus d'un mois et demi que Paris est libéré et un mois que le Gouvernement provisoire est en place. Chaque phrase de la note que le ministère tire de la visite du « commandant Fournier, de l'armée de l'Air », pourrait paraître extravagante si ce n'était l'époque :

« PAC/MRL 13 octobre 1944

NOTE
Le commandant Fournier, de l'armée de l'Air, accompagné d'un lieutenant, est venu entretenir les services du ministère des Affaires étrangères de la question des prisonniers soviétiques. *S'étant trouvé en contact avec des Russes évadés s'occupant de Résistance, il avait été amené à entrer en relations avec l'ambassade de l'URSS**.
Chaque matin, il a, rue de Grenelle, avec le consul général, une conférence au cours de laquelle sont examinés les cas urgents, notamment ceux concernant des mauvais traitements subis par des ressortissants soviétiques.
C'est lui qui a organisé le camp de Beauregard près de Versailles.
Il accompagne M. Gouzobski dans ses voyages dans les camps russes de France. L'ambassade, dit-il, prend fort à cœur la situation de ses

* Souligné par l'auteur.

ressortissants et prépare un volumineux dossier pour montrer la carence des autorités françaises.
Le commandant Fournier désirait entrer en rapport avec le Département et recevoir des instructions.
À tous les arguments de droit sur les inconvénients qu'il y avait, pour un officier, *de traiter directement avec une ambassade sans passer par les Affaires étrangères et sans ordre de l'armée, il a répondu qu'en fait les ressortissants soviétiques se trouvaient entre les mains des FFI ; c'était donc l'Etat-Major national des FFI (auquel il appartenait d'ailleurs), qui pratiquement traitait cette affaire**. Il avait pris contact avec le général Blanc, avec le colonel Escarra ; il lui avait été fait bon accueil *mais ces officiers, pour venir en aide à des ressortissants alliés se trouvant dans le bled, n'étaient armés que de stylos et de papier**. Le commandant Fournier, officier de la Légion d'honneur, croix de guerre, et qui est, a-t-il dit, commandant véritable dans la réserve, fait bonne impression. Le lieutenant qui l'accompagne parle russe.
La situation du commandant Fournier est anormale. Les représentants des Affaires étrangères l'ont évoqué auprès du ministère des Prisonniers et Déportés et ont demandé que la question des prisonniers russes soit examinée d'urgence au cours d'une réunion interministérielle. La solution la meilleure paraît être d'habiliter le commandant Fournier à poursuivre officiellement sa tâche, en contact avec l'État-Major, les Affaires étrangères et M. Frenay. Mais il appartient au ministre de la Guerre, en intégrant éventuellement cet officier dans ses services, *d'éviter que l'ambassade des Soviets puisse traiter une affaire en fait, par suite de la carence des administrations compétentes**. »

Si pareil document rend bien compte du flottement qui règne dans l'appareil de l'État renaissant, il nous apprend aussi que l'état-major des FFI, qui mandate forcément Victor Fournier, s'est arrogé des pouvoirs qui ne devraient appartenir qu'aux « administrations compétentes » — et notamment dans le « traitement » de la question des ressortissants étrangers. Comme il est impossible que le commandant Fournier, quoi qu'il en dise, puisse avoir agi de son propre chef**, c'est bien à l'état-major des FFI (du XVIe arrondissement ? de l'Île-de-France ? à l'état-major national ?) qu'il faut attribuer la création du camp de Beauregard — et

* Souligné par l'auteur.

** Dans un autre document du Quai d'Orsay, il est dit que, selon ses propres déclarations, « seule l'urgence du problème l'a incité à prendre des initiatives ».

le louable souci de rassembler les « Russes ». Il semblerait même que le commandant Fournier « couvre » une opération qui ne lui appartient pas si l'on se réfère aux tout premiers documents de police conservés en Seine-et-Oise [20] : un « commandant des FFI de Versailles », un « lieutenant Ternil », se plaint de manquer de moyens alors que « depuis trois jours », environ « 90 Russes » gardent des baraques au camp de Beauregard. Et lorsque le colonel Morel, qui dirige l'établissement du 25 août au 11 septembre 1944, demande aux « Russes » ce qui les a conduits à Beauregard, le chef de camp (Ivanov ?) parle de l'Union des patriotes russes de la rue Galliéra... organisation dûment contrôlée par l'appareil clandestin du parti communiste et qui siège au Centre d'action et de défense des immigrés — le CADI, structure ancienne de la MOI réactivée en mars-avril 1944.

Il est évident que Victor Fournier n'est pas le premier venu pour avoir, dès la libération de Paris (25 août), le général de Gaulle à peine installé, des conversations avec les autorités soviétiques qui, elles aussi, reprennent officiellement pied en France. Fournier n'est évidemment pas un farfelu qui, dans le goût de l'époque, se serait attribué des galons et des fonctions. On ne plaisante pas avec les « questions russes ». Si Victor Fournier avait été un intrigant, il aurait été vite écarté. Or, le commandant Fournier terminera sa carrière comme colonel (décret du 8 avril 1946), obtenant une neuvième citation et une promotion au grade de commandeur de la Légion d'honneur (16 avril 1945). Sa mission sera confirmée par le ministre de la Guerre, par le COMAC (le Comité d'action militaire) — instance militaire suprême de la Résistance —, par la Direction générale des FFI. À son propos, un résumé de ses états de service précise : « Dès la Libération [il] a pris contact avec les services spécialisés de la Préfecture de Police qui détache, 4, rue de Galiéra, siège de l'organisation russe, deux inspecteurs, M. M. et M. M. Ceci afin que cette organisation rentre dans la légalité française. Dès la prise de contact avec M. le consul général de l'URSS, [il] en rend compte au général Fortin, à la Guerre, qui le met en rapport avec M. le général Blanc à des fins de compléments d'information.

« Quarante-huit heures après, il était créé, à l'état-major de l'Armée (Terre), la section des "ressortissants soviétiques" dont il était le chef jusqu'à sa démobilisation qui eut lieu le 15 décembre 1946 [21]. »

En août 1944, le commandement du « secteur Ouest » de Paris (VIIIe, XVIe, XVIIe arrondissements et localités contiguës) est attribué à l'OCM Bertrand — et ceci en prévision du passage à l'action militaire (l'insurrection). Il semble tout naturel que l'OCM Fournier soit alors appelé à l'état-major du XVIe...

En résumé, comme le précise la note du ministère des Affaires étrangères dont nous venons de faire état, le commandant Victor Fournier fait plutôt « bonne impression ». Cautionné par les FFI qui doivent savoir, le concernant, à qui ils ont affaire, il est aussi admis, et pour de longs mois, par les Soviétiques — ce qui est tout de même beaucoup plus problématique. Il a, du moins au début, des « réunions quotidiennes » avec eux... Pourquoi faudrait-il que les autorités françaises toutes nouvelles dans la partie soient plus royalistes que le roi ? Le problème hiérarchique et juridique que posent l'attitude et la situation du commandant Fournier est vite éclairci puisque, chez Juin, « on » lui crée un commandement immédiat.

Ainsi que le constate la note du Quai d'Orsay datée du 13 octobre 1944, « la solution la meilleure paraît être d'habiliter le commandant Fournier à poursuivre officiellement sa tâche »... Alors, le commandant Fournier poursuit.

Chapitre 6

Les règles du jeu sont fixées en fin de partie

La restitution, à chaque nation, de ses ressortissants « déplacés par faits de guerre » est l'un des grands problèmes de l'après-guerre. Toutefois, cette restitution se pose de manière différente selon que la nation concernée appartient au camp des vainqueurs ou à celui des vaincus, selon que cette nation connaît ou non des modifications de frontières, selon qu'elle est ou non absorbée par l'Union soviétique, selon qu'elle est fantôme (l'Ukraine) ou réalité en devenir (Israël).

Le « retour au pays » est une constante de fin de conflit. La particularité de la Seconde Guerre mondiale est d'avoir transformé les « déplacés » en otages de la « réciprocité ». Celle-ci, quoique présentée par tous comme « naturelle », ne va pas toujours de soi. Ainsi, une grande partie des « sujets russes » ne tient pas, pas du tout ou très relativement, à retourner dans la « patrie soviétique » comme le lui proposent les missions de rapatriement qui sillonnent les routes de l'Europe de l'Ouest. Bien que les raisons de pareille « mauvaise volonté » soient légitimes (du point de vue des « déplacés »), la rhétorique de la « raison d'État » occulte complètement la réalité du problème chez les Occidentaux. Parce qu'ils ont gagné ensemble, ils prêtent à Staline un raisonnement qui n'est pas le sien.

En mai et juin 1945, dès la fin des combats, des échanges de nationaux ont lieu de manière plus ou moins spontanée sur la nouvelle ligne de partage du monde : le face-à-face des troupes anglo-américaines et de l'Armée rouge. Sur l'Elbe, à Magdebourg, les Soviétiques laissent passer au jour le jour des contingents de Français, Belges, Luxembourgeois, Néerlandais, etc., égaux à des contingents de Russes, Polonais, Baltes, Tchécoslovaques, Hongrois, Roumains, Bulgares, Yougoslaves et même Allemands qui désirent rentrer chez eux. Ce fait est attesté par des bénéficiaires en personne : Jean et Annette C. [1] qui ont, avec eux, leur fils Jean-Michel (un an). Ils arrivent de Berlin à pied avec quantité d'autres prisonniers et STO « libérés » par l'Armée rouge. On les retient dans des conditions précaires, sur la rive droite de l'Elbe. Quand le contingent est atteint, la police soviétique délivre un visa (un « carton rouge ») et les candidats au retour traversent le fleuve sur un pont provisoire pour trouver, en face, les MP de la IXe Armée américaine (général Simpson) qui appartient au XXIe Groupe d'armées de Montgomery. Un nombre égal de « ressortissants » des pays d'Europe centrale et orientale passe dans l'autre sens...

Cette réciprocité-là, immédiate, s'entend sans doute, dans l'esprit des Occidentaux, comme une application loyale des accords signés à Yalta en février. Qu'elle soit pratiquée d'une manière soupçonneuse du côté soviétique paraît dans la logique de l'opinion générale que les troupes au contact ont de leur devoir. Du côté occidental, on est surtout embarrassé par le ravitaillement de ceux qui attendent d'avoir le droit de passer en face. Le tri des brebis qui pourraient être « galeuses » s'opère, pour ainsi dire, de lui-même. On sait bien que même un criminel de guerre n'ira pas se jeter dans les bras du NKVD de Staline... Du côté soviétique, on traque le faux ressortissant occidental et le « traître » en puissance croyant pouvoir échapper au « juste châtiment ».

La réciprocité dont vont bientôt faire état les autorités françaises (après les britanniques et les américaines) a le sens de marchandage. Si l'Union soviétique s'apprête à laisser repartir des prisonniers de guerre français et des déportés, elle traîne un peu pour satisfaire le goût du pays des travailleurs du STO. Et même, certaines de ces personnes — pour des raisons qui tiennent à l'arbitraire — iront croupir dans des camps sibériens. Le renvoi des Alsaciens et des Mosellans enrôlés dans les armées du Reich et capturés avec les autres soldats de Hitler (les « malgré nous », mais aussi certains volontaires des Waffen SS) prendra des années... Leur cas, dans l'esprit des Soviétiques et de leurs partisans les plus affichés, s'apparente, finalement, à celui des « auxiliaires russes » de la Wehrmacht, des Osttruppen et autres Ostbataillone. En France, bien que les « Russes », pour une opinion travaillée par la propagande, soient agglomérés en un bloc de

« Vlassov » coupables, le renvoi des ressortissants concentrés dans les camps ne pose plus que des problèmes d'intendance, de transport et de sécurité...

On a beaucoup fait état de la raison majeure du renvoi des « Russes » chez eux : à savoir le souci de faire revenir tous les Français dans leurs foyers. Cet argument, dont l'emploi est uniquement justificatif, est d'une valeur toute relative. On a vu comment, à Moscou par exemple, en décembre 1944, le général de Gaulle n'aborde la question que du point de vue des prisonniers de guerre et des déportés retenus par les « Polonais ». On sait aussi que l'opinion française s'en est tenue longtemps à la présentation très orientée (par la propagande soviétique elle-même) du renvoi en France (via Alger) de « 1 500 internés alsaciens et lorrains » libérés du camp de « Rada » (Tambov), le 7 juillet 1944, par « le général Petit ». Sur les photos d'archives [2], on voit ledit général Petit passer en revue un détachement d'Alsaciens-Mosellans en uniforme... soviétique. Le général est accompagné du premier secrétaire de l'ambassade de France à Moscou et du « général Petrov », de l'Armée rouge...

L'enfer de Tambov (Rada) a, désormais, été parfaitement décrit*. Il s'agissait, en fait, du « camp numéro 188 », camp spécial du NKVD, situé à 350 kilomètres au sud de Moscou. Les Soviétiques l'avaient ouvert fin août 1943 et y ont reçu 18 000 Français (et Luxembourgeois) faits prisonniers parmi les 140 000 et quelques Alsaciens, Mosellans et Luxembourgeois (vingt et une classes d'âge) enrôlés de force dans la Wehrmacht et, à partir de 1943, dans la Waffen SS. Près de 40 000 de ces soldats sont « morts ou disparus » — environ 50 000 ont déserté ou refusé le départ, 30 000 ont été blessés... Sur les 18 000 internés du camp de Tambov, près de 8 000 sont morts dans des conditions que les témoins qualifient à juste titre d'inhumaines (faim, maladie, mauvais traitements) et ont été ensevelis dans des charniers dont la forêt de Rada conserve la trace. En plus des 1 500 libérés de juillet 1944, 2 500 autres sont relâchés en juillet 1945. Le camp de Tambov est fermé en septembre suivant [3].

Les documents diplomatiques rendent rarement compte de la

---

* Notamment par l'historien Pierre Rigoulot : *La tragédie des « Malgré-nous »*, Paris, Denoël, 1990.

réalité car il est d'usage, pour leurs rédacteurs, d'employer des termes choisis, mesurés et qualifiés d'« hypocrites » par le commun des mortels. C'est ainsi que la notion de « réciprocité » apparaît comme très conventionnelle, apparente. Quand elle est invoquée par l'une et l'autre partie elle recouvre, en fait, deux mises en application très disproportionnées. Des deux côtés, elle masque tout simplement une bien réelle entorse à la morale.

« ... Il ne semble pas qu'une attitude uniquement conciliante permette de modifier la position que les autorités soviétiques maintiennent depuis quatre mois et qui consiste à prendre en France toutes libertés sans en accorder aucune en URSS[4]... » : cette conclusion d'une note émanant du Département Europe du ministère des Affaires étrangères et datée du 17 février 1945 résume l'état de la question au moment où les Français s'apprêtent à arrêter leur position sur les ressortissants soviétiques ; et laisse entendre que la France serait sur le point de revenir à une plus grande fermeté. Mais il n'en est rien. Les missions militaires soviétiques continuent de faire à peu près ce qu'elles veulent et la mission française correspondante en est toujours à essayer de partir pour Moscou...

Contrairement à ce qui avait été annoncé*, en ce qui concerne les camps soviétiques (en France), les autorités responsables de la conduite française (la commission interministérielle qui se réunit fréquemment) finissent par se passer de l'avis des Soviétiques et, notamment, du général Dragoun, patron de la commission de rapatriement. La raison en est voisine de ce que, pour la Grande-Bretagne, le ministre Bevin exprime dans un télégramme à Washington quand il estime qu'un tri des ressortissants donnerait lieu à « d'interminables disputes[5] » (avec les Soviétiques).

Le 22 février 1945, un texte résumant la position française est prévu dans « une huitaine de jours ». Il est précisé qu'il « ne sera pas soumis à l'agrément préalable du général Dragoun et ne constituera donc pas un accord[6] ».

Début mars, une circulaire est diffusée qui s'intitule : « Régime des camps d'hébergement et de rapatriement des ressortissants soviétiques venus en France par suite des circonstances de guerre[7]. »

---

* Cf. p. 42.

Elle a été élaborée après d'innombrables réunions de la commission interministérielle qui regroupe, on le sait, des représentants de la Guerre, des Prisonniers, Déportés et Réfugiés, des Affaires étrangères, de l'Intérieur, etc. Son texte définit unilatéralement la seule position officielle de la France. Il fixe un certain nombre de règles et, surtout, définit, pour les autorités françaises, qui est « ressortissant soviétique » et qui ne l'est pas. En voici l'essentiel :

> « 1. Il est posé en principe que tous les ressortissants de l'URSS immigrés en France depuis le 2 septembre 1939 par suite d'événements de guerre sont susceptibles, quelle que soit leur origine, d'être rapatriés.
> Cette formule est très générale. Il ne semble pas souhaitable de conserver en France des ressortissants soviétiques qui déclareraient se séparer de leur gouvernement et réclameraient le "droit d'asile". Sauf des cas d'espèce exceptionnels, de tels éléments seraient a priori suspects car la raison de leur attitude serait probablement la crainte d'un châtiment sévère pour collaboration avec l'Allemagne.
> Toutefois, la phrase précitée exclut, bien entendu, du rapatriement les Russes qui n'ont jamais eu la nationalité de l'URSS, c'est-à-dire ceux qui sont venus en France à la suite de la révolution de 1917, et aussi les ressortissants des anciens Etats baltes qui auraient pris une résidence en France après le rattachement de leur pays à l'Union soviétique et n'auraient jamais eu la nationalité de celle-ci... »

D'entrée, le mythe de la France « terre d'accueil » est balayé puisque le droit d'asile est énergiquement refusé à tout ressortissant soviétique qui s'en réclamerait au prétexte qu'il pourrait s'agir d'éléments ayant collaboré avec l'Allemagne. Ce paragraphe est terrible. Il ferme la porte de manière absolue et ne fait de concessions que sur ce qui va de soi.

Il faut insister sur le fait que ce texte n'est pas le résultat de discussions entre le gouvernement français et le gouvernement soviétique mais le fruit d'un arrangement entre les membres de la commission interministérielle qui s'est réunie, presque chaque semaine, depuis octobre... Membres tous *français*.

Le second paragraphe de la circulaire ne fait, d'une certaine manière qu'aggraver les choses :

> « 2. Les citoyens soviétiques groupés dans des camps après triage sont traités en citoyens libres d'une puissance alliée et considérés

comme victimes des événements de guerre.
La vie intérieure sera réglée conformément aux coutumes soviétiques par un commandant soviétique désigné par les autorités soviétiques et chargé de la discipline.
À l'extérieur, les ressortissants soviétiques se conformeront aux usages français. Le commandant soviétique délivrera à ses ressortissants des autorisations individuelles de circulation qui devront être contresignées par les autorités françaises... »

Les points 3 et 4 de cette circulaire insistent tout aussi lourdement sur certaines dispositions propres à satisfaire la chatouilleuse susceptibilité soviétique* :

« 3. [...] Les barèmes de solde appliqués aux citoyens soviétiques seront conformes aux règlements de l'URSS...
4. Les armes individuelles et collectives "d'origine russe", qu'elles soient de fabrication soviétique ou qu'elles aient été capturées par les ressortissants soviétiques à l'ennemi, seront considérées comme propriété soviétique et emmenées en URSS.
[...]
En attendant, toutes les armes et munitions seront groupées dans un local spécial du camp et seul le personnel d'encadrement et de garde, désigné nominativement par les autorités soviétiques, sera armé pour le maintien de l'ordre et de la discipline à l'intérieur du camp.
L'Etat-Major général [le général Juin] a tenté d'obtenir que les munitions ne restent pas dans les camps mais soient déposées provisoirement dans des arsenaux français tout en restant propriété des autorités soviétiques et jusqu'à ce que celles-ci puissent les transporter en URSS.
Les officiers soviétiques conserveront leur arme individuelle.
Les dispositions qui précèdent ne s'appliquent pas au 1er régiment soviétique de Nîmes... »

Comme on a vu plus haut, les Soviétiques font à peu près ce qu'ils veulent dans les camps dont la direction est à leur dévotion. Le règlement élaboré par les Français peut juste constituer la base de la discussion à venir sur l'accord de réciprocité que tout le

* Dans le compte rendu d'une réunion préalable (22 février 1945)[8], il est fait état, « pour la nourriture et le petit entretien de chaque ressortissant soviétique », d'une somme « journalière » de « 35 + 7,50 = 42 francs... soviétiques » (ce lapsus, relevé, est rayé et remplacé par les « 50 » centimes qui manquent).

monde semble souhaiter. En attendant, le règlement est assez inapplicable et inappliqué. Il n'y a rien de changé à ce que déplorait déjà une analyse de la situation établie, en janvier 1945 (datée du 22), par la Direction des étrangers de la Sûreté nationale[9] :

« Problèmes soulevés par les camps spéciaux de réfugiés soviétiques. [...] Des incidents de plus en plus fréquents sont provoqués dans les agglomérations rurales par les réfugiés soviétiques...
[...] Si les autorités soviétiques paraissent consentir à désarmer leurs ressortissants qui ont conservé jusqu'alors, individuellement, leurs armes, les autorités soviétiques entendent conserver armes et munitions à l'intérieur des camps...
[...] Tous les renseignements recueillis font ressortir que les autorités soviétiques des camps, non seulement semblent ignorer les autorités françaises mais s'attachent à faire échapper leurs ressortissants à toutes poursuites...
[...] Il apparaît que la commission interministérielle réunie par les soins du ministère des Prisonniers de guerre, Déportés et Réfugiés n'a pas l'autorité suffisante pour résoudre ces problèmes qui intéressent l'ordre public et la bonne harmonie de nos relations avec nos alliés... »

Malgré un premier résultat (tout théorique), l'action des responsables français ne semble pas plus concluante pour les Soviétiques que pour la police. En février 1945, les retours vers l'URSS sont nuls car les convois sont dans la complète dépendance de l'Amirauté britannique. Cela permet à l'ambassadeur Bogomolov de se plaindre en toute mauvaise foi, aux Affaires étrangères qu'il n'y a pas « réciprocité ». À Moscou, au cours d'un entretien « orageux », le vice-ministre Dekanozov répond qu'il veut d'abord « voir les Russes en Russie » au chargé d'affaires français, Roger Garreau, qui lui fait part des doléances françaises touchant au sort des Alsaciens-Lorrains dont on est sans nouvelles. Roger Garreau en donne le compte rendu suivant[10] au Quai d'Orsay :

« Moscou, le 11 février 1945 / 21 h 10
reçu le 13 février à 1 h 30.
N° 391 à 404

M. Dekanozov que j'ai été de nouveau entretenir de la situation des ressortissants français libérés par l'avance de l'armée rouge a ostensiblement marqué une mauvaise volonté à faciliter notre tâche.
J'ai indiqué qu'en France la mission militaire soviétique pouvait à

tout moment prendre contact avec les camps et qu'elle recevait l'appui total des autorités françaises ; j'ai montré que malgré les conditions matérielles pénibles dans lesquelles se trouvait notre pays, nous faisions tous nos efforts pour équiper les camps, fournir aux ressortissants soviétiques des vêtements, des couvertures et une organisation matérielle la meilleure possible ; ils recevaient notamment les rations de l'intendance très supérieures à celles des civils. Nous étions fondés à demander qu'une certaine réciprocité intervienne, qu'un contact pût être établi avec nos camps, qu'une commission pût fonctionner en URSS comme cela était prévu dans l'accord verbal conclu entre M. Bogomolov et Votre Excellence. La mission militaire française ne pouvait rien obtenir et la censure soviétique avait même refusé de laisser transmettre par radio aux familles françaises dans l'anxiété les noms des premiers prisonniers français dont nous connaissions l'existence.

M. Dekanozov a déclaré sèchement que j'étais mal renseigné et que mes informations étaient déjà anciennes. M. Bogomolov a envoyé récemment des indications extrêmement pessimistes sur la manière dont les ressortissants soviétiques étaient traités en France ; ils se trouveraient dans des conditions très mauvaises, mal nourris, mal vêtus. L'ambassadeur de l'URSS en France se plaignait vivement de la carence du ministère des Prisonniers et Déportés : il était obligé de s'adresser à l'État-Major du général Eisenhower pour obtenir des renseignements. En ce qui concerne la radiodiffusion des noms des prisonniers français, le vice-commissaire s'était heurté à l'opposition de l'État-Major soviétique qui demandait que ces prisonniers fussent au préalable "enregistrés". Après avoir protesté [...] j'ai fait observer que, du moins, la mission soviétique voyait les prisonniers russes ; notre mission ne pouvait établir de contact avec les milliers de prisonniers français se trouvant en URSS.

M. Dekanozov a déclaré que ces Français étaient bien traités, qu'ils recevaient les rations de l'intendance russe ; et pourtant, ils avaient combattu contre l'Armée rouge. L'accord dont je parlais n'avait pas été signé et n'avait pas de valeur formelle. En tout cas il ne pouvait [être] question [de faire] quelque chose pour nos ressortissants tant que nous n'aurions pas modifié notre attitude. Il y avait en France non pas des milliers mais des dizaines de milliers de Russes. Aucun d'eux n'avait encore été rapatrié [...]. Tant que cette situation se prolongerait on ne pouvait faire de progrès dans les conversations qu'il considérait donc comme inutiles : "Montrez-moi ces Russes, après nous verrons." Les Français [eux !] avaient déjà reçu 1500 Alsaciens. »

Après un échange assez vif au cours duquel Garreau et Dekanozov parlent du moyen de se procurer des navires pour le transport des ressortissants respectifs, Dekanozov

> « a insinué que les Français mettaient de la mauvaise volonté à rapatrier les ressortissants soviétiques. Malgré mes dénégations, bien que j'aie expliqué combien la présence de nombreux Russes sur notre sol ne pouvait qu'aggraver les problèmes angoissants de notre ravitaillement, M. DEKANOZOV s'est tenu à son attitude entièrement négative. Pour l'expliquer, il faut tenir compte du fait que le problème des prisonniers se discute actuellement à la conférence tripartite [Yalta] et qu'il n'est pas question d'accorder aux Français des avantages dont pourraient se prévaloir les Anglo-Saxons. Je rappelle que la mission britannique des Prisonniers n'a pas encore reçu ses visas [...] ».

Le commentaire français est fait peu après [11] :

> « Paris, le 17 février 1945.
>
> NOTE
> La mauvaise volonté manifestée par les autorités soviétiques [...] n'a sans doute pas pour seule cause le mauvais régime des camps en France, elle ne s'explique pas entièrement non plus par le désir d'attendre la fin des négociations de Yalta. En fait, M. DEKANOZOV ne semble pas assuré que tous les citoyens soviétiques actuellement en France soient rapatriés. En déclarant qu'il voulait « voir d'abord les Russes en Russie », le vice-commissaire ne voulait-il pas faire allusion *au retour des citoyens soviétiques, originaires des provinces annexées depuis 1940, dont certains chercheront sans doute à échapper au rapatriement*?* [En note, on lit ceci : "En Suisse, à la date du 8 février 1945, sur 300 internés, 25 refusaient d'être rapatriés."]
> La susceptibilité des Soviets sur cette question est connue. Elle expliquerait la violence du ton et la brusquerie du refus qui nous est opposé. [...] »

Dans son ouvrage au titre très explicite : *J'ai vu tomber le rideau de fer*, le général Catroux raconte ses années d'ambassade à Moscou, de 1945 à 1948 [12]. Il est nommé par le général de Gaulle après la signature du traité franco-soviétique du 10 décembre 1944. Toutefois, on chercherait en vain de longs développements

---

* Souligné par l'auteur.

sur l'une de ses tâches essentielles : le retour au pays des Alsaciens et Mosellans détenus en URSS. S'il consacre deux lignes à l'accord de rapatriement enfin signé le 29 juin 1945, les archives diplomatiques donnent leur véritable importance à l'opiniâtreté française prouvée, par ailleurs, par la longueur de la négociation entre le général Catroux et Vychinski, vice-ministre des Affaires étrangères (et futur « Monsieur Niet ») après avoir été le plus terrible procureur des années de la Grande Terreur.

Le texte de l'accord franco-soviétique du 29 juin 1945[13] est resté longtemps secret. Il a certes été commenté, en son temps, par la presse française mais personne n'en avait encore donné la teneur. Aucune publication, bien que l'on connaisse l'application avant la lettre qui en est faite. Il étonne par sa simplicité, sa limpidité même, à telle enseigne que l'on serait tenté de dire, comme souvent en la matière : « Mais que cache-t-il ? Où est le vice ? »

Comportant huit articles et un protocole annexe*, cette convention de réciprocité concerne « l'entretien et le rapatriement des citoyens français et soviétiques se trouvant sous le contrôle respectif des autorités soviétiques et françaises. » Son préambule fixe l'étendue de l'application :

> « ... désirant conclure un accord concernant la réglementation de l'entretien et du rapatriement des citoyens soviétiques, aussi bien prisonniers de guerre que civils et militaires se trouvant sous le contrôle des autorités françaises et ne tombant point sous le coup des accords de rapatriement conclus le 11 février 1945 par le gouvernement soviétique avec les gouvernements de Grande-Bretagne et des États-Unis et concernant aussi la réglementation de l'entretien et du rapatriement des citoyens français aussi bien ex-prisonniers de guerre que civils et militaires se trouvant sous le contrôle des autorités soviétiques... »

La référence aux accords antérieurs, strictement appliqués, en ce mois de juin 1945, par les Britanniques, plus mollement par les Américains qui n'ont pas « bonne conscience », confère à la convention franco-soviétique toute sa portée : Yalta engageait seulement trois des Grands. Pas la France.

Cependant, l'accord du 29 juin 1945 consacre des pratiques qui lui sont antérieures. La règle du « jeu » est fixée en fin de partie.

---

* Nous donnons le texte intégral de l'accord en annexe, p. 313.

L'article 1 demande instamment que « toutes les personnes définies dans le préambule » soient séparées des prisonniers de guerre ennemis. L'article 2 porte sur le signalement des citoyens des deux parties trouvés par chacune d'elles, sur le droit de chacune à administrer les camps de rassemblement, sur l'accès à ces camps, sur les transferts et déplacements. L'article précise : « La propagande hostile dirigée contre les hautes parties contractantes ou contre l'une quelconque des Nations unies ne sera point tolérée. »

L'article 3 fixe le cadre de l'entretien des citoyens de chaque partie et stipule qu'il ne sera pas exigé de compensation pour les services rendus à ces citoyens. L'article 4 laisse à chaque partie « le droit d'utiliser... tels de ses propres moyens de transport » pour le rapatriement et le ravitaillement. L'article 5 parle des « avances » à remettre à chacun. L'article 6 fixe les conditions de l'emploi des citoyens de chaque partie. Il envisage même la rémunération des travaux qui pourraient être effectués « à proximité [des camps] si les personnes sont volontaires ». À ce sujet, l'article 7 précise que « la remise de ces citoyens libérés ne peut, en aucun cas, être entravée ou ajournée en raison des exigences du travail auquel ils seraient temporairement affectés ». En règle générale, « les questions de salaires et autres conditions de travail devront être définies par voie d'accord entre les autorités ». Cela promet quelques beaux contentieux...

Le protocole annexe comporte deux points :

> « 1. Sont sujets à rapatriement, tous les citoyens français et soviétiques, y compris ceux d'entre eux qui sont exposés à des poursuites pour les crimes par eux commis, et notamment pour les crimes commis sur le territoire de l'autre Partie contractante.
> 2. Ledit accord concernant l'entretien et le rapatriement des citoyens français et soviétiques s'étend également aux habitants, libérés par l'Armée rouge, des colonies et protectorats français. »

L'ambassade britannique avait communiqué la copie de l'accord secret de Yalta à M. Coulet, du ministère des Affaires étrangères français. Comment apprécier objectivement le calque français sinon dans les applications qui en sont faites sur le terrain ? On peut aussi remarquer que la convention laisse la place à des négociations continues sur les cas d'espèce et les difficultés qui ne manqueront pas de surgir. De même, aucune allusion n'est faite aux annexions auxquelles l'URSS a procédé — et qui ne sont pas (encore) toutes reconnues par les Occidentaux.

On a vu comment les envoyés de Staline, dans les camps de France, ont une interprétation « erronée et extensive » des dispositions de l'accord. Après deux mois d'application, les autorités françaises constateront que les incidents sont souvent « aggravés par l'extrême mauvais vouloir de certains responsables soviétiques ». Une note destinée au cabinet du général de Gaulle ira jusqu'à préciser[14] : « Si de tels procédés [les enlèvements] sont inadmissibles lorsqu'il s'agit de ressortissants soviétiques de plein droit, à plus forte raison ne peut-on accepter qu'ils s'appliquent à des individus dont la nationalité n'est pas encore nettement déterminée. »

La remarque du Quai d'Orsay concerne les « ressortissants polonais ou tchécoslovaques originaires des provinces annexées à l'URSS » mais également les « ressortissants estoniens, lettons et lituaniens ». Pour les premiers, la diplomatie française leur reconnaît « un droit d'option » — conformément aux accords passés entre « les Etats intéressés et l'URSS » : Tchécoslovaques et Polonais peuvent donc « user de ce droit en France » et ne peuvent être « rapatriés de force ». Pour les seconds, la situation est nettement plus délicate...

Le Gouvernement provisoire du général de Gaulle a reconnu, « en fait », l'annexion des États baltes « *en remettant, le 13 octobre 1944, les clés des légations baltes à l'ambassade de l'URSS*[15] ». Et ce n'est pas le lieu, ici, de savoir s'il s'agit de mépris ou de « realpolitik ». Toujours est-il que les ressortissants baltes sont désormais considérés « comme citoyens soviétiques » à l'exception de ceux des « ressortissants baltes » qui, se trouvant à l'étranger en 1940, « *n'ont pas réclamé la nationalité soviétique auprès des ambassades et consulats soviétiques*[*] » (en se référant au décret du Presidium de l'URSS en date du 7 septembre 1940)...

C'est à partir de là, du moins d'après la note dont nous venons de parler, que la position des Affaires étrangères (ministre : Georges Bidault) diffère de ce que les autorités françaises se préparent à faire : « extrader » *tous* les Soviétiques sans distinction. Alors que le Quai d'Orsay affirme[16] :

---

* Souligné par l'auteur.

« [...] L'accord de rapatriement prévoit sans doute le retour de tous les ressortissants soviétiques ou français, mais nulle part il ne précise que ceux-ci doivent être contraints à regagner leur pays.
Dans la pratique internationale, le rapatriement est un acte d'assistance dont le caractère ne peut être confondu avec le transfert obligatoire de population. Cette interprétation est d'ailleurs conforme à la Charte de San Francisco qui fixe comme un des principes de l'Organisation des Nations unies [ONU] le respect de la personne humaine et des droits essentiels de l'individu.
La position française a l'avantage d'accorder à l'URSS une satisfaction de principe tout en évitant des remises de force dont le caractère odieux est trop évident. »

Comment ne pas mettre en parallèle, dans le même temps, la conception adoptée par le ministère de la Guerre (et l'État-Major général de Juin) ? Comment ne pas mettre en évidence la promptitude avec laquelle ce même ministère de la Guerre « expulse » littéralement les « ressortissants soviétiques » ? On ne peut pas s'empêcher de souligner que le général de Gaulle, dans la pratique, s'est rangé à l'avis de ses militaires plutôt qu'à celui de ses diplomates.

Dans la synthèse en date du 1er novembre 1945 dont nous avons déjà fait état, on lit ceci [17] :

« C. — RAPATRIEMENT
C'est uniquement par les soins de la Guerre, qui s'est chargée de toutes les opérations (liaison avec les Alliés, démarches et transports) que le rapatriement s'est effectué.
Dès le mois de mai, des rapatriements partiels ont pu être organisés à l'initiative de la Guerre et, antérieurement à l'établissement d'un plan d'ensemble, par entente verbale entre les autorités françaises et les autorités américaines.
Ont été rapatriés par avion : 16 000 ressortissants soviétiques ; par bateau : 2 000 environ.
Un plan établi le 25 juin prévoyait le rapatriement par voie ferrée à raison de quatre trains de 1 000 personnes par jour. *Commencé le 26 juin, le rapatriement était interrompu le 1er juillet*, sur la demande expresse de la mission soviétique de rapatriement. *À cette date* [la convention a été signée seulement deux jours plus tôt], 67 000 ressortissants soviétiques étaient déjà rapatriés. Il en restait encore 32 000 à acheminer sur leur pays. [...] »

Il ne faut cependant pas se faire d'illusions. Le ministère des Affaires étrangères pose lui-même les limites du respect dû « aux droits essentiels de l'individu [18] » :

> « [Une] interprétation libérale de l'accord de rapatriement conforme aux traditions essentielles de la France pourrait évidemment s'appliquer aux ressortissants soviétiques originaires de l'intérieur de l'Union. Il semble toutefois que de telles facilités ne doivent être accordées à ceux-ci que dans certains cas très rares de façon que cette interprétation de l'accord du 29 juin ne puisse être considérée par Moscou comme contraire aux engagements pris par la France dans l'accord de rapatriement. Dans l'intérêt du prompt rapatriement des Alsaciens et des Lorrains, le Département s'efforcera d'éviter le plus longtemps possible une discussion de principe à ce sujet avec l'ambassade de l'URSS. Si celle-ci venait à se produire, il pourrait être rappelé avec profit que lors des débats de Londres sur le rapatriement, M. Molotov a déclaré publiquement que l'URSS *ne songeait pas à rapatrier de force ceux de ses ressortissants qui, pour une raison ou pour une autre, refusaient de rentrer*[*]. »

---

* Souligné par l'auteur.

DEUXIÈME PARTIE

LE PEUPLE DES CAMPS

Chapitre 7

D'où viennent-ils et combien sont-ils ?

En Pays balte, dès la conquête par le groupe d'armées allemandes du Nord, les premières expériences d'enrôlement de volontaires se développent rapidement. Alors qu'elles portent officiellement le nom de *milices*, les premières unités de combattants volontaires apparaissent déjà sur le front au cours de l'été 1941. Dans le secteur du groupe d'armées du Centre, le commandant des arrières, le général comte von Schenkendorff, a la surprise, le 22 août 1941, de recevoir à son PC de Mohilev (Biélorussie) un « émissaire cosaque » envoyé par le major Ivan Nikitich Kononov. Il vient lui offrir « la reddition d'une importante unité » oubliée dans la débâcle soviétique, le 436e régiment d'infanterie. À la suite d'une rapide entrevue avec Schenkendorff, Kononov convainc ses hommes de le suivre et de s'engager contre Staline « et ses sicaires du NKVD ». Le 436e régiment devient, sur-le-champ, le 102e régiment de Cosaques. Leur espoir est de former « le noyau d'une grande armée de libération russe » et d'être bientôt rejoints par « des millions de compatriotes [1] »...

En 1942, lors de l'invasion du Kouban, les populations « non russes » accueillent les envahisseurs avec des couronnes de fleurs et des gâteaux traditionnels. Le commandement allemand, conscient des atouts que cela représente, met aussitôt sur pied des formations d'infanterie et de cavalerie. La première division ainsi formée est confiée au général allemand Pannwitz qui, lors du repli, la conduira jusque dans les Balkans. C'est ainsi que naissent les *Ostlegionen*, qui resteront toujours indépendantes de Vlassov.

Ce n'est qu'après Stalingrad et la défaite que les nazis commencent à considérer les Slaves autrement que comme des *Unter-*

menschen et à envisager de les utiliser en force d'appoint contre les Alliés. Près d'un million de « Russes » sont ainsi levés et incorporés dans les troupes de l'Est et les unités d'auxiliaires. Une Armée nationale de libération, en uniforme et sous commandement russe, distinguée par une cocarde aux couleurs de l'ancienne Russie, est créée à Ossinovka, près de Smolensk. Hitler, informé, exige aussitôt sa dissolution[2].

Cependant, en se passant de l'accord du Haut Commandement de l'armée (OKH), la Section IV constitue des formations tatares et kalmoukes, une légion musulmane du Caucase, une légion arménienne, une légion du Turkestan, etc. Un ex-officier du tsar, issu de l'émigration blanche en Allemagne, le général Krassnov, favorise une véritable mobilisation dans les campagnes du Don, du Kouban et du Terek, si bien que la division cosaque du général von Pannwitz est convertie en corps d'armée, le XVe Corps cosaque[3].

Les levées de volontaires *(Freiwillige)*, en 1943, s'étendent à tout l'espace européen occupé. « Engage-toi dans la Waffen SS », conseille un soldat casqué sur l'affiche apposée sur les murs des villes. Vingt-sept parmi les 38 divisions SS [toutes n'ont pas combattu] ont favorisé le recrutement dans les territoires occupés ou alliés. En mars 1943, Hitler autorise la création d'une division SS en Galicie. Himmler y met toutefois une condition : elle ne portera pas le nom de « division ukrainienne », mais plutôt celui de « division galicienne[4] ». Le 28 avril 1943, la SS appelle à l'engagement les jeunes Ukrainiens de Galicie et de Volhynie. L'afflux de volontaires dépasse de très loin les possibilités en dépit du fait que la direction nazie a rayé de la carte le nom même d'Ukraine.

Fin 1943, les renseignements affluent de la France captive vers Alger. Une note sur « l'ordre de bataille allemand » constate une « présence de plus en plus nombreuse d'éléments allogènes (croates, polonais, russes, géorgiens, etc.). Deux divisions russes et géorgiennes seraient en Bretagne et dans le Cotentin[5] ».

C'est à ce moment précis que, sur décision de Hitler, 55 bataillons allemands de la couverture atlantique sont remplacés par 55 bataillons d'*Ostruppen*[6]. Est-elle exagérée, cette évaluation d'un informateur, qui estime à 60 %, peu avant le débarquement en Normandie, le taux de soldats étrangers dans les forces d'occupation ? De très nombreuses indications du Deuxième Bureau français, du G2 américain, du MI britannique nous en rapprochent. De même le démontrent les patronymes des prisonniers interrogés durant la campagne d'Alsace-Lorraine, en 1944-1945. La 159e division d'infanterie allemande qui, début septembre, tente de barrer la route aux Américains, installe des éléments du 950e Indische Regiment derrière les vieux remparts des forts de Besançon. Les presque 20 000 hommes de la colonne Elster, repliée du Sud-Ouest et dont la reddition a lieu dans la région de Nevers, comptent une forte proportion d'éléments étrangers, notamment de soldats dits « russes ».

Aux yeux de la population, le mélange des races, si l'on peut dire, n'apparaît pas clairement. Sous la vareuse verte, le poncho et le casque camouflé, comment distinguer un Polonais, un Danois, un Flamand, d'un Allemand ? Au bout du fusil du maquisard en embuscade, le soldat ennemi n'a qu'une couleur : il doit être abattu.

Les appellations (Cosaques, Russes, Mongols) que le langage populaire a retenues, recouvrent en réalité une très vaste bigarrure, un méli-mélo d'ethnies, de peuples, de traditions parfaitement hétérogènes au fond slave. Alluvions tchétchènes, lœss circassien, sédiments ossètes, déposés en strates par les grandes migrations venues d'Asie ! La mosaïque des peuples de la Grande Russie colonisés au long des siècles par les tsars et maintenus, depuis la révolution d'Octobre, sous la poigne de Lénine puis de Staline, se retrouve, dès juin 1941, dans les stalags et oflags de la zone arrière allemande — et, par la suite, en Pologne et dans le Reich.

Ces composantes hétérogènes sont dispersées aux quatre coins de l'Europe en guerre. Les « volontaires russes » sont groupés en petites unités nationales (bataillons, brigades, régiments), lâchées parfois en meutes contre les résistances nationales, grecque, serbe, française, italienne ou yougoslave. En Pays baltes, en Pologne, Biélorussie ou Ukraine, des formations supplétives de police locale appuient les commandos spéciaux de la SS de Himmler.

À l'Ouest, les unités « russes » sont maintenues en réserve sur l'Atlantique et la Méditerranée. Elles doivent se montrer actives dans les régions de l'intérieur pour manifester la présence de l'occupant. L'engagement des unités les plus « sûres » contre les maquis, progressif en 1943, s'amplifie après le 6 juin 1944 et se prolongera jusqu'au retrait de la Wehrmacht.

Un rapport du MI * britannique, daté du 21 février 1944, analyse « l'utilisation des originaires de Russie en France » et distingue trois catégories :

1. la Légion orientale : régiments de Kalmouks, Géorgiens, Azerbaïdjanais, Musulmans, placés sous un commandement direct allemand. Y sont inclus les Cosaques du Don et du Kouban, considérés comme mercenaires, à l'exemple de la Légion étrangère de l'armée française ;

2. les ex-prisonniers, volontaires ou non, amalgamés dans les services ou réunis en bataillons d'infanterie très fortement encadrés ;

3. les bataillons de travail forcé, issus des stalags ou de la déportation, employés aux travaux du génie, aux bases aériennes, à la construction des forteresses du « mur de l'Atlantique »...

Ce rapport, assez près du schéma réel d'organisation, évalue des forces peut-être exagérées à 200 000 hommes. Nicolas Tolstoï, qui le cite, déclare que d'autres estimations portent à 470 000 le nombre des soldats « russes » en France.

En avril 1944, en France, le dispositif allemand, qui affrontera les Alliés est en place. Côté bataillons « russes », peu ou pas de changement depuis octobre 1943. Certains perdent leur étiquette nationale et reçoivent l'appellation et le numéro d'un *Festung Bataillon* (bataillon de forteresse).

En août, après la terrible bataille de Falaise (« Stalingrad en Normandie ** »), quand s'accélère le reflux de l'armée d'occupation en direction des frontières, les soldats marqués de l'écusson ROA, les « *Hiwis* » (rebaptisés *Freiwilligen*) et, quelquefois aussi, les *Baubataillone*, marcheront et combattront au milieu des troupes en retraite.

Ce n'est pas un sauve-qui-peut. La nasse ne se referme pas sur l'armée battue. La cause en serait l'essoufflement logistique allié. Mais le recul général allemand s'accompagne d'un grand chambardement chez les « Russes », sacrifiés dans les « verrous » [*Riegel*] aux nœuds de communication. C'est une tactique que, depuis

* MI — *Military Intelligence* : service de renseignement britannique équivalent du Deuxième Bureau français.

** C'est le titre choisi par Eddy Florentin pour son livre sur cette bataille paru aux Presses de la Cité.

les défaites à l'Est, la propagande nazie a qualifiée de « défense en hérisson ».

Cependant, une inconnue de taille fausse le tableau des effectifs. C'est la proportion d'engagements individuels dans les formations régulières de la Wehrmacht ou des Waffen SS. On a la preuve qu'au même titre que les Alsaciens-Lorrains, des « Russes » ont été incorporés à la division SS Das Reich. Ces soldats « venus du froid » (et des steppes de l'Asie centrale) étaient largement disséminés et postés à tous les niveaux dans l'armée allemande. Comment et quand cela s'est-il produit ?

Le Blitzkrieg à l'Est (l'opération Barbarossa) a conduit, en 1941, les avant-gardes de l'armée du Centre à quelques kilomètres seulement de la place Rouge. Au cours de l'avance, la débâcle soviétique est telle que des centaines de milliers de soldats tombent entre les mains des Allemands. Les unités d'assaut, les services spécialisés, transport, intendance, transmissions ramassent et engagent, plus ou moins ouvertement, des soldats perdus dans ces immensités de plaines et de forêts. Ces « auxiliaires » de la première heure ne seront pas nécessairement regroupés comme les soldats libérés des camps. Sous l'uniforme feldgrau, ils participent à la plupart des campagnes, sillonnent l'Europe comme autrefois les soldats étrangers de la Grande Armée de Napoléon. Ont-ils conscience de combattre pour l'Europe ? De soldats perdus à combattants de l'armée ex-ennemie, voici ces « Popov », ces « Ivan » compagnons d'armes des Allemands de souche. Nombre d'entre eux du reste sont issus de populations d'origine germanique établies depuis des lustres dans certains territoires de la Russie — et en Moldavie. Peut-être chantaient-ils déjà la fameuse chanson de route *Ich hatte eine Kameraden* * ?

Le capitaine Wilfried Strik-Strikfeldt, germano-balte attaché à la personne de Vlassov à partir de 1942, est un bon témoin [7]. Relatant la naissance, l'odyssée et les naufrages successifs du mouvement créé par l'ex-général soviétique, il explique ainsi cette sorte

* « J'avais un camarade... marchant du même pas », chanson de Ludwig Uhland (1809), connue dans tout le monde germanique, y compris dans l'armée helvétique.

de génération spontanée d'auxiliaires russes dans l'armée allemande :

« D'innombrables anciens officiers et soldats de l'Armée rouge, ainsi que des citadins et des paysans s'étaient alors adjoints à des unités allemandes ou avaient été enrôlés par elles. Ils se révélèrent indispensables pour le transport des munitions et d'autre matériel.

« Dès cette période et jusqu'en octobre 1941, les troupes combattantes subirent des pertes élevées (18 à 20 % au groupe d'armées du Centre), aussi les chefs accueillirent-ils cet appoint avec plaisir ; chacun essayant de se renforcer.

« Contrairement aux politiciens [nazis] de Berlin, les soldats du front savaient que tout travailleur doit manger convenablement et aussi fumer — même quand il est russe. Aussi, les volontaires furent-ils ravitaillés discrètement. Quand on posait une question, sur la route, au conducteur d'une voiture militaire, on s'entendait fréquemment répondre *nix ponimaï* [je ne comprends pas]. Ces chauffeurs russes conduisaient à bon port du matériel allemand sur des centaines de kilomètres.

« On les appela d'abord "nos Ivan", puis on créa pour eux un vocable spécial : "*Hiwis*" (*Hilfswillige*, auxiliaires volontaires). Il y avait parmi eux des gens qui désiraient échapper à la captivité dans un camp et d'autres qui obéissaient à des raisons égoïstes, mais c'était humain, donc compréhensible... »

L'ami allemand du général Vlassov ne fait que noter un phénomène naturel répandu dans toutes les armées à toutes les époques. Il n'y a pas de système, ni aucun projet au départ. Cela tient au simple hasard.

Trois ans plus tard, que sont devenus ces « *Hiwis* » ? Fait prisonnier à la suite d'une action du maquis « Jean », dans le secteur de Corbigny (Nièvre), Timoté Volnov répond aux questions d'un officier FFI (consignées le 31 août 1944) [8].

« [Après capture] j'ai été dirigé à Cossovo en Pologne, centre de triage. Nous fûmes habillés avec des uniformes allemands et envoyés par groupes dans diverses compagnies de travailleurs...

Q. : — Êtes-vous restés longtemps en Pologne ?

R. : — Non, nous fûmes dirigés en Belgique au centre de l'instruction militaire, vers le début du mois de mai 1944... J'ai ensuite quitté

Namur au début du mois d'août, puis nous sommes partis pour Chalon-sur-Saône où, d'après les renseignements de nos chefs, nous devions trouver le bataillon... Nous fûmes ensuite dirigés sur Château-Chinon, où nous sommes arrivés le 10 août pour le complément des effectifs...
Q. : — Combien y a-t-il d'officiers ?
R. : — Cinq officiers russes, notamment Babouchkine et Guerlach et quatre officiers allemands... »

Et Timoté Volnov livre le plan de la défense de Château-Chinon.

Une vingtaine de « Russes » captifs à Corbigny sont ainsi interrogés entre le 26 août et le 2 septembre, dans les maquis « Jean », « Serge » et « Marion ». Tous appartiennent aux bataillons 654, 666, 581, 561.

On apprend que Timoféi Baluskine, né en mars 1914 à Astrakan, cuisinier dans l'armée, a été « horriblement mutilé dans le dos par les Allemands ». Qu'il y a 110 Allemands à Château-Chinon, dont 30 nouveaux arrivant de Nevers avec quatre camions, un canon antiaérien et trois antichars de 37. Baluskine « demande avec insistance de se battre ».

À Corbigny, également, le soldat Ktchiathin, originaire de l'Oural, déclare :

« [Il y a] quelques officiers russes qui ne commandaient pas. Deux voitures direction Nevers. À Nevers, renvoyés Château-Chinon, corvées et gardes... La voiture avec les Russes a échappé en tirant le seul Allemand dans la voiture [sous-officier]... »

« Joseph Zweau, né à Temesvar (Roumanie). Armée roumaine. Pris par les Allemands qui l'ont incorporé dans un régiment de travailleurs SS. De Prague, il arrive à Rennes, où il a travaillé comme maçon-plâtrier. »

En somme, ce « Russe » est un Roumain. Et combien de « Russes » ne sont-ils pas polonais, lettons ou l'inverse ? Question très complexe, très délicate, de très haute diplomatie, question réservée au Gouvernement provisoire du général de Gaulle !

Ces interrogatoires d'août 1944 révèlent toutes les difficultés de la question, lesquelles, jointes à des disparitions d'archives, à la fluidité et même à l'inconsistance du front en juillet-août, rendent plus évidente la nécessité de fixer en avril 1944 le dénombrement des forces russes.

C'est la meilleure période pour s'assurer une bonne connaissance de l'implantation des bataillons et des régiments à l'ouest de l'Europe (voir carte à fin décembre 1943), compte tenu de la relative stabilité de l'ordre de bataille.

En Bretagne et dans les Landes, l'organisation de la défense est détaillée dans le rapport du XXVe Corps d'armée [9]. Trois divisions d'infanterie stationnent dans la péninsule bretonne à la veille du débarquement. Leur sont rattachés les bataillons : 633 (de l'Est), 800 (Nord-Caucasien), 634 (de l'Est), 285 (Groupement cycliste de l'Est), 636 (de l'Est, moins deux compagnies), 798 (Géorgien), 752 (de l'Est plus 2 compagnies du 636). Dans les Landes, à Soustons, depuis 1943, se trouve le 625 (de l'Est).

L'*Ostlegion*, dépendant directement de l'OB-West de Saint-Germain-en-Laye, est placée au-dessus d'une ligne Millau-Digne, dans les secteurs attribués en ex-zone libre aux « états-majors de liaison ».

L'*Ostlegion* forme cinq régiments employés dans la lutte « antiterroriste » (c'est-à-dire contre les maquis). Le commandement est fixé à Lyon. Selon Jacques Mordal, il contrôle cinq dépôts [10] : Castres, Mende, Chaumont, Bourg-en-Bresse et Langres. À la tête de ces troupes bigarrées et peu sûres, mais maintenues par une discipline de fer, se trouve le général-major Ralph Heygendorf. À partir de juin 1944, le général-major Uller lui succédera.

Le transfert définitif des troupes de l'Est sur la côte Atlantique et la mer du Nord fait suite à une décision de Hitler, elle-même conséquence du comportement de quelques formations engagées dans les offensives du printemps et de l'été 1943 sur le front russe. Le haut commandement de la Wehrmacht, composé d'officiers de tradition, a un peu forcé la main au Führer, en pratiquant une *Ostpolitik* favorable à la constitution d'une armée russe de libération, tout à fait contraire aux projets d'asservissement et d'anéantissement des peuples slaves, ces *Untermenschen* de la doctrine nazie.

Mais l'arrivée, en plusieurs vagues, de ces bataillons peu aptes au combat n'est pas du tout considérée comme un cadeau. La question était : comment se prémunir, dans l'emploi massif d'étrangers, contre la prolifération interne de ces ex-ennemis, dont on est en outre détesté ?

La réponse est une cascade de notes, diffusées par le Haut Commandement à l'Ouest (OB-West), annonçant le transfert progressif des bataillons destinés à renforcer les unités russes et allemandes en position sur l'Atlantique — et précisant le fonctionnement, l'articulation, les rapports de subordination, les dangers potentiels, les règles de cette épineuse translation.

La distinction suivant l'origine nationale est définie avec précision.

Notons que l'*Ostlegion* conserve, en 1943, son articulation en régiments. Non intégrées dans les divisions de combat, des unités seront absorbées par la XIXe Armée de Wiese pour la défense côtière en Provence, puis, lors de la retraite, le long du Rhône.

Citons la présence du 950e *Indische Regiment* d'une *Indische Legion* recrutée dans les camps de prisonniers en Cyrénaïque, Tunisie et Italie. Cette légion est étroitement surveillée par Hitler qui, avant El-Alamein et Stalingrad, projetait de grandes conquêtes en Orient. Il a médité sur l'effet, en Inde, d'une jonction avec la flotte de l'amiral Yamamoto qui, en juillet 1942, cinglait en direction de Ceylan et du golfe Persique [11]. L'antique exploit d'Alexandre le Grand et la campagne d'Égypte de Bonaparte l'éblouissent encore, quand déjà sonne, pour lui et son peuple, le glas des aventures.

La transfusion du « mauvais sang » imposée à l'OB-West est analysée avec sérieux dans un ouvrage de référence de l'historien Hans Wegmüller [12]. Un simple extrait éclaire l'ensemble des difficultés auxquelles le Haut Commandement est confronté. Comment l'armée va-t-elle digérer ce cheval de Troie menaçant et incertain ? « Ces bataillons géorgiens, volgo-tatars, nord-caucasiens, cosaques, furent pour la plupart intégrés, jamais plus d'un bataillon à la fois, dans la composition organique du temps de guerre des divisions côtières allemandes. Par principe ils furent engagés dans la défense côtière encadrés par deux bataillons allemands et, dans chaque cas, sous commandement allemand.

« Les contacts avec la population civile furent, autant que possible, prohibés ; également les déplacements à proximité des frontières espagnole, italienne, suisse. »

Lors de l'intégration des bataillons de volontaires de l'Est dans les divisions allemandes, de même qu'à l'occasion de leur emploi et du cantonnement dans la zone de combat, il fallait veiller au fait que « les Arméniens ne peuvent aller qu'avec des Géorgiens, les peuples turcs qu'avec des Azerbaïdjanais ». Tout autre assemblage, d'après l'OB-West, conduirait à des oppositions irrémédiables. Par contre, chacune des ethnies citées ci-dessus s'accorde dans les *Ostbataillone* (russes). Par exemple, un bataillon réputé « turc » n'englobera pas moins de huit « peuples » différents ainsi répartis : compagnie d'état-major : Ossètes ; 1re compagnie : deux tiers d'Avars et un tiers de Caréliens ; 2e compagnie : Kalmouks, Tartares, Turkmènes ; 3e compagnie : Lettons ; 4e compagnie : Kabardes.

Les dirigeants de l'armée tiennent compte des oppositions, des discordes séculaires, des traditions religieuses dissemblables et s'efforcent, à la fois, de les exploiter et d'éviter les débordements. Issus pour le plus grand nombre des couches aristocratiques et, notamment, de la caste militaire prussienne (parfois germano-balte), ces militaires visent en premier lieu la défaite de l'Armée rouge et l'effondrement du système politique de l'URSS. Pétris d'une tradition ancienne d'ouverture à l'Est, influencés par les courants de l'émigration « blanche » — d'un grand poids en Europe centrale —, ils penchent plutôt pour le maintien de l'unité de l'Empire russe, en opposition absolue avec les desseins du parti national-socialiste. Le jeu de ces contradictions, dans le contexte de la guerre totale, conduit à la recherche d'un équilibre instable et finalement voué à l'échec.

« Main de fer dans un gant de crin » sont les ordres pour maintenir la cohésion du corps de bataille. C'est ce qu'exprime Hans Wegmüller[13] :

« Grâce à un mélange particulier de vigueur inflexible et de bienveillance clémente, le commandement allemand tentait de maintenir et d'améliorer l'aptitude à la lutte des volontaires de l'Est.

« Lorsqu'il s'agissait de maintenir la discipline et l'autorité allemande, les fautes graves isolées furent sanctionnées par une exécution immédiate ; dans les autres cas par l'exclusion de la Wehrmacht, la dégradation.

« S'il y avait des indices de désagrégation d'une certaine importance, on avait prévu la transformation des unités de combattants en bataillons de sapeurs, pour au moins conserver cette main-d'œuvre à la défense côtière. D'autre part, les autorités militaires responsables à l'Ouest recommandaient toujours à leurs subordonnés de considérer les membres des bataillons de l'Est comme des égaux : — Ce sont de solides éléments de nos formations allemandes et ils combattent au coude à coude avec nous. Ce seront des combattants s'ils savent qu'ils sont considérés comme des égaux.

L'intérêt et l'aide qui leur sont accordés est le devoir propre des commandants des unités allemandes dans lesquelles ils sont intégrés. Il ne doit pas arriver que le personnel d'encadrement allemand et même les soldats allemands de toutes armes voient dans les soldats d'origine étrangère un "sous-homme" ou un prisonnier et le leur font sentir. En fin de compte, d'un tel traitement, aussi erroné, pourraient découler des suites catastrophiques !... »

Pédagogie militaire classique : discipline, extrême sévérité pour l'exemple, un peu de compréhension... De fait, la vie quotidienne des Cosaques en France, selon les témoignages, s'apparente plus au règne du knout (et du poteau d'exécution) qu'à l'approche « humanitaire » conseillée par l'OB-West.

De 1941 à la fin des hostilités, chaque division possède organiquement ses formations du génie. Le *Baubataillon* est préposé aux plus gros travaux : pistes d'aérodromes, routes, baraquements, casemates, tunnels, fortifications, fossés antichars. Il arrive que le contingent allemand soit majoritaire, car les effectifs du génie sont quelque fois issus du *Reichsarbeit Dienst*. Des 3e ou 4e compagnies étrangères leur sont adjointes ; elles sont géorgiennes, azerbaïdjanaises, turkmènes, etc.

Wladimir Zedon Strauwir, grand gaillard à barbe de prophète, « maigre comme une vieille rosse du Terek », est né à Moscou vers 1910. Il se dit d'origine balte. Zedon vit en anachorète, au milieu de peintures et sculptures jamais vendues, dans le discret rez-de-chaussée « F3 » d'une résidence HLM du côté de Chaville. Peu intéressé par le commerce de son art (tableaux naïfs de la vie quotidienne au village, cordonnier, maréchal-ferrant, juif errant, moujik, isba), il montre ses certificats et comptes rendus d'exposition aux « Indépendants » et dans quelques salons. Avec moins de chance, ou de débrouillardise, récupéré par le NKVD qui sévit en toute liberté en France en 1944-1945, ses os blanchiraient dans la taïga, si toutefois les loups ne les avaient déterrés.

Mobilisé en 1941, il a « été fait aux pattes » [*sic*] par les Allemands au début de la campagne. Il a connu l'enfer des camps, les coups, la faim, le froid, la dysenterie, l'enflure des pieds et des jambes... Jeune, en bonne santé, résistant, il a survécu. *Hilfswilliger*, il sort des geôles pour « *Arbeit, Arbeit !* » le jour. Il connaît froid, sueur, saleté, épuisement la nuit, dans les baraquements. Au cœur de l'effort de guerre allemand, Zedon en bave... « comme un Russe ». Sous la bastonnade, il pellette et pioche, tire, porte, s'épuise, en Ukraine, en Pologne. Le ventre mal garni, il s'endort le soir sur la paille puante et répond à l'appel dans le froid du petit matin avant de grimper en camion vers les chantiers. Tout ça pour l'Europe nouvelle. Mais Zedon, recru de fatigue et de misère, ne connaît que sa peine et sa faim.

Le bataillon de travail de Zedon [quel numéro ? il l'a oublié], transporté en wagon de marchandises, débarque, au milieu de 1943, dans la région de Calais. Durant des mois, sur les plages, il enfonce, à la masse, les fers en U et les chevaux de frise, il creuse la terre pour planter les « asperges » (de Rommel), il déroule des kilomètres et des kilomètres de barbelés, il mine à perte de vue, il force la craie des chambres et des tunnels des VI et bétonne les coupoles de blockhaus... Montgomery arrive et l'embauche, puis les « GI's ». Cela ne le change en rien du fameux *Arbeit* allemand. Solide comme un chêne, après toutes ces humiliations, il se refait une santé et retrouve sa bonne humeur dans les cuisines ravitaillées par les Nations-Unies. Véritable stakhanoviste chez les Américains, il les suit dans leurs fourgons jusqu'en Allemagne et décroche, à sa libération (ou son évasion qui sait ?), une petite médaille de bronze et un parchemin de satisfecit en anglais, lesquels sont aujourd'hui accrochés entre les vert épinard et rouge sang de ses œuvres.

Le trajet de Zedon est classique. Mais comment s'en est-il sorti ? Où a-t-il décidé de prendre la poudre d'escampette ? On sait que les Américains, aussi bien que les Britanniques et les Français, ont réexpédié plus de 2 millions de soldats réfugiés et déportés, en quelques mois après le 8 mai 1945. Zedon a échappé au pire : « Avec les Américains, j'étais bien, bien ; avec les communistes à Moscou, j'étais bien. » L'ancien « *Hiwi* » n'en dira jamais plus dans sa barbe blanche.

La construction du mur de l'Atlantique, notamment, a mobilisé une main-d'œuvre étrangère abondante, recrutée en Europe et même en Afrique du Nord, mais inchiffrable. L'apport des Baubataillone, à majorité russe, ne fait qu'accroître le degré d'incertitude.

De plus, les unités de sécurité, utilisées comme « chiens de garde » de l'administration militaire en France occupée, étaient souvent aussi des « détachements orientaux ».

Ainsi, la Sicherungs Division 444 dispose d'une compagnie cosaque (Hundertschaft 444) et d'une compagnie de Turkmènes issue de la Sicherheit Polizei 811.

D'après la compilation de Georg Tessin[14], « sur ordre du commandement de la *Ordnungspolizei* à Paris (à partir du 29 septembre 1943) », un régiment n° 7 (Galizische SS Freiwilliger) est mis sur pied. Ses trois bataillons — en transit durant leur temps de formation militaire — stationnent à Salies-de-Béarn, ainsi que sur un champ de manœuvres près de Tarbes. Ils seront versés, le 31 janvier 1944, dans la 14e division SS (*Galizische nr 1*) et combattront sur le front de l'Est.

Comptabilité ardue. Cependant, ni le régiment n° 7 de la future 14e SS (« galicienne n° 1 »), ni la 30e SS (« russe n° 2 ») n'apparaissent sur la carte d'implantation des bataillons de l'Est. Fin décembre 1943, le régiment n° 7 serait-il le seul à participer à l'occupation du territoire ?

Comme aurait pu le suggérer Joseph Kessel parlant des Cosaques, Galiciens et Géorgiens « n'étaient pas [tous] des anges ». Après des tâches répressives dans le Gouvernement général de Pologne et en Ukraine occidentale, la promenade parisienne d'automne des unités de l'*Ordnungspolizei* vaut sans doute un séjour au paradis. En 1943, le « travail » ne manque pas. Gageons que dans le *Gross Paris* du raffinement et des lupanars, ils ont trouvé la récompense de leurs exploits.

Ce phénomène de dissémination des éléments « russes » observé à propos du régiment n° 7 est constant pour la plupart des formations de la Wehrmacht, en zone d'occupation. Transports par fer ou par route, administration des territoires, organismes de sécurité, auxiliaires de la *Luftwaffe* sur les aérodromes, défense antiaérienne (*Flak*), entrepôts d'intendance, de stockage de carburants et de munitions... abritent un nombre sans cesse croissant de « Russes ».

Le débarquement est imminent (mais sa date est encore inconnue), les choses sont en place, l'organisation ne subira que peu de changements avant juin 1944. Les troupes russes occupent l'hinterland ou sont déjà enfermées dans les forteresses destinées à interdire aux Alliés l'accès des plages et des ports. Seuls varient, en avril 1944, les numéros des *Festungstruppen* (troupes de forteresse). Il apparaît, début 1944, que de nombreux *Ostbataillone* perdent leur marque nationale et sont purement et simplement intégrés comme formations allemandes. La mention *Umbennant* (débaptisée) traduit le changement de dénomination. C'est un fait notable, face à la menace d'invasion, et qui souligne la volonté d'une meilleure intégration de ces unités dans la Wehrmacht.

IMPLANTATION DES BATAILLONS DE L'EST ET DE L'OSTLEGION
FIN DÉCEMBRE 1943

Positions au 3 juin 1944 (certaines modifications apparaissent)

822.......Géorgien..........Zandvoort/Holl.
618.......Ost..................Valenciennes
570.......Cosaques.........Lille ouest
I/731............................Est de Laon
605 ......Ost..................Corbie/Amiens
621 ...."Schrader"........Veulettes/Dieppe
441 ....Ost..................Nord de Caen
561 ....Ost..................Flamanville/Cot.
635.......Ost..................Granville
281 ....Ost..................Granville
752.......Ost/Stab..........Granville
602.......Ost..................La Mettrie/St-Malo
627.......Ost..................Matignon/St-Malo

III/M......Ost..................Est de Paimpol
285.......Ost..................Lorient
636.......Ost..................Carnac
798.......Géorgien..........Sarzeau
752.......Ost..................Penestin
I/M ......Ost..................St-Nazaire
I/950 ....Ind....................Hourtin/Bordeaux
950.......Indisch..............Bordeaux ouest
III/950...Ind....................St-Porge/Bordeaux
II/950....Ind....................St-Porge
Freiwilligen Stam Div. ......Lyon/St-Cyr
601 ....Ost..................Sorgues/Avignon

Sources 12720 S.H.A.T.

(Le reste sans changement ou ignoré)

Renseignements complémentaires fournis par : Dr Detlef VOGEL (Fribourg)

Chapitre 8

Des mercenaires peu fiables

Le Haut Commandement allemand qui, dès l'ouverture de la campagne de Russie, en contradiction avec le Führer, a joué la carte de l'*Ostpolitik*, reçoit le fardeau, en 1943, des bataillons transférés d'est en ouest. La fidélité des soldats déplacés n'est plus assurée. Le géant militaire allemand découvre ses « pieds d'argile ». Sous la pression des événements et de la propagande alliée (notamment à l'appel des groupes FFI pro-soviétiques), la contagion de la désertion ne va-t-elle pas gagner l'élément allogène et particulièrement le tronc multinational « russe » de la Wehrmacht ? L'édifice peut basculer soudain dans une grande révolte de l'Europe contre « l'Ordre nouveau ».

Gaston Laroche (colonel FFI Boris Matline) raconte [1] comment furent formés et employés des détachements soviétiques de partisans, déserteurs des troupes de l'Est. Sous la direction de Nicolas (Yvan Skripai), membre du comité central des Prisonniers de guerre soviétiques, le détachement « Maxime Gorki », stationné dans la forêt de Châtillon, menait des combats acharnés contre les Allemands et participait aux opérations qui devaient amener la prise de Châtillon-sur-Seine. Ces opérations étaient quelquefois menées en accord tactique avec les FFI : « Après une réunion du comité central des PGS qui se tint le 5 mai 1944 dans la rue François-Miron, à Paris, Skripai fut chargé de se rendre dans la Côte-d'Or où il avait déjà séjourné et dont il connaissait le terrain, afin de grouper tous les patriotes soviétiques en une unité spéciale. Ce qu'il fit. Il incorpora également dans le détachement sous son commandement, des partisans d'autres nationalités. »

Suit un récit précis et coloré des combats sans merci autour de la nationale 454, en forêt de Châtillon, de la prise des villes de Sainte-Seine et de Châtillon (9 septembre 1944) :

« À Paris pendant l'insurrection, [...] l'Union des patriotes russes et des prisonniers soviétiques évadés (puis repris) prend possession, au nom de la patrie soviétique, de l'ambassade de l'URSS, rue de Grenelle.

« Steveroff, capitaine de l'Armée rouge, évadé d'un camp de prisonniers, a vaillamment combattu à la tête d'un détachement de prisonniers russes évadés et de FTPF. [Il] a tenu avec son détachement au pont d'Asnières, pendant une journée et une nuit, contre les forces blindées allemandes, [il] a détruit avec ses hommes, six camions allemands, quatre voitures légères et pris une grande quantité de matériel de guerre. [...]

« Le 26 août 1944, une foule enthousiaste converge de tous les quartiers de Paris vers l'Hôtel de Ville où le général de Gaulle vient saluer les combattants de la Résistance, libérateurs de la capitale. Partis de leur PC de la rue Galliéra, les partisans soviétiques descendent les Champs-Élysées, déployant une banderole qui salue le général de Gaulle. Après avoir traversé la place de la Concorde et s'être approchés de la statue de Jeanne d'Arc, ils sont pris pour cible et une rafale de coups de feu s'abat sur eux. Des hitlériens et des collaborateurs, postés sur les toits, ont été saisis de fureur à la vue du drapeau soviétique. *L'Humanité* du 27 août 1944, qui relate ces faits, évoque en ces termes le passage du groupe soviétique au cours du défilé : « Un groupe qui fut acclamé sans fin, dans cette manifestation de la fierté et de la grandeur de la France, c'est celui des prisonniers de guerre soviétiques délivrés des affreux camps allemands, évadés, participant aux FFI et qui étaient accompagnés de membres des "patriotes russes en France". Fièrement, le drapeau rouge de l'URSS flottait en tête du fort groupe, avec une pancarte portée par deux jeunes communistes soviétiques, déportés depuis deux ans portant ces mots : "Les prisonniers de guerre soviétiques saluent le général de Gaulle l'ami de notre Patrie..." Le drapeau rouge fut accueilli par la foule, par des cris innombrables de : Vive les Russes. »

Selon ce même Gaston Laroche, « en janvier 1944, le comité central des PGS contrôlait plus de vingt comités militaires de camp. [...] À Paris, en décembre 1943, se constitue un comité central des Prisonniers de guerre soviétiques (CCPS) [...]. Des instructeurs sont mis à leur disposition, recrutés parmi les communistes anciens combattants des Brigades internationales, connaissant le français [...] ».

Les nouvelles recrues prêtent serment : « Moi, Patriote de l'Union soviétique, entrant dans les rangs des partisans, je deviens un combattant du front anti-hitlérien. Ce nom, je le porterai avec honneur, comme un véritable citoyen de l'URSS. [...] Peut-être succomberai-je, mais je veux qu'on sache que je suis resté un fils fidèle à mon peuple et que je suis mort en luttant pour la juste cause de ma glorieuse Patrie soviétique. »

Entre février et août 1944, dans les seuls départements du Nord, du Pas-de-Calais, de la Moselle, de la Meuse, de la Meurthe-et-Moselle et de la Côte-d'Or, le bilan des pertes infligées à l'armée hitlérienne en France s'établit comme suit : « 3 500 soldats et officiers allemands tués ; 65 convois militaires déraillés et plus de 1 000 wagons détruits ou endommagés ; 9 lignes de haute tension endommagées ; 76 locomotives et 50 camions détruits ou endommagés ; 3 ponts d'importance militaire détruits ; 90 lignes téléphoniques endommagées. Butin pris à l'ennemi : 2 canons lourds ; 14 mitrailleuses ; 36 mitraillettes ; 850 fusils et fusils automatiques ; plus de 100 camions et voitures automobiles ; 650 officiers et soldats faits prisonniers et remis aux autorités militaires alliées. Tués : 80 soldats et officiers. Blessés : 11 soldats et officiers. Prisonniers : 25 soldats et officiers. Trophées : 2 voitures, 4 motocyclettes, 24 fusils, plus de 16 000 cartouches ; 200 grenades, 8 caisses d'obus. Il s'agit là évidemment d'un bilan très incomplet mais il témoigne de l'efficacité des partisans soviétiques... »

L'auteur conclut :

« L'étude de cette doctrine [des partisans] et son application au front russe a joué un rôle important dans la formation et la lutte des Forces françaises de l'Intérieur. La participation à cette lutte d'hommes qui en avaient acquis l'expérience a été précieuse. »

Le chapitre exposant les ralliements s'intitule : « Les Soviétiques enrôlés de force rejoignent la Résistance » :

« Les Allemands renouvelèrent à propos des prisonniers soviétiques l'erreur qu'ils avaient commise dans les relations avec les Républiques qu'ils occupèrent en URSS. Ils s'imaginèrent qu'en tirant des camps, où ils périssaient de misère, des Géorgiens, des Arméniens, des Tadjiks ou des Ukrainiens, qu'en les revêtant d'uniformes allemands et qu'en les encadrant solidement, ils feraient d'eux des auxiliaires dévoués. C'était mal connaître le patriotisme soviétique, car dès qu'ils furent établis en France, les soldats de l'URSS cherchèrent les moyens de se libérer et de reprendre la lutte contre les hitlériens. Leurs actions ont été d'un très grand appoint pour la résistance française.

À Cherbourg, le 1er bataillon géorgien se tourna contre les Allemands.

À Vannes, le 4e bataillon géorgien se joignit aux insurgés et permit de libérer la ville et sa région.

Au Havre, les prisonniers soviétiques prêtèrent une aide efficace aux Anglais.

À Marseille, le groupe Novadov-Katchatourian contribua à la libération de la ville.

À Saint-Tropez et à Toulon, les bataillons arméniens se retournèrent contre les Allemands et favorisèrent le débarquement des troupes alliées.

À Castres, le groupe du lieutenant Inaichvili se battit aux côtés des troupes de la résistance... »

Gaston Laroche aborde aussi la révolte du 3e bataillon SS « ukrainien » en Haute-Saône, avec des détails puisés aux bonnes sources. Toutefois il ne fait pas allusion au bataillon entré en dissidence au Valdahon (le 2e).

Le ton, aujourd'hui, est à l'amalgame. Mais qui a insisté, à l'époque, en dehors des publications communistes, sur la participation directe de l'Armée rouge aux combats contre l'occupant allemand en France ?

Dans les chapitres II et III de son livre *Les Victimes de Yalta* [2], Nicolas Tolstoï retrace quelle fut l'action du Special Operations Executive (SOE) et insiste plus particulièrement sur l'expérience du major Manderstam. Les recommandations des hommes sur le terrain n'ont pas été suivies. Tolstoï montre que le Foreign Office, paralysé par ses relations, on pourrait dire de soumission au gouvernement de l'URSS, fut le principal obstacle à la réalisation d'un soulèvement général des troupes « russes ».

Peu après le 6 juin, en possession d'ordres de la direction du SOE, le major Manderstam débarque à Arromanches :

« Ma principale priorité était de contacter les chefs russes et de chercher les moyens de persuader le plus possible de ces Russes servant dans l'armée allemande de déposer les armes. [...]

« Les communistes [français] furent particulièrement efficaces pour obtenir des informations sur les Russes servant les Allemands. En dépit de leur position politique, les maquis communistes ne pensaient pas que l'on doive rapatrier les Russes contre leur volonté. [...]

« Suivant les ordres, je montai en ligne et, à l'aide d'un haut-parleur, délivrai un message en russe à nos adversaires. Je leur demandais de se rendre, leur disant que nous savions qu'ils ne désiraient pas nous combattre, qu'on leur donnerait la possibilité de partir en Amérique ou en quelque lieu désigné de l'empire, et également, qu'il leur serait accordé une nouvelle identité. [...]

« En partie grâce à cet effort, des milliers de Russes se rendirent et passèrent dans nos lignes, constituant une large partie des soldats réunis dans les camps de prisonniers [3]. »

Bien que favorable à ses compatriotes qui résistent à Staline en s'alliant à l'Allemagne nazie, Tolstoï consacre quelques paragraphes aux exactions mises sur le compte de soldats « primitifs » venus des confins de l'Empire soviétique. Les Allemands s'en sont servis comme d'épouvantails. Ils ne parlaient pas la langue russe. D'ailleurs, l'immigration en général ne se reconnaissait pas dans la multitude de peuples assujettis par les tsars. Les non-Slaves étaient aux Russes blancs ce que l'indigène du Maghreb était aux Français avant et pendant les guerres coloniales.

Tolstoï est parfaitement à l'aise quand il désavoue les Mongols. Mieux vaut donc l'écouter :

« La répression allemande fut soudaine et féroce. L'acte le plus horrible eut lieu dans la vieille ville de Saint-Donat, dans la Drôme. Le 15 juin 1944, 2 000 "Allemands" accompagnés de chars se ruaient sur la petite cité... Avec des cris sauvages, ils se dispersèrent dans toutes les rues, pillant, brisant tout sur leur passage... Cinquante-trois femmes et jeunes filles, dont certaines n'avaient pas quatorze ans, avaient été violées. Le maire, M. Chancel, de qui je tiens ce récit, était le père d'une de ces pauvres filles... M. Chancel fit appel à son évêque, Mgr Pic, lequel rendit visite au général commandant la région. L'officier s'excusa, les troupes incriminées étaient des Mongols recrutés parmi les prisonniers faits sur le front russe et incorporés dans les corps auxiliaires... Ces exactions avaient été organisées par les nazis et... aucune unité antisoviétique de Vlassov n'y avait été mêlée. Des témoins ont rapporté à Pierre de Saint-Prix qu'à Saint-Donat et à Crest, les Allemands avaient posé des affiches ainsi libellées : "Français, vous aimez les communistes russes : les voici !" Le 31 août, la retraite commençait. Les Mongols furent tout simplement abandonnés par les nazis et tombèrent aux mains des Français qui les mirent aussitôt en prison. Le terme "prison" peut sans doute n'être pas tout à fait approprié pour exprimer ce qui est advenu d'eux après le départ de leurs maîtres [4]. »

Les faits rapportés par Nicolas Tolstoï n'ont pas d'équivalent dans d'autres récits. Il y a même un témoin à décharge : le lieutenant FFI Achille Guillermet [5] alias « l'Amiral ». De la fin août à la fin octobre 1944, il est officier de liaison auprès du 2e bataillon ukrainien (ex-unité de la 30e Waffen SS) rallié au maquis de Franche-Comté :

« Pour ma part, ces quelques semaines m'avaient appris à connaître, comprendre et apprécier ces étranges soudards ukrainiens, me permettant de nouer des amitiés. Ce bataillon, à ma connaissance, n'avait jamais combattu en France avant cette désertion aux côtés des Alliés. Ces Ukrainiens, selon moi, n'avaient rien de commun avec les hordes mongoles ou certaines unités soi-disant cosaques... De mon contact et de mes échanges de vue, j'avais conclu que ces Ukrainiens étaient des soldats civilisés, disciplinés et patriotes. Jamais dans nos différents cantonnements, nous n'eûmes le moindre reproche de la part des populations. Une grande foi les animait, celle de leur patrie ukrainienne, et pour servir cette foi, ils étaient prêts à tout. »

Le soir de la prise de Pontarlier, où deux compagnies ukrainiennes se trouvant au centre du dispositif français ont tenté de rallier les cosaques du 454e régiment de cavalerie, ces « soudards civilisés » entraient au camp du Valdahon. Le chanoine Ledeur, de Besançon, alors aumônier du « groupement D » (FFI), raconte qu'il les a vus chanter et danser dans la cour d'une ferme, applaudis par les soldats et les paysans. « Quelle magnifique soirée ! quel souvenir ! »

À propos du « halo d'épouvante » qui flotte autour des soldats de Vlassov, on se doit de citer l'opinion nuancée, plutôt modérée, de Jacques Mordal [6], exprimée dans le dernier chapitre de l'ouvrage où le capitaine Strik-Strikfeldt rassemble ses souvenirs. Jacques Mordal estime que, sur le million de citoyens soviétiques qui se sont battus sous l'uniforme allemand, « approximativement un dixième a séjourné en France pendant quelques mois, laissant à la population des impressions diverses, mais pas unanimement défavorables ». Leur mauvaise réputation aurait pour origine l'abominable conduite de certaines unités spécialisées dans la répression en Lettonie, Pologne, Ukraine. Lors de l'insurrection de Varsovie, en août 1944, la brigade Kaminski (incorporée à la SS), après s'être couverte de sang et de honte dans la lutte contre les partisans à l'arrière du front de l'Est, eut l'occasion d'assouvir encore sa haine en réprimant la révolte polonaise avec la dernière sauvagerie. Elle s'attira, raconte le général Guderian, la réprobation de son supérieur, le général SS von dem Bach, qui l'éloigna et fit fusiller Kaminski. Pour l'auteur de cette mise au point, la brigade des forbans de Kaminski n'a jamais fait partie de la ROA de Vlassov, mais leur comportement sanglant devait rejaillir sur l'ensemble des volontaires antistaliniens.

En Auvergne ou en Ariège, un des derniers actes de la Wehrmacht sera de livrer les populations aux exactions de ses Cosaques et de ses Kalmouks. Il s'ensuivra des « ratissages » dans les villes et les villages qui se traduiront par des prises d'otages, des fusillades, des actes de guerre habituels dans toutes les armées du monde au cours des répressions anti-guérillas et des banales opérations coloniales. En Franche-Comté, comme en Auvergne, pour ce qui est des troupes de l'Est, on ne relèvera pas d'action à la Saxe-Weimar (à la manière des mercenaires de Louis XIV), qui transformèrent la Comté en désert. Cependant, la réputation des Cosaques n'est pas surfaite. Nicolas Tolstoï parle de l'un d'entre eux, au temps de Denikine, qui prétendait que le sang des juifs n'avait jamais assez de temps pour sécher sur son sabre. Mais, bien sûr, le contexte de la fin de l'occupation favorise les exagérations (et pas seulement de l'imaginaire).

Tout ce qui précède n'est pas écrit pour minimiser l'affaire des cruautés et férocités russo-mongoles, mais plutôt pour la replacer dans son cadre : celui de la guerre totale de Hitler et de la brutalité de la soldatesque.

Pour être complet sur le chapitre des atrocités allemandes et mercenaires en France, largement traité par la littérature résistante et militaire, il faudrait ajouter l'évocation des séances de torture et des représailles organisées par la Gestapo et les Miliciens. Sans oublier les exactions exercées par des « patriotes » contre les soldats allemands ou « russes » tombés en captivité. Pressés de filer, et, en quelque sorte, pour abriter leur mouvement vers la frontière, les Allemands laissent les « Russes » entre les mains des libérateurs. Des prisonniers sont livrés à la vindicte populaire. On tire dans le tas. On tire sur les camions qui passent, on mitraille les captifs entassés.

Dans *Frontière*, journal de marche du « Groupement Frontière » (FFI), qui tient la montagne entre Suisse et Franche-Comté, on lit sous le titre : « Libération de Pontarlier » : « La compagnie d'Ukrainiens, commandée par le commandant Fauchon, et les Polonais qui les accompagnent se voient attribuer différentes missions : il s'agit de réduire les résistances (allemandes). » Mais, dans ce même numéro 2 (6 septembre 1944), un encadré annonce : « Par ordre de la région de Dijon, en représailles d'atrocités commises par les Allemands, quinze prisonniers [allemands] ont été fusillés aujourd'hui à Pontarlier. »

Dans *Deux Ostlegion en Haute-Corrèze* [7], Louis Lemoigne, ancien FFI, met sur le compte des Bosniaques, formés en France, un certain nombre d'atrocités. La tunique verte de ces hommes farouches, de religion musulmane, s'ornait d'un cimeterre. Recrutés pour combattre dans les Balkans, les soldats de la division Handschar portaient le fez. Lemoigne évoque la Légion tatare, la Légion azerbaïdjanaise, intégrées au groupement Jesser contre les maquis de haute Corrèze.

Louis Lemoigne, qui appartenait aux « bandes » contre lesquelles le général von Brodowski lançait ses Tatars, suit « le cheminement de la "colonne lente" (de Jesser), légion Volgo-Tatars et légion Azerbaïdjanaise renforcées par des batteries d'artillerie. Ces unités, suivant l'axe Bort-Ussel, vont s'étaler à partir du 13 juillet au nord de la N. 89 et effectuer un ratissage systématique et minutieux de tout le plateau de Millevaches... Marcy, hameau du plateau est incendié le 15, un accrochage ayant eu lieu avec une unité FTP. La "colonne lente" marque son passage par le lot ordinaire des rafles et des arrestations. Les patriotes arrêtés seront rassemblés à Aubusson et déportés ».

La colonne Jesser agit sur les ordres du général von Brodowski, commandant l'état-major de liaison (HVS) 588 basé à Clermont-Ferrand, qui a pris ses fonctions le jour même du débarquement, le 6 juin 1944. Il est notamment chargé de « l'organisation et [de] la conduite des opérations de nettoyage contre les bandes terroristes ».

Il dispose de 5 000 hommes et du 799e bataillon de Géorgiens. Les Allemands encadrent aussi trois compagnies de Tatars de la Volga et trois compagnies d'Azerbaïdjanais. Le journal de marche du HVS 588 figurera plus tard dans les pièces d'accusation au procès de Nuremberg. Conservé au SHAT [8] on y découvre la participation « russe » au fil de la chronologie :

> « 17 avril. Une action a été entreprise dans la région sud-ouest de la Dordogne, près de Lalinde, à laquelle une compagnie de Géorgiens prend part.
> 5 mai. Le bataillon d'infanterie géorgien est déplacé au camp de Sissone (motif du déplacement : l'ensemble des éléments du bataillon est douteux...).
> [...]
> 14 juin. À 10 kilomètres à l'ouest de Leyssac, la compagnie rencontre une bande de terroristes [...]. La compagnie ramènera quatre Russes qui devaient être remis au SD. Ils furent fusillés au cours d'une tentative de fuite. »

Les auteurs de *À nous l'Auvergne* [9] produisent un tableau d'implantation des unités allemandes en Auvergne, à la date du 28 juin 1944. La représentation « russe » y est non négligeable : « Le Puy compte trois compagnies tatares et Saint-Flour trois compagnies d'Azerbaïdjanais. »

On retrouve un peu partout ces « soldats de l'Est » : la menace d'un second front en Méditerranée pèse très lourd en 1944. Le groupe d'armées « G » (Blaskowitz) défend la moitié sud de la France occupée. Des Pyrénées à Menton, la côte se couvre de fortifications à l'édification desquelles participent les bataillons « russes ». On s'efforce en même temps de tenir les maquis en respect, tâche primordiale des auxiliaires. Cette action est suivie de près par le Haut Commandement.

Extrait du journal de marche du groupe d'armées « G » [10] :

> « 26 mai 1944. Plainte contre conduite des bataillons de l'Est, aucune preuve apportée au consulat d'Allemagne à Marseille, peut-être imputable aux maquis. Plainte à transmettre au Groupement Kniess...
> 31 mai. Remise sur pied du 950e régiment d'infanterie indienne.
> 6 juin 1944. Secteur de Gruissan (Aude). Quatre compagnies du

934e bataillon de l'Est tiennent deux kilomètres par compagnie. Pas d'uniformité dans les uniformes. Cent cocardes pour deux mille hommes. Discipline bonne. Mauvaise chez les "Hiwis" sans armes. »

Les supplétifs sont bons à tout faire. Les bataillons seront bientôt rattachés, comme l'avait prévu l'OB-West, aux divisions d'infanterie de la XIXe Armée.

Voici maintenant un authentique ex-soldat de l'Armée rouge : Ritvas* Gregori, né le 1er janvier 1916. Juif d'origine lituanienne, capturé fin 1942, il endure vingt-huit mois de stalag. Décembre 1943, au camp de Siedlec, près de Varsovie, il se présente devant la commission de recrutement et signe « un bout de papier » où il est dit que Chabakaïev Gregori, né à Saratov en 1916, est volontaire pour la ROA. Il s'est déclaré tatar et orphelin. En cas de contrôle, il pourra avancer que musulmans et juifs pratiquent également la circoncision. À Siedlec, il reçoit quelques rudiments de préparation militaire. Avec ses camarades volontaires, il débarque, en janvier 1944, au dépôt de la légion tatare de la Volga au Puy (Haute-Loire) et apprend des officiers allemands qu'il sera engagé prochainement contre les « bandits communistes ». C'est au dépôt qu'il devient tireur à la mitrailleuse. Servir dans une unité asiatique, tirer contre les maquis du centre de la France où les résistants juifs sont si nombreux (il s'en avisera plus tard), est un sort bien singulier.

L'appellation « bandes communistes » est courante dans les textes allemands. L'historien David Wingeate Pike[11] cite le rapport du général Walther Krüger (commandant le LVIIIe Panzerkorps), déclarant que la Résistance est composée de « nationalistes français, juifs, communistes et criminels, républicains espagnols, géorgiens, déserteurs ».

Les récits et les journaux de marche, les *Kriegstagebuchen* (KTB) des HVS (état-major de liaison) font largement état des désertions « russes » et des ralliements aux maquis français. La désertion a de quoi inquiéter l'autorité militaire allemande, qui procède à des punitions exemplaires pour exorciser l'épidémie. Non seulement les individus repris sont passés par les armes, mais aussi, fréquemment, des unités entières. Le « KTB » du 9 juillet dit ceci : « L'hôpital de Magnac-Laval a été nettoyé par une

---

* Voir également p. 220 *sq.*

compagnie renforcée du 19e SS Polizei Regiment aidée de miliciens et de gardes françaises. Médecins et blessés tués, parmi lesquels trois médecins russes et soixante hommes déserteurs. »

Le général français Pierre Bertin[12], qui donne un compte rendu très détaillé de la révolte du 3e bataillon ukrainien près de Vesoul, indique quelques chiffres pour les maquis de Haute-Saône : 12 « Russes » passent au maquis de Ternuay, 30 au bord de la Saône, une dizaine sont disséminés dans les petites formations qui harcèlent la retraite de l'ennemi. Cela montre qu'il est encore moins aisé de faire le compte des désertions et des ralliements sur l'étendue du territoire que d'additionner les auxiliaires « russes ». Fréquemment, les soldats qui désertent demandent aussitôt à combattre. Les sévices endurés dans les stalags ou, ensuite, dans telle unité régulière, les poussent à la vengeance. On peut citer l'exploit de deux ralliés lors de la prise de Mouthe, dans le haut Doubs[13]. Descendant sur les coudes le versant de la colline qui domine le bourg défendu par les Cosaques du 354e régiment de cavalerie de l'Est, ils abordent avec témérité deux nids de mitrailleuses dont les rafales interdisent l'accès ouest. Après avoir réduit le premier fortin à la grenade, se glissant entre les haies et les petits murs, ils s'approchent du second protégé par un rempart de sacs de sable. Sous le regard des maquisards et des tirailleurs algériens dissimulés à la lisière des sapins, l'un des deux « Russes » fait la courte échelle à son compagnon qui peut ainsi balancer une grenade par une meurtrière. Une gerbe de flammes jaillit de l'ouvrage. Le tir cesse, c'est le signal de l'assaut.

Toujours en septembre, mais à l'autre bout de la France, peu avant leur mise en quarantaine, sur ordre supérieur, dans une caserne de Bordeaux, les Géorgiens du Sud-Ouest participent à l'encerclement des réduits atlantiques (les « poches »). Un engagement a lieu à Ferrières (Charente-Maritime), « une des positions clefs de l'investissement de La Rochelle », souligne le chef du sous-secteur FFI Nord-Dordogne, auteur du rapport[14] :

> « Le 12 septembre au soir, ordre a été donné au 2e bataillon de se rendre maître de Ferrières [une des positions clefs du dispositif d'investissement de la ville de La Rochelle]. L'ennemi occupe chaque jour Ferrières avec un effectif d'une trentaine d'hommes environ, qui se retire chaque nuit à Nouaillé où se trouve sa base d'un effectif de 300 à 400.

Le 13 à 3 heures du matin, les éléments volontaires d'une compagnie, renforcés de 16 parachutistes français se placent en embuscade.
Le dispositif est le suivant :
Un groupe de 16 Géorgiens est placé à gauche de la route en direction de La Rochelle, dans le bois à proximité du passage à niveau. Ils sont protégés sur leurs arrières par le groupe des parachutistes.
Sur le côté droit de la route 10 FM sont en position.
Sur la route Courcon-Ferrières est disposée une mitrailleuse lourde placée sur une voiture légère pour protection du repli en cas de non-réussite du coup de main.
Le service de santé est lui aussi en place à Benon.
Le dispositif est en place à 5 heures.
Le Boche arrive à 8 h 45 au nombre de 21. Dès qu'ils ont eu passé le barrage, le groupe des Géorgiens comme prévu leur coupe la retraite. Les parachutistes ouvrent le feu, aussitôt les Boches prennent position dans les fossés de la route et ripostent en lançant leurs grenades puis ouvrent le feu de leurs FM et mitrailleuses lourdes.
L'engagement dure 40 minutes environ et a pour résultat :
11 morts — 3 blessés — 7 prisonniers — de nombreuses armes récupérées.
De notre côté : ni morts ni blessés.
Je signale la tenue exemplaire de tous, et en particulier celle de nos camarades géorgiens et parachutistes. »

Ces soldats valeureux sont de même origine que quatre hommes signalés par ce même commandant Pierre (7e bataillon), comme ayant pillé le château de X., et obligés de restituer bijoux et monnaie au châtelain après plainte et enquête subséquente. Bref, soldat, soldatesque... C'est dans le ton du jour.

L'exemple des deux ralliés de Mouthe et des seize Géorgiens de Ferrières n'est pas isolé. La plupart des maquis, sur l'ensemble du territoire dont la libération est en cours, en connaissent de semblables. Mais le retournement des éléments « russes » entrepris par les chefs FTPF n'est jamais envisagé de la même manière par le commandement de l'Armée secrète qui dépend de Londres et d'Alger. A propos de l'échec d'un soulèvement général des auxiliaires de la Wehrmacht[15], un résistant aveyronnais, Raymond Fournier, écrit : « Un antisoviétisme assez aberrant animait certains milieux proches de la Résistance (et même certains chefs de maquis). Voici un fait qui en témoigne : un monsieur, dont je ne peux citer le nom, déclara, trois jours avant la Libération : “Il me faut voir les officiers de la Résistance pour leur dénoncer un très grave complot soviétique." Le pauvre homme, officier de l'armée de Vichy, voyait déjà Rodez aux mains de l'Armée rouge ! »

Les auxiliaires de l'Est finiront par devenir le « cauchemar des Allemands ». En dépit des précautions si sévères et des sanctions radicales, le haut commandement ressent la menace d'une subversion totale. Les désertions, individuelles ou collectives, sont quotidiennes. Il est évident que les dirigeants de l'armée, qui ont soutenu, pratiqué et poussé fortement le recrutement « russe », en dépit des réticences du Führer, sont acculés à sévir brutalement.

On ne s'étonnera pas du manque de motivation chez les volontaires de l'Est. Le vent a tourné. La situation militaire, marquée par un recul général du Reich sur tous les fronts, est sans espoir. Au quartier général de l'OBW, on connaît le rapport que von Schieben a expédié à Rommel, déclarant que « le moral des troupes russes n'est pas excellent à l'Ouest, depuis que le commandement les fait combattre pour l'Allemagne contre les Américains ».

Les conditions objectives d'un ralliement général des troupes « russes » disséminées des Pyrénées à la Frise ont été mises en lumière par le renseignement et soulignées par des désertions de plus en plus nombreuses, ainsi que des défections d'unités entières ayant, au préalable, exécuté leurs cadres allemands.

Un plan, une volonté, une concertation entre alliés, l'organisation systématique de la désertion à un signal convenu, ont cruellement manqué au moment du débarquement du 6 juin 1944 en Normandie. La « troupe russe », soudain retournée contre son maître et oppresseur, se jetant sur ses arrières, harcelant les convois, cisaillant les voies de retraite vers la Belgique et l'Allemagne, aurait ajouté à la confusion et au désarroi des vaincus. Les Alliés auraient eu une chance de refermer le piège sur le gros des forces ennemies qui s'échappaient.

Nicolas Tolstoï affirme qu'une tentative de subversion, opérationnelle au moment du débarquement, a été stoppée par le Foreign Office faute d'avoir reçu l'aval des Soviétiques sur la promesse du pardon qui aiderait le soldat à passer dans les rangs alliés. Les rapports du major Manderstam, du SOE, cité par Nicolas Tolstoï, montrent que 40 ex-prisonniers russes, entraînés au camp de Kempton Park, en Angleterre, étaient prêts à sauter en France, en août 1944, pour infiltrer les unités de l'organisation Todt, les formations du Génie (*Baubataillone*), les usines et les camps de travail où les « Russes » étaient en majorité... Le major Manderstam estimait même que l'action, poursuivie à l'intérieur du Reich, aurait pu avoir des effets « terrifiants ».

Eisenhower a pu évaluer à 30 divisions l'apport à la lutte de la Résistance française. Combien décisif aurait été le revirement des troupes supplétives de l'Est déchirant brutalement la structure interne de la Wehrmacht... L'addition de cette masse de plus de 100 000 hommes aux effets du Plan Vert aurait été un véritable « coup de poignard dans le dos » des Allemands. Elle aurait sans doute sauvé plus d'un maquis engagé parfois un peu imprudemment dans la « guérilla totale ». Comme l'écrit l'historien américain Arthur L. Funk : « ... les troupes démoralisées de l'Axe [...] brûlaient de se rendre quand on leur en donnait la chance [16]. »

Chapitre 9

Les « Vlassov », mythe et réalité

C'est un fait, le général d'armée Andreï Andreïevitch Vlassov est fort bien connu à l'étranger, du moins pour ce qui est de sa réputation de rebelle à Staline. Principalement en Allemagne où, depuis 1946, s'est développée une longue et exhaustive tradition historiographique. En France existent sur lui quelques rares traductions, quelques études assez limitées, des évocations assez brèves au milieu des écrits de la Résistance, des considérations très sommaires dans les ouvrages consacrés à la Seconde Guerre mondiale.

En Russie, l'expression « vlassovites » (*Vlassovtzy*) a conservé jusqu'ici son sens péjoratif. Face au phénomène qu'est « le mouvement Vlassov », les omissions, les pudeurs, les oublis sélectifs de la France sont homothétiques des interdits de l'ex-URSS. Ils s'enracinent dans les couches profondes de la conscience collective.

Cette grande rébellion de plus d'un million de citoyens soviétiques qui s'allièrent à Hitler, ou plutôt à l'Allemagne, pour combattre le régime de Staline, qu'on le taise ou non, est un des grands actes de la récente histoire européenne. Dans son ouvrage *General Wlassow*[1], le colonel germano-balte Serge Fröhlich, l'un des proches du général rebelle, estime à beaucoup plus la défection russe. « Si l'on considère le nombre total — en gros deux millions de personnes — qui se sont tournées volontairement contre le régime soviétique, parmi lesquels moins de la moitié peuvent être perçus comme des gens simplement gagnés à la cause, il reste encore un million deux cent mille véritables combattants. C'est un phénomène que l'on a oublié dans l'après-guerre... »

De mortelles contradictions caractérisent l'action allemande au cours de l'invasion de l'URSS jusqu'à la grande retraite de 1944-1945. Mais celles-ci n'ont d'égales que les divisions qui, dès l'origine, déchirent le mouvement Vlassov. C'est ce que constate le général Guillaume, qui fut attaché militaire à Moscou, en 1945-1947, lorsqu'il rédige, en 1957, sa préface à l'étude non publiée d'un certain « Commandant X », *La Formation des unités de l'Est*[2] : « Surtout il [l'auteur] nous montre comment les positions de principe divergentes et opposées des dirigeants hitlériens à l'égard de l'URSS ont contribué à restreindre le concours que ces troupes eussent pu apporter aux armées allemandes, si l'invasion hitlérienne avait visé de libérer et non pas d'asservir des peuples soviétiques. »

L'étude du « Commandant X », appuyée sur les meilleures sources disponibles à l'époque, esquisse quelques biographies d'officiers supérieurs russes ou germano-baltes, dont celle du général Vlassov.

Andreï Andreïevitch Vlassov, né le 1er septembre 1901, est le cadet d'une famille paysanne de huit enfants, des environs de Nijni-Novgorod, en Russie. Son père, en raison de sa haute taille (1,90 mètre — Andreï mesure 1,96 mètre), a été sous-officier de la garde impériale. La famille appartient donc à la classe honnie par le régime : celle des koulaks. Son frère aîné est abattu en 1919 par la Tchéka (futur Guépéou, NKVD et NKGB). Andreï a étudié dans un séminaire orthodoxe (comme Staline). La guerre civile en a fait un combattant de l'Armée rouge. Il termine sa formation à l'Académie militaire. En 1920, il entre au parti communiste. Après un temps passé comme conseiller militaire auprès de Tchang Kaï-chek, il accède à un poste dans l'entourage de Joukov. Il appartient à cette génération d'officiers qui comblent les vides après les célèbres purges dont l'Armée rouge a été victime en 1937.

Le 21 juin 1941, Vlassov se trouve à Lvov, en Ukraine occidentale, où il commande la XXXVIIe Armée. Il résiste deux mois dans Kiev encerclé. Bien que l'autorisation d'abandonner la ville arrive trop tard, il fait sortir son armée sans que celle-ci perde sa combativité. Blessé, il est transporté en avion à l'état-major de Staline. Joukov cherche des hommes sûrs pour défendre Moscou. Il confie à Vlassov le commandement de la XXe Armée. Après la perte des Pays baltes, Staline veut dégager Leningrad. La IIe Armée de choc est encerclée dans « le chaudron du Volkhov ». Vlassov la rejoint par avion. Il échoue dans sa tentative de la dégager. L'anéantissement est proche. Il divise ses troupes en petits détachements — qui doivent pouvoir ainsi franchir les lignes ennemies. Celui qu'il dirige, épuisé, affamé, rôde durant plusieurs jours dans les marécages. Les Allemands alertés expédient, pour le surprendre, une formation de volontaires russes commandée par un ancien officier de l'Armée rouge, Toulinov. Le 11 juin 1942, Vlassov est capturé avec ses hommes.

L'état-major allemand a l'intelligence de lui faire rendre les honneurs militaires et de ne pas lui laisser subir les abominables conditions réservées d'ordinaire aux prisonniers. Sa captivité adoucie et la vue des malheurs de ses compatriotes ont, selon plusieurs auteurs, pu l'inciter à une collaboration destinée à obtenir une amélioration de leur sort. Les rancunes accumulées contre un régime oppressif, responsable des défaites et d'innombrables souffrances, le décident, lui et plusieurs généraux captifs, à répondre aux offres de l'ennemi. Les chefs de l'armée allemande, qui avaient recherché pendant plusieurs mois une grande figure populaire de l'Armée rouge pour lui confier la direction des volontaires, se frottent les mains lorsque, d'après le capitaine Strik-Strikfeldt[3], le général Wagner déclare : « Nous avons trouvé un de Gaulle russe. » Vlassov entre en dissidence contre Staline en compagnie du général Malychkine et du capitaine Zykov, et constitue un « Comité national russe ». En fait, le retournement est l'œuvre du capitaine Strik-Strikfeldt, officier de la Section IV spécialement chargée de la découverte de transfuges.

Dès l'automne 1942, au Grand Quartier général (*Oberkomando des Heeres* : OKH) de Vinnitsa, un tract signé « Vlassov » condamne le régime stalinien et invite les soldats de l'Armée rouge à la désertion. En janvier 1943, « l'appel de Smolensk » reprend l'appel à la désertion et au combat antibolchevique, au nom du Comité national russe, et propose ses buts politiques. Principales réformes annoncées : abolition des travaux forcés, suppression des kolkhozes, distribution des terres.

L'imprimerie de l'organisation responsable, la *Propaganda Staffel nr IV*, dirigée par le colonel Martin, assure une diffusion clandestine. Plusieurs avions lanceurs de tracts « s'égarent » au-dessus des lignes soviétiques ainsi que sur les arrières de l'armée allemande.

Le dessein secret du colonel Martin, en accord avec une importante fraction des généraux allemands, est de constituer un pseudo-gouvernement susceptible de rallier l'opinion publique à l'Allemagne dans les territoires occupés.

À la suite de la proclamation de Smolensk, le recrutement des volontaires, effectué par catégories nationales, se développe à grande échelle.

Avec l'accord du maréchal von Kluge, nouveau chef du groupe d'armées du Centre, le colonel Martin organise, du 2 février au 10 avril 1943, un voyage avec Vlassov. Le transfuge se montre aux populations et inspecte des bataillons de volontaires. L'hebdomadaire *Signal*[4] en publie le reportage. L'opération reçoit un bon accueil. Au théâtre de Smolensk, Vlassov prononce une allocution suivie d'une discussion. Évidemment, la police nazie avertit le Führer qui fait intervenir Keitel. Le grand revers de Stalingrad laisse au second plan les réactions à ce voyage. Mais, une fois de plus, le général Vlassov a été neutralisé.

À ce tournant du conflit, les divergences s'aggravent, chez les Allemands, concernant l'emploi, l'organisation, le stationnement des troupes de l'Est et le rôle de Vlassov. Poursuivant son but, la dissolution de l'URSS, le patron de l'*Ostministerium*, Alfred Rosenberg, Allemand de la Baltique*, favorise le développement de mouvements centrifuges antisoviétiques. Ce n'est pas du goût de Hitler qui convoque ses généraux et frappe du poing sur la table : son opinion à l'égard du général Vlassov est marquée de la plus grande méfiance. Si on lui confie des forces importantes, dit-il, il trahira.

Au Berghof, le 8 mars 1943, se tient une conférence à laquelle assistent les hauts dirigeants de l'armée. Aux généraux Keitel, Zeitzler (chef d'état-major général), Schmundt, Hitler définit sa position sur la question des troupes auxiliaires de l'Est :

1. il est opposé au regroupement en « armées de libération nationale » ;

2. limitées aux effectifs du bataillon, les unités doivent être « noyées » dans toute l'armée allemande ;

---

* Alfred Rosenberg (1893-1946), théoricien du nazisme, fut ministre des Territoires (occupés) de l'Est à partir de 1941. Il fut condamné à mort à Nuremberg et pendu.

3. Hitler est absolument contre la création de comités nationaux représentant les ethnies[5].

On est donc bien loin des conceptions « libérales » mises en pratique par le « club de Smolensk ». Le malentendu est total ! Quand Himmler et ses subordonnés poursuivent leur politique d'anéantissement des peuples et de colonisation des territoires de l'Union soviétique, Rosenberg favorise l'éclosion de comités interdits par Hitler. En même temps, la Wehrmacht et la Waffen SS intensifient le recrutement selon leurs propres normes. Au centre de ces contradictions, Vlassov, relégué à Dabendorf près de Berlin, vit sous le contrôle permanent de la Gestapo. Cependant, l'appui amical de la Section IV, dont Strik-Strikfeldt demeure le membre le plus convaincu, ne lui manquera jamais. À son propos, Jurgen Thorwald rapporte[6] que Vlassov mettait tellement de confiance en cet homme qu'il l'appelait : *Starez-mein Heiliger*. On pourrait dire : « mon ami sacré ».

Même réduit à l'état de potiche, d'instrument de propagande, Vlassov garde une influence considérable. Deux périodiques lui permettent de toucher ses compatriotes et sont distribués dans les camps de prisonniers*. Sur le plan militaire, le camp d'instruction de Dabendorf demeure sous le contrôle étroit de la Section IV. Le fréquenteront huit généraux, quatre-vingts officiers supérieurs, plusieurs centaines d'officiers subalternes. À la technique militaire sont adjointes des conférences d'endoctrinement sur les objectifs du mouvement de libération de la Russie. Aux yeux de Vlassov, se trouve là sa plus grande chance : celle de construire son outil, la force future, une armée servant son dessein.

À l'automne de 1944, Russes et Alliés occidentaux se rapprochant des frontières du Reich, en dépit des réticences de Hitler, Himmler entame une difficile négociation avec le général Vlassov. Après d'interminables pourparlers, les nazis cèdent. Un « Comité de libération des peuples de Russie » (KONR), composé de militaires et de civils, ébauche d'un futur gouvernement russe, est installé en grande cérémonie, le 14 novembre 1944, à Prague. Toutefois, Vlassov n'obtient pas la subordination des Ukrainiens à la ROA, ni celle des Cosaques et des autres comités nationaux soutenus par Rosenberg. Les contradictions, à l'intérieur du mouvement, épousent celles des différentes autorités du Reich.

---

* Ce sont *Zar'ja* (« l'Aube ») et *Dobrovoletz* (« le Volontaire »).

Le 28 janvier 1945, Hitler nomme Vlassov commandant des forces armées du KONR. L'opiniâtreté de Vlassov reçoit sa récompense, mais l'autorité allemande est à la dérive. Sur trente divisions espérées, cinq promises, il ne disposera que de deux divisions d'infanterie et d'un corps aérien, au total 40 000 hommes, sommairement équipés, et dont l'odyssée mérite d'être au moins évoquée. L'événement majeur étant certainement la libération de Prague par la 1re division de Buniatchenko, le lieutenant de Vlassov, deux jours avant l'arrivée de l'Armée rouge : ce fait singulier a longtemps été occulté par les vainqueurs de 1945. Et pourtant...

Fin avril 1945, un débat oppose Vlassov à son lieutenant. Le général Buniatchenko vient du nord où il a combattu sur l'Oder. Il est entré en Bohême et envisage, avec les résistants nationalistes tchèques, de déloger les dernières troupes allemandes de Prague. Vlassov, désemparé, et devenu, d'après les témoins, assez indifférent, fataliste même, n'incline cependant pas à la trahison envers les Allemands.

« Ton chemin n'est pas le mien ! » dit-il à Buniatchenko, qu'il laisse toutefois libre d'agir. Celui-ci paraphe, le 4 mai, un accord avec le groupe militaire nationaliste tchèque Bartos « pour le combat commun des frères russes et des frères tchèques contre le national-socialisme et le bolchevisme ».

Ce 4 mai, Salzbourg est prise par la VIIe Armée américaine du général Patch. La IIIe Armée de Patton, qui a franchi les frontières de Bohême, ne dépassera pas Plzen, à l'ouest de Prague, en raison de l'accord intervenu entre le général Eisenhower et le général Antonov, chef d'état-major de l'Armée rouge. Abattant sa dernière carte, le 9 mai, Vlassov et quinze officiers se constituent prisonniers auprès d'un poste américain. Un convoi de six camions quitte, le 12 mai, le château de Schlüsselburg, en ex-pays des Sudètes. Il est stoppé sur la route, à deux kilomètres, par un parti de résistants tchèques et de Soviétiques, dont un commissaire politique de bataillon. Vlassov tombe ainsi entre les mains de ses pires ennemis, sans que l'officier américain commandant l'escorte ait pu réagir[7]. Tout est perdu pour Vlassov et ses compagnons qui seront pendus en 1946.

Cependant, remontant de Beroun, le 6 mai, par la vallée de la Berounka, le 3e régiment de la division Buniatchenko attaque l'aérodrome de Ruzyne et progresse, au nord de Prague, dans la boucle de la Vltava, soutenu par le 4e régiment qui suit la rivière. Les 1er et 2e régiments investissent la rive gauche, plus au sud et au centre, franchissent la Vltava et traversent Prague de part en part jusqu'au faubourg de Strasnice. Mais les soldats de Buniatchenko se trouvent en butte, le 7 mai, aux oppositions d'une fraction du Conseil national tchèque. Craignant de se trouver face à l'Armée rouge, Buniatchenko n'a plus d'autre ressource que de s'éloigner de la Vltava et de marcher vers l'ouest. Il tombera, le 9 mai, dans les filets de la 4e division blindée américaine [8].

L'idée de la troisième force est balayée comme un fétu de paille sous le vent d'est. L'Armée rouge entre à Prague le 9 mai. Les nationalistes tchèques du Conseil national sont désavoués par les nouvelles autorités politiques. Deux cents soldats de Buniatchenko, blessés, sont massacrés dans leurs chambres, à l'hôpital de Motol, dans la banlieue ouest de Prague.

La libération anticipée de Prague par la 1re division de la ROA est passée sous silence par les mémorialistes et les historiens des ex-pays de l'Est. Les chercheurs allemands, notamment ceux de Fribourg, insistent sur le fait que les avant-gardes soviétiques ne sont apparues que le 9 mai dans la capitale tchèque. Ce décrochage du front de l'Oder, ainsi que la libération de Prague sont à rapprocher d'un phénomène plus général dans le comportement des troupes de l'Est quand s'écroule la puissance allemande*. En Italie, comme en Yougoslavie, plusieurs unités liquident leurs cadres allemands et se rendent. Sur l'île de Texel, en Hollande, après le débarquement du 6 juin 1944, 700 Géorgiens du 822e bataillon, en accord avec la résistance locale, ont déminé un secteur du littoral pour faciliter l'arrivée éventuelle des Canadiens. Mal renseignés, ils ont attaqué les troupes allemandes. Enveloppés par 4000 soldats, ils ont résisté quatre jours avant d'être capturés et passés par les armes.

Les espoirs de l'ultime réunion du présidium du KONR, le 28 mars 1945, en vue du regroupement de toutes les forces antiso-

---

* Voir aussi Victor Tapié, « L'insurrection de Prague », in *Revue historique de la Deuxième Guerre mondiale*, n° 146, avril 1962.

viétiques en Autriche ou dans les Balkans, résidaient dans une éventuelle rupture de la coalition alliée.

Le témoin majeur de la période, Strik-Strikfeldt, le confirme[9] : « Il [Vlassov] avait secrètement ordonné à Trouchine de ménager le plus possible la substance de la troupe avec l'intention de la conduire dans la région de Prague-Linz. La réalisation de cette intention, connue du côté allemand du seul Aschenbrenner, avait pour but de se constituer un fort rassemblement de troupes avec des volontaires allemands, tchèques et yougoslaves. Ce corps international devait former un îlot de résistance politico-militaire à la pénétration en Europe du bolchevisme stalinien. »

L'ancien compagnon de Vlassov va plus loin dans sa conclusion (écrite en 1970) : « Aujourd'hui, un quart de siècle après les événements, de telles intentions peuvent paraître vaines. Cela est-il certain ? L'après-guerre n'a-t-elle pas démontré que l'alliance utilitaire entre les Anglo-Saxons et l'autre dictateur ne pouvait être de longue durée ? »

Chapitre 10

Waffen SS, Cosaques et Géorgiens

« Volontaires » dans la Waffen SS

Contrairement à l'esprit qui a présidé à sa création*, la Waffen SS (formation militaire indépendante de la Wehrmacht) s'est transformée, à partir de 1941, en force multinationale destinée à devenir le fer de lance de l'Allemagne nazie sur tous les fronts. De par son nouveau recrutement, son caractère d'« élite raciale » a tendance à disparaître. Comme l'écrit Philippe Masson [1], en 1944, « la Waffen SS était devenue une énorme organisation composite embrigadant des éléments d'une vingtaine de nations ».

Les effectifs d'une quinzaine de divisions sont constitués, pour moitié ou aux trois quarts, de soldats étrangers au Reich recrutés dans les territoires occupés et dans les pays alliés. Philippe Masson donne comme exemple la légion Handschar, brigade de Bosniaques appuyant la division Prinz Eugen qui guerroie dans les Balkans contre les partisans serbes. Elle abrite une majorité de musulmans dont le couvre-chef est un fez. Elle reçoit des rations spéciales, conformes aux exigences de sa religion...

Combien de « Russes » se trouvent-ils dans les formations SS stationnées sur le front Ouest ? Les enquêtes sur Oradour ont montré que la division Das Reich comptait dans ses rangs un certain nombre de « combattants » d'origine soviétique. Les interrogatoires conduits par les officiers du Deuxième Bureau français et du

---

* Les Waffen SS ont été officiellement créées le 2 mars 1940 sous la direction de Gottlob Berger. Elles viennent des SS « VT » (Troupes SS à disposition : *SS Verfügungstruppe*).

G2 américain auprès de Waffen SS capturés en Alsace au cours de l'hiver 1944-1945 le montrent aussi. Peut-être faudrait-il, tout simplement, s'en tenir aux effets prêtés à la présence de SS en territoire occupé, à savoir les effets de terreur ? Mais les unités SS ne sont pas seules en cause.

Après le déclenchement de l'insurrection et le passage à l'action des maquis, la répression allemande se fait lourde. Dans toute la France, de la Bretagne au Dauphiné, du Sud-Ouest à l'Ain et aux Vosges, on ne compte plus les « nids de terroristes » anéantis et les patriotes massacrés. Certaines unités « russes » y ont leur part mais moins qu'on l'a dit.

Après la bataille de Falaise, qui voit l'écrasement de la force blindée engagée à l'Ouest, un repli général est ordonné pour le salut de l'armée allemande. Les colonnes disparates battent en retraite, à pied, sur des charrettes réquisitionnées, sur des camions civils, harcelées par l'aviation alliée. Hachée en Normandie et sur les routes de la vallée du Rhône, la Wehrmacht recule, écrasée à son tour par le « rouleau compresseur » mis en route par Eisenhower, perturbée par les embuscades des groupes armés (ou mal armés) de partisans français mais aussi polonais, espagnols, italiens, dix nations mêlées, par des détachements de l'Armée rouge (plus d'une trentaine)[2]. Cette bête traquée, essoufflée, parfois chancelante, se retourne parfois et charge au carrefour, crachant le feu, mordant la meute des poursuivants. Et ses chefs, dont la plupart désormais doutent de la victoire, voient la « coalition européenne » se défaire.

À la mi-août 1944, pour soutenir le mouvement de retraite, apparaît, dans le sud de l'Alsace et en Franche-Comté, la 30e division de Waffen SS dite *Russische nr 2*. Elle est composée d'un régiment « russe » et de deux régiments « ethniquement » dissemblables : un bataillon russe, trois bataillons ukrainiens, un bataillon biélorusse et un bataillon cosaque...

Ces unités rayonnent autour de Belfort, de Vesoul et de Montbéliard, s'avancent jusqu'à Dole (Jura) et patrouillent au nord du Doubs, le long de la frontière suisse. Le 30 août, deux compagnies retranchées dans Pont-de-Roide et sur le plateau repoussent une attaque en règle de groupes de résistants appuyés par des parachutistes français (que plusieurs auteurs désignent comme canadiens). Ce même jour, un groupe de combat allemand part à la rescousse d'un détachement encerclé près de la frontière, à Maîche. Entre

Pont-de-Roide et Saint-Hippolyte, cette unité essuie des tirs venant des falaises et se replie aussitôt. Son commandant, le Sturmscharführer Meister, note dans son compte rendu[3] : « La population est entièrement hostile et agressive à notre égard. En fait, les montagnes et les rochers sont fortement occupés par les terroristes, décidés à perturber et bloquer le ravitaillement et le renfort des unités isolées. »

La chasse à l'homme a changé de camp. Les unités de la 30e Waffen SS établissent une ligne de résistance continue dans la boucle du Doubs. C'est à ce moment que s'achève, entre la VIIe Armée américaine de Patch, l'Armée française B de De Lattre et les arrière-gardes de la XIXe Armée allemande du général Wiese, une course-poursuite de deux semaines qui a conduit les combattants de la Provence à l'Alsace. Début septembre, aux premières pluies de l'automne et aux premières gelées, des chars Panther et des canons de 88 reçoivent les éléments avancés franco-américains : le général Wiese pense avoir verrouillé la porte de Bourgogne, en Haute-Saône.

Dans ce contexte, le comportement de deux bataillons ukrainiens qui abattent leur encadrement allemand et passent, avec armes et bagages, du côté de l'armée française et des maquisards, constitue un événement d'une grande portée. Le rôle de « bouchon retardateur » imparti à la division « russe » est amoindri. Si les autres bataillons avaient suivi les Ukrainiens dans la rébellion (hypothèse qui peut se défendre), l'Alsace serait tombée aussitôt. C'est ce que souligne le général Béthouart, patron du Ier Corps français, lorsqu'il regrette une absence de moyens et cite, à l'appui de ce regret, le général allemand von Wittersheim, alors commandant de la 11e Panzer qui lui faisait face : « Il n'y avait rien derrière nous. Vous auriez été au Rhin dès le 10 septembre[4]. »

Après la révolte des deux bataillons ukrainiens, la 30e Waffen SS remonte sur Colmar où ses régiments « russes » sont remaniés. Ils reçoivent différents apports, restes de bataillons repliés de Provence : Polonais, Baltes et Russes de tout poil, Ukrainiens de Galicie et de Bukovine du Nord issus des unités dissoutes de la brigade Siegling. La division prendra part à la contre-attaque de Wiese destinée à couper les lignes de ravitaillement de Du Vigier qui s'est avancé jusqu'à Mulhouse.

Pour les historiens, l'« impasse » est quasi totale sur la présence « russe » dans cette bataille. Le général de Lattre réalise l'exploit de battre à plate couture cette « division allemande » sans dire un seul mot, dans son ouvrage sur la Ire Armée[5], de son origine « russe »...

Voici ce que le Haut Commandement allemand déclare, à propos de ces curieux « loups-garous » : « La 30e division SS [russe] était bonne au début, mais elle s'est révélée peu solide au cours des combats. Officiers et personnel d'encadrement sont bons » (commentaire du KTB de la XIXe Armée, le 29 novembre, à la fin de l'offensive française). Et voici quelques extraits tirés du *Tagesmeldung* (rapport et opération) [6] et des annexes :

« 25/11/44. Les Russes quittent leur PA sans tirer un coup de feu...
26/11/44. Chef état-major XIXe Armée à chef état-major du groupe d'armées G : "La 30e SS, des Russes, ne tient plus debout... Le front de la 30e SS est dissous. La ténacité de la division est perdue par les durs combats et le feu nourri de l'armée française."
26/11/44, 14 h 45. Compte rendu du Höheren Kommando Eifel : "Le front de la 30e SS Grenadiere Division est en dissolution. Si une décision n'intervient pas de suite ça sera trop tard."
26/11/44. Wiese à Balck : "Oui ; il y a des *Jagdpanther*, mais on ne peut plus rien faire avec les Russes..."
29/11/44, 20 h 10. Le 90e AK [corps d'armée] rend compte que l'officier de liaison de la division SS a rassemblé cent hommes spécialement triés sur le volet, tirés de la 30e division SS. Le CA reçoit l'ordre de mettre immédiatement toute la division en formation de marche, afin de la faire passer aujourd'hui même sur la rive droite du Rhin par le pont de Chalampé. Toutes les armes, y compris l'artillerie resteront au 90e AK, ainsi que le groupement tactique qui a été détaché...
Par télétype, l'Armée demande au H. Gr. de faire passer le Rhin à deux cents jeunes Cosaques de quatorze à seize ans avec cinquante à soixante chevaux, ainsi que d'évacuer du matériel très précieux qu'on ne peut réparer sur la rive gauche du Rhin... »

La déliquescente 30e division SS est omniprésente dans le journal de marche, les annexes qui enregistrent mot pour mot les conversations des chefs.

Découvrons cette note du 26 novembre, émise au moment de l'entrée des blindés de Schlesser dans Dannemarie. Elle révèle, sans en donner l'explication, le degré de désaccord, les déchirements à l'intérieur de cette grande unité.

« 11 h 40. Le Höh. Kdo rend compte : les Russes de la 30e Waffen SS sont totalement indécis et flottants. Ils tirent les uns contre les autres et sur nos propres troupes. »

Plus loin : « La division n'est plus du tout à la hauteur de sa tâche. Les Russes tirent sur leurs propres camarades[7]... »

Un tel compte rendu annonce, sans équivoque, une tendance à la dissidence des soldats battus qui abandonnent leurs positions et doivent, les jours suivants, repasser la Doller. On comprend dès lors pourquoi l'état-major du groupe d'armées « G » presse le LXIIIe Corps de les expédier au plus vite sur la rive droite du Rhin ! Mais la question se repose : comment, pourquoi les Alliés, et tout spécialement les Français, ont-ils laissé passer cette chance ?

Les Cosaques

Toques d'astrakan noir calottées de satin rouge ou vert, le fameux bonnet des Tcherkesses, bottes de feutre et vareuses molletonnées, carrioles tirées par les petits chevaux des steppes, haute stature des officiers portant monocle, fiers descendants des boyards, on les voit défiler à Nantes, à Soustons, à Digne, à Besançon. Ils entrent en ville musique en tête, cuivres et cymbales, chœurs aux mélopées nostalgiques ponctuées de l'appel aigre et sauvage des ténors et coloraturos. Venues de loin, ces cohortes d'hommes au visage hâlé, énigmatique, laissent un sillage étrange. Les alliés des Germains ne trompent pas. « Rien qui rappelle l'Occident », dirait Amouroux[8], évoquant les « Russkoffs » de Cavanna.

Bigeard, parachuté dans l'Ariège, écrira[9] : « Un bataillon entier de Mongols, signalé à Saint-Girons, risque de se diriger vers nous [...] Si ces Mongols reprennent Foix, ils vont tout saccager. [...] Quelles gueules de brutes ces Mongols ! »

Fin août 1944, la XIXe Armée allemande (Wiese), talonnée par le VIe Corps d'armée américain, remonte en catastrophe la route Lyon-Belfort, par Lons-le-Saunier, Dole, Besançon, Montbéliard. L'état-major du groupe d'armées « G » apprend que des éléments de découverte américains se sont emparés, le 2 septembre, de la petite ville de Morez (Jura) et avancent à marche forcée le long de la Suisse, dans le dessein évident de couper la retraite à l'ensemble des forces. Le 454e régiment de cavalerie de l'Est, isolé à Pontarlier, doit livrer le combat retardateur « en enfant perdu ».

À Mouthe, vingt kilomètres plus au sud, plusieurs compagnies (300 cents Cosaques) et un détachement de gardes-frontière sont encerclés par le maquis. Un message du *Zollgrenzschutz* (suisse), parvenu à 18 h 45, indique la prise de la cité « par des éléments de reconnaissance blindés soutenus par des mortiers et un groupement important de la Résistance [10] ».

Les rapports d'opération du 3e régiment de tirailleurs algériens (3e RTA), cités par Henri Amouroux, donnent un chiffre de 100 tués ennemis, 300 prisonniers, pour 4 tués français. Les habitants de Mouthe ont assisté, après la reddition, en fin d'après-midi et au cours de la nuit, au mitraillage d'une cinquantaine d'Allemands et de Cosaques bouclés dans une grange à double porte, face à la mairie, non loin de l'hôtel du Commerce. Trois photographies, prises le jour suivant par un commerçant en résidence à Malbuisson (et déposées au musée de la Résistance de Besançon), montrent une voiture à foin chargée de cadavres.

Selon un officier supérieur, dont le groupement, le jour suivant, se porte sur Pontarlier par le nord, le général de Lattre l'aurait appris aussitôt et aurait décidé, en fonction de cet événement, d'accélérer l'intégration des unités FFI et leur subordination à son armée.

Dans son livre, de Lattre écrit [11] : « La lutte est d'autant plus acharnée que sont plus visibles les traces des atrocités commises par les Allemands ; nos morts... sont bientôt vengés : une centaine de cadavres, trois cents prisonniers, c'est tout ce qui reste du "Kampfgruppe". »

Le colonel Goutard auteur d'un rapport : « L'action d'un groupement tactique de toutes armes », conclut l'affaire : « Trois cents prisonniers environ furent confiés aux FFI, c'est-à-dire à la Résistance française qui, comme Dieu, saura reconnaître les siens [12]. »

L'affaire de Pontarlier, où est enfermé le gros des escadrons du 454e régiment de cavalerie, est résumée ainsi par le commandant en chef de la Ire Armée : « De fait, le 5 [septembre], dès 7 heures, elle se déclenche. Image du chaos créé par la folie de Hitler, Pontarlier est défendu par des Allemands et par des Cosaques de l'armée Vlassov alors que des Ukraniens appartenant à cette même armée rallient nos rangs et se battent avec nous ! [...] Peu après midi, notre succès est total. »

Comme l'Auvergne, la Franche-Comté, zone de passage et refuge dans les montagnes, tient, sous l'Occupation, une place exceptionnelle. Le massif jurassien étire le croissant de ses chaînes parallèles depuis le coude du Rhône, au sud du Léman, jusqu'au coude du Rhin, à Bâle. Son rebord ouest longe le Doubs par où s'écoulera le gros de la XIXe Armée allemande remontant de Provence en direction de la « porte de Bourgogne ». Plateau très accessible, à peine vallonné, s'élevant graduellement vers la ligne des crêtes couvertes de forêts de résineux, le Jura devient un repaire « de bandes » dès 1943. En période insurrectionnelle, la Franche-Comté est difficile à tenir militairement. Un auteur, Georges Colomb, patriote comtois, situait sur la colline d'Alaise, près de Salins (Jura), le dernier bastion de la résistance gauloise à César. Les soudards des rois Louis XIII et Louis XIV y eurent fort à faire. « Comtois rends-toi ! Nenni ma foi ! » répète-t-on encore aujourd'hui dans les chaumières.

En cette « marche » qu'est la Franche-Comté, autant dire qu'en 1943 l'Allemand de souche tend à disparaître, hormis dans les cités de transit où défilent les convois : Dole, Montbéliard, Besançon, Chalindrey... ou le camp d'entraînement du Valdahon et la place de Belfort. Ne circulent plus sur les grands chemins, et à travers les bourgs, montrant ostensiblement leur force mais préférant ne pas s'en servir, que les pittoresques et mystérieux bataillons d'auxiliaires « russes ». Le martèlement de 1940 n'est plus qu'un souvenir. Les colonnes d'infanterie sont précédées par des officiers à cheval. Équipés à la diable, ces soldats marchent, chaussés de bottes de caoutchouc (ou de feutre de l'Armée rouge). En perpétuelle représentation, leurs musiques, cuivres, cymbales et chœurs superbes, se déplacent de bourg en village, de la caserne au kiosque républicain, montrant aux Français intrigués le visage inquiétant et les vestiges de leur prestigieux passé.

Au printemps 1943, malgré les incursions inopinées d'escadrons cosaques, la région du plateau est truffée de petits maquis. Après le passage en Suisse (au Brassus) d'une *Hundertschaft** de Cosaques venant de Morez, et la reddition du 454e régiment de cavalerie de l'Est à Mouthe et Pontarlier, en septembre 1944, un certain colonel Sarrazac-Soulage, alias Lagarde, amalgame à la Ire Armée trois bataillons de résistants comtois — auxquels se joint, pour peu de temps, l'unité ukrainienne révoltée du Valdahon.

* Les formations cosaques sont constituées sur la base des traditionnelles « centaines » *(Hundertschaeften)*.

Dans la floraison d'études domine l'ouvrage de Jean Vartier : *Histoire secrète de l'occupation en zone interdite*[13]. L'auteur, informé aux bonnes sources, décrit le ralliement des deux bataillons ukrainiens de la 30e division de Waffen SS. N'est-il pas surprenant qu'un fait de cette importance soit longtemps passé inaperçu ? En haut lieu, apparemment, aucune conséquence n'en a été tirée pour la suite des opérations.

Claude Paillat, très objectif, reprend[14] (si longtemps après la fin du conflit) la chronologie de la révolte du 3e bataillon (27 août), mais ne mentionne pas celle qui éclate simultanément, dans le Doubs, au camp du Valdahon. Le colonel Robert Dutriez (commission d'histoire de la VIIe Région) a mis sur fiches les témoignages[15] des généraux Saint-Hillier et Arnaud qui ont participé aux actions après l'enrôlement des transfuges dans la 13e demi-brigade de la Légion étrangère. Sur un registre proche, le deuxième volume de *Résistance et Libération*[16]..., mérite une particulière attention. L'enquête est approfondie et basée sur de nombreuses relations de témoins. Elle aboutit, sans que les auteurs le désirent expressément, à une sorte de démystification du côté « atrocement cosaque-mongol » de l'aventure comtoise de 1944.

« L'armée Vlassov à Pontarlier »... Ce sous-titre souligne, involontairement, l'erreur classique et significative touchant le mythe Vlassov lequel a soigneusement été entretenu par la propagande allemande dans toute l'Europe. La légion de l'Est *(Ostlegion)* à laquelle appartiennent les escadrons de Cosaques de Pontarlier, ne relève que du commandement allemand de Lyon, alors en repli en direction de Belfort et de l'Alsace. Les Cosaques, employés dans les opérations de blocage et de retardement dans la partie orientale de la Franche-Comté, sont placés, devant la porte de Bourgogne qu'ils devront interdire aux Franco-Américains.

C'est du moins l'intention du groupe d'armées « G » et de Blaskowitz. Le plateau boisé et les points de passage le long de la frontière suisse, comme au temps d'Arioviste et de Jules César, de l'armée de Bourbaki en 1870, ainsi que des unités françaises battues en juin 1940, revêtent soudain une importance stratégique capitale. Disons, avec le général Béthouart, fraîchement promu à la tête du Ier Corps d'armée et installant, le 6 septembre 1944, son premier PC à Morteau que les forces blindées, qui auraient dû pousser les Allemands au-delà de la trouée de Belfort, se trouvaient ailleurs et que « l'occasion a été perdue ». Mais revenons à nos Cosaques selon l'enquête Bobillier-Dhote :

« Le parc automobile qui leur est dévolu consiste en voitures bâchées, attelées de deux chevaux... Vêtus de l'uniforme allemand, beaucoup portaient le bonnet d'astrakan noir des Tcherkesses. Sans raison, pour leur seul plaisir, ils exhibaient leur pistolet et tiraillaient tous azimuts... La comtesse Olga Katamoski, directrice de la Propaganda Staffel, leur procura des compatriotes féminines qui, comme elle, disparurent vers le 20 août 1944. [...]

« Tels les "Suédois" du duc de Saxe-Weimar, qui envahirent, pillèrent, mirent à sac la Franche-Comté de 1639, ils instaurèrent un régime de terreur : brutalités, vols, nul n'en était à l'abri ; car montres, objets en or, vélos les attiraient particulièrement, et d'innocents promeneurs furent souvent tabassés pour être ensuite délestés de leur montre ou autres bijoux[17]. »

Pour Cosaques et Allemands, en cette fin de matinée du 5 septembre 1944, l'équipée s'achève abruptement. La violence change de camp. Place Saint-Pierre, devant l'arc de triomphe élevé par la bonne ville de Pontarlier au roi Louis XV, une populace grondante tabasse les prisonniers terrorisés et hagards que les FFI de la onzième heure dénichent dans les caves et les greniers. Les maquisards combattants, après une visite dans la caserne de l'Ouest, où l'on a vu, épars au milieu des reliefs du pillage, les corps des chiens des Cosaques, regagnent, près de la gare, les plates-formes des camions gazogènes,... hélas vidés de leurs paquetages. Une photo du livre des auteurs Bobillier-Dhote présente le défilé des prisonniers. Légende : « Les trois premiers officiers, en commençant par la droite ont été fusillés, le quatrième fut gracié par le lieutenant-colonel Lagarde. »

La foule en furie, c'est le bouchon qui saute sous la pression des souvenirs. Les Comtois se souviennent sans doute de « cette horde soldatesque qui partit en expédition punitive à Saint-Claude, Châtelblanc, Saint-Gorgon, La Planée. Voici un témoignage de leurs exploits : [...] Au faubourg Saint-Étienne, on les vit arriver chez M. Monnier, coiffeur, et telle une foule hurlante, ils arrachent les lavabos, les jettent dans la rue. Quant à M. Monnier, qui tente de s'interposer, il est tabassé et l'un des fauves lui coupe même une oreille. [...] Naturellement, raconte Mme Bernex, toute la population du faubourg s'est terrée et enfermée à double tour. Les Russes, eux, refluent vers le centre-ville, satisfaits sûrement de cette escapade, mais auparavant, ils s'engouffrent dans l'hôpital où ils s'emparent de la caisse. Quand il y a mort d'homme, la répression est conduite plus durement. Notamment à Saint-Gorgon, en représailles à un accrochage au carrefour de la Main. Une partie des maisons flambent, le pillage s'ensuit, l'instituteur parisien Jacques Gabourg et le cordonnier Henri Sauge sont abattus.

« Vers 16 heures, l'ennemi, dont les hommes de troupe étaient pour une bonne partie d'anciens prisonniers incorporés, ont souillé par le feu, le vol, le meurtre, la désolation. Ils sont même allés jusqu'au viol [18]... »

Ainsi, les *Hundertschaft* cosaques ont sillonné dans l'espace comtois, de Lons-le-Saunier à Morteau, de Besançon à Belfort, et jeté le trouble dans les villages, brûlé et saccagé les fermes soupçonnées d'abriter des « nids de terroristes ». Mais l'image de Saxe-Weimar et de ses Suédois qui dépeuplent la contrée est bien forcée. Les « Russes » ont l'avant-bras chargé de montres (d'après la légende), mais ils ne rôtissent pas à petit feu les pieds des villageois pour leur extorquer provisions et louis d'or...

Un témoin de qualité, élu en 1956 à l'Académie française, est officier de liaison d'André Malraux, alias colonel Berger. André Chamson est en poste auprès de l'état-major de la Ire Armée, au PC rue Lecourbe, à Besançon. Il écrit [19] : « Sur l'ordre de De Lattre, je suis allé en échelon précurseur, jusqu'à Morteau, contre la frontière suisse. Des chars américains avaient balayé la région, mais elle restait infestée par des détachements de Vlassov, Russes soviétiques passés au service de l'Allemagne, pillards, violeurs aux faces écrasées de Kalmouks, qui marchaient au milieu d'un halo d'épouvante et de sang... »

André Chamson répète ce qu'il a entendu à Morteau, entre un morceau de mont-d'or et un verre de gentiane. Le mythe cosaque-mongol fait la paire avec la confusion sur Vlassov. Simple représentation collective venue des guerres napoléoniennes, réponse au mystère sécrété par la présence en Occident de ces « Russes » sauvages exhibés par l'autorité militaire allemande, panique des populations largement entretenue par les menaces et la propagande !

Chamson rapporte aussi un incident pénible vécu en Alsace : « ... Je suis [pourtant] descendu sur la place pour tâcher de calmer un peu ces violences. Je m'aperçus alors qu'il y avait beaucoup de Russes dans cette horde. Je ne sais pas pourquoi je tâchai de les regrouper à part, en criant : “Christiani ! Robotni !” Les anciens de l’Armée rouge, que la famine avait contraints à s’habiller en “Feldgrau”, vinrent s’entasser docilement dans un coin de la place, lamentable troupeau repoussé par le destin dans une des marges sans nom de la guerre[20]. »

Au matin du 12 novembre 1944, début de la grande offensive du général Devers. Le VIe Corps d’armée du général Brooks borde la Meurthe, de Raon-l’Étape à Fraize, au pied du col du Bonhomme. L’attaque pour le franchissement de la Meurthe et l’accès aux vallées traversant les Vosges jusqu’à la plaine d’Alsace se heurte au LXIXe Corps d’armée et au IVe Feld Korps de la Luftwaffe. Le 360e régiment cosaque fait face à l’infanterie de la 36e division américaine et ses compagnies résistent sur leurs points d’appui, sans toutefois parvenir à barrer la route du col du Bonhomme aux GI’s beaucoup plus nombreux et disposant d’artillerie.

Jeffray Clarke note[21] : « Le G2 de la VIIe Armée indiquait que le 360e régiment de Cosaques, composé de trois cent soixante-quinze combattants, était fixé dans la portion nord du secteur du IVe Luftwaffe Feld Korps, mais nous n’en trouvons aucune confirmation dans la documentation allemande disponible. » On cueille un élément d’information complémentaire dans le volume IX de la compilation de Georg Tessin[22] car le 360e régiment cosaque dépendait, depuis octobre 1944, du LXIVe Corps de la XIXe Armée. Après la perte de l’Alsace, et conformément aux accords Himmler-Vlassov, il sera transporté le 22 février 1945 au camp de Zwettl et intégré dans la 1re division de l’armée Vlassov en formation. Ce régiment cosaque s’est bien battu, en août, au cours de la retraite en France. D’une manière générale, les Cosaques du Kouban ou du Terek, traditionnellement anticommunistes, sont de bons alliés pour les Allemands. Quelques survivants de l’affaire de Mouthe et de Pontarlier ont été versés au 360e dont parle Jeffray Clarke.

La jonction du sous-groupement de la région FFI D2 avec l’armée d’Afrique a eu lieu autour de la ville de Mouthe, investie dans les jours précédents par diverses unités des maquis. La nuit du 3 au 4 septembre 1944, les sections Baxère et Couturier, compagnie « Decamp », ont quitté leur cantonnement du château de Marnoz (Jura), traversé Salins endormi, croisé à Champagnole une avant-garde méfiante et peu communicative de la 3e division d’infanterie américaine puis rebroussé chemin. Arrivés dans une clairière, au pied d'une colline déjà prise, les jeunes Comtois sautent du plateau des « gazos (gènes) », non loin d'une batterie de mortiers servie par des tirailleurs algériens et qui cogne sur la ligne de maisons défendues par les Allemands.

Parvenu à la crête de la colline, le petit groupe de François André (frais émoulu du prytanée clandestin de Besançon : « chic à Cyr », « chic à basane », échangeait-il avec les futurs officiers — dont Bernard Landel) s'est allongé dans l'herbe rase du pâturage, le nez dans les touffes odorantes de serpolet et les colchiques d'automne, à l'abri des grosses pierres d'un « murger » d'où dépassait seulement le bout du canon du FM d'Henri Chagué. Je (l'auteur du présent ouvrage) lui passe les chargeurs tirés de ma musette. Très excité, il tire des salves de traçantes sur les minuscules silhouettes noires qui filent au-delà de la bourgade, avec des sauts de puce, pour gagner la source du Doubs, le couvert des sapins du Noirmont et du Risol, la Suisse proche — et pour sortir de la guerre.

Après le baroud, la section dort dans la maison des gardes-frontière. Le groupe de François André occupe la cuisine, chacun de nous sur un matelas, au milieu de nos effets et de nos photographies de famille, souvent réveillés par des détonations et des saccades d'armes automatiques. Au rassemblement, dans la brume du petit jour, les rigoles de la grand-rue de Mouthe se trouvent bordées de corps en caleçons, ou demi-nus, débottés, yeux ouverts, raidis en des postures théâtrales. Deux charrettes à foin sont déjà chargées d'où dépassent têtes et bras. Frissonnants, nous découvrons la tuerie de la nuit dans les granges. Notre colonne, formée devant la Douane, se dirige vers une file de camions bâchés et bariolés. Je me demande la signification de ce spectacle, rapportant la brièveté du combat à cette accumulation de morts russes et allemands. J'ai juste vingt ans cette fin d'été à Mouthe et j'apprends que l'homme est un loup pour l'homme. Je m'étais déjà « récupéré » un sac en peau de chèvre marron, un poncho camouflé de « Fritz » et, avant de monter sur la plate-forme du « gazo », je ramasse un bonnet de fourrure de Cosaque.

Au combat, la simplification, l'impérieuse nécessité, l'information réduite, l'extrême urgence font que les Allemands, en face, sont tous nazis, les Cosaques des Allemands, ou l'inverse. Le résistant local défend sa femme et son champ. Ou sa mère. Un

« vert-de-gris », bras levés, sort d'une grange, épouvanté, visage livide, suant à grosses gouttes, hurlant : « Moi bolchevique, moi communiste ! » Le gars de vingt ans tient son « Boche ». Il appuie sur la détente de la Sten. Il abat une vermine fasciste, prétendument innocente et « rouge » de surcroît. Et le bonnet d'astrakan noir roule à ses pieds.

L'ancien FFI Ledentu habite Besançon. Il n'est pas content parce que, pour certaines actions, il n'a pas été décoré. Alors qu'il en connaît un qui arbore la croix de guerre le 8 mai au défilé de « Rhin et Danube ». Ledentu me souffle que ce gaillard a été blessé au bord de l'Ognon, en Haute-Saône, par un éclat de grenade lancée à l'eau pour « pêcher » le poisson-chat, la perche ou la brème qui abondent dans la rivière. Mais lui, Ledentu, a tué un « Boche » qui montrait son nez entre les planches du fortin défendant l'entrée de Mouthe. Il me confie aussi qu'il a laissé à ses camarades de combat le soin de pénétrer dans le point d'appui allemand. À vingt ans, la fièvre passée, le cadavre renversé vous impressionne encore. Les faces de cire et les cheveux dressés des jeunes Cosaques raidis et demi-nus dans le caniveau de la grand-rue de Mouthe, l'auteur du présent ouvrage ne les oubliera jamais.

Dans les guerres de libération, le fléau penche d'un côté ou de l'autre. Les vagues de massacres se recouvrent. Le vainqueur ne retient que celles qu'il subies. Gageons que l'individu qui mitrailla les « nazis-douaniers-Cosaques » dans la grange comtoise agissait seul... Le forcené, posté au milieu de la rue, aurait même tourné son outil contre les Africains qui faisaient mine d'intervenir. Les prisonniers qui se rendirent à l'hôtel du Commerce furent également mitraillés. L'armée n'était pas présente au carnage. Le lendemain, les tirailleurs flegmatiques et leurs officiers, tous casqués comme l'armée de 1940, ne verront pas d'un bon œil ces 80 morts en caleçon convoyés, par les FFI et les prisonniers, jusqu'à la décharge publique, en haut du bourg. Trois clichés pris par un Bisontin sont déposés au musée de la Résistance. « Il aurait eu des ennuis par les Russes dans sa famille. En tout cas, on ne l'a jamais revu... », dit-on de l'homme qui a tiré.

Vendetta contre les Mongols ! Une sorte de jugement de Dieu. le secrétaire de mairie, en 1987, m'a raconté comment il a assisté à la descente des corps jetés, le 5 septembre, sur la décharge publique : « Je ne peux aujourd'hui me faire à l'idée de comment nous étions à l'époque. » Le maire m'apprend que l'exhumation des 83 soldats russes et allemands du 454e régiment de cavalerie de l'Est, pour leur transfert à la nécropole allemande d'Andilly (Meurthe-et-Moselle), a eu lieu en 1957 : les pauvres restes, un petit sac plastique contenant des os, « dorment », c'est la formule, sous le gazon bien vert et les croix de pierre des « héros ».

On ne peut qu'en faire la constatation : l'esprit de représailles et de vengeance s'est exercé, en France, au moment de la libération du territoire. Témoignage recueilli par l'auteur : dans la forêt de Chaux (Jura), quelques ennemis, allemands ou russes, creusent un trou où un partisan (membre d'un petit détachement russe) les enterre. Seule dépasse la tête. On dira que c'est une vieille coutume indienne... et, mieux, on ne dira rien. Les suppliciés n'ont pas de voix. Déjà apparaît cette question (taboue s'il en est) du traitement des prisonniers allemands en 1944-1945, dans les camps de la métropole. Trois cent vingt décès de prisonniers à la citadelle de Besançon, durant l'hiver 1944-1945, ont été déclarés à l'état civil de la mairie...

Les captifs russes connaissent comparativement un sort enviable. La France use, à leur égard, de bons procédés : solde et ration du « bidasse ». Après les accords de Gaulle-Staline, une sorte de clause de la nation la plus favorisée est appliquée. Ne s'agissait-il pas de livrer des citoyens bien portants à l'ogre qui allait les dévorer ?

Des Géorgiens et des chevaux...

Septembre 1943. Un informateur passe les Pyrénées, arrive en Afrique du Nord et livre ses renseignements au BCRA. Couplée avec les informations recueillies auprès de quatre soldats russo-géorgiens évadés du centre de Périgueux (5e bataillon de la légion géorgienne), illustrée d'une carte au 1/100 000e, la synthèse du Bureau central de renseignements et d'action dresse un tableau — précis et coloré — de la vie quotidienne des « Russes » incorporés dans l'armée allemande[23] :

> « L'informateur, soldat de la 29e brigade du service des chemins de fer de l'armée russe, a été fait prisonnier à Nevinomisk, dans le Caucase, le 27 avril 1942. Interné au camp de Stalino, [il] a été incorporé dans une unité allemande appelée "Heeres Betreuungsdienst", détachement n° 7. Cette unité est chargée de la confection et de la distribution des repas et

vivres aux troupes de passage dans les gares. 6 compagnies, plus de 500 femmes pour l'ensemble du bataillon. De juin à septembre 1943 (date de la désertion), l'unité a été envoyée en France. Une division des troupes russes est cantonnée dans des baraques situées en 95-87. Ce ne sont pas réellement des Russes mais des Arméniens originaires du Turkestan et autres Russes d'origine asiatique. Ils portent l'uniforme allemand avec les insignes suivants... »

Suit une représentation de trois écussons, avec indication des couleurs. L'un barré sur le haut : « Arménien », l'autre barré du signe « ROA ». Un troisième barré : « Géorgien ». Chaque inscription en lettres rouges sur fond blanc.

La deuxième partie du rapport concerne le 5e bataillon russo-géorgien de Périgueux, en novembre 1943 :

« Sortis en juillet 1943 d'un camp de prisonniers en Pologne, on les a formés en bataillons d'infanterie et ils sont embarqués pour Périgueux (France), d'où ils s'échappent en novembre 1943.

« Ensuite, Nancy, Soissons et Nevers [...] Au début d'octobre, ils arrivent à Périgueux où ils sont cantonnés à l'ancienne caserne française d'artillerie. »

Tous les détails sur l'organisation : effectifs, armement, transports, intendance, entraînement. Le bataillon a un effectif de 1 200-1 300 hommes... Au début, d'anciens officiers et sous-officiers géorgiens ont reçu des commandements dans le groupe, mais après des incidents auxquels plusieurs d'entre eux ont pris part, on n'a plus confiance et ils ont été remplacés par des Allemands. Un capitaine allemand secondé par l'ancien colonel géorgien Michailowsky (âgé de quarante-huit ans) commande l'unité. Les sous-officiers allemands sont sévères et brutaux. Les Géorgiens sont punis à la faute la plus légère. Les punitions varient de la « pelote » avec six kilos de briques sur le dos, à la correction de coups de bâton. La nourriture journalière consiste en petit déjeuner : café ersatz ; déjeuner : soupe de betteraves ; dîner : ersatz de café avec cinquante grammes de beurre ou de saucisson. En outre quatre cents grammes de pain noir par vingt-quatre heures. Ils peuvent aller en ville deux heures tous les quinze jours mais il leur est défendu de parler aux civils. Ils ont accès aux maisons de tolérance de la ville. Ils n'ont pas d'escorte en ville mais il y a de nombreuses patrouilles et la police française les surveille également.

Sans doute le passage le plus saisissant du rapport — le MI

britannique n'a pu l'ignorer — est l'exposé intitulé « Moral et activités subversives » :

« 1. La plupart des Géorgiens sont violemment anti-allemands. Les Allemands leur ont dit qu'ils ne reviendraient jamais en Russie et qu'on les y fusillerait là-bas pour avoir été faits prisonniers et porté l'uniforme allemand. De nombreux Géorgiens croient à ces menaces et ne savent que faire.

À l'heure actuelle, la plupart attendent l'occasion de se révolter et de tuer leurs supérieurs allemands. À Périgueux, ils ont découvert un dépôt de dynamite et de munitions dans la cave de la caserne. Ils l'ont retiré et caché. Ils manifestent leur résistance en ne prenant pas soin de leurs armes, reçues déjà en mauvais état. Ils essaient d'entrer en contact avec les groupes de résistance français. Par l'intermédiaire du chef de groupe Abramidze, ancien lieutenant géorgien âgé de 27 ans, ils ont pris contact avec un docteur géorgien vivant à Périgueux et ont commencé à faire des plans avec lui, mais le complot a été découvert et le docteur, Abramidze et dix autres Géorgiens ont été arrêtés par la Gestapo et conduits à Limoges.

2. Le colonel Michailowsky, commandant la 4e compagnie, était au courant du complot mais n'y a pas pris une part active. Il avait conseillé d'établir la liaison avec d'autres groupes russes dans les autres villes françaises, afin qu'une révolte générale pût éclater en temps opportun.

3. Le 3 novembre 1943, huit de leurs camarades s'échappèrent mais furent rattrapés par la police française. Deux furent tués et les six autres retournèrent au bataillon. Les Allemands déclarèrent qu'ils seraient exécutés le jour suivant à titre d'exemple pour les autres.

Cette même nuit les quatre informateurs s'échappèrent en emmenant leurs armes et mitrailleuses. Avant d'atteindre la frontière espagnole, ils furent interceptés par une patrouille allemande de vingt hommes. Après une escarmouche de deux heures ils eurent le dessus et passèrent en Espagne... »

Les révélations de cette note méritent pour le moins la plus grande attention.

Ces Géorgiens sous haute surveillance de leurs supérieurs allemands et de la police française sont supposés antibolcheviques. Perdus, dépaysés en ces provinces si éloignées de leur patrie, égarés dans une France dont ils ignorent tout — langage, mœurs, sentiments, sinon qu'elle se débat et souffre en brisant ses liens —, ces paysans, ces montagnards captifs marqués au fer par les nazis, décident, bravant tous les périls et les formidables risques, de retourner leurs fusils contre l'Allemand...

Le rédacteur du rapport appartient au BCRA (Bureau central de renseignement et d'action), organisé à Londres par le colonel Passy, et rattaché au Deuxième Bureau de l'état-major du général de Gaulle. À sa tête, le colonel Billotte. Malgré les bonnes règles et la déontologie propres aux services secrets, les vases et les informations communiquent — c'est inévitable entre alliés — avec les bureaux du MI — d'autant plus que logistique et finances sont britanniques. Cette note et combien d'autres semblables, issues de la Résistance française, tombent chaque jour sur la table des services de renseignement.

BCRA et MI sont donc alertés. Les « Russes » nous attendent. Que va-t-on faire ? Allons-nous, alliés préparant le débarquement, en tirer les conséquences ? Eh bien, non...

Le retournement massif des auxiliaires « russes » engagés dans la Wehrmacht n'aura pas lieu. Staline veut autre chose. Les Britanniques, en l'occurrence le Foreign Office, et particulièrement son chef, Anthony Eden, subissent la loi édictée à Moscou. Le général de Gaulle est disposé aux cadeaux, en gage de l'alliance particulière demandée à l'URSS.

Mourir ou se rendre... Comme l'indique le major anglais du SOE, Manderstam, ces combattants, à qui leurs officiers ont déclaré qu'ils vont être exécutés comme traîtres, résistent parfois désespérément aux attaques des troupes alliées.

Après la prise de Cherbourg (30 juin), le bataillon géorgien 797, stationné dans le Cotentin, à la hauteur de l'île de Guernesey, marche au sud et prend part aux contre-attaques visant à rompre l'encerclement, dans la poche de Roncey. Témoin[24], Marcel Cordon, jeune cultivateur habitant à Trelly, au sud de Coutances. Il travaille dans les champs et voit Allemands et Géorgiens aller et venir sur la route de Coutances à Cérences. Une section de Géorgiens cantonne à la ferme paternelle et s'alimente dans le jardin et les clapiers. Lors d'un raid d'aviation, un camion de munitions explosa devant la cour de ferme, au carrefour de La France. Les balles et les grenades criblent la façade et le toit, tandis que les soldats s'abritent derrière le mur, du côté du pâturage : « Ils n'en menaient pas large, les gaillards. Nous non plus d'ailleurs. » Interrogé sur le comportement des Géorgiens, Marcel Cordon hoche la tête : « Ils étaient énervés mais, à part qu'ils ont vidé clapiers et poulaillers, on n'a pas eu à s'en plaindre ! »

André Fauchon, retraité, collectionneur d'armes, habite aujourd'hui Trelly, comme Marcel Cordon. Il était gamin et, inconscient du danger, il traînait dans le village de Saint-Martin-de-Cenilly au moment où les corps-francs américains tentaient l'anéantissement des troupes allemandes qui, du milieu de la poche de Roncey, refluaient vers le sud. Il a tracé et dessiné, à la manière d'un enfant, sur des rouleaux de plus de deux mètres de longueur, les détails et les incidents de la lutte. Il se rappelle qu'à l'aube du 28 juillet, à la suite d'une nuit de bombardement et de mitraillades, posté à la fenêtre sans carreaux de la cuisine, il observait les soldats en treillis ou en tenue noire, affairés autour des chars camouflés de branchages et garés dans la cour jonchée de débris de toiture. Le chef d'équipage, qui était russe, avait parlé en français avec son père. Fils d'émigré, il s'était engagé en 1943 dans la 17e Panzer SS Götz von Berlichingen lors de sa constitution. Bientôt, le chef et les tankistes s'engouffrent dans les tourelles. Le peloton de machines grondantes et cliquetantes, accompagné de fantassins en tenues camouflées, allant à pied ou juchés au-dessus des chenilles, passe le portail d'entrée. La contre-attaque se dirige vers la « Lande des Morts ». Au soir, raconte-t-il, un seul char est revenu à la ferme, sans le Russe, avec quelques malheureux soldats aux tuniques déchirées, brûlées, saignant de partout. « La Lande des Morts porte bien son nom... », dit André Fauchon.

Un autre récit de cultivateur encore en exercice montre combien le passage des auxiliaires « russes », lors de la campagne de Normandie, a marqué les populations : « J'étais haut comme trois pommes et je jouais dans le verger entre les chevaux et les carrioles avec les soldats russes au repos. Une compagnie de transport cantonnait dans les granges et les étables. Un matin, un gaillard pris de boisson ne trouve pas mieux à faire que de balancer les seaux à traire dans le puits. Le père se plaint au lieutenant qui occupe les chambres avec ses adjoints. Le chef fait sonner le rassemblement dans la cour. Sorti du rang, le Russe reçoit des coups de cravache sur le visage. Quelle histoire ! Le père a eu des remords. Il disait toujours : Pour ça, j'ai regretté de l'avoir dénoncé[25] ! »

Léon Lesaulnier rapporte cet épilogue sanglant : « Un homme connu du père vint un jour à la ferme, au moment où cela chauffait le plus pour les Fritz. Les attelages étaient déjà chargés et le convoi partait en toute hâte en direction de Roncey. L'homme disparut. Une demi-heure après on vit deux avions se rabattre sur le chemin qu'ils avaient pris, et l'on entendit crépiter les mitrailleuses ; carrioles, chevaux, soldats, ce fut un beau massacre ! Le père y est allé le lendemain. Les gens des villages, après l'arrivée des Américains, creusèrent des fosses où hommes et chevaux, tout fut enterré. »

À la recherche des souvenirs des « Russes » qui occupaient et se battaient dans le Cotentin, on tombe désormais sur la trace de leurs chevaux. Résidant aussi à Trelly, Charles Deuve, descendant d'une famille d'armateurs de Granville, manchois de tradition, a combattu sur la Doller dans la 5e division blindée (française)[26]. Du reste, il a connu ces « Russes » engagés du côté français qui ont été versés au 1er régiment de marche de la Légion (1er RMLE). Quelques-uns, en compagnie, si l'on peut dire, des Ukrainiens de la 30e Waffen SS passés au maquis et tués en Alsace dans les rangs de la 13e DBLE, reposent sous le gazon ras et toujours vert de la nécropole nationale de Rougemont. « Comme en Franche-Comté et en Alsace, dit-il, les petits chevaux "russes" qui échappaient à la mitraille étaient récupérés par les paysans. Pendant des années on les voyait, reconnaissables à leur taille, dans les attelages et les pâtures. Ils ont fait souche, ajoute Charles Deuve, tirant sur sa pipe. Allez voir à l'entrée de la ferme Untel, sur la route de Saint-Denis-le-Gast, une sorte de grand poney efflanqué. On est assuré que celui-là a eu des ancêtres qui galopaient dans la steppe... » Ainsi, paissant dans nos champs, entre les haies d'épine, ces rejetons des petits chevaux des plaines d'Asie sont de rares vestiges du passage des « Russes ».

À vrai dire, les villageois ont longtemps parlé des Cosaques, des Mongols et de leurs petits chevaux. À Lengronne où à Landerneau, il y eut beaucoup de bruit dans les chaumières, quand défilaient ces bandes armées par l'Allemagne, *Sotnia* ou *Hundertschaft* de Cosaques, ces « yeux bridés », fils des cavaliers de la Horde d'or dont les chevauchées se poursuivirent jusqu'aux portes de Venise. En Franche-Comté, ces escadrons qui arpentaient les montagnes et le plateau, donnaient parfois des concerts dans les kiosques républicains. Quand les Mongols défilaient Grande-Rue, à Besançon, les jeunes du prytanée et les futures bachelières du lycée Victor-Hugo découvraient la musique orientale, l'histoire et la géographie.

Chapitre 11

Histoire d'Igor B.
et des Russes « blancs »

« Je me nomme Igor Brackhausen. Je suis né à Paris. Je viens des services du premier ministre rue de Varenne [1]. Ma carrière professionnelle s'achève en cette fin d'année 1994. J'ai laissé mon fils, intéressé au passé de la famille, effectuer lui-même des recherches et reconstituer l'arbre généalogique des "von Brokhausen", nos ancêtres germano-baltes (noblesse balte de Courlande), confirmés "gentilshommes héréditaires du pays d'Orel" au XIXe siècle, et se réclamer de son titre de "baron", puisque, à la mort de mon père, Georges de Brackhausen, j'héritai du titre et de la qualification russe : "gentilhomme héréditaire". Ce qui du reste ne me servit jamais dans mon apprentissage de galopin des rues à Issy-les-Moulineaux, ni en août 1944 au cours des escarmouches de la rue Diderot et autour de la barricade de l'île Saint-Germain. Fort peu, en outre, au service dont je m'occupais à la délégation du ministère à Dijon, comme citoyen français, titulaire d'un emploi et fonctionnaire de la République... »

Igor a connu des responsabilités multiples et élevées, sur le plan professionnel et syndical, faisant de lui un modèle de l'intégration des fils de l'exil. Il a été chargé de mission pour le contrôle des actions de la formation professionnelle continue. En 1982, élu secrétaire de Force ouvrière (pour le service public), il reçoit un mandat du ministère de l'Éducation nationale, joint à celui de la vice-présidence du groupement académique des conseillers de l'enseignement technologique de Paris. La multiplicité de ces charges a maintenu Igor jusqu'à fin 1994, et un peu au-delà, dans son bureau de la rue de Varenne, au cabinet du premier ministre.

De la « maison des Russes », 3 rue Adolphe-Chérioux, où s'alignaient naguère les taxis des volontaires de Wrangel, à la rue de Varenne, au cabinet du premier ministre, le fils de l'émigré blanc a maintenu le cap sur la rive gauche de la Seine !

Hélène Kaplan, conservateur en chef, jusqu'en 1994, de la Bibliothèque de documentation internationale contemporaine de Nanterre (BDIC), et moi-même, invités à Antony, gravissons les marches étroites donnant accès au premier étage du pavillon, étonnés et admiratifs de la disposition, en si peu d'espace, entre images fanées et couronnes de fleurs séchées, au goût raffiné de sa femme Christina, d'une telle collection de souvenirs du passé russe et français mêlés. Signe évident d'une « intégration réussie » : photographie d'une très digne et très pauvre famille petitement logée ; épaulettes de l'oncle Michel, officier de l'Armée « blanche » en uniforme des cadets d'Orel ; noble profil de la babouchka Anne Ivanovna, née Chérémétieff, grand-mère espiègle, décédée en 1985, qui parlait volontiers de la grandiose maison de Rostov-sur-le-Don et des aventures advenues au temps des « rouges ». Dans ce musée peuplé d'icônes et de poupées russes, moitié isba, moitié datcha, l'accueil ne va pas sans un verre de vodka levé « à la Sainte Russie » ! C'est la coutume et je m'y habitue.

À la seconde vodka, dans les petits fauteuils du salon-salle à manger, sous le portrait de Nicolas II, Igor sort la photographie de sa promotion, à l'école du « corps des cadets » qu'il fréquenta à Versailles, en 1942-1944. Il tire d'un coffret précieux l'écusson relique, au chiffre du tsar, que chaque élève portait sur sa tunique blanche à col officier. Sous le magistère des professeurs et des anciens officiers de l'armée impériale, qui exaltaient les vertus militaires traditionnelles de la monarchie et de la noblesse héréditaire, il a appris l'amour de la patrie russe qu'il faudrait reconquérir, le temps étant venu. On ne s'éloigne pas de la grande patrie russe — que même Staline a remise à l'honneur, le temps de gagner la Grande Guerre patriotique — en passant à une table fleurie sur laquelle Christina a disposé caviar d'aubergine et zakouski avant de servir le canard à la kacha. L'hôte est intarissable, sur la société, les événements, les personnalités de l'émigration en France.

L'anecdote, en 1994, nous rapproche plutôt agréablement du sujet. L'émigration russe a joué un rôle capital au cours de la Seconde Guerre mondiale, et a continué de peser à la suite du conflit. Durant la « guerre froide », utilisée, manipulée, elle devint la pièce maîtresse de la contre-propagande sur l'émetteur de « Radio Free Europe ».

Les tsars autocrates ont, à toutes les époques, pratiqué l'emprisonnement, la déportation, le bannissement des opposants à leur politique. Pour exorciser avanies politiques et situations difficiles, le bouc émissaire est le juif contre lequel on lance les mercenaires cosaques. Fuyant pogroms et discriminations, à la fin du XIXe siècle, 20 000 persécutés des ghettos originaires de l'Empire russe arrivent en France et s'entassent dans les immeubles vétustes du quartier parisien du Marais.

Futur directeur de *Paris-Soir* puis *France-Soir*, Pierre Lazareff descendait d'une famille de ces réfugiés[2]. Raïssa Oumancoff, née à Marioupol, qui sera l'écrivain Raïssa Maritain, épouse du philosophe catholique Jacques Maritain, partie des bords de la mer d'Azov, aborde rue des Francs-Bourgeois. Juif réfugié lui aussi, aviateur décoré de la croix de guerre en 1918, grand reporter en 1939, résistant et combattant des FFL, coauteur avec Maurice Druon du *Chant des partisans*, le futur académicien Joseph Kessel rejoint Londres en janvier 1943, et retrouve Pierre Lazareff et les proscrits de la « Nouvelle Europe » de Hitler.

Cette vague d'émigration, accueillie par la IIIe République en pleine affaire Dreyfus, forme un contingent de farouches opposants au régime autocratique russe.

Après la révolution d'Octobre, déferle l'immense vague des réfugiés de la guerre civile, redoublée, à partir de 1922, par l'arrivée des premiers contestataires, littérateurs, « artistes de gauche », un moment laudateurs de la révolution, mais dont les yeux se sont largement ouverts. Les charrettes de la déportation et les fusillades ont éclairci leurs rangs.

L'expression courante d'immigration « blanche », événement majeur de l'histoire contemporaine, demeure une expression contestable. On est en pleine confusion. L'arbre de l'exil, ses rameaux et rejetons croqués dans le tableau des années berlinoises et parisiennes de Nina Berberova, porte les fruits de la discorde. Les fractures de l'histoire de la Russie s'étendent et s'élargissent à la « Russie à l'étranger ».

Les échecs successifs des armées de Wrangel, Denikine, Koltchak et de l'intervention alliée sonnent le départ de dizaines de milliers de familles. Quand sévit, en Ukraine et en Russie méridionale, la « terreur blanche », la « terreur rouge » conduit vers les frontières, à l'ouest et à l'extrême est de la Russie, les couches sociales aisées, les volontaires de l'Armée « blanche » vaincue et les indépendantistes des ethnies non russes. Dans le grand chambardement révolutionnaire, la monarchie a cédé la place au régime bolchevique. Un État nouveau a surgi : l'Union soviétique.

La paix séparée de Brest-Litovsk (3 mars 1918), entre l'Allemagne et le nouveau gouvernement, comporte un protocole exigeant l'indépendance de la Finlande, de l'Ukraine occupée par les armées autrichiennes et allemandes, et la séparation de la Pologne, de la Lituanie et de la Courlande. Les nouveaux tracés de frontières, l'offensive victorieuse de l'Armée rouge en Ukraine, en Géorgie et dans le Caucase entraînent la plus grande confusion et jettent sur les routes de l'exil populations russes et populations non slaves. La grande masse des réfugiés — en partie évacués sur les bateaux français et anglais de l'armée alliée d'intervention — s'entassent en Turquie, à Gallipoli, à Constantinople, en Bulgarie, en Serbie, en Bohême, en Slovaquie. Ainsi, le père d'Igor, le jeune cadet Youri Mikhaïlovitch « von Brokhausen » (ancien nom de la famille qui deviendra Brakhausen sur le passeport de l'apatride, puis Brackhausen avec un *c*, bénéficie d'un ordre de mission le destinant à l'école militaire mixte de Sarajevo... que son frère aîné, le capitaine Michel Mikhaïlovitch a rejoint depuis peu. Quand la vague de réfugiés atteint l'ouest de l'Europe, de nombreux groupes finissent leur course en Allemagne et en France, ou s'embarquent vers les Amériques. La Société des Nations (SDN), la grande organisation charitable américaine YMCA facilitent le départ et le reclassement des familles regroupées dans les camps, notamment dans celui de Gallipoli, sur les Dardanelles (côté Europe).

Il faut noter que toute l'historiographie, généralement en langue russe, se garde de mentionner et de distinguer les ethnies et les peuples en tant que tels. N'ont-ils pas, ces peuples « sans nom », depuis si longtemps si farouchement rebelles, courbé sous les répressions, plaidé ou combattu pour leur indépendance vis-à-vis de l'Empire ? Ainsi voyons-nous constituée et révisée par les géographes et historiens russes — dans les pas desquels marcheront les historiens soviétiques — l'histoire de l'Ukraine affublée du nom de « Petite Russie ». Les Ukrainiens nationalistes, comme les Géorgiens et tous les autres peuples invoquant le droit à disposer d'eux-mêmes proclamé par la SDN, sont amalgamés en une seule entité par les nations d'accueil. Ce sont des émigrés russes « blancs ». Formulation terriblement ambiguë. À supposer qu'il soit à la fois non russe et en même temps socialiste-révolutionnaire, le réfugié subit les effets d'une représentation doublement fausse dans l'opinion publique. Il est lui aussi victime d'un vocabulaire simplifié et réducteur. Mosaïque de cent peuples, monarchie ou république, la « Russie » sera toutefois réputée « une et indivisible », par tous les « apatrides », quelle que soit leur tendance politique, russes ou soviétiques titulaires du passeport Nansen.

« Émigration blanche » est une expression fourre-tout, communément employée, à son usage propre, par le locuteur russe et admise universellement, ce qui ne lui confère en rien une quelconque authenticité. A l'ordinaire, les représentations collectives sont réductrices. Les Français ignorent le plus souvent la nationalité exacte des peuples soumis aux tsars. Naturellement, la diaspora d'origine russe aura tendance à la plus grande discrétion. La lecture de l'œuvre de Nina Berberova[3] est à ce point de vue assez significative.

Où sont passés ces dizaines de milliers d'Ukrainiens, de Géorgiens, d'Arméniens, de Caucasiens exilés, inscrits comme « Russes » sur les registres, à l'usine Renault de Billancourt ? S'ils traversent la scène un instant, cela, comme chez nous, prend une allure provinciale. Il est vrai que Nina, de par sa naissance, fréquente plutôt les cercles littéraires, à Heringsdorf en Allemagne, à Sorrente en Italie chez Gorki, ou sur les bords de la Seine, dans le XVe arrondissement de Paris. Dans la *Chronique de Billancourt*, sa plume alerte ressuscite l'ouvrier émigré des usines Renault : « Un ouvrier sur quatre était un ancien gradé de l'Armée blanche. » Mais son témoignage respire l'air du temps. Les non-Russes, Géorgiens, Tsiganes, sont décrits, ainsi que dans l'œuvre de Joseph Kessel, comme de pauvres hères porteurs de guitares[4]. Ces peuples de la périphérie de l'Empire, colonisés par les tsars aux siècles précédents, réapparaissent toutefois, sous leurs appellations nationales, sur les cartes de l'Union soviétique des années 20. Ils attendront les années 1990 pour (et encore pas tous) accéder à l'indépendance.

La première grande vague « russe », à la fin du XIXe siècle, outre celle des juifs, a été celle des paysans, poussés par la misère vers

Camp de Beauregard, près de Versailles.
10 septembre 1944 : un groupe de partisans soviétiques pose avec un drapeau rouge français devant le photographe de *L'Humanité*.
(Ph. BDIC Nanterre)

Vue aérienne du parc de Beauregard après la destruction du camp et avant la construction des HLM. *(Ph. Mairie de la Celle-Saint-Cloud)*
En médaillon : le sergent de l'Armée rouge Ivan Kolesnik . *(Ph. Coll. privée)*

Ivan Kolesnik (à droite) en compagnie de Serge Skorik (au centre) et d'un ami de Nevers. *(Ph. Coll. privée)*

Ivan et Gisèle, avant leur mariage, en août 1945. *(Ph. Coll. privée)*

Ivan et des amis à une terrasse de café, avenue de Villiers, à Paris, en 1945. *(Ph. Coll. privée)*

A l'école des Cadets, rue Douglas-Haig, à Versailles, en 1943, un jour de réception des familles.
En médaillon : le «junker» Igor de Brackhausen.
(Photos Coll. Christina Brackhausen)

Groupe de volontaires de l'Est, en 1942, après leur intégration dans l'armée allemande. *(Ph. Roger-Viollet)*

Le général Vlassov lors de l'unique inspection du front que lui autorisa Hitler, au cours de l'hiver 1942-1943. *(Ph. Lapi-Viollet)*

En arrière du front, dans un camp de prisonniers de guerre «russes», un recruteur de la ROA inscrit des volontaires. *(Ph. Roger-Viollet)*

Ci-contre : Démonstration de cavalerie cosaque dans la grand-rue d'un village de Charente -Inférieure, au printemps de 1944. Déploiement de l'unité dans la campagne voisine.
(Photos.Zucca/ BHVP)

Écusson de manche des volontaires de l'«Armée de libération russe» (et non «armée Vlassov»).
(Ph. Keystone)

Le commandant allemand de la division cosaque, le général Wilck, s'entretient avec le directeur de la revue *Monde*, lors d'une visite de journalistes en Charente-Inférieure. *(Ph. .Zucca/ BHVP)*

Dans les Landes, devant un «foyer du soldat», un groupe de volontaires cosaques, au cours de l'hiver 1943-1944. *(Ph..Zucca/ BHVP)*

7 AOUT 1958

Le 18 août, il y aura 14 ans, Le Puy était libre !

Le capitaine Grégor, venant de Russie revient dans notre ville qu'il a libérée à la tête des résistants

Homme courageux, grand résislant, ami le la France il a perdu vingt-quatre membres de sa famille pendant la guerre

Le 18 août 1944 Le Puy vivait une journée mémorable qui restera gravée dans le cœur de tous ceux de nos compatriotes qui l'ont connue. L'ennemi était enfin cerné et se rendait aux troupes de la Ré- tants des différents groupes de la Haute-Loire après avoir délivré les prisonniers qui allaient être fusillés à la maison d'arrêt, avec la complicité de la gendarmerie, cer- qu'ils se rendent et arrêtent toute effusion de sang supplémentaire. La garnison allemande et russe devait se rendre. Trois cents hommes et leur matériel se livraient aux mains des résistants.

Extrait de *La Montagne* du 7 août 1958

Une coupure de journal, une photo. Grigori Ritvas se souvient. Son courage, son expérience et sa détermination lui ont valu la Médaille des Evadés et la Croix du Combattant volontaire.

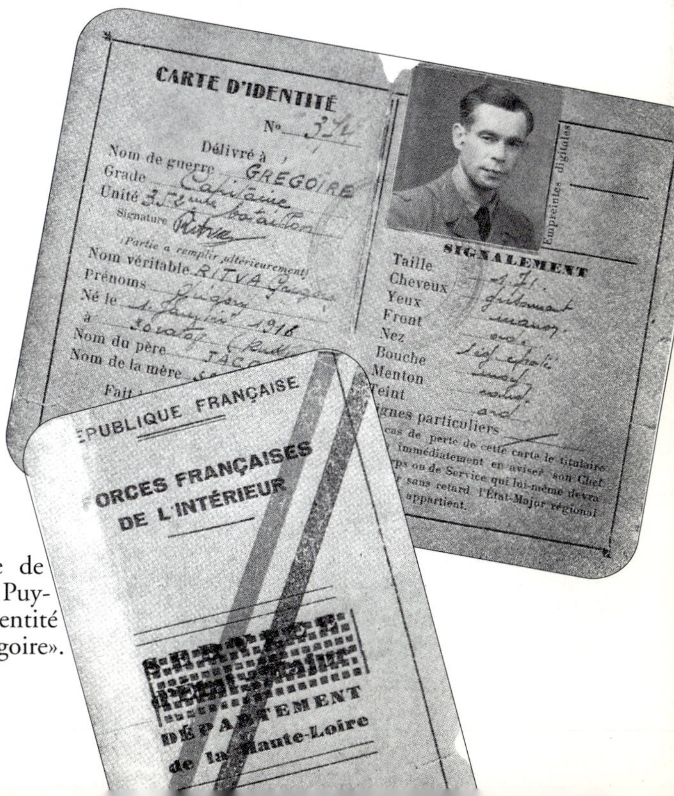

Coupure de presse relatant le rôle de Gregori Ritvas dans la libération du Puy-en-Velay, en août 1944. Carte d'identité militaire des FFI du capitaine «Grégoire». *(Photos. D.R)*

Entrée du camp, près de Nîmes, où est formé le «1er régiment de partisans soviétiques en France» et vue générale. *(Photos. ECPA)*

Le commandant Kazarian, commandant soviétique du «1er régiment de partisans soviétiques en France». *(Ph. ECPA)*

Un FFI kirghize surveille les porcs destinés au ravitaillement du régiment.

L'état-major autour du commandant Kazarian.

Volontaires soviétiques équipés «à la française».

Maniement d'armes «à la russe» dans la cour de la caserne Valongue (Nîmes).
(Photos ECPA)

Parade dans la cour de la caserne Valongue le jour de la remise de la croix de guerre avec palme au «1er régiment de partisans soviétiques en France».

Ci-contre : Des danses «caucasiennes» sont inscrites au programme des réjouissances.

Ci-dessous : La cour de la caserne nîmoise à l'occasion d'une prise d'armes, compagnies et sections rassemblées. *(Photos ECPA)*

l'Amérique à court de bras. Il y a aussi ces hommes issus des professions libérales, ouverts aux idées de gauche, voire acquis aux théories nihilistes, à l'anarchie ou au communisme. Les intellectuels (intelligentsia est un terme russe) émigrent pour se soustraire à la déportation. Ils ne se reconnaissent pas dans une nation encore fruste et féodale où quelques grands philanthropes, comme Léon Tolstoï, restent isolés au milieu de la couche sociale dominante, l'aristocratie héréditaire, base et soutien du régime absolutiste de Nicolas II.

Si la modernisation de l'État autocratique va de l'avant, durant le XIXe siècle, l'ensemble des réformes destinées à arracher le pays aux structures féodales est en décalage avec les nations occidentales. Hoppenot, ambassadeur de France à Berne, donne une analyse excellente de la situation au début du siècle [5]. L'échiquier politique présenté résume toutes les fractures, et annonce les apocalypses. Sa configuration demeure stable jusque dans les années trente.

À gauche, dans l'exil, l'éventail se déploie de l'extrémisme radical aux réformismes modérés, voisins du centre libéral. Héritiers des sociétés secrètes du XIXe siècle vouées à l'action violente, subsistent le courant anarchiste et ses filiales anarcho-syndicalistes. Les partisans de Léon Trotski, assassiné sur ordre de Staline en 1940, forment un réseau qui se réclame de la révolution permanente. Son importance est considérable sur le plan international. La guerre d'Espagne (1936-1939) est aussi le théâtre de la lutte sans merci, à Madrid, à Barcelone comme à Albacete, des agents du NKVD (alias Guépéou) et des membres du Komintern (au premier rang desquels l'ex-marin « mutin de la mer Noire », le Français André Marty) contre les combattants trotskistes.

Toujours à gauche du tableau, les socialistes révolutionnaires (SR) côtoient les socialistes démocrates (SD). Dès l'origine, les minoritaires (« mencheviks ») sont les têtes de turc des majoritaires (« bolcheviks »). L'organisation de la gauche modérée — nationaliste, travailliste et solidariste — la plus importante est la NTS (Union nationale des travailleurs), fondée à Belgrade en 1930, dont le but est d'abattre le régime bolchevique. On sait, grâce à l'historienne américaine Catherine Andreïev [6], que les idées et le programme du KONR et le manifeste de Prague de Vlassov (18 novembre 1944) reprendront les idées de la NTS dont les dirigeants et militants suivront, dès 1942, la démarche antibolchevique et panrusse du mouvement Vlassov. À toutes les époques de l'émigration, les socialistes démocrates, parti réformiste modéré, sont la cible des coups les plus virulents venus des bolcheviques. Ainsi en témoigne le manuel *Histoire du PC (b) de l'URSS*, édité et traduit par les staliniens en toutes les langues de la terre [7]. Leur place est d'avance retenue dans un camp du Goulag, si ce n'est dans le sous-sol de « l'équarrissage ». On pourrait citer, au sein de l'émigration dite de gauche, la masse des « sans-parti » et des « droitiers », tenants de la résistance interne au pouvoir, que Nikita Khrouchtchev nommera plus tard groupe des « antipartis ». L'éventail de la dispersion politique ne se ferme pas d'ailleurs avec ces récalcitrants, la gauche en exil se subdivisant, se ramifiant et se fractionnant sans trêve.

Moins diversifiée et proportionnellement plus nombreuse, la droite émigrée, dite « blanche », répond exactement à sa qualification, puisqu'elle est constituée principalement d'anciens militaires de l'Armée « blanche » et des « débris » * des classes bourgeoise et aristocratique. Les milieux monarchistes sont, évidemment, résolument antibolcheviques et attendent une conjoncture favorable pour libérer la Russie. Ils ne manqueront pas de le faire ou, tout au moins, de l'envisager, en saisissant l'opportunité de s'engager dans l'armée allemande lors de l'invasion de juin 1941. Des « corps de cadets », répartis en plusieurs régions d'Europe, dans les Balkans, en Allemagne et en France, à Versailles, sont reformés sur la tradition du « corps des cadets d'Orel ». Ces organisations paramilitaires ou académies, tolérées par les États (à Versailles, l'appellation « Lycée russe » masque sa véritable vocation), préparent les enfants, de douze à dix-huit ans, recrutés dans la noblesse, à la reconquête de la patrie. Quand Hitler s'empare du pouvoir en Allemagne, une tendance fascisante, proche des théories racistes, se rallie aux idéaux nationaux-socialistes. Les propos d'Igor Brackhausen, volontaire à douze ans, à l'instigation de sa famille, ne laissent aucun doute à ce sujet. L'exaltation des valeurs nazies se conjugue avec le patriotisme russe. Le directeur du lycée, en 1942, n'était-il pas... « le Gauleiter » ?

Le parti monarchiste en exil, sans méconnaître tout à fait les intentions néfastes de Hitler, prend le risque de l'alliance avec l'Allemagne. Il prône la restauration d'une Grande Russie et, au sein même du « mouvement Vlassov », rejette les points de vue

---

* L'expression est d'usage courant dans la pédagogie bolchevique.

des « indépendantistes » et « séparatistes » originaires des nations périphériques de l'Empire.

Fractionnée entre gauche et droite, divisée en partisans irréductibles d'une Grande Russie et partisans de l'indépendance des nationalités non russes, la Russie de l'étranger ne se rassemble que sur une seule idée : le renversement du pouvoir de Staline — encore que certaines tendances souhaitent simplement « améliorer » le régime socialiste. Chacun vit dans l'attente du moment béni où il foulera la terre russe. Ce sera le grand moment du retour. Comme l'écrit l'auteur de *Russia Abroad*, Max Raeff : « Ils n'ouvrent pas leur valises, ils s'assoient dessus[8]... »

L'élite russe en exil a préservé sa culture, sa langue, ses traditions militaires. La religion orthodoxe, ciment du patriotisme, a contribué, dans les pays d'accueil, au maintien de l'identité culturelle en ouvrant des écoles et de nombreuses institutions charitables. Les organisations les plus représentatives négocient des accords avec les États. L'importance numérique de l'émigration a voulu qu'un statut unique soit établi et discuté à Genève, à la Société des Nations. Une première résolution de la conférence gouvernementale, convoquée les 3 et 5 juillet 1922 par le docteur norvégien (explorateur du pôle Nord) Fridtjof Nansen — nommé haut-commissaire pour les réfugiés —, a institué un titre d'identité et de voyage qui sera appelé : « passeport Nansen ». Le rapport Nansen de mai 1924 a été consacré, en 1928 et en 1930, par la signature d'une convention entre les gouvernements adhérents à la Société des Nations. Celle-ci a étendu le bénéfice du passeport d'apatride aux réfugiés arméniens et à quelques catégories de réfugiés du Moyen-Orient.

Lors de la création d'un commissariat aux réfugiés en France, Vassili Alexievitch Maklakoff, ancien membre de la conférence des ambassadeurs de Russie — en fonction dans le gouvernement provisoire d'Alexandre Kerenski —, est porté à la tête de l'Office français de protection des réfugiés et apatrides. Maklakoff conservera sa fonction jusqu'en 1939. En 1945, il prendra ouvertement parti en faveur du retour des émigrés en URSS.

Une forme de double nationalité est reconnue avec la distribution du « passeport Nansen ». Le terme « apatride », assez couramment employé dans les pays d'accueil, souvent avec condescendance, quelquefois avec mépris, considéré comme humiliant, sera toujours repoussé par ceux auxquels l'opinion publique l'attache. Mais ces exilés fiers et nostalgiques du passé, souvent « insomniaques », tels que les décrit Nina Berberova, ne sont-ils pas attachés passionnément à la notion de patrie ? En terre étrangère, l'émigré, « apatride » malgré lui, n'a jamais cessé d'appartenir à la grande patrie russe.

Paradoxalement, ces réfugiés chassés par le pouvoir bolchevique, ou qui l'ont fui volontairement après 1917, sont, en 1944-1945, l'objet de la plus grande sollicitude de Staline. Fort de ses grandes victoires à l'Est, renversant sa politique, « le petit père des peuples » inaugure une pratique nouvelle d'ouverture et de séduction, assortie de la promesse de pardon. L'oukase de juin 1946 est l'occasion saisie par une fraction d'émigrés de la première génération, eux-mêmes éblouis et fiers des victoires retentissantes de l'Union soviétique. En grande cérémonie, avec banderoles et drapeaux rouges, sous la bénédiction de l'ambassadeur Bogomolov, de nombreux trains de familles d'émigrés « blancs » graciés, prennent le départ à la gare de l'Est. Le très jeune FFI Igor Brackhausen, qui arbore l'étoile soviétique sur son uniforme kaki de l'armée américaine, voit le convoi fleuri des rapatriés s'ébranler en grande pompe. À bord, Boris Khatchevitch, que ses parents ont reçu à Issy pendant la rafle de 1942, quand il portait l'étoile jaune. Boris Khatchevitch est l'époux de Marie Gordon, convertie à l'orthodoxie et marraine de la sœur d'Igor. Un instant avant, Vladimir, fils de Boris et camarade de jeu d'Igor, tempêtait sur le quai, furieux de devoir quitter ses camarades et les lieux de son enfance. Igor raconte qu'il avait offert de le cacher à Billancourt dans le dépôt des Américains ! Vladimir Pravikoff, autre ami de jeunesse, ancien élève, lui aussi, du corps des cadets de Versailles, reviendra, en touriste, un jour de 1994, parler à son ami de la « patrie du socialisme » et ils rendront visite, à Vanves, à leur camarade de promotion, le comte Moussine Pouchkine.

Le Haut Comité des réfugiés de la SDN à Genève évalue à 1 million, dont 400 000 en France, le nombre des originaires de Russie en exil. À l'époque, la France conteste ce chiffre et maintient son estimation à 150 000. Le chiffre retenu, en 1939, par le ministère des Affaires étrangères réduisait à 100 000 le nombre des individus munis du passeport Nansen. À la déclaration de guerre, qu'allait-on faire de ces gens ? quel serait leur comportement en période d'hostilités ?

À propos des évaluations, nous disposons d'une publication, basée sur des renseignements dont les sources sont officielles (mais discutables), le *Guide des Russes en France*[9].

Cet ouvrage signale, pour l'année 1911, que « 35 016 » personnes munies du passeport russe résident en France. Le corps expéditionnaire russe arrive en 1916. Après 1917, beaucoup de combattants de la Grande Guerre ne regagnent pas leur terre natale en proie aux convulsions révolutionnaires. Les soldats de l'Armée « blanche », des groupes ayant combattu sous commandement français sur le front de Macédoine, et de nombreux civils évacués d'Odessa par la marine française, séjournent un temps à Tunis, puis se répartissent sur la côte d'Azur ou remontent vers la région parisienne. Les exilés russes, qui ont séjourné en Allemagne, en Bohême, en Slovaquie, en Yougoslavie, arrivent eux aussi à Paris. Dix mille réfugiés travailleront aux usines Renault de Billancourt. Ainsi, les deux frères Brackhausen, qui ont quitté la Yougoslavie munis d'un contrat de travail, sont engagés au nord de la France, dans une société franco-belge de Raismes.

Le statut des réfugiés est assez variable, qu'ils soient russes, géorgiens, arméniens, ukrainiens, polonais de l'Empire. Certains ont acquis la nationalité du premier pays d'accueil : désormais ils sont turcs, bulgares, roumains, tchécoslovaques... D'autres, par voie de mariage ou de naturalisation, sont déjà citoyens français. En conséquence, les statistiques sont peu sûres*. Toutefois, on relèvera, en 1931, 71 928 « Russes » et 63 957 en 1936. Respectivement, 10 972 et 13 810 auront acquis la nationalité française.

Il est bon de signaler également qu'une étude de Pierre Kovalevski[10] donne un chiffre de 82 908 réfugiés russes au recensement de 1933.

Les expatriés de Nina Berberova ne sont pas à la fin de leur peine. Ils ont fui la guerre civile, éprouvé toutes les terreurs, découvert un sol où règne la paix — mais cela ne durera pas plus

---

* Dans sa thèse soutenue en mai 1996, Mme Catherine Gousseff donne le chiffre de 67 220 pour 1926. Ce chiffre sera le plus fiable car fondé sur l'étude de 1 500 questionnaires archivés à l'Office français de protection des réfugiés et apatrides.

de vingt ans. En septembre 1939, les nuages noirs menacent le ciel de l'émigration en Europe, et particulièrement en France. Comme le montre, à mots couverts, sans en évoquer toutes les raisons et tous les aspects, l'auteur de *Chronique de Billancourt*[11]. Orage et tempêtes éclateront en juin 1941 quand Hitler déclenche l'offensive « Barbarossa » contre l'Union soviétique.

Alors que l'intégration des familles réfugiées sur le territoire français se réalise lentement, les voici soudain mises en présence d'une réalité nouvelle.

Quel est le choix de l'exilé au jour de la déclaration de guerre ? En 1939, une colonie russe considérable, elle aussi en voie d'intégration, est fixée en Allemagne. Une partie des réfugiés russes y ont séjourné avant de venir en France. Des attaches nombreuses, souvent familiales, subsistent avec Berlin, Munich, Vienne. Le flux des idéologies : monarchistes, fascisantes pour quelques groupes, gauche NTS (entrée en clandestinité), coule des deux côtés de la frontière. Strasbourg, la gare de l'Est à Paris sont les points de chute de Berlin.

Neutralité, attentisme ? Engagement militaire à la mobilisation ? En ce cas — seule possibilité, en raison du passeport Nansen —, l'apatride décidé à rester loyal au pays où il a refait sa vie entre à la Légion étrangère.

Le « bon comportement » d'une partie de l'émigration, en 1939-1940, sera une pièce de la défense d'un « groupe d'action des émigrés russes » protestant contre les arrestations qui suivent la libération du territoire, particulièrement en août et septembre 1944.

C'est ainsi que la Préfecture de police de Paris transmet aux Affaires étrangères, le 2 septembre 1944, copie d'une lettre remise par le Dr Alexandre Titoff et Mlle Zernoff — de la part de M. Maklakoff, du comité des Russes blancs[12]. La carte de visite de Sophie Zernoff indique sa responsabilité : « secrétaire générale du comité de coordination des œuvres et organisations humanitaires des réfugiés russes en France ». Auparavant, le 29 août, le préfet de la Seine avait envoyé un message au préfet de police : « Le Centre d'action et de défense des immigrés, 116 rue de Réaumur (Central 94-18), a demandé à être prévenu immédiatement au cas où des difficultés quelconques surgiraient avec des étrangers... »

Le 1er septembre 1944, Sophie Zernoff écrit :

« Nous avons l'honneur d'appeler l'attention des autorités compétentes sur la situation de nombreux réfugiés russes qui ont été arrêtés ces derniers jours et qui se trouvent encore en état d'arrestation. Un certain nombre d'entre eux ont été victimes de mauvais traitements. Ces arrestations continuent dans différents quartiers et plus particulièrement dans le XVe arrondissement qui compte le plus de réfugiés russes.

En demandant que le cas de ces Russes soit examiné avec diligence et équité, nous tenons à déclarer que sous aucun prétexte nous n'élèverons la voix en faveur de ceux contre lesquels il existe des preuves d'une collaboration active avec l'ennemi. Ceux-là doivent, au même titre que les collaborateurs français, supporter la pleine responsabilité de leurs actes et nous estimons — avec l'ensemble de l'opinion publique française — que tous les traîtres quels qu'ils soient doivent subir le châtiment de leurs crimes, d'autant plus que ces Russes coupables ont été félons à la fois vis-à-vis de la France qui leur a accordé son hospitalité et vis-à-vis de leur propre Patrie en guerre contre l'Allemagne.

Cependant les arrestations se sont étendues à un grand nombre de réfugiés russes qui, de toute évidence, ont eu une conduite absolument loyale.

La plupart des familles russes se sont fixées en France il y a plus de vingt ans. Par leur travail et leur conduite elles ont su gagner l'estime générale. Lorsque la guerre de 1939 a éclaté les jeunes gens russes ont été appelés au service militaire dans les mêmes conditions que leurs camarades français. Aucun d'entre eux n'a cherché à se soustraire à ses obligations. Beaucoup d'anciens combattants russes de la guerre de 1914-1918 ont également combattu dans les rangs de l'armée française. De nombreux Russes se sont engagés à titre de volontaires pour la durée des hostilités. Un grand nombre de familles de réfugiés russes ont eu l'un des leurs tombé au champ d'honneur. De nombreux Russes ont gagné des citations et des décorations au front. Actuellement, dans les oflags et les stalags d'Allemagne, de nombreux réfugiés russes sont encore prisonniers. D'autres, enfin, ont combattu sur les barricades et dans l'armée Leclerc.

Lorsque la France a été occupée par l'ennemi, l'immense majorité des réfugiés russes a conservé une attitude loyale vis-à-vis de la France. Certains d'entre eux, privés par la suite de leur travail habituel, ont été contraints, comme beaucoup de Français, de travailler pour l'occupant. Leurs sentiments n'avaient pas changé pour cela et les réfugiés russes pendant les années d'occupation ont souvent agi au péril de leur vie au sein d'organisations clandestines de la Résistance. Nous connaissons de nombreux cas de réfugiés russes arrêtés par les autorités allemandes, déportés ou fusillés. Néanmoins, au cours de ces derniers jours — comme il a été dit au début de ces lignes —, les arrestations arbitraires se sont multipliées. Des hommes et des femmes, des jeunes gens ont été conduits dans des locaux de détention, frappés et outragés. Dans la plupart des cas il s'est agi de dénonciations anonymes et irresponsables. Pareil traitement naturellement n'est pas appliqué aux Français, mais aux yeux de quelques-uns la seule qualité de "Russes blancs" est déjà une présomption suffisante de leur tort, ce qui autorise toutes les rigueurs et qui justifie tous les abus.

Nous demandons que l'égalité de traitement soit accordée aux réfugiés russes. On ne saurait, sans contrevenir gravement aux principes de la République et de la démocratie, leur appliquer la règle raciste allemande. Une catégorie d'individus ne peut être persécutée seulement parce qu'ils appartiennent à une nationalité déterminée. Les inculpations selon les principes fondamentaux de la justice criminelle ne peuvent être qu'individuelles.

Nous insistons donc pour que les arrestations arbitraires cessent, pour que de nouvelles arrestations ne soient effectuées que sur mandat régulier, suivant des dénonciations signées et fondées sur des preuves. Finalement, que les dossiers de tous les réfugiés russes actuellement en état d'arrestation soient examinés le plus rapidement possible dans l'esprit d'équité et de justice, afin que tous ceux qui seront reconnus innocents — et nous sommes persuadés que c'est là l'immense majorité — soient libérés.

Ainsi ces réfugiés russes loyaux pourront travailler et combattre avec la nation française et les alliés pour la victoire finale sur l'Allemagne, qui est non seulement l'ennemi mortel de la France — leur pays d'élection, mais aussi de la Russie leur Patrie.

GROUPE D'ACTION DES ÉMIGRÉS RUSSES. »

À la Légion étrangère, constituée pour les guerres européennes ou coloniales, les héros russes, les jeunes émigrés, les vieux émigrés, comme le raconte avec humour Ivan Ivanov (*Bulletin de liaison internationale*, 1950, n° 4), font très bonne figure. Ils aiment le vin et savent mourir dans les rizières. Les mobilisés de 1939, tombés entre le 10 mai et le 25 juin 1940, sont une appréciable proportion des 120 000 tués de la campagne de France.

Marina Donkov vit au cinquième étage de l'escalier A, au 3, rue Adolphe-Chérioux, à Issy-les-Moulineaux. Elle montre la photographie d'un élève-officier portant le calot à deux pointes, son mari russe, naturalisé français, l'ingénieur des Arts-et-Métiers Igor Don Donkov. Il avait, avant 1939, suivi la préparation militaire d'une promotion « Sidi-Brahim ». Fait prisonnier en Belgique, il est resté un moment utilisé comme interprète au Frontstalag de Reims où sa femme venait le voir. Peu après son transfert au Stalag VI B, à Meppen-Ems, près de la frontière de Hollande, il est mort du typhus. Marina Donkov verse sur la table le contenu d'une serviette en cuir : lettres du prisonnier, petites photos en noir et blanc. « Ma chérie, je vais être envoyé en Allemagne... » Marina retrouve le certificat de veuve de guerre de la mairie d'Issy. Je lis : « Mort pour la patrie ».

« La guerre me l'a pris, dit-elle, avec un ton d'artiste lyrique, roulant, accentuant, finissant les mots sur une note plus élevée. J'ai tout perdu avec Igor. Ma vie s'est terminée en 1941, monsieur ! »

Le 14 juin 1940, les troupes allemandes descendent les Champs-Élysées.

« L'avenue était déserte, dit Marina. Je me trouvais avec deux amies place de la Concorde, à l'entrée de la rue Royale, quand les colonnes débouchaient de l'avenue. Le bruit des bottes est entré en moi. Je me suis accrochée au poteau d'autobus et j'ai glissé jusqu'à terre, évanouie. Mes amies m'ont relevée avec des claques. Je n'avais pas de nouvelles d'Igor. J'aimais la France. »

Élevant ses deux mains, Marina prononce d'un ton plus haut ce mot « France » ! Je pense à cette phrase de Georges Duby : « L'histoire se fait avec de l'émotion. »

Une célébrité, dont la colonie géorgienne (ou plutôt sa postérité — qui ne se réclame plus ni de la Russie, ni de l'Union soviétique, doit-on préciser) est particulièrement fière : l'officier supérieur et prince Amilakvari, engagé dans les FFL. Lors de la campagne de Libye, où s'affrontent les troupes de Rommel et de Montgomery, peu avant la victoire anglaise d'El-Alamein, le 24 octobre 1942, le prince est tué par une salve d'artillerie. Il commandait la 13e demi-brigade de la Légion étrangère (13e DBLE) qui se trouvait au sud du dispositif de l'armée britannique. L'officier géorgien Amilakvari, grande figure de la Légion, est très honoré au sein de l'armée française, qui a donné son nom à une promotion de l'Ecole spéciale militaire de Saint-Cyr-Coëtquidan.

Combattants de 1940, blessés, cités, décorés, prisonniers amaigris derrière les barbelés des stalags, « morts pour la patrie » des nécropoles et des carrés militaires dispersés dans le Nord et l'Est de la France, alignements de croix blanches du cimetière de Saint-Hilaire-le-Grand (Marne) où plus de 1000 Russes tombés durant la Grande Guerre reposent non loin des 36 sépultures de « militaires soviétiques », allées, si fréquentées par la diaspora, du cimetière russe de Sainte-Geneviève-des-Bois où sont enterrés trois généraux russes et des soldats du corps expéditionnaire de 1916, tombes russes et soviétiques de plus de 6 000 « frères », devenus ennemis par le jeu fatal de la politique et des guerres, ils témoignent pour l'histoire.

Cette famille Brakhausen, qui a traversé la Grande Guerre et la révolution russe de 1917, est à la fois exemple de réussite de l'intégration d'une partie de la diaspora et symbole des douloureuses et permanentes fractures. L'oncle, Constantin Maschlikoff, est le fils du grand-père maternel d'Igor, Constantin Maschlikoff, qui a combattu en France en 1916 dans le corps expéditionnaire russe. Il a vécu ces temps légendaires que, plus tard, les officiers blancs chaque soir ressassaient au « Cercle des Gallipoli », dans le XVe arrondissement de Paris ou à Nice. Constantin raconte comment, dans l'armée des « volontaires », au sud du Don, après l'abandon du train blindé, blessé au cou et à la jambe, il a été ramené dans les lignes par son ordonnance cosaque.

Émigré avec la famille, son fils, muni du passeport Nansen, subit une préparation militaire, à l'école de la « Sidi-Brahim » caserne de Montrouge. Enrôlé au 6e cuirassiers, il prend part à un début d'offensive sous Dunkerque. L'armistice de juin 1940 le surprend à Limoges. Versé au 4e dragons, Constantin Mashlikoff, sursitaire en faculté de chimie, est démobilisé le 30 septembre 1942 par l'armée française, lui « épargnant la honte, deux mois plus tard, de rendre son cheval et ses armes aux Allemands ».

Aujourd'hui, chez la maman d'Igor, au quatrième étage, rue Adolphe-Chérioux, à Issy, où je le rencontre, l'oncle Constantin Mashlikoff est fier de montrer ses papiers militaires. Comme Marina Donkov, à un autre étage de la « maison des Russes », femme du soldat russe Don Donkov, mort du typhus en stalag, déclare avec effusion combien elle aimait la France. Constantin, naturalisé en raison de ses états de service, lui aussi se considère comme un patriote. Il a suivi la voie française.

Des « héros russes » ayant pris part à la Résistance sont mentionnés dans une lettre du chercheur de l'Institut du monde soviétique (IMSECO) Gabor Tamas Rittersporn, adressée, en novembre 1990, au secrétaire d'État aux Anciens Combattants :

> « De retour de Moscou, je me permets de transmettre une demande des Archives centrales de l'État de l'URSS. Organisatrices d'une grande exposition sur l'émigration russe d'avant-guerre, les Archives centrales ont l'intention de mettre en relief, entre autres, les héros russes de la Résistance française... Les Soviétiques ne possèdent aucun de ces documents, ni ceux attestant l'admission posthume de quelques combattants russes de la Résistance à la Légion d'honneur.
>
> Les personnes en question sont [appellations en cyrillique] Obolenskaya, Koutsmine, la mère Marie, Vildé ou Wilde, Lévitsky et Dourakov... »

Une simple consultation en bibliothèque permet de retrouver Anatole Lévitsky, Véra Obolenski, Boris Vildé... Véra Obolenski, née le 24 juin 1911, domiciliée à Neuilly-sur-Seine, a été exécutée à Berlin après avoir été torturée et déportée. Anatole Lévitsky et Boris Vildé appartenaient au célèbre réseau du Musée de l'Homme qu'ils avaient fondé avec Jean Cassou et Maurice Léon Nordmann.

En exergue, l'honorable chercheur G.T. Rittersporn assurait : « Ceci servirait l'intérêt de la coopération scientifique entre la France et l'URSS, et tout particulièrement faciliterait l'accès des chercheurs français aux archives soviétiques. » Vœu pieux qu'un proche avenir devait en partie réaliser.

Si la guerre a fait le plein de tragédies dans l'émigration, en 1940, lors de la défaite des armées françaises, la décision de Hitler d'attaquer l'Union soviétique, le 22 juin 1941, fut pour les 100 000 exilés russes un nouvel arrêt du destin.

Au moment de témoigner, nombre de personnes se récusent. Quelques-uns, comme pour se débarrasser d'un poids, parlent ou écrivent. Les documents privés sont à l'ombre, protégés par le respect ou la prudence des familles. Igor Brackhausen, visage rose, vif regard des yeux bleus, front animé sous les mèches blondes et déjà blanches, parfaitement décidé, témoin de bonne foi, français, quoique de la postérité des chevaliers Teutoniques, penché sur son bureau au premier étage rue de Varenne, s'agitant entre téléphone et répondeur, déclare tout bonnement :

« Le destin d'un homme, voyez-vous, c'est la roulette russe. En août 1944, obéissant au mot d'ordre de "l'insurrection nationale" lancée par le PCF, nos aînés de Renault, redevenus "citoyens soviétiques patriotes", et un groupe de Russes évadés en uniforme de l'organisation Todt — dont j'avais fait la connaissance quelques jours plus tôt — distribuent l'étoile rouge aux gamins d'Issy, déterrent les pavés, abattent à la hache les arbres du quai de Seine, empilent matelas et vieux sommiers, tirent des barricades avec des pétards récupérés sur les "Boches". Ensuite, la liesse, le déchaînement devant l'hôtel de ville, et passablement d'horreurs à Issy et à Billancourt. Début septembre, je rentre dans l'organisation de jeunesse Union de la jeunesse patriotique soviétique de la rue Galliéra et de la rue Saint-Didier !

« Auparavant, mon nom le veut, ma famille m'y conduit, entré en 1942 au corps des cadets, j'ai défilé en casquette et uniforme dans les avenues de Versailles. On faisait de nous des croisés de la nouvelle Europe. Si j'avais eu quelques années de plus, je partais comme *Freiwilliger*, avec quelques camarades de promotion pour libérer "la Sainte Russie" du joug bolchevique. Combien sont revenus ?... »

Sorte de confession publique, ce défi a de quoi surprendre ! Je lui suis reconnaissant, mais que diront certains ? Enfoncer ce fameux mur du silence n'est pas sans danger. Igor en sait quelque chose, car il est français et russe à la fois : double péché ?...

Peu de gens en France ont entendu parler du corps des cadets de Versailles. Les cercles émigrés sont muets ; l'historiographie fait l'impasse, l'oubli fait le reste. Il y a dans cette omission une sorte de transgression à l'égard de l'obligation morale. Quelque rapport aussi avec le classique « trou de mémoire ».

Le trou de mémoire... Les camps de concentration français destinés aux juifs allemands et aux républicains espagnols, que l'on livre aux Allemands (selon une clause de l'armistice de Compiègne), on a commencé à s'en souvenir dans les années 80. Alors, grâce à Igor, la vérité se fait jour. Fièrement, durant sa vie professionnelle, il pare et colore les murs de sa « datcha » d'Antony et file son train-train d'émigré de la seconde génération, comme un hommage au passé de sa famille, une révérence à la « Sainte Russie ». Igor s'est tu comme tout le monde — obligation de réserve d'un serviteur de l'État, prudence de père de famille, situation de guerre froide entre l'Ouest et l'Est — pendant cinquante ans. Voici qu'il ne tarit plus et m'accorde sa pleine confiance. Imagine-t-il qu'il n'a désormais rien à perdre ? Alors : bon sang ne peut mentir. Il retrace, d'abondance, les étapes de son parcours, ouvre ses malles et me livre précieux souvenirs et trésors du passé.

Son oncle Michel, premier-né des « von Brokhausen » (le nom russe), capitaine d'infanterie, ancien élève du corps des cadets d'Orel, héritier des traditions familiales, demeure, en 1931, 78, boulevard Soult, à Paris. Igor voit le jour en 1931, au 61, rue de Romainville, quartier de la porte des Lilas. Son père Georges, et son grand-père maternel Constantin Maschlikoff ont combattu près de Rostov-sur-le-Don dans le train blindé « général Alexeïeff ». Blessé à la nuque et à la jambe, Constantin a été ramené dans les lignes par son ordonnance cosaque. Il a quitté la patrie par Sébastopol, sur un navire français, et a séjourné dans un camp, à Gallipoli. Longtemps, les vétérans de l'Armée blanche revivront le passé au « Cercle de Gallipoli », 81, rue Mademoiselle, dans le XVe arrondissement. L'oncle Michel, s'évadant par la Turquie, a entassé dans ses malles, avec ses biens les plus chers, son uniforme de « Junker » * (cadet) à épaulettes noires, un album de photographies prises en 1904, à l'école de préparation militaire d'Orel, où l'on voit de hauts dignitaires de l'armée, barbe triangulaire et vareuse blanche à col serré, encadrant les jeunes futurs officiers des régiments d'élite de l'armée impériale. Ces reproductions d'amateur reviennent désormais au Français Igor de Brackhausen, si fier de les tirer d'une armoire. Chez Igor, posant gaiement sur sa tête la petite casquette bleue à écusson aux couleurs du tsar avec le sigle « N II », et se raidissant sur son siège pour faire comme à la parade, on voit percer, sous l'habit civil, col blanc et cravate assortie à la veste croisée sombre, la vieille et rigoureuse discipline des cadets de Versailles. La « Sainte Russie », l'éternelle Russie, blottie en son cœur de fils de bannis. Je pense à la nostalgie des Français de la défaite, écoutant de Gaulle à la radio de Londres, évoquant lyriquement la France éternelle...

* Depuis Pierre le Grand, qui fit appel à des instructeurs prussiens, les jeunes officiers de l'armée tsariste sont assimilés à des « Junkers » — des « hobereaux ».

Comme un conteur d'autrefois, inépuisable, souvent facétieux, avec de grands éclats de rire, il raconte.

L'école des Junkers (Igor tient à ce mot, si peu républicain) a été fondée en 1701 pour l'éducation militaire des fils de la noblesse héréditaire. Après la défaite de l'armée de Denikine, les officiers monarchistes sont décidés à reprendre le combat tôt ou tard. L'école a essaimé en plusieurs fondations sur la terre d'exil. L'une, la plus brillante, s'établit à Sarajevo, en Yougoslavie. À Villiers-le-Bel, en France, un établissement accueille, à partir de dix ou douze ans, les jeunes nobles auxquels les familles expatriées veulent assurer un avenir dans l'armée de reconquête. L'école est transplantée rue Douglas-Haig, à Versailles-Glatigny, en 1931, dans un immeuble environné de cèdres, capable d'accueillir 100 garçons et appelé la « Maison romaine ». C'est ici que résidait l'état-major du maréchal britannique Douglas Haig durant la Première Guerre mondiale. Sur l'une des reproductions photographiques, on peut voir, tête levée, le gamin Igor au milieu des petits Russes blonds en uniforme, assis, jambes croisées, en deux lignes bien sages. Deux rangs d'aînés encadrent les cadets, parmi lesquels on distingue quelques très dignes professeurs, des parents, et les invités de marque, Gabriel Constantinovitch Romanoff, président du lycée Empereur Nicolas II — le grand-duc Gabriel Romanoff, héritier de la couronne et protecteur du corps des cadets. Un personnage est présent : le « Gauleiter russe », responsable des *Alt-Emigranten* en France, Youri Cherebkov. Une autre prise de vue, de 1942, montre les élèves portant la chemise blanche à col officier dont ils se revêtent rituellement à la fête russe de la Résurrection.

Aux grandes occasions, raconte Igor, les cadets, en vareuse blanche sanglée du ceinturon militaire, défilent au pas, derrière l'étendard impérial, dans la ville du Roi-Soleil. Coiffés de cette casquette bleue à liséré rouge, où l'écusson de Nicolas II, voilé par un bandeau rouge de trois centimètres, est remplacé par une cocarde aux couleurs de la monarchie, ils arborent fièrement les épaulettes noires bordées de blanc et brodées du « N » impérial en fil d'or. De la colonne montent des chœurs guerriers du temps du tsar, et, sous les platanes des avenues, les passants regardent les soldats allemands en tunique verte saluer le drapeau national blanc, bleu, rouge des cadets de la noblesse russe.

L'enseignement du grec et du latin, des mathématiques et des langues vivantes prépare les élèves au baccalauréat. La discipline a toute la sévérité des écoles militaires (russes) d'autrefois. Les exercices physiques, la gymnastique, la marche-parade y tiennent une place de choix, seul maniement d'arme, si l'on peut dire, autorisé par les Français, puis sous l'occupation par les Allemands — qui s'intéressent évidemment à cette pépinière d'officiers. Le Haut Commandement à l'Ouest, « OB-West » n'est-il pas logé à quelques verstes, au château de Saint-Germain-en-Laye ? En franchissant la Seine pour Versailles, le patronyme d'Igor retrouve la particule. Garçon vif au pied léger, Igor *de* Brackhausen devient bientôt expert au fleuret. Se considérant insulté par un Junker, il le provoque en duel — mais cela n'ira pas jusqu'au « premier sang ». Les jeux qui se déroulent souvent devant les soldats allemands, en faction à l'entrée, sont bruyants et brutaux, comme il se doit, dans une académie militaire « d'Orel » où, depuis la grande Catherine, sur le modèle prussien, on entraîne des jeunes à la guerre. On y apprend aussi les bonnes manières — comment se bien conduire dans un salon. La religion orthodoxe, le sens du sacré, présents à tous les stades de la vie collective, nourrissent la mystique patriotique, l'espoir dans la résurrection de la nation russe.

Cette ferveur entretenue conduit la promotion de 1943 au destin le plus tragique sur le front de l'Est, dans les Balkans ou en Normandie. Comment ne pas songer au sort des jeunes Allemands élevés dans les écoles de la SS, ces « Napola », évoquées par Michel Tournier dans *Le Roi des aulnes* ? « Je jouerai tant de jolis jeux avec toi », susurre l'enchanteur à l'enfant qu'il veut enlever des bras de son père [13]. Au pied de la « Maison romaine », 8 rue Douglas-Haig, à Versailles, sous la forme d'une sentinelle *feldgrau*, le spectre maléfique de l'ogre national-socialiste veille sur le destin des enfants blonds de la vieille noblesse russe.

Durant son séjour à Versailles, en 1942-1944, le jeune Igor revient quelquefois à la maison paternelle, 3, rue Adolphe-Chérioux. Là règne la babouchka, Anna Ivanovna, sa grand-mère. Sur les toits, l'armée allemande a installé une batterie de trois canons de la *Flak*. Un jour, Igor est attablé à côté du colonel de la ROA, Werjenovski, en permission, qui, avant la guerre, chaque soir, rangeait son taxi Renault le long du trottoir de la rue Adolphe-Chérioux. En face d'eux, un homme qui se cache dans la maison Brackhausen, le juif Boris Khatchevitch. Entre un *Gefreiter* (un deuxième classe de la Wehrmacht), venu présenter ses excuses pour avoir laissé tomber son calot sur le rebord de la fenêtre. L'assistance est médusée. Que va dire le soldat devant un colonel en uniforme et un juif russe à étoile jaune, tous deux amis de longue date ? Apercevant l'officier, l'artilleur se met au garde-à-vous, s'avance jusqu'à la fenêtre, prend son calot, salue à nouveau et sort. Tout s'est passé très vite. Le soldat n'aura pas eu le temps de voir l'étoile, cousue sur la veste, que Boris, penché en avant, dissimulait sous sa main droite. Un autre jour, un officier de la ROA en visite, ancien chauffeur de taxi lui aussi, parle du front de l'Est et de ses horreurs. « Hitler nous a possédés », a-t-il dit.

Mais la roue du destin tourne, les bombardements sur les usines de Billancourt déversent également le malheur sur Russes et Français. Comment Igor, le cadet du tsar, se retrouve-t-il sur les barricades de la rue Diderot et de l'île Saint-Germain, avec de nombreux Russes ex-blancs et des Soviétiques évadés des bagnes de Todt et des stalags ? Bien que très jeune, il est recruté par les déserteurs d'un commando Speer encore en uniforme noir. Il pétarade d'un immeuble à l'autre, court sus aux « Boches » qui se rendent partout autour de l'île. Il appartient au groupe FTP « Bohain » où quatre soldats russes, transfuges de la Wehrmacht, ferraillent aux côtés des Français. L'un d'eux se nomme Anatole Rickmanoff. C'est lui qui accroche l'étoile rouge (avec faucille et marteau) sur le calot d'Igor : « Je fus mobilisé FTP-FFI sous le matricule 284 666. » Pendant plusieurs semaines exaltantes et fécondes en péripéties, engoncé dans un blouson kaki US, le jeune Igor arbore ostensiblement l'étoile rouge. Il adhère aux Jeunesses républicaines de France, à tendance communiste, et à l'Association des jeunes patriotes soviétiques de la rue Saint-Didier, patronnée par de vrais Soviétiques. Il assure la protection des Russes « blancs » d'Issy — eux qui ne sont pas, à cette heure, en odeur de sainteté. Igor, chanceux, actif, « très dégourdi pour son âge », lave la vaisselle, fait les courses et transporte les poubelles, en Jeep, dans le dépôt américain de l'île, où il découvre un monticule de grenades à manche et des tonneaux de poudre d'œufs... Il pêche à la grenade dans le petit bras de la Seine, bat des omelettes géantes, dévore du poulet américain. Il partage cette abondance avec les habitants d'Issy et surtout ceux de la rue Adolphe-Chérioux. Igor montre aujourd'hui sa photo de gosse collée sur la carte FFI jaunie. Après la Libération, comme d'ailleurs au citoyen Ivan

Kolesnik du maquis de Montpensy (Nièvre), elle lui donne accès à une vie nouvelle. Lui, Igor Brackhausen, est français, « par le sol et non par le sang », puisque né à Paris, porte des Lilas !

« Casseur de baraque » serait l'origine de « Brokhausen », devenu Brackhausen. Il s'est battu du bon côté, ce que peut-être n'oublient pas les anciens émigrés, ou leurs fils. Le sort, cependant, a été conciliant. « Mais, philosophe-t-il, hochant la tête quand je me retourne, je me dis que cela ne tint qu'à un fil. Pour mes camarades de promotion le destin a tourné en fatalité. » À sa grande surprise, Igor reçoit, en novembre 1994, un de ses camarades : Vladimir Pravikoff, qui est parti en automne 1945, de la gare de l'Est, avec ses parents, et qui, aujourd'hui, peut lui retracer les misères qu'il a connues là-bas. Ces deux hommes, séparés par cinquante années de vie aux antipodes, rendent visite au comte Moussine Pouchkine, autre camarade de la promotion 1944, dans sa villa de Vanves. Pravikoff leur apprend qu'ils ont été trahis par un certain X..., lequel prétendait que l'école de la rue Douglas-Haig recelait une cache d'armes. Les Soviétiques du camp de Beauregard sont venus avec la police française. Ils n'ont pas trouvé d'armes. Telle était l'époque.

Le 22 juin 1941, l'annonce de l'invasion allemande éclate en coup de tonnerre sur l'ensemble de l'émigration. On voit aussitôt quelques dignitaires de la haute noblesse devant l'ambassadeur de l'URSS à Vichy, Son Excellence Bogomolov. On l'apprend dans une note du ministère des Affaires étrangères, datée de décembre 1944, « Note sur l'émigration russe en France et la question soviétique » : une liste de personnages ont demandé à l'ambassadeur la permission de s'engager dans l'Armée rouge — Galitzine, Obolenski, Volkonski, Vorontzoff, Datchikoff, Chouvaloff[14].

Cette note divise en trois groupes les opinions de l'immigration. Une fraction, notamment ceux qui ont été mobilisés en 1940, sont restés pro-français. Le deuxième groupe est celui du « comité Cherebkov » (du nom de Youri Cherebkov, éditeur du journal *Parishskij Westnik*, « Le Messager parisien ») et dépend évidemment des autorités d'occupation. Le troisième groupe existant en France, neutre et attentiste, est simplement cité, sans évaluation possible.

En 1944 Paris se libère. Un organisme de résistance, en liaison avec les FFI, l'Union des patriotes russes, signe un « Appel aux immigrés », diffusé par tract en août 1944 par le Centre d'action et de défense des immigrés (CADI)*. Ce CADI regroupe dix associations étrangères. Il a fonctionné d'abord clandestinement, puis ouvertement, propageant les mots d'ordre de l'insurrection nationale lancés par le parti communiste. Le siège de l'Union des patriotes russes, immeuble d'où les Allemands ont été chassés à la libération de la capitale, est situé 4, rue Galliéra. Cet organisme « est particulièrement chargé de l'épuration de la colonie et ses dirigeants estiment au minimum à 50 % le nombre de leurs compatriotes à interner en raison de leur activité suspecte durant l'occupation allemande ». Le CADI, lui, est installé au 116, rue Réaumur.

L'organisme de sondage « Gallup Poll », introduit en France par Pierre Lazareff et Marcel Bleustein-Blanchet, n'est pas encore une institution à l'époque de la « guerre civile » évoquée par Henri Amouroux. Le taux (cinquante-cinquante) considéré par l'organisme officiel rédacteur de la note, quel est-il, en vérité ?

Mentionnons un troisième document : la protestation, en forme de supplique, adressée au commandant en chef de la Ire Armée française, le général de Lattre de Tassigny, paraphée par trois représentants de l'ancienne émigration : Alexis Lampe, Serge Yourieff, Théodor Danilof[15]. La supplique, modérée dans le ton, prend fait et cause pour les citoyens soviétiques réclamant le droit d'asile et enfermés dans « ces nouveaux camps de concentration sous la surveillance d'officiers soviétiques ».

Si l'absence de renseignements de source diplomatique classés incommunicables dans l'immédiat après-guerre explique en partie la cécité de l'opinion, l'inculture ou l'incurie expliquant généralement le reste, il est utile de se tourner du côté des témoignages valides. Ivan Kolesnik, Nicolas Voïnov, Gaïto Gazdanov, Gaston Laroche, Ivan Ivanov, Igor Brackhausen et d'autres affirment, chacun à sa manière, le rôle central tenu par les émigrés de l'un et de l'autre bord durant le conflit. Dans son livre autobiographique, *C'est moi qui souligne*[16], Nina Berberova a résumé, de son point de vue tout personnel, ce qui est arrivé en France après le 22 juin

---

* Voir reproduction de ce tract, en annexe, p. 194. Sur le sujet : Stéphane Courtois, Denis Peschanski, Adam Rayski : *Le sang de l'étranger*, 1989, Paris, Fayard.

1941. Ses aventures et ses sentiments, l'attitude de ses compagnons d'infortune sont simplement et franchement exprimés.

Convoquée, en novembre 1942, « à la section russe de la Gestapo, près du musée Galliéra », après les rafles de la police française à Billancourt, elle est questionnée : « Ne seriez-vous pas juive ?... On a déporté une parente à vous [Olga son amie a été arrêtée le 18 juin] qui, elle, est juive. » Qui sont les « messieurs » qui l'interrogent ?

« Des fonctionnaires sont assis à leur bureau dans une grande pièce... pour ce qui est des Russes de Paris, j'ai l'œil. Ce sont des gens d'extrême droite, des goujats obscurs, âgés, formant la véritable "génération oubliée" de l'émigration. On y retrouve des anciens fonctionnaires de "la cour de Sa Majesté l'Empereur" et du ministère de l'Intérieur... d'anciens cadres politiques d'organisations paramilitaires et de bandes armées. C'était "leur jour", pas le nôtre. »

Puis Nina donne des précisions sur *Un héros de notre temps*[17]. Il s'agit de « S », qu'elle a connu autrefois en Russie :

« À dix-huit ans, il a rejoint les partisans blancs et poignardé quelqu'un. Puis, ce fut Berlin où il fit de la prison pour avoir falsifié un chèque... Il traîna quelque temps, s'engagea dans la Légion étrangère et partit en Afrique... il tua de nouveau quelqu'un et revint au bout de cinq ans. Il porte maintenant l'uniforme allemand, combat sur le front de l'Est, ou plus exactement, il est au service des Allemands en tant qu'interprète russe... » Berberova annonce plus loin qu'elle apprend la mort de « S » sur le front russe.

De page en page, jusqu'à la Libération, apparaissent les gens du bord de l'abîme décrits tels qu'ils sont. Autre figurant de la ROA, très différent de « S » : « N. Davidenkov, un partisan de Vlassov, arriva. Il nous parla longuement d'Akhmatova (poétesse appartenant à un mouvement dit "acméiste") et nous récita quelques-unes de ses poésies que personne d'entre nous ne connaissait : "Fils en prison, mari en terre, pensez à moi dans vos prières". »

Une courte note en bas de page : « Davidenkov fut déporté, par la suite, dans un camp soviétique ; le général soviétique Vlassov, passé à l'ennemi, fut jugé et pendu par Staline. »

Vlassov, le futur pendu de 1946, qui fut livré en mai 1945 par les Américains, réside à partir du printemps 1943 au milieu de son état-major particulier, dans une villa du quartier de Dahlem, à Berlin. Deux officiers d'origine germano-balte, Strik-Strikfeldt et Serge Fröhlich, y sont attachés, assurant la liaison avec l'autorité militaire et politique allemande. Leur témoignage accorde une position généralement pro-allemande aux 1 500 *Alt-Emigranten* (vieux émigrés) qui, anciens officiers de l'armée tsariste, sont arrivés de France en juillet 1941 au commencement de la campagne à l'Est [18] : « Les autorités ne faisant pas toujours confiance aux anciens officiers de l'Armée rouge, on fit appel à des membres de l'émigration russe, plus particulièrement à des volontaires venus de France. Beaucoup passaient à notre quartier général (Vinnitsa), d'autres rejoignaient directement les divisions et les régiments. » Selon Strik-Strikfeldt, le général Golovine, président de l'Association des anciens officiers tsaristes en France, rassembla aussitôt un groupe d'émigrés « blancs » :

« Plus de 1 500 officiers s'offrirent, inconditionnellement au début, pour lutter contre le bolchevisme. On en engagea d'abord environ 300. Ils reçurent un uniforme de fantaisie et le front se déclara satisfait de leurs services ; beaucoup furent décorés. Au bout de quelques mois, l'OKW [commandement supérieur de la Wehrmacht] renvoya ces officiers en Allemagne où il leur fut défendu de porter l'uniforme. Plus d'un blessé ou d'un mutilé furent abandonnés à leur malheureux sort. Je m'entretins avec beaucoup d'entre eux et connus leur enthousiasme initial, puis leur déception et leur amertume. »

Le chef de l'émigration (il s'agit du « Gauleiter » présent sur la photographie de l'école des cadets de Versailles vue chez Igor Brackhausen et reproduite dans le cahier d'illustration), écrit Serge Fröhlich, dans *General Wlassow* [19], est « J. S. Cherebkov, directeur du bureau des émigrés russes en France... son grand-père avait été adjudant-général du tsar et général le plus ancien des Cosaques du Don ». Son rôle est éminent auprès de l'autorité d'occupation et à l'intérieur du mouvement Vlassov. Il sera chargé, avant la capitulation, d'une mission auprès du CICR en Suisse. À Paris, Cherebkov édite le *Parishskij Westnik* dont le rédacteur en chef est le colonel Piatnitzky. On le voit, chapeau à la main, accueillant avec un grand sourire le général Malychkine, adjoint de Vlassov, dans une gare qui peut être la gare de l'Est. C'est au cours de cette visite qu'une conférence-débat a lieu le 24 juillet 1943. Attirant, salle Wagram, le ban et l'arrière-ban de l'émigration, elle expose les buts et les tâches du mouvement de libération de Vlassov. Une autre conférence se tient à Lyon. À noter que le général Malychkine, bras droit de Vlassov, remplaçait le chef théorique de la ROA. L'autorité nazie interdisait à Vlassov de nouveaux déplacements, à la suite, paradoxalement, du succès obtenu au cours du voyage d'inspection récent sur le front de l'Est, où sa conférence avait été acclamée par un auditoire de citoyens soviétiques dans le grand théâtre de Smolensk.

À propos de la conférence de la salle Wagram, « j'y étais, raconte, à la manière des vétérans de la bataille d'Austerlitz, Igor Brackhausen, en uniforme de cadet, j'étais assis non loin d'un groupe de *Feldengendarm* chargés de fouiller les invités. Malychkine, sur l'estrade, entouré de hauts personnages du Reich et de l'émigration, dont Cherebkov, sur un fond de drapeaux allemands et russes, aurait quelque peu démystifié, avec doigté mais non sans audace, d'après ce que j'ai entendu dire (j'avais 13 ans), les intentions allemandes. »

De son côté, Serge Fröhlich n'est pas avare de renseignements sur les *Alt-Emigranten* résidant en France qui, par leurs organisations multiples d'entraide, soutiennent efficacement les « *Hiwis* » et les volontaires russes. Au printemps 1944, dans une tournée d'inspection de dix jours sur le Western Wall, où stationnent les soixante-douze *Ostbataillone*, Fröhlich accompagne le général Schilenkov, un officier proche de Vlassov. L'un de ces bataillons a été levé en Russie blanche, et non dans les camps de prisonniers. « Les officiers, tous âgés d'au moins quarante ans, étaient recrutés dans les rangs de l'ancienne émigration en France. Dans ce bataillon régnait l'atmosphère du temps des tsars. Le chef était, pour les soldats, le père vénéré [20]. »

Nombreux sont les enseignements du voyage de Sergueï Fröhlich sur le « mur de l'Atlantique ». Il note avec amertume les erreurs de psychologie de l'encadrement allemand à l'égard des volontaires. Cela lui permet de constater effectivement « l'aide des organisations de l'émigration aux différentes "nationalités" séjournant en France ». Ce point est capital. On voit ici que les émigrants secourent, non sans condescendance probablement, les ethnies disparates attachées comme auxiliaires ou combattant dans l'armée. Ukrainiens, Caucasiens, peuples asiatiques sont considérés au même plan que les Slaves de bonne souche : tous fils de la mère-patrie. Des foyers du soldat leur étant réservés, les associations de protection composées d'émigrés y tiennent des permanences, et prodiguent des secours à ces « orphelins » de l'armée allemande. Pour les émigrés parisiens, directement en rapport avec le haut commandement des *Freiwilliger* à Saint-Germain-en-Laye, Ouzbeks, Turkmènes, Tadjiks sont « russes » de l'Empire qui va renaître. Le bon teint, chez les émigrés — critiques ou partisans du « mouvement Vlassov » —, sera toujours l'esprit grand-russe. L'Empire des aïeux, ou rien !

Fröhlich indique aussi que des émigrés allemands et français participent à la composition de l'état-major de Vlassov, à Dabendorf. « Il y entra également quelques émigrants russes, dont un groupe d'officiers venus de Paris, qui d'ailleurs lui causèrent des difficultés lors de la défaite. »

L'inspection du général Schilenkov met le doigt sur le défaut de la cuirasse. Que feront les *Ostbataillone* au jour de l'invasion ? Sur la plage normande d'Arromanches (« Gold »), le bataillon 441 se débande dans la journée du 6 juin et ouvre aux Britanniques la route de Bayeux. À l'opposé, les jours suivants, entre « Utah Beach » et « Omaha Beach », à Isigny, le bataillon géorgien 797 se bat contre les Américains jusqu'à l'anéantissement. D'autres Géorgiens, résidant en France avant la guerre, vont aussi faire parler d'eux.

En 1943-1944, quelques Géorgiens parlant français, à la solde du SD (*Sicherheit Dienst*, service de sécurité), organisme dépendant directement du chef de la SS et de la police en France, Karl Oberg, se trouvent engagés dans une formation spéciale dite de « l'école de Taverny » (Seine-et-Oise). Le groupe participe à des opérations répressives à Paris et contre les maquis en province. L'historien Jacques Delarue nous a donné quelques détails sur le parcours de cette catégorie d'émigrés. Un certain nombre sont incorporés et instruits dans des unités de sabotage et seront parachutés en Géorgie lors de l'offensive du printemps 1942 vers le Caucase. Billet « aller » simple, mission militaire en enfant perdu de la force armée allemande.

D'autres éléments vont former une bande au service de la Gestapo. L'un d'eux, Reckviachvili André, dit Reckia, donne l'exemple de ces parcours chaotiques d'exilés. Ancien capitaine de cavalerie, il s'engage dans la Légion étrangère en 1939, se conduit brillamment pendant la campagne de France, est décoré et nommé sous-lieutenant d'infanterie. Il sera l'un des affidés de la « Gestapo géorgienne » de Taverny.

Djibladze Valentin, autre émigré de Géorgie, fondera, en 1937, une revue en langue géorgienne : *La Nouvelle*, organe antibolchevique de la Jeunesse nationale géorgienne.

Autre Géorgien, parmi ceux qui seront jugés : Sanadze Titiko. Il s'est engagé à la Légion des volontaires français contre le bolchevisme (LVF), et combat sur le front russe de février à septembre 1941. Blessé, il quitte cette formation. Résidant en Allemagne jusqu'en juillet 1943, Titiko revient en France avec un ordre de mission allemand et effectue un stage à l'école de Taverny. Il sera ensuite interprète et agent de liaison. Jacques Delarue précise que, « réfugié à Vienne en 1945, il aurait été tué dans une bagarre de souteneurs »...

Comment s'y reconnaître dans une pareille confusion ? Illustration du casse-tête français : une tombe de Genay (Côte-d'Or) contient « deux corps (pseudonymes "Coco" et "Lulu") ». Les camarades du maquis « Henri Bourgogne » et les habitants de la commune s'y rendent quelquefois, n'oubliant pas que ces deux maquisards « russes » ont été « descendus », par erreur, par les gendarmes à la Libération...

C'est avec circonspection que les juges des tribunaux d'exception examineront les dossiers des émigrés non russes. Jacques Delarue constate que les arrêts rendus après 1950 se caractérisent par une grande mansuétude. Une sorte d'amnistie de fait prévaut à l'égard d'individus qui ont infiltré les maquis, tendu des pièges, dénoncé, arrêté et provoqué la déportation ou la fusillade d'un grand nombre de résistants. Mais il est bien établi, pour les raisons déjà dites, qu'une forte fraction de la diaspora russe en France a pris parti pour la cause allemande et soutenu ouvertement et positivement, sur le plan politique et militaire, le mouvement de libération de la Russie du général Vlassov. La question est d'autant plus complexe qu'en 1939-1940, les pères et les fils de très nobles familles, les membres d'une élite intellectuelle comme les descendants de simples volontaires (ouvriers ou moujiks) de l'Armée blanche, vont rejoindre l'armée française, puis s'engager, après la défaite, dans les unités de la France libre, même si une fraction de la diaspora réagit à l'inverse : l'invasion de la Russie et les premières défaites de l'Armée rouge pèsent de tout leur poids (d'espoir) chez des hommes exilés qui croient à la reconquête — beaucoup d'entre eux s'y sont préparés.

L'échec allemand de Stalingrad et le reflux vers l'ouest des forces de Hitler entament le moral des émigrés lucides. Ceux qui se sont engagés lutteront jusqu'à la fin. Bien peu reviendront des fronts de l'Est, d'Europe centrale ou des Balkans. Quand la balance penche du côté allié, les grandes victoires soviétiques réveillent la fierté de la portion — nous dirons attentiste. Le même phénomène s'observe dans la population française où une majorité applaudit encore Pétain, à Nancy, Paris ou Versailles, début 1944.

Ivan Ivanov, dans l'article cité du *Bulletin international*, raconte, d'une manière cocasse, quel fut son étonnement, en Afrique du Nord, au contact des tsaristes redevenus partisans de Staline : « Ils menaient une propagande acharnée pour “la patrie, la foi, le tsar” en substituant à ce slogan des termes soviétiques. Il s'érigeait entre nous un mur d'incompréhension. Nous avions idéalisé les émigrés, ils avaient idéalisé leur patrie. Nous comprîmes que l'information que nous apportions desséchait leurs rêves, anéantissait leurs illusions. Après Stalingrad, ils sentirent frémir leur “cœur de Russes”. Ils passaient dans les cafés et après avoir dit qu'ils étaient russes, ils buvaient le vin gratis. Ce ne sont pas là des caricatures : sur trente anciens émigrés que j'ai connus, deux seulement étaient restés antisoviétiques. » Parlant des intellectuels russes, Ivanov ajoute : « Ils ajoutaient plus de foi aux bulletins de *France-URSS* qu'aux témoignages des hommes qui venaient d'arriver de Russie. Ces primitifs, dans le domaine de la politique générale, réfléchissaient comme dans un miroir déformant la crise intellectuelle qui traversait l'ancienne émigration, pendant que son élite faisait antichambre à l'ambassade soviétique à Paris[22]. »

Quels que soient les aspects (si contrastés) de la crise évoquée par Ivan Ivanov ou Nina Berberova, la cassure demeure profonde. À la Libération, le sort de toute l'émigration russe est en jeu. Dans la mesure où on peut se référer à l'opinion publique. Isolées par l'interruption des moyens de communication, les régions subissent les conséquences de la « guerre civile », tandis que sur les ondes, les propagandes déversent des torrents de « désinformation ». L'émigré venu de l'Est demeure une énigme, un danger ; il devient le bouc émissaire, il est jeté en prison. L'opinion, en France, est désemparée. La vendetta, portée par la rumeur, se déploie aux quatre points cardinaux et conduit à l'arbitraire, à la violence. Comme l'ont montré amplement Robert Aron et Henri Amouroux, l'exercice d'une justice sommaire conduit au crime. Qui est-il, ce « Russkoff » ? Une sorte de Janus : une face de gloire, l'autre de perdition. Un côté bonhomme, « petit père » à moustaches, à casquette de génial généralissime ; au revers de la médaille, un traître à la « grande patrie des travailleurs ».

Nina Berberova, recevant Kerenski, l'ancien président du gouvernement provisoire russe en 1917, qui débarque de New York, ouvre son cœur :

« Il n'y avait plus rien. Nous étions plongés dans la misère, terrorisés, épuisés par ce que nous avions vécu, coupés de ceux qui avaient collaboré, de ceux qui avaient calomnié des innocents, ainsi que des "patriotes soviétiques" qui s'étaient compromis avec des Allemands. Nous ne savions pas si nous pourrions conserver notre malheureux "statut d'apatrides" [23]... »

À la différence de Nina, fille de la première vague de l'exode vers l'ouest, Igor Brackhausen, enfant de la rue Adolphe-Chérioux, passionné par des événements qui le poussent vers des aventures bien au-dessus de son âge, comprendra beaucoup plus tard la signification du mois d'août et de l'automne 1944 :

« Un grand ami de Constantin Maschlikoff, mon grand-père maternel, le colonel d'aviation Pavlovsky, ancien compagnon des combats sous Denikine dans le sud de la Russie, grand, moustaches de hussard, port militaire, officier monarchiste, ne s'est pas rangé du côté de l'Allemagne. Pendant l'occupation, il travaille comme débardeur aux magasins Dufayel, puis devient, comme mon grand-père, cordonnier d'occasion. Tous deux s'étaient ralliés à la cause soviétique, ce qui créait des discussions sans fin avec mon père, et un terrible climat d'incompréhension au sein de la famille. Son fils, lui, engagé très tôt dans les FFL, chez de Gaulle, arrive avec les chars de Leclerc aux portes de Paris. Il sait que son père réside à Boulogne, non loin du café de Billancourt. Il pourra sans doute le tirer d'affaire si les Russes « blancs » sont inquiétés. Le légionnaire Pavlovsky marche derrière les chars et reçoit un coup mortel. Le vieux colonel monarchiste, père du légionnaire gaulliste, frappé par ce malheur d'une époque tragique, ne s'en remettra pas, à la grande douleur de mon grand-père Constantin [24]. »

Centre d'Action et de Défense des Immigrés (C. A. D. I.)

APPEL AUX IMMIGRÉS

Immigrés !

Les grands jours sont arrivés. L'ennemi battu à l'Est et à l'Ouest par les vaillantes armées de nos Alliés recule en désordre sur tous les fronts. La libération du territoire français se poursuit à pas de géant. Dans quelques jours Paris, le cœur de la France et la capitale de la liberté, sera délivré définitivement du joug hitlérien. Paris libre — c'est le symbole de la délivrance de tous les peuples opprimés, c'est la victoire de la liberté, de la fraternité et de l'égalité sur la barbarie fasciste.

Immigrés,

Pendant de longues années, vous avez combattu côte à côte avec l'héroïque peuple de France contre l'occupant ; vous avez mené une lutte incessante sous toutes ses formes pour hâter l'heure de la libération commune. Vous avez prouvé par vos sacrifices et par vos faits d'armes, par vos souffrances et par votre dévouement que votre sort est indissolublement lié à celui du grand peuple français. Vous avez forgé dans les combats communs les liens de fraternité avec la nation française.

Aujourd'hui, à la veille de la victoire définitive, un dernier effort vous est demandé. A l'approche des armées alliées, le noble peuple de France, digne successeur de ses ancêtres de la Révolution de 1789, se lève pour le combat final. Paris tout entier dresse les barricades. Vous, immigrés, vous ferez aussi votre devoir ; vous vous mettrez aux premiers rangs de combattants de la liberté, vous aiderez à chasser l'ennemi du sol sur lequel vous vivez et travaillez. Tous aux barricades ! Aux armes, immigrés !

Participez en masse aux actions de F. F. I. conformément aux ordres du Gouvernement Provisoire de la République, du Conseil National de la Résistance et de ses autorités locales.

Mettez-vous en grève générale ; adhérez aux Milices Patriotiques. Attaquez les membres de l'armée allemande partout où ils se trouvent et recuperez par tous les moyens leurs armes. Dans les régions d'agglomération des immigrés, formez et renforcez les détachements nationaux de F. F. I. Arrêtez les traîtres et agents de l'ennemi et empêchez leur fuite ; occupez les sièges et les locaux de vos organisations, envahis par l'ennemi ou par les valets à sa solde.

Joignez-vous aux manifestations chaleureuses d'amitié et de reconnaissance qui accueilleront les armées victorieuses. En cette heure solennelle et inoubliable, vous partagerez avec le peuple de France la joie de la délivrance, vous qui avez souffert et combattu avec lui dans les heures tragiques. Pavoisez vos maisons avec les drapeaux français et alliés, américains, anglais, soviétiques.

Immigrés,

En avant pour l'assaut final qui rendra la France libre, indépendante et démocratique.

Vive la France !

Vivent nos Alliés !

Centre d'Action et de Défense des Immigrés (C,A.D.I.)

Comité Italien de la Libération Nationale, Comité Polonais de la Libération Nationale, Unité Nationale Espagnole, Comité National Tchécoslovaque, Comité d'Unité et de Défense Juive, Union des Patriotes Russes, Front National Ukrainien, Mouvement pour l'Indépendance Hongroise, Front National Arménien, Front National Roumain

---

* *Tract édité en août 1944, peu avant la libération de Paris, par la MOI/CADI, organisation clandestine du Parti communiste français.*

Chapitre 12

Le cas des Ukrainiens

Fin 1943, en Ukraine, les troupes de l'UPA (*Ukraïnska Povstanska Armia*) harcèlent la Wehrmacht en retraite comme l'année suivante, après le départ des Allemands, elles assailliront les voies de communication de l'Armée rouge.

C'est aussi le moment où, transférés de Galicie, trois bataillons d'un régiment (*Galizische Regiment n° 1*) de la 14e division de la Waffen SS rejoignent les terrains de manœuvres de Pau et Tarbes, où ils vont stationner jusqu'au début de 1944. La désertion est dans l'air. L'encadrement se méfie. Wolodymyr Kosyk signale [1] le témoignage d'un des membres du régiment. Les trois bataillons, grâce aux contacts établis avec un commerçant de Tarbes, devaient passer à la Résistance. Bernés par les Allemands, les auteurs du projet sont arrêtés.

Juin 1944 : lors du bombardement du train transportant l'un des bataillons vers l'Allemagne, un groupe de quarante soldats s'échappe. Un mois plus tard, ce groupe d'Ukrainiens rallie (avec son armement) le maquis du commandant Legrand, dans la région de Tours. Dirigés par l'officier Kroukovskii, les soldats ukrainiens participent à la libération de Loches. Kosyk assure que « les soldats furent transférés à la Légion étrangère... ».

Il est vrai que, si l'occasion se présentait, les Ukrainiens étaient tout disposés à changer de camp, sans doute plus volontiers encore que les autres nationaux non russes et en raison de leur nationalisme exigeant. Les aspects militaires et politiques de la révolte des 2e et 3e bataillons de la 30e division de Waffen SS en témoignent.

Envoyés en renfort de la XIXe Armée allemande, les 3e bataillon (régiment n° 1) et 2e bataillon (régiment n° 2) franchissent au milieu d'août 1944 la porte de Bourgogne, entre Jura et Vosges. Le 3e est embarqué en train en direction de Dijon qu'il n'atteindra pas. Le 2e avance sur le plateau du Doubs et stationne au camp du Valdahon. Mission : former un « bouchon retardateur » destiné à protéger la retraite des éléments qui empruntent la vallée du Doubs ; réduire « les bandes » qui infestent le plateau et investissent la région de Pontarlier et les montagnes bordant la frontière suisse.

Contraint de régresser sur Vesoul par la vallée de la Saône et « contacté » par les envoyés du capitaine Bertin (état-major FFI de la région « D »), le 3e bataillon saisit l'occasion. Sur un signal, il abat ses cadres, se dissimule en forêt et commence aussitôt le harcèlement des convois remontant vers les Vosges et l'Alsace. L'irruption soudaine, au milieu du repli allemand, de cette unité de transfuges disposant d'un bon armement, gêne et menace la manœuvre du groupe d'armées « G » (commandé par le général Blaskowitz). D'autant que dans le haut Doubs, l'action du 2e bataillon précipite l'évacuation de la région frontalière.

Ainsi, les combats acharnés livrés par le 3e bataillon, désigné en abrégé par « BUK », sont d'importance capitale. Ils sont particulièrement efficaces autour du village et dans les bois de Confracourt, ce qui est attesté par le lieutenant américain de l'OSS, Walter Kuzmuk, de la mission Proust, évoquée par Fabrizio Calvi[2]. Il y a ceux, mentionnés par le lieutenant FFI Achille Guillermet, qui engagent le 2e bataillon dans les villages au nord du camp du Valdahon et dans la prise de Pontarlier, le 5 septembre, où deux compagnies sont présentes à l'aile gauche du dispositif. Une seule combattra, tentant d'obtenir la désertion d'une unité de Cosaques. Comme il s'agit de soldats ukrainiens tirant sur les troupes allemandes, le gouvernement soviétique est immédiatement alerté. Il exige le désarmement des deux bataillons ukrainiens. Rejetant la citoyenneté soviétique, ces héros déterminés marchent derrière le drapeau azur et or de la nation ukrainienne. À l'exception de quelques survivants réfugiés en France, sur le continent américain ou en Australie, ces hommes ont disparu.

Dans les premiers frimas et les pluies de septembre 1944, les espoirs tombent avec l'apparition inopinée de représentants du consulat soviétique de Paris, au château de l'Abbaye, près de Neuville-la-Charité où le BUK* se trouve au repos[3]. Le 8 septembre,

---

* BUK : abréviation pour « Bataillon ukrainien ».

à Vercel (Doubs), deux jours après l'enterrement de 7 soldats, dont 6 Ukrainiens, tués pendant les engagements de Belmont et Chaux-lès-Passavant, un colonel soviétique et son adjoint passent en revue le 2e bataillon. Célérité et détermination ! Les représentants civils ou militaires du gouvernement de l'URSS sont accrédités par le SHAEF... De Lattre recevra un général, le 23 septembre, à son PC, rue Lecourbe, à Besançon.

Cependant, la résistance souvent passive des chefs des grandes unités françaises retarde le renvoi des Ukrainiens au pouvoir qui les réclame. À l'état-major de la Ire Armée, les officiers soviétiques laissent entendre que le retour de leurs nationaux est la condition exigée pour le renvoi des Alsaciens et Lorrains prisonniers de l'Armée rouge.

C'est ce qu'apprend Walter Kuzmuk, avec ses adjoints de la mission Proust, tombés du ciel à 0 h 30, le 10 septembre, dans un champ balisé près de Confracourt. Les bureaux de l'OSS à Londres[4] ont eu vent, eux aussi, de la défection des « Russes ». Le lieutenant américain, parlant polonais, a été sélectionné pour les contacter. Piloté en forêt par les FFI jusqu'au cantonnement, il découvre, ébahi, des hommes en feldgrau sous le couvert des arbres. Parmi les tentes et des centaines de chevaux et d'attelages, il rencontre le commandant de la rébellion, le major Hloba. « Cavalier portant haut moustaches et uniforme... », le major s'adresse à Kuzmuk en ukrainien, surprenant l'Américain qui, alors, comprend que son parler polonais — sa famille était originaire de Galicie — est tout simplement de l'ukrainien ! L'aventure du chef de la mission Proust est symptomatique. Ayant de son côté approfondi l'enquête sur les lieux mêmes, là où l'Association des Ukrainiens de France possède une propriété [le château de Rosey], W. Kosyk écrit : « En territoire libéré, on ne parlait pas d'un bataillon ukrainien, mais d'un bataillon dissident “russe”. Les Ukrainiens sont très étonnés de constater que les Français confondent les Ukrainiens et les Russes... » C'est toute l'histoire tourmentée des populations mixtes de l'ouest de l'Ukraine dont l'implantation est à cheval sur des frontières politiques sans cesse déplacées au cours des siècles.

Relatant cet épisode de la mission Proust, Fabrizio Calvi évoque[5] les tractations entre ces hommes et le commandant de la VIIe Armée, le général Patch, qui exigeait le désarmement immédiat du bataillon. Un compte rendu plus officiel en est donné par le général Pierre Bertin[6]. Un compromis est obtenu par de Lattre auprès des Américains mais l'engagement des Ukrainiens dans la 13e demi-brigade de Légion étrangère n'est qu'une solution provisoire, car, dit le général de Saint-Hillier, la plupart d'entre eux seront finalement conduits au camp soviétique de Meaux.

Auparavant, les Ukrainiens du BUK, lancés le 3 octobre en Haute-Saône sur les défenses allemandes du col de la Chevestraye, ont payé le tribut du sang. Le général Yves Gras, historiographe de la 1re DFL, dépeint la surprise des soldats gaullistes à l'arrivée, au milieu d'un combat difficile, d'un convoi bourré de soldats en uniforme allemand et parlant russe ou ukrainien. L'attaque démarre aussitôt : « Quand le jour se lève, ce 3 octobre 1944, les hommes retrouvent le brouillard et l'humidité qui les glacent dans leurs vêtements d'été. Une nouvelle fois la Légion va tenter de coiffer le col. Les Ukrainiens sont de la partie. Coiffés de bérets basques, tout en conservant leur uniforme allemand, ils se ruent à l'assaut de la cote 736. Le capitaine Darmuzai les commande. À ses côtés, quelques officiers et sous-officiers, dont certains parlent le russe. Au prix de lourdes pertes — la compagnie perd 80 hommes — l'objectif est enfin atteint au début de l'après-midi. Le lendemain, les Allemands lancent une contre-attaque que les Ukrainiens ne peuvent repousser. Pris de panique, n'abandonnent-ils pas leur position en 736 ? Le capitaine Langlois rétablit la situation vers 10 heures. »

Le général de Saint-Hillier, alors chef d'état-major de la 13e demi-brigade de Légion étrangère, raconte la suite :

« Après cela, les Ukrainiens vont être ventilés entre toutes les unités de Légion et une réorganisation est opérée. La totalité des officiers ukrainiens est affectée au 3e bataillon de Légion étrangère. Les légionnaires d'origine ukrainienne se sont fort bien comportés, braves mais un peu pillards. Quelques difficultés avec eux lorsqu'ils se sont mis à chasser le cochon au pistolet-mitrailleur dans les rues du village alsacien... »

D'autres Ukrainiens auront plus de chances que ceux de la 1re DFL renvoyés aux Soviétiques. C'est ce que nous relate Michel Pequelgny, fils de l'émigration galicienne, qui s'engage, en 1944, dans la Ire Armée de De Lattre.

Comment distinguer un soldat russe sous uniforme allemand,

d'un Polonais de Galicie ou d'un Ukrainien de Volhynie, ou de Bukovine ? Il n'y a pas lieu de s'étonner de la confusion régnant en France y compris dans les services officiels. Mieux placé que les fonctionnaires du rapatriement, s'exprimant assez crûment, le Galicien évoque ainsi ses antécédents familiaux : « Une vache n'y reconnaîtrait pas son veau ! » Adhérent depuis toujours à l'Association des anciens de la Ire Armée (« Rhin et Danube »), il écrit en 1991[7] :

« Mon arrière-grand-père est né ukrainien mais citoyen russe, autrichien-ukrainien suivant les annexions. Mon père est né autrichien, est devenu russe, puis ukrainien de la République ukrainienne de Petlura, puis polonais ; il aurait été ensuite sous la domination allemande pendant la guerre en 1940. Heureusement, il ne se trouvait pas en Ukraine polonaise, ayant émigré en 1926. Lors de l'invasion de la Pologne et après la défaite, le général Sikorski rejoint la France et forme une armée, mobilisant tous les citoyens polonais, y compris ceux de souche ukrainienne, pour combattre les Allemands, au côté des Français ; mon père en faisait partie. Guerre éclair. Fait prisonnier, il s'évade et rentre à la maison... » Et pour couronner le tout : « Après la guerre, ayant la nostalgie de son pays, il se fait piéger par la mission de rapatriement soviétique et y retourne comme beaucoup d'autres. »

Cela nous renvoie à la période du « grand pardon » stalinien, du flux et du reflux — rendu possible seulement dans les cas de double citoyenneté — d'une fraction de la diaspora « russe ». Ce sont cinq semaines en wagons à bestiaux et, au bout, la découverte d'un monde ravagé par la guerre, d'une population affamée, soumise et silencieuse. Michel Pequelgny explique : « Pour revenir à ceux qui se sont fait piéger, les Soviétiques leur avaient promis travail, logement et une vie normale en URSS. Les gens parvenus au paradis stalinien n'étaient pas arrivés à destination mais ailleurs, dans des baraquements. Tous les biens qu'ils avaient emportés de France, ils ne les ont jamais retrouvés... On les avait réinstallés dans une pièce pour cinq familles sans eau courante... chaque famille fermait sa marmite avec un cadenas pour ne pas se faire voler la nourriture... à tel point il y avait la famine. »

Les récits de Gregori Ritvas et d'Ivan Kolesnik sont sur le même ton. Du reste, ces deux personnages sont bien loin de partager les illusions des émigrés. Ivan, qui arrive à destination à Kharkov, après avoir transité à la gare principale de Moscou — où il revend un lit-cage acheté à Nordhausen —, ne s'étend pas sur les combats de l'UPA qui se déroulent dans le centre de l'Ukraine. En revanche, Michel Pequelgny en parle : « Mon frère, qui se trouvait en Ukraine avant et pendant la guerre, ne pouvait souffrir le système [soviétique]. Il avait vu mon oncle déporté en Sibérie. Il a rejoint les rangs de l'UPA. C'était une armée constituée uniquement d'Ukrainiens qui se battaient sur deux fronts. Contre les envahisseurs hitlériens et contre les Soviétiques. Ils ont infligé d'énormes pertes aux Allemands ainsi qu'aux staliniens. Ils ont continué à lutter après l'armistice contre l'Armée rouge et finalement ont été obligés de battre en retraite. La plupart de ces partisans ont été décimés. D'autres, comme mon frère, ont réussi à quitter l'URSS. Quant à moi, je suis né dans la partie d'Ukraine attribuée à la Pologne après la guerre ukraino-polonaise : chef Petlura contre Pilsudski (1919-1920). Donc, citoyen polonais. J'ai eu la chance, en 1934, de partir pour la France très jeune (douze ans). En 1944, j'ai fait la guerre dans la Ire Armée française. J'ai trouvé une patrie, la France, qu'on ne m'a pas imposée, mais que j'ai choisie. »

Tandis que le frère de Michel Pequelgny, soldat de l'UPA, s'entraîne dans les Carpates ou fait le coup de feu dans les forêts de Volhynie, les événements, à l'ouest et à l'est du continent, se précipitent. En pleine retraite allemande, les jeunes Ukrainiens, ceux-là même qui ont été recrutés en Galicie et en Volhynie dans les bataillons de protection, sont versés dans la 30e division de Waffen SS en constitution en Pologne après la dissolution de la brigade Siegling[8]. Suivant la même inspiration que le frère de Michel Pequelgny, l'OUN a infiltré les 2e et 3e bataillons qui tourneront leurs armes contre ceux qui les leur ont distribuées. L'OUN est elle-même divisée en deux courants opposés, le 2e bataillon subissant l'influence de la tendance Melnik — plus conciliante avec les Allemands, tandis que le 3e bataillon suit la voie dure et révolutionnaire de Stepan Bandera. L'action est prévue bien avant le départ. Les chefs de la rébellion établissent un plan et saisissent l'occasion du transfert sur le théâtre de l'Ouest. Il suffira de quelques rencontres — des contacts à la française, au « bistrot » — en Haute-Saône et dans le Doubs, pour que le soldat ukrainien se range dans le camp allié. Semblables défections, parmi les levées ukrainiennes de la Wehrmacht ou de la SS, se produisent sur l'ensemble du territoire français. Quelle meilleure preuve que les ralliements aux alliés occidentaux auraient été, le moment venu, à la fois concevables et possibles à grande échelle...

L'aventure ukrainienne en France n'est pas terminée, car ces soldats perdus, deux fois « renégats », appartiennent désormais au camp « capitaliste ». Dès septembre, comme on l'a vu, les envoyés du gouvernement de l'URSS prennent pied dans la zone des armées. Aux autorités françaises, si peu préparées et, surtout, totalement ignorantes du passé, la question ukrainienne se pose brutalement dans le contexte de la domination soviétique.

La carte allemande* où figure (d'ailleurs incomplètement) l'implantation en France des bataillons de l'Est, ne révèle pas directement l'existence d'unités ukrainiennes. Dans la Wehrmacht, sur l'instigation de Hitler, l'appellation Ukraine n'a pas cours. Le soldat ukrainien en feldgrau est disséminé dans l'ensemble des armées, principalement dans les unités russes. Ainsi, Ivan Kolesnik, membre du 654e *Ostbataillon*, passe à l'exercice l'hiver 1943-1944, et se retrouve en ville, à Chaumont, ou sur le champ de manœuvres, avec des compatriotes issus, comme lui, des stalags. Les interrogatoires de prisonniers montrent qu'une proportion importante des éléments allogènes parmi les troupes de sécurité est composée d'Ukrainiens. Sauf au commencement de l'attaque sur l'URSS, et sous l'égide du haut commandement de la Wehrmacht, quelques rares compagnies et bataillons à dénomination ukrainienne subsisteront jusqu'à fin 1942. Mais en 1943 — puis en 1944 —, surtout après la bataille perdue du saillant de Koursk, comme sur l'ensemble des territoires occupés, les levées de *Volksdeutsche* et d'étrangers (tous dénommés *Freiwilliger*) favorisent exclusivement le renforcement des Waffen SS. « Les démarches du SS-*Gruppenführer* Wächter à Berlin concernant la création d'une division SS galicienne aboutirent à la fin de mars 1943, lorsque le projet reçut l'accord de Hitler... », écrit Wolodymyr Kosyk[9] qui donne cet exemple, puisé dans les archives allemandes de Fribourg, du mélange ethnique dans la Waffen SS : « Le 8 août 1944, un des bataillons du 4e régiment était composé comme suit : Biélorussiens 447 ; Russes 53 ; Ukrainiens 15 ; Polonais 63 ; Tatars 3. » Dans les treize volumes de la compilation de Georg Tessin, apparaissent des indications sur la présence ukrainienne parmi les *Ostbataillone* dirigés sur la France à partir de 1943.

On obtient un complément d'information dans les documents

---

* voir p. 121.

qui concernent les carrés militaires de nombreux cimetières du nord et de l'est de la France. Ces documents ont été généralement établis avant le transfert des restes des citoyens soviétiques vers les nécropoles françaises, russes ou la nécropole soviétique (inachevée) de Noyers-Saint-Martin, dans l'Oise. Les sépultures comptabilisées dans un rapport du ministère des Anciens Combattants indiquent des chiffres surprenants. À l'emplacement d'une fosse située au camp de prisonniers de guerre soviétiques de Ban-Saint-Jean, à Denting (Moselle), une association élève un monument et ne craint pas de graver sur la plaque le chiffre de 22 000 Ukraniens ! Toutefois, et ce n'est pas mince, le nombre des corps exhumés et réinhumés dans la fosse de la nécropole soviétique de Noyers-Saint-Martin s'élève à 4 250. L'ambassade de l'URSS à Paris est intervenue vigoureusement, revendiquant ses morts comme « soviétiques ». Sous le pouvoir soviétique, même à l'état de restes, quelques pauvres ossements recueillis dans un sac en plastique, l'Ukrainien est banni.

En dehors des chiffres et revenant aux faits survenus sur le territoire français, on dispose notamment du témoignage d'un vétéran parmi les déserteurs du 28 août 1944 en Franche-Comté. Ivan Sligouk[10], né en Bukovine du Nord, raconte la formation du 2e bataillon :

« Pour ce qui est de mon 2e bataillon, appelé aussi bataillon de Bukovine ou, plus tard, bataillon Tarass Chevtchenko, l'histoire de sa naissance est la suivante : en juin 1941, quand l'Allemagne a attaqué l'URSS, la Bukovine n'était sous l'occupation soviétique que depuis un an. Le régime n'avait pas eu le temps de prendre vraiment le contrôle de cette région ayant appartenu, avant 1940, à la Roumanie et, avant 1918, à l'Autriche-Hongrie. La jeunesse, farouchement anticommuniste et nationaliste, soutenait massivement l'OUN... Tout de suite après le déclenchement de la guerre, l'OUN a décidé de profiter de la situation et d'imposer aux Allemands la création d'un État ukrainien indépendant. Les officiers de la Wehrmacht, et même le feldmarschall von Brauchitsch, n'étaient pas hostiles à cette idée et ne s'opposaient pas à la formation aussi bien des structures du pouvoir civil qu'aux détachements nationalistes d'autodéfense... Nous étions tous des jeunes civils, sauf quelques anciens officiers et sous-officiers de l'armée roumaine. J'avais à l'époque vingt ans, c'était l'âge moyen des volontaires. Notre destination était Kiev où nous devions former une sorte de garde nationale pour protéger le futur gouvernement ukrainien.

« Hélas, le temps d'arriver de Tchernovtsy à Kiev, les choses ont changé. La bienveillance de la Wehrmacht envers l'idée de l'Ukraine indépendante a fait place à l'hostilité des pouvoirs civils allemands qui ont fait de l'Ukraine une sorte de colonie allemande sous le nom de "Reichskommissariat Ukraine". La Gestapo a commencé la chasse aux nationalistes. Les membres de l'OUN étaient fusillés sans procès. Notre groupement, au lieu de devenir garde nationale, a été utilisé en tant que garde auxiliaire pour surveiller les entrepôts de la ville. Un grand nombre des anciens volontaires, déçus, a quitté notre groupe, mais nous avons aussi servi de refuge aux membres de l'OUN en danger. Nous avons accueilli beaucoup de jeunes de Galicie et de la région de Kiev. Plus tard, notre groupe formé en bataillon a été envoyé en Biélorussie où il avait pour mission la protection des voies de communication contre des attaques des partisans "rouges". Enfin, devant la poussée de l'Armée rouge, notre bataillon s'est retiré vers la Prusse orientale pour atterrir en Allemagne et être incorporé à la 30e division d'infanterie. »

Au mois d'août, Ivan Sligouk achève sa longue marche depuis Kiev et commence en France sa carrière de résistant et de FFI « russe ». Avec sa compagnie, il bataille autour des villages proches du champ de manœuvre du Valdahon pour repousser les incursions des chars de la 11e Panzer qui veillent sur la retraite de la XIXe armée de Wiese dans la vallée du Doubs. C'est ensuite son officier, Achille Guillermet, qui parle [11] :

« Troisième opération : après l'évacuation du camp du Valdahon par la Wehrmacht, quelques véhicules blindés rôdent encore dans la région de Vercel... Le bataillon ukrainien apparaît la seule unité structurée apte à mener une action. Les FFI, peu nombreux et mal armés, se regroupent pour former le 1er régiment de Franche-Comté, l'armée d'Afrique, arrivée jusque-là au pas de course, s'essoufflant quelque peu. Nous restons donc pour prendre le relais. Nous sommes déployés en tirailleurs à la recherche d'éventuels Panzer, à quelques kilomètres de Vercel. Nous découvrons quatre chars camouflés à la lisière d'un bois, qui nous laissent approcher à quelque deux cents ou trois cents mètres avant d'ouvrir un feu de mitrailleuse nourri, malgré nos uniformes vert-de-gris, ne se trompant nullement de cibles. Heureusement pour nous, et évitant ainsi un véritable carnage, débouche d'un bosquet un escadron d'un régiment de spahis, si mes souvenirs sont bons, venant de Vercel, qui s'engage et tire sur les Allemands et aussi un peu sur nous, à la vue de nos uniformes, mais que nous parvenons très vite à prévenir de leur erreur. Robin, Alex et moi sortons miraculeusement indemnes de cette affaire, nous révélant vraiment la "baraka". Après un échange de quelques obus entre Français et Allemands, ces derniers décrochent en direction de Baume-les-Dames. Bilan de l'opération : 7 morts ukrainiens, tués par qui ? Dieu seul le sait. Le lendemain nous enterrons nos morts, avec les honneurs militaires, et je crois me souvenir qu'un détachement d'une compagnie française y assistait, de même que la population de Vercel. »

Et Achille Guillermet d'ajouter[12] : « À ce moment se produit un événement qui jette le trouble parmi les Ukrainiens. Arrivent deux officiers de l'Armée rouge, en grand uniforme. Un colonel et un capitaine, détachés auprès de l'état-major interallié... L'accueil qui leur est réservé est des plus hostiles... Longues palabres orageuses. Les officiers français membres de cette "commission" n'osent pas se désolidariser des officiers soviétiques. Nous percevons bien que nos Ukrainiens portant l'uniforme allemand, cette tare les condamne, et eux en sont parfaitement conscients... Finalement la "commission" repart, et je sens parmi les Ukrainiens un immense découragement. Ils m'expliquent que le bataillon vient de passer plus ou moins sous contrôle de l'Armée rouge, et que sous peu de temps, ils devront retourner en Russie. Pour la plupart d'entre eux, cette perspective est hors de question. »

L'aventure des Ukrainiens du 2e bataillon aura son épilogue dans les bois de Vercel, ou sur le remblai de la voie ferrée quand les soldats sautent du train roulant vers Marseille, à moins que ce ne soit au camp du Rove quand se règlent les comptes à la mitraillette, ou encore dans les rizières de Cochinchine où le sous-lieutenant Guillermet retrouvera quelques-uns de ses anciens du 2e bataillon...

À la même époque, en métropole, d'autres Ukrainiens sont arrêtés dans les rues, à Lyon comme à Vesoul, et conduits, par les policiers français, aux gardiens soviétiques de la prison du fort de Chapoly. Considérés par Moscou comme citoyens soviétiques, ils sont supposés devoir être renvoyés en URSS, de gré ou de force.

À la suite d'enlèvements et d'arrestations par les policiers français et soviétiques d'Ukrainiens émigrés de la colonie de Lyon, le ministre des Affaires étrangères, Georges Bidault, précise sa position « contre l'enlèvement par les autorités soviétiques d'Ukrainiens se trouvant en France et désireux de ne pas rentrer dans leur pays... ». Répercutant la consigne de faire cesser les enlèvements, la note prescrit de « réserver la question des Galiciens [13] ». En effet, le ministre reçoit des protestations venant de France et de l'étranger : de Vanves, une lettre du professeur Alexandre Choulgine, de Belgique, un appel du Comité de secours ukrainien. Le secrétaire général de l'Union nationale des Ukrainiens en France réagit vivement contre cet attentat au droit des gens. Venue des États-Unis, la démarche insistante du Comité ukrainien d'assistance de Philadelphie a déclenché la note.

L'acharnement de la mission soviétique contre les Ukrainiens — également contre leurs cousins biélorusses — se donne libre cours dans la zone d'occupation française en Allemagne. Nul ne viendrait, avant comme après l'armistice, chez les militaires ou chez les civils, défendre des « Russes ». Cependant qu'en Autriche les émigrés « blancs » compromis, peu ou prou, les Galiciens et les Baltes sont recueillis dans les camps de réfugiés (« DP ») sous l'autorité du général Béthouart. Dès l'automne de 1945, celui-ci aura la main plus douce que le général Kœnig en Bade-Wurtemberg. Une note signale [14], le 18 janvier 1946, que dans le Vorarlberg, « à Landeck, Kapistain, Dornbirn, 6 000 citoyens soviétiques en majorité ukrainiens et biélorusses, seraient retenus »... évidemment par les autorités militaires françaises, déclare la mission soviétique.

Suite à une demande émanant de M. Burin des Rosiers, le ministère des Affaires étrangères diffuse une note constatant que « les ressortissants polonais ou tchécoslovaques originaires des régions annexées à l'Union soviétique, aux termes des accords passés récemment entre l'URSS et les États intéressés, les habitants évoqués disposent d'un droit d'option [15] ». La date de l'accord soviéto-polonais est mentionnée : 6 juillet 1945. Mais, surtout, référence est faite au « Council of Foreign Ministers, Lancaster House, London », où cette information est donnée le 22 septembre 1945.

En l'état de la question, début 1946, aussi bien en Autriche qu'à Paris, une ferme réponse est donnée aux représentants soviétiques, à qui cela ne fait ni chaud ni froid. Si l'action de l'autorité en

France ne dévie pas encore en ce qui concerne les rapatriements — en grande partie achevés, en octobre 1945, selon le Bulletin du gouvernement militaire diffusé en territoire occupé (TO) en Allemagne —, une certaine évolution et un changement d'attitude du Gouvernement provisoire semblent amorcés. Notons que de Gaulle a quitté le gouvernement le 20 janvier 1946.

Mais l'affaire des enlèvements de Lyon est antérieure. Le cabinet du général demande des précisions le 17 septembre 1945 [16]. Assurément, il est renseigné. Mais, engagé, depuis l'automne 1944, dans la guerre pour la libération totale du territoire, affrontant en même temps le danger révolutionnaire, désireux, depuis la dure négociation de décembre 1944, de préserver sa relation directe avec Staline, le général se tient en dehors des affaires russes ou ukrainiennes.

On apprend par le ministère de l'Intérieur que la police française a opéré ces arrestations à la demande de la mission soviétique : « Les intéressés étaient porteurs de faux documents polonais. » Les Affaires étrangères sont en mesure de signaler au cabinet du général, juste avant le départ de ce dernier, que « six Ukrainiens originaires de Galicie ont été emmenés de force de leur domicile à Lyon par des militaires soviétiques et internés au camp de Chapoly ». Une indication suit : « Par note du 5, le Département [URSS] a signalé que les commandants soviétiques se considèrent depuis l'automne 1944 comme maîtres absolus de leurs camps et ont refusé d'accepter le contrôle français, soulignant ainsi le caractère inadmissible de leurs actes [17]. »

Cette question des émigrés ukrainiens, trop facilement occultée par la France, revient sous la plume de W. Kosyk dans la lettre d'observations qu'il nous a adressée :

« Lorsque vous parlez de l'action de rapatriement des missions soviétiques en France, notamment en ce qui concerne les Ukrainiens, vous devez parler de la totalité des Ukrainiens en France et non seulement de ceux qui étaient dans les unités allemandes ou prisonniers de guerre ou bien dans les maquis. Car il y avait environ 40 000 à 45 000 travailleurs ukrainiens en France, dont la plupart sont venus de la Galicie sous gouvernement de la Pologne. *Ils sont venus en France bien avant la guerre* », souligne-t-il fortement. Un certain nombre est rentré de plein gré, mais personne n'a cherché à savoir combien ils étaient et quel serait leur sort en URSS.

Cependant, quelques rumeurs percent à propos de ces exactions ou des protestations humanitaires qu'elles ont suscitées. Il faut attendre deux mois pour qu'un avis atteigne l'opinion. Dans son édition du 10 mars 1946, le quotidien *Paris-Matin* diffuse même un démenti. Le gouvernement français n'a pas « accordé aux autorités soviétiques le droit d'appréhender en France des personnes qu'elles considèrent comme leurs ressortissants [18] ».

Questionnée, l'ambassade soviétique écrira au ministère des Affaires étrangères, le 12 décembre 1945 — est-ce la même affaire ? —, que les « sept Soviétiques ukrainiens » arrêtés à Vesoul ont déserté le camp soviétique n° 45, qu'ils ont été « internés au fort de Chapoly » de Lyon, et que, le 18 août 1945, ils ont été incorporés à un convoi ferroviaire en partance pour l'URSS.

Le fort lyonnais de Chapoly, prison soviétique, est une base de transit des Ukrainiens livrés à Staline.

Un activisme débordant caractérise l'attitude de l'Armée rouge et des agents du NKVD engagés dans la mission de rapatriement qui sévit en Europe occidentale à la fin du conflit. Action déterminée, qui aujourd'hui serait définie comme une sorte d'acharnement thérapeutique, puisque ces gens récupérés par tous les moyens, plus spécialement lorsqu'il s'agit d'Ukrainiens, sont voués à une fin souvent atroce. Les témoignages individuels ne manquent pas désormais, que l'on peut compléter par les archives : les télégrammes de l'ambassadeur Catroux et du représentant Charpentier en poste à Moscou.

À propos du retour des époux Kalinkin — dont le fils est né en France — embarqués à Marseille sur le *Russia* le 26 novembre 1946, Catroux signale qu'Ukrainiens et Polonais des régions annexées voyagent à fond de cale : « À Odessa, Ukrainiens et Polonais furent emmenés dans des trains de wagons à bestiaux. Certains furent arrêtés à leur descente du bâtiment. » La suite est livrée dans le télégramme du chargé d'affaires Charpentier [19] : « AS : Voyage de Marseille à Odessa. Vous êtes fous pour rentrer en URSS, dirent les marins. Deux ou trois rapatriés ukrainiens, abandonnant leurs bagages déjà embarqués, ont sauté par-dessus le bastingage et ont filé [sans doute en vue des Détroits]. Incidents : 6 Ukrainiens arrêtés sur le bateau... »

Relus et analysés aujourd'hui, les télégrammes de la représentation française à Moscou laissent transparaître l'aspect dramatique des événements dont les diplomates sont, par définition, les protagonistes froids.

Deux feuilletons télégraphiques notamment nourrissent les cartons : l'affaire des mineurs ukrainiens des puits de La Grand-Combe, dans le Gard, et celle des supposés 70 000 Ukrainiens et Biélorusses retenus par l'État français !

Une première brèche dans l'attitude française se fait jour lorsque l'administration procure du travail à des Ukrainiens dans les mines de charbon de La Grand-Combe (département du Gard, arrondissement d'Alès). La remise en route de l'économie est la priorité des priorités. Deux cents Ukrainiens originaires des Carpates descendent dans les puits — c'est le meilleur refuge... Mais la mission de rapatriement veille et proteste. Le 11 septembre 1945, le service du Quai d'Orsay compétent, la « Direction Europe », rédige une note à l'usage des services. Elle annonce l'ouverture de l'ambassade de Tchécoslovaquie à Paris et la conclusion du traité soviéto-tchécoslovaque : « Ce traité prévoit bien un droit d'option pour la population originaire des territoires cédés à l'Union soviétique, bien que les modalités n'aient pas encore été précisées [20]. »

La position du Département concernant les Ukrainiens « subcarpatiques » (alias Ruthènes) vaut pour les Ukrainiens galiciens réclamés indûment. Cette position s'appuie sur des accords signés par « cinq grands » à la réunion du 11 septembre 1945, à Lancaster House. Les gouvernements militaires en Allemagne et Autriche ont été avisés. Cela ne fera pas revenir les dizaines de milliers de rapatriés forcés, en particulier ces Ukrainiens des zones annexées jetés en vrac dans les wagons, amalgamés aux autres nationalités. Si la réaction est tardive, elle n'en constitue pas moins la base de l'attitude générale adoptée enfin en 1946. Les Alliés, à des degrés divers, perpétuent les livraisons forcées, alors qu'une nouvelle interprétation des accords (secrets) de rapatriement progresse, en vue d'un retour aux principes du droit international. Toutefois, du droit des gens reconnu par les grandes puissances à sa mise en œuvre par des armées victorieuses, il y a loin.

La grande patrie soviétique ne désarme pas, après la guerre, dès lors qu'il s'agit de ramener au bercail ses enfants persécutés. Bref, en 1947, nos mineurs subcarpatiques continuent à descendre et à travailler au fond des puits de La Grand-Combe. Le ministre de l'Intérieur est averti, le 29 mai 1947, par le ministère des Affaires étrangères, de la persévérance du Comité central des Français ukrainiens : « Plusieurs affiches rédigées en ukrainien et en français ont été posées récemment à La Grand-Combe (Gard) par le comité pour inciter les citoyens de nationalité ukrainienne à retourner dans leur pays [21]. » On prévient cette organisation que sa démarche par affichage n'est pas autorisée. S'il est vrai qu'en matière de rapatriement, la marche arrière est engagée depuis le printemps de 1946, en fait, depuis le départ du général de Gaulle, la pratique est restée nettement en décalage des intentions, du fait de la présence de plusieurs ministres communistes au gouvernement. Laurent Casanova a ainsi en charge, du 23 janvier au 28 novembre 1946, sous les deux successeurs de De Gaulle, Gouin et Bidault, le poste dont dépend le service des rapatriements : le ministère des Anciens Combattants et Victimes de guerre (nouvelle dénomination).

Donc, les Ukrainiens continuent de poser problème. Le général Catroux avise son ministre, le 2 décembre 1946 [22], qu'une note très sévère s'inquiète de « 70 000 Biélorusses et Ukrainiens » qui seraient retenus par la France. Au mémorandum, présenté par Dekanozov, adjoint aux Affaires étrangères soviétiques, le Quai d'Orsay retourne, par le truchement de l'ambassadeur, une argumentation fondée et énergiquement exprimée :

« La doctrine constante du gouvernement français en matière de retour des émigrés sur son territoire est de ne s'opposer en aucune façon à ces rapatriements dès lors que les intéressés en expriment la volonté. Ce principe fondamental figure dans tous les accords d'immigration et de travail que la France a conclus depuis 1920.

Nous observerons par conséquent à l'égard des 70 000 Ukrainiens et Biélorusses dont il est fait mention dans votre télégramme précité, la même attitude libérale que celle adoptée dans nos rapports avec la Pologne, la Tchécoslovaquie et, d'une façon générale, avec les autres pays de l'Est [23]. »

Le 15 décembre, le général Catroux rend compte : « Monsieur Dekanozov a marqué avec satisfaction qu'il ne sera pas fait obstacle au rapatriement des Ukrainiens et Biélorusses... J'en infère, m'a-t-il dit, que la mission soviétique chargée de conduire les opérations de ce rapatriement sera autorisée à venir en France. J'ai répondu que la déduction était juste et que je viserais les passeports de cette mission, ce que j'ai fait [24]. »

Les choses ne vont pas se dérouler aussi simplement. Fin 1946, éclate la « guerre des visas », marquée par des mesures de rétorsion décidées par le gouvernement français excédé. Aucun des officiers, dont la liste est en souffrance depuis le début de 1946, n'a encore été admis à rejoindre la très maigre mission de rapatriement française à Moscou. Celle-ci n'a jamais été autorisée à visiter les camps de regroupement des Français, en particulier des Alsaciens et Mosellans. Les escarmouches diplomatiques se poursuivent depuis des mois. Peu de jours avant la capitulation allemande, le 2 mai 1945, l'ambassadeur Catroux a signalé qu'il avait suspendu la délivrance des visas aux officiers se rendant en France auprès du général Dragoun, mais : « Il semble que les officiers aient pu obtenir leur visa par des voies détournées[25]... » En pleine crise, le 23 mai 1947, le général Catroux tente une mise au point avec Dekanozov. « Monsieur Dekanozov a cru, ou affecté de croire, que la suppression des visas atteignait ces 70 000 ressortissants soviétiques. Dans un télégramme du 2/12/46, le Département a rectifié cette interprétation erronée[26]... » Jusqu'en novembre 1947 et au gouvernement Ramadier, les choses vont de mal en pis. L'affaire de Beauregard marquera, avec le rappel des missions respectives, la grande faille dans les relations franco-soviétiques.

Curieusement, ce chiffre de 70 000 Ukrainiens et Biélorusses ne sera pas démenti par le gouvernement français. Outre le groupe d'émigration établi avant 1939 (Michel Pequelgny, par exemple), se sont glissés, individuellement, sans faire de bruit — la mission soviétique a des listes de noms —, les évadés des camps de rassemblement, les malins qui n'ont pas cru aux bonnes paroles et ceux qui, après quelques semaines en enfer, ont tout risqué sur le chemin du retour en Occident. Nous le verrons avec l'aller et retour d'Ivan Kolesnik.

Le temps de la culpabilité a vécu lorsque s'achève l'année 1947. Un événement dramatique marque la fin de la soumission : la liquidation du camp de Beauregard, initiative courageuse du président du Conseil d'alors, le socialiste Paul Ramadier, qui, en mai, a révoqué les ministres communistes encore en place. Au ministère des Anciens Combattants et Victimes de guerre, François Mitterrand a succédé au communiste Laurent Casanova. Le « plus jeune ministre de France » (trente et un ans) prend en charge un lourd dossier.

En Autriche, la pression de la mission soviétique ne s'est jamais relâchée. Il est beaucoup question des Baltes, des Ukrainiens, des Galiciens..., de tous les individus originaires des régions annexées par l'URSS.

Toutefois, ni Dekanozov, ni Catroux (sa langue doit souvent se retenir) ne feront état de l'arrivée en France de réfugiés de l'OUN. Clandestinement, un fort groupe armé a percé à travers la Tchécoslovaquie jusqu'à la zone américaine en Allemagne pour échapper à la répression dirigée par Nikita Khrouchtchev. Ces nationalistes ukrainiens se terrent pendant longtemps avant d'émigrer. Comme les gens de la mafia, le NKVD (devenu le NKGB), bras armé du pouvoir soviétique et bénéficiant de complicités en tous lieux, n'oublie jamais ! L'Occident, terre de liberté ? Les filières d'accueil des réfugiés de l'OUN sont muettes encore aujourd'hui.

Par ailleurs, chose tout à fait surprenante, bien qu'ils aient été grands pourvoyeurs des bagnes staliniens, les Britanniques conservent la garde de 9 000 Ukrainiens, en Italie du Nord, à Rimini. Un rapport du capitaine de Condé (20 mars 1946) décrit la belle vie dans la « cage n° 1 » et l'intense activité de marché noir : moteurs, pièces détachées ont ravi la place des activités guerrières des Ukrainiens [27]. La mission militaire soviétique, établie à Pesaro, en dépit d'inspections nombreuses et malgré des exhortations pathétiques, n'a obtenu que 3 retours volontaires. Les autres Ukrainiens, « renégats de la grande patrie soviétique », attendent leurs passeports pour la Grande-Bretagne ou l'Amérique du Nord.

Quoique très liés aux tensions, aux blocages des relations franco-soviétiques, ce « fantôme de l'Europe », comme l'appelait Benoist-Méchin, l'Ukraine n'a pas d'existence légale. L'Ukraine reste insaisissable, inexistante — en propre une non-question... Cependant, comme dans l'imbroglio créé au quai d'Orsay par l'érection du monument funéraire de Denting (Moselle) *, le trouble est jeté dans la sérénité des bureaux. Comment répondre à la non-question ukrainienne ? Comment discuter avec « le fantôme de l'Europe » ?

A l'angle de la rue des Saints-Pères et du boulevard Saint-Germain, non loin d'un autre symbole, l'église Saint-Germain-des-Prés, la haute silhouette de la cathédrale Saint-Vladimir-le-Grand domine les arbres du square Tarass Tchevtchenko, poète et patriote dont le 2e bataillon révolté au camp du Valdahon (celui d'Ivan

* Voir 3e partie, page 291.

Sligouk) a pris le nom. Cette cathédrale et ce square au cœur de Paris, sont comme le rappel d'une réalité de l'histoire européenne !

Les Oubliés, titre choisi par l'ancien marin de Toulon, Achille Guillermet, entré en résistance sous le pseudonyme d'« Amiral » après le sabotage de la Flotte, illustre bien l'aventure des FFI ukrainiens du Valdahon. En sa simplicité, il exprime très fortement un phénomène, militaire par excellence : « le drame de l'obéissance »[28].

Chapitre 13

Sapeur d'Ukraine et Tatar letton

Le 17 août 1944, à 11 h 15, le général Blaskowitz, commandant le groupe d'armées « G », reçoit l'ordre de se retirer en arrière d'une ligne allant d'Abbeville à la frontière suisse — la « ligne Kitzinger ». Le mouvement des unités, qui tiennent encore le sud de la France, se fait principalement par la vallée du Rhône, en contournant — dans la mesure du possible — le Massif central et ses routes semées d'embûches. Aux embuscades tendues par les nombreux maquis s'ajoutent bientôt les désertions en masse de ces auxiliaires de l'Est qui, une année durant, ont participé au maintien de l'ordre dans la France occupée.

David Wingeate Pike rapporte[1] comment « on [les autorités allemandes] étudiait constamment leur loyalisme et leur moral. Parmi les problèmes, et non des moindres, que rencontrait le groupe d'armées "G" dans sa retraite, il y avait celui, décisif, du loyalisme des unités étrangères. Blaskowitz découvrit pour son propre compte que des bataillons entiers rejoignaient le maquis, après avoir assassiné au préalable leurs officiers allemands. Le 29 août, le groupe d'armées "G" donna des ordres afin que l'on utilisât les unités de l'Est seulement au niveau d'une compagnie ou d'une section et pas à des affectations de combat. Pour parer à toute éventualité, les "Mongols" reçurent seulement des voitures à chevaux ou durent marcher à pied. Ils ne dépassèrent pas l'Ardèche... ».

L'état-major du XIVe Corps arrive à Nevers le 1er septembre, pour organiser la retraite du groupe d'armées « G ». Il dépêche des bataillons de volontaires de l'Est, venus des garnisons de Troyes,

Chaumont et Langres, afin de constituer des « bouchons » retardateurs aux points de passage obligés.

Une compagnie du 654e bataillon se trouve préposée à la défense de Château-Chinon. C'est alors qu'un soldat, Ivan Kolesnik, ex-sergent de l'Armée rouge, décide, avec deux compagnons de sa section, de passer les lignes et de se rendre à la Résistance française.

Le jeune Ivan, de taille moyenne, blond aux yeux bleus dans un visage fin, très mobile, n'a rien du Cosaque de la légende selon Joseph Kessel ! Il est né en 1921, en Ukraine, à Tchernavodsk, village situé près de Kharkov, dans une famille de religion anabaptiste. « Mon père était un homme droit, croyant, objecteur de conscience », confie-t-il.

Enfant, Ivan a assisté à la « dékoulakisation » qui a dépeuplé les villages d'Ukraine. La terreur a planté les racines de la haine contre le régime chez les survivants et ravivé la flamme des passions pour l'indépendance. Fusillades, déportations, spoliations, humiliations, famine. Sur le chemin de l'école, le petit garçon et son frère aîné croisaient les charrettes qui relevaient les morts de la nuit, lors de la grande famine organisée par les staliniens.

En 1940, il a fait son service militaire au 213e bataillon d'infanterie. Au début de l'invasion allemande, il était sergent et a commencé sa guerre au milieu d'une armée en pleine déroute. Il a été blessé par balle au talon au cours d'une contre-attaque à Lida. Son unité a battu en retraite jusqu'à Rostov pour y être reformée. Après une hospitalisation à Voronej, Ivan a été incorporé dans une compagnie du génie de la 395e division d'infanterie qui a été expédiée, au printemps 1942, sur le front de Leningrad. De terribles combats se déroulaient dans la région de Staraïa Roussa, au sud du lac Ilmen. La région était dévastée par les bombardements. Sur les rives marécageuses de la Lovat, au lieu-dit Rameché, Ivan Kolesnik a été capturé par une patrouille ennemie au cours d'un raid pour trouver des vivres chez les Allemands. Son groupe s'est fait cerner. Se voyant perdu, il a jeté son mousqueton de cavalerie dans les taillis et arraché ses épaulettes. Il était seul. Il avait de l'eau jusqu'aux genoux. Un grand type roux l'a menacé de son Mauser et lui a fait signe d'avancer. D'autres soldats sont survenus et l'ont entouré. Alors, bon prince, l'Allemand lui a remis un papier imprimé et un paquet de biscuits. Ivan apprendra plus tard que le terme *Uberlaufer* (déserteur) désignait le fait qu'il s'était rendu sans arme. Ce sera pour lui un sauf-conduit.

La patrouille l'a conduit, avec d'autres captifs, dans un camp improvisé où une centaine de soldats soviétiques (parmi lesquels beaucoup sont d'origine tatare ou kalmouke) erraient au milieu des roseaux, piétinaient dans la boue et les flaques d'eau, non loin de quelques baraques en rondins en cours de construction. Il a passé sa première nuit à la belle étoile. Tous les matins, à l'appel, des corvées étaient formées pour abattre des sapins et les porter, par groupes de dix ou douze hommes, jusqu'à la route proche où, de jour comme de nuit, grondaient les camions et les chars. Ivan n'est pas mort de faim, car il a été aussitôt affecté aux cuisines. Sa ration de pain noir et la soupe de millet l'ont maintenu debout. D'ailleurs, le régime général, nourriture et corvées, n'était pas tellement différent de celui de l'Armée rouge. Peu de camarades cherchaient à s'évader. « Pour nous autres, où aller ? On est battus... la guerre va finir. »

Après une quinzaine de jours, Ivan a été appelé à l'entrée du camp et a rejoint un groupe de prisonniers. Les barbelés franchis, encadrée par des soldats casqués, mitraillettes pointées vers la file en marche, la colonne s'est engagée en direction du sud, sur le bas-côté d'une piste boueuse, bordée d'épaves, d'engins calcinés, de camions ou de pièces d'artillerie disloqués, d'équipements militaires dispersés dans les champs. Une odeur de ferraille roussie et de caoutchouc traînait sur la campagne où, de loin en loin, se profilaient quelques ruines noircies. Boitillant du pied droit encore douloureux, Ivan avançait, ballotté au milieu de la procession des camarades dont les tenues dépenaillées dénotaient l'origine de l'arme, tankistes, fantassins, cavaliers. L'allure était lente. Les hommes, qui avaient souvent un bandage taché à la tête sous leur chapka, ou un bras en écharpe, affaiblis, semblaient somnoler tout en marchant. Ivan, songeur, faisait le point sur tous ses malheurs, regrettant la roulante et craignant d'être désigné pour un « kommando » de travail malgré sa blessure. Il ressassait les images récentes des derniers combats, les morts raidis en d'étranges postures, sa propre capture dans les marais. Surgissaient aussi les souvenirs d'autrefois, l'isba, l'école du village, la mère, les aphorismes du père, le culte du dimanche, l'adieu en gare de Kharkov. Dans la poche de sa vareuse, plié dans sa blague à tabac, il avait caché le papier imprimé que lui avait remis le grand type roux. Lui servirait-il ? Beaucoup de soldats isolés par l'avance ennemie étaient sortis des forêts et s'étaient livrés ainsi de leur plein gré. Lui aussi, plein de rancœur contre l'armée, le régime, les souvenirs de la famine, ne voulait plus continuer à se battre. Mais qu'allait-il leur arriver à tous ? Certains disaient que des hommes étaient morts de froid et de faim l'hiver dernier dans les camps de prisonniers. Tandis que se poursuivait la marche, la peine, les pensées noires plongeaient le prisonnier Ivan Kolesnik dans la tristesse et le découragement. Au village, le père disait toujours que le Seigneur est un bon berger et qu'il aime et nourrit son troupeau. Qu'il ne tarde pas à venir !

À la nuit, la colonne a défilé dans les rues d'une ville et les portes d'une caserne se sont refermées sur elle. Le lendemain matin, Ivan a appris qu'ils étaient arrivés à Staraïa Roussa. Après l'appel, sous les ordres d'un *Feldwebel* (adjudant), on a formé les prisonniers au carré. Quelques officiers ont parlé, traduits par un Balte. « Quels sont ceux qui ont les papiers *Uberlaufer* et sont d'accord pour combattre le communisme ? » Plus de cent soldats sont sortis des rangs. Ils avaient le papier dans la poche. Un officier leur a ordonné d'avancer devant les autres. Les officiers parlaient de l'armée de libération de la Russie. On leur a distribué la tenue vert foncé des brigades de volontaires d'Estonie. Séparés des prisonniers, ils dormaient désormais au sec, dans une chambrée ou chez l'habitant, mangeaient à la gamelle comme les soldats allemands. Versés au 654e bataillon de volontaires, encadrés par groupes de cinquante, ils ont quitté la ville à pied et ont marché jusqu'au village de Nikolaïevsk, près de Dno. Les sections cantonnaient dans les fermes et patrouillaient le long du chemin de fer.

Un soir, revenant d'une mission de surveillance, son détachement a découvert des camarades égorgés par les partisans. Un mois après, au campement de Pagerivitse, encore une chance, le voici ordonnance d'un adjudant. Comme il est artificier, il a déminé une voie juste avant le passage d'un train — il a été décoré d'une médaille de bronze par un général[2]. Ainsi a passé l'hiver 1942-1943. De cantonnement en cantonnement, il est préposé à la garde des ponts, des lignes de chemin de fer et des gares. Au milieu de 1943, après un séjour à l'hôpital de Porkhove où il a été opéré du talon, il a rejoint, via Berlin, en compagnie de deux officiers, le 654e bataillon qui avait été transféré en France et stationnait à Rivesaltes, près de Perpignan. Ivan est arrivé à destination en octobre, mais son bataillon est reparti, la quinzaine suivante, sur Chaumont. Là, le 654e a occupé une caserne, en ville, pendant l'hiver 1943-1944. Exercice, corvées, manœuvres : le bataillon devenait opérationnel.

En mars 1944, la compagnie d'Ivan a séjourné un mois à Chalon-sur-Saône. Elle était à Chagny en juin. Il y a entendu parler du débarquement. Après une courte mission à Versailles et à Fontainebleau, avec deux Allemands et deux Russes, pour chercher du matériel, il a rejoint Château-Chinon, dans la Nièvre. Sa compagnie, dotée d'artillerie, a installé trois batteries sur le plateau qui domine la ville. La troupe était inquiète car les maquis du Morvan étaient devenus très actifs*. Le lieutenant, un émigré « blanc », les a réunis pour leur faire croire que la situation allait s'améliorer. Il a menacé : les déserteurs, si on les reprenait, seraient aussitôt fusillés. Méfiance, prudence, bouche cousue...

Un soir d'août 1944, avec son ami Pierre, Ivan marche vers les collines couvertes de châtaigniers, à l'est de la ville. Pour la seconde fois, Ivan l'Ukrainien s'est débarrassé de ses papiers militaires, de sa médaille de bronze et de l'équipement du soldat. Sur la route d'Ouroux, il s'en va vers une nouvelle reddition.

« On va chercher du vin en ville », a-t-il dit au poste de garde. Passé les chevaux de frise, les deux amis respirent mieux : « On marche en direction du cimetière. Puis, tournant à gauche, nous parcourons une dizaine de kilomètres sur le chemin dans la nuit noire. Une lueur. C'est une ferme. »

« N'ayez pas peur, crie-t-il en français : nous cherchons le maquis ! »

L'homme qui ouvre était attablé avec sa femme. Il installe les fugitifs devant sa cheminée et leur donne une bonne soupe de légumes et du lard. Ensuite, le Français propose des vêtements civils. C'est dans cet appareil, conduits par le paysan vers les bois de Montpensy, qu'ils font leur entrée chez les partisans. En haut d'une colline, qu'ils atteignent après plusieurs heures de marche, par des sentiers abrupts entre les futaies de châtaigniers, les bâti-

* Les combats des maquis du Morvan ont fait l'objet de plusieurs publications dont celle de Jacques Canaud : *La vie dans les maquis* (du Morvan), 1981, Château-Chinon, Académie du Morvan.

ments d'une ferme se dressent au milieu d'une vaste clairière. Les deux compagnons rejoignent une vingtaine d'Allemands et de Russes, dont plusieurs en civil, assis ou couchés sur des bottes de foin dans une grange gardée par de jeunes maquisards en armes. Ils restent enfermés deux jours, puis sont interrogés par un colonel anglais (le colonel John Hutchinson, de la mission « Verveine[3] ») qui a vécu à Paris et parle parfaitement le français (Ivan commence à le baragouiner). Les voici libérés, avec un certificat de bonne conduite — si l'on peut dire —, un nouveau passeport pour les rangs de la Résistance. « Il faut sauver sa peau ! » Ivan a vite compris que les Franc-Tireurs et Partisans sont épris de la « patrie du socialisme » et qu'ainsi, il se trouve du bon côté. Mais il est pénétré de l'idée que la fin de ses tribulations n'est pas en vue, malgré l'annonce d'un « grand pardon » par des officiers soviétiques à épaulettes accourus à l'usine Thomson de Nevers où les nouveaux maquisards ont été dirigés. Comme Ukrainien, il déteste cordialement les Russes. Dans son village de Tchernavodsk, où il souhaite tant retourner, on dit qu'« on mange des pommes amères, quand on va à Moscou ! ».

Son étoile, encore une fois, lui a indiqué la bonne direction, alors qu'il prenait le large sur la route d'Ouroux ! Après les bois de Montpensy, il séjourne une quinzaine de jours, avec d'autres « Russes FFI », à l'usine Thomson.

Au banquet offert par les FTP et des notables « rouges » de la région, on attend Jacques Duclos (il ne viendra pas), pour consacrer l'éternelle amitié franco-soviétique. Le vin de Loire coule à flot. Pressés de se donner en spectacle, Ivan Kolesnik s'en souvient, les compagnons dansent, puis entonnent, en le parodiant, un hymne au grand Lénine : « Vous avez demandé la terre, je vous la donne... et la liberté : vous la trouverez au ciel ! »

« Heureux comme Dieu en France ! » dit un proverbe allemand (et yiddish). La liberté, toute relative, Ivan Kolesnik, l'Ukrainien de Kharkov, baptisé « russe soviétique », en savoure les délices. Dirigé sur le camp de transit de Beauregard, il traîne les pieds pendant deux mois avant de le rejoindre. Un Russe émigré lui procure une chambre à Auteuil où il fait la connaissance d'une jeune fille brune et jolie (Gisèle) dont la mère est communiste : sa future femme !

Avec Pierre, qui ne l'a pas quitté d'une semelle, Ivan décide un raid sur Cherbourg, chez les Américains. Cherbourg, qui a pris le relais des ports artificiels du « D Day », est le centre du trafic du chocolat, des Lucky et des bas nylon inusables. Sur la base maritime, dans un camp provisoire, stationnent 30 000 Soviétiques gardés par les « MP » — mais aussi un état-major et des soldats de l'Armée rouge. Mauvaise surprise, dans un hangar transformé en cuisine, il aperçoit un gars qui était prisonnier avec lui dans la caserne allemande de Staraïa Roussa. Vu les circonstances, il reste prudemment à l'écart : « On ne sait jamais ! » Les Américains sont généreux. Pierre et Ivan repartent chargés comme des baudets. « N'est-ce pas, s'exclame Ivan, quand on vous donne, prenez, quand on vous bat : courez ! »

On achète et on vend de tout, à cette époque, à Paris.

Suivent des aventures des plus picaresques, jusqu'en décembre 1944, où, à Noël, il décide enfin de se présenter au camp de Beauregard. Aussitôt, compte tenu de ses états de service, il est désigné pour la compagnie de gardiens « non armés ». En dehors des heures de garde, il peut prendre le train à la gare de Bougival et passer la journée à Auteuil...

Un « colonel anglais », dira-t-il, l'a interrogé au maquis de Montpensy. Dans les archives du Service historique de l'armée de terre (SHAT) se trouve en effet un recueil d'interrogatoires, en date du 26 août 1944, après la capture de quinze prisonniers « russes » à Corbigny et Montpensy. Le rapport est issu du commandement FFI de la Nièvre et donne une synthèse des réponses des recrues des bataillons « russes » 654, 516, 666, 510.

Ceux-ci ont parfaitement renseigné les FFI sur les défenses de la ville et du château de Château-Chinon, sur l'effectif de la garnison et les allées et venues du personnel militaire. Un calque détaillé est joint[4] :

« [...] *Kolesnik Ivan*. 22 ans — Kharkov — bataillon 654 — n° 72.
En France, bataillons de travailleurs — Château-Chinon.
S'est rendu volontairement vers Montpensy.
25/8 parti de Château-Chinon vers 21 heures, environ 50 Allemands, environ 200 Russes.
PC Allemands y étaient encore. Gendarmerie est partie (depuis trois jours en petits groupes) en auto, en prenant quelques caisses avec eux. Direction ?
Parmi les 50 Allemands : un capitaine, deux lieutenants et sous-officiers.
Art. lourde : il n'y en avait pas, voir B.2.

Prisonnier garantit qu'il n'y a pas de mines.
Poste d'observation au vieux château, trois hommes.
Rien que la place et l'école sont gardées. Pas d'Allemands dans le pays même, seulement des patrouilles de nuit, quelques Russes avec des Allemands.
Armements : grenades à mains, stens ; sur 8 à 10, une mitrailleuse.
L'esprit chez les environ 200 Russes : ne désirent que se rendre mais ont peur des Allemands à un tel point qu'ils n'osent pas se parler entre eux. »

Suivent deux lignes qui font s'exclamer Ivan. Il y est fait état de la dénonciation d'un maquis par un homme et une femme, « en civil, qui vont en reconnaissance » (et qui sont arrêtés). Stationnant à Château-Chinon, il était au courant : « J'ai aussi lu cette histoire dans le livre de Noguères sur la Résistance. »

Bien que singulière, l'histoire d'Ivan Kolesnik demeure emblématique de tant de destins entremêlés, de tant de malheurs à l'échelle du continent. L'histoire non moins exemplaire de Gregori Ritvas, « humble juif lituanien », sans doute quelque peu arrangée par le récit[5], contraste avec l'aventure que nous venons d'esquisser. Il s'agit désormais d'un juif, doublement proscrit, qui va devenir, pendant quelques semaines de lutte dans les maquis français, à la tête d'une section de mitrailleuse, le farouche guerrier des récits de la Bible.

Gregori Ritvas doit avoir une bonne constitution. Il a survécu à vingt-huit mois de régime sévère dans les stalags. Son parcours de combattant de l'« Ordre nouveau » commence le 8 décembre 1943, à Sidelec, près de Varsovie, où son patronyme balte : Ritvas, se mue en un nom à consonance tatare : Chabakaïev Gregori Chabibulovitch. Comme il lui est impossible de dissimuler sa circoncision, il se déclare musulman lors de son engagement dans l'armée allemande. Le texte de son récit, assez léger et ironique si l'on tient compte des circonstances, passe sous silence son serment de fidélité au Führer !

Les volontaires de la légion des Tatars de la Volga commencent par prendre une douche, puis reçoivent une tenue feldgrau. La nourriture est bien meilleure : elle est celle du simple soldat. Le séjour à Sidelec ne se prolonge pas :

« Début janvier [1944], on nous installe dans des wagons de marchandises et on nous fait faire une longue balade qui nous conduit... en France ».

Gregori et son ami Karim (un authentique musulman, lui), en caserne au Puy-en-Velay, où stationne leur régiment, cherchent le moyen de s'évader. La serveuse d'un café, chaque soir fréquenté par le personnel de la garnison, a quelques bontés pour Gregori et lui fait connaître un émigré, un nommé Michel Agarine. Discrètement pris, en raison des mouchards, le rendez-vous s'avère utile. Les trois résistants français contactés demandent une preuve pour accepter le ralliement des transfuges. Aidé de Karim, Gregori parvient à sortir deux caisses de munitions de la caserne. Le 9 avril 1944, les deux « Tatars » franchissent le... Rubicon — et faciliteront d'autres désertions en Haute-Loire.

Au groupe « La Fayette », Gregori est mitrailleur, à la tête d'une « section russe », dans un détachement commandé par Georges Lévy, alias Hulot. En forêt de Ventenges, dans la région d'Yssingeaux, plusieurs accrochages ont lieu avec la Milice et les troupes de sécurité allemandes. Au débarquement de juin, quand le Plan Vert est mis en action, Gregori participe aux combats de Craponne, de Saugues, du mont Mouchet. « Mon groupe, écrit-il, avait acquis une certaine réputation du fait de la discipline qui y régnait et de l'expérience des combattants. » Ses « exploits » personnels lui valent une croix de guerre avec citation. Le lieutenant « Gregori », qui commande désormais une centaine d'hommes ralliés, s'entend un jour appelé « capitaine Grégoire » par le commandant en Haute-Loire, le lieutenant-colonel Zapalski. Alors, il mesure le chemin parcouru par « l'humble juif lituanien » ! Son récit ne manque pas non plus de souligner l'importante participation des combattants juifs dans le maquis : « Vers la fin de l'année 1943, quatre groupes spécifiquement juifs y ont été créés et placés sous le commandement du capitaine André, officier FTPF dépendant des FFI. » Il ajoute, signalant un article du 10 juin 1946 dans la publication *Le Message d'Israël* : « Vanikoff évoque d'autres noms d'officiers juifs... Vanikoff raconte que le 352e bataillon des FTPF était commandé par Grégoire Ritvas, l'un des meilleurs officiers du maquis régional... »

Le 19 août 1944, au lever du jour, la garnison allemande du Puy-en-Velay est complètement encerclée dans la caserne Romeuf. Les colonels Serge Zapalski et Lucien, de la préfecture, proposent un cessez-le-feu : « Une voiture, munie d'un haut-parleur, transmet, sous les balles, l'appel à la reddition. La voix forte du capitaine Gregori déclare : "Rendez-vous pour éviter toute nouvelle effusion de sang. Nous, les maquisards, vous traiterons en prisonniers de guerre" », lit-on dans *À nous, Auvergne*[6]. Le Puy libéré, les groupes de maquisards français et étrangers s'acharnent, comme des essaims d'abeilles combattantes, sur les derniers postes allemands et les convois en retraite, qui d'ailleurs ne peuvent échapper. De ville en ville libérée — [Montluçon, Issoire (25 août), Clermont-Ferrand (31 août), Moulins (4 septembre)], — les tenailles se refermeront sur les colonnes allemandes, les 9 et 10 septembre, au pont de Decize et à Autun, par la jonction des forces FFI avec la Ire Armée française. Pour leur part, Gregori et ses valeureux guerriers, cités trois fois (« la section russe, les déserteurs russes »), portent le fer et le feu dans les colonnes en fuite. L'attestation rédigée à Draguignan, le 14 janvier 1969, par Zapalski souligne : « Après la libération du département de la Haute-Loire, il [Gregori Ritvas] a été envoyé dans les premiers jours de septembre 1944, avec une compagnie de mitrailleurs, par mon ordre, pour donner un coup de main en Ardèche où il a participé aux combats aux environs de Privas où trois mille Allemands sont tombés entre nos mains. »

Les « déserteurs russes », donc, se battent comme des diables, par esprit de vengeance autant que dans l'espoir d'un « rachat » de leurs « fautes ». Regroupés en septembre et octobre 1944, mille d'entre eux formeront le 352e bataillon FTPF fixé dans les casernes Romeuf et Espaly du Puy. La presse régionale en rend compte. Le capitaine Gregori Ritvas, confirmé dans son grade FFI, reconnu bon soldat et entraîneur d'hommes, les commande. Ces ex-prisonniers des stalags ne survivront pas tous. Un bon tiers, souvent atteints de tuberculose, sont recueillis dans les hôpitaux de la ville ou des environs. Il y a aussi les « malandrins », ces hommes que la guerre et son cortège de méfaits a projetés à travers l'Europe. Loin de leur chaumière natale, devenus soldats de fortune, mercenaires, pillards, parfois violeurs, certains donnent du fil à retordre à l'autorité militaire et civile. « Mon premier rôle était de découvrir les bandits, mais s'il m'avait fallu punir tous ceux qui avaient la conscience chargée, il m'aurait fallu enfermer 40 % de mon effectif », estime Ritvas.

Après Babylone, c'est Capoue. Le commandant du

352e bataillon savoure les délices de la ville qu'il a libérée : « Je suis le patron, on me rase, on me sert à manger en conséquence. De plus, j'ai à ma disposition une voiture avec chauffeur. On me respecte, mais en mon for intérieur, je sais que je ne suis qu'un juif meurtri, fourbu de souffrances et de fatigue, s'interrogeant sans cesse sur le sort de sa femme, de son fils, de sa famille ! »

Au milieu de ces plaisirs et de ces angoisses, Gregori reçoit la visite inopinée d'une femme élégante. « Elle me laisse entendre qu'elle est divorcée et ma fantaisie déjà l'entraîne dans sa chambre à coucher. » En fait, les intentions de cette femme parlant russe, mais se disant anglaise, ne sont pas claires : « Je n'en perce le mystère que quelques jours après... À l'aube, le téléphone sonne. On m'annonce que 18 hommes de mon bataillon sont portés absents... Depuis quelques jours on a signalé la présence au Puy d'un groupe d'officiers britanniques chargés d'enrôler des hommes pour leur armée. » Le capitaine Gregori, accompagné de ses hommes armés, se hâte vers la place Michelet où, déjà, chargés de soldats russes, sous bonne garde anglaise, deux camions sont prêts à partir. La dame, en uniforme d'officier, escorte quatre autres déserteurs qui arrivent sur la place, valise à la main. Les menaces proférées par Gregori sont suivies immédiatement d'effet. Un à un ses hommes descendent des camions et il récupère les fuyards qui auront droit à cinq jours de « tôle ». Ce n'est hélas que partie remise. « ... finalement, avant notre départ de France, 50 de mes hommes manqueront à l'appel, parmi lesquels ceux que j'avais obligés, cette fois, à abandonner les camions anglais. » Entre bons alliés, comme il se doit, le débauchage reste chose courante ! Nous tenons la preuve qu'Anglais et Américains recrutent pour les missions spéciales — les inscriptions dans les cimetières anglais et américains l'attestent.

Comme tout officier à la tête d'une unité composée de « Russes », Ritvas reçoit, fin décembre, l'ordre de « libérer » les ressortissants soviétiques. Parmi les « vlassivistes », comme il dit, 12 sur 14 prennent la poudre d'escampette. Visité par les officiers de la mission soviétique de rapatriement, échangeant ses galons de capitaine de l'armée française contre les épaulettes d'officier de l'Armée rouge, le voici désormais aux ordres du général Galikov, chef de la mission.

Une nouvelle étape de la vie du héros s'annonce qui permet d'observer le développement des rapports franco-soviétiques entre la Libération et 1946. On en découvre une sorte de raccourci : « À cette époque, j'étais politiquement assez mal averti et j'exécutais à la lettre les directives de la mission soviétique, dont l'objectif était le rapatriement de tous les citoyens soviétiques. Le secrétaire général du PCF, Maurice Thorez, était sur le point d'accéder au gouvernement, en s'appuyant notamment sur les FTPF. [...] Pour mon compte, j'avais le privilège de participer, avec des officiers français, américains, anglais. Mon bataillon était commandé par une troïka, comprenant un commissaire technique, un commissaire opérationnel, et, le plus important, un commissaire politique. J'assumais les fonctions de commissaire opérationnel et m'interrogeais souvent sur les raisons qui m'amenaient à participer à ces rencontres interalliées. Ayant posé la question au commandant Robert, notre commissaire politique, il me répondit tout bonnement que je n'étais pas le seul appelé à y faire de la figuration. [...] Peu de gens connaissaient mon passé. Je portais un uniforme à moitié français et à moitié soviétique, avec les épaulettes de capitaine — et je devais passer pour un officier de carrière — ce qui pouvait avoir son utilité. »

N'est-il pas étrange que le livre de Gregori, *Grégoire*, écrit en yiddish après son mariage en Lituanie soviétique avec Liba, n'ait pas davantage attiré l'attention ? Liba, sa veuve, rencontrée en 1992, témoigne d'un phénomène majeur de l'émigration juive en Europe. Née à Paris, elle est fille du tailleur juif Elyas Sesoilis, émigré de Lituanie dans les années trente. Pour l'amour du pays, dans l'espoir d'une vie meilleure durant la brève période de l'alliance Hitler-Staline (1939-1941), Elyas et sa famille montent dans le wagon du retour en Lituanie le 31 mars 1941. Les premières arrestations ont déjà eu lieu à Paris et en province. Liba dit que c'était, aux yeux de ses parents, le seul moyen d'échapper à la déportation.

Via Berlin, traversant la Pologne (changement de train à Tilsit), le convoi rejoint la Lituanie annexée par l'URSS. Arrivée le 2 avril 1941, la famille est accueillie dans la joie par la parenté, en gare de Kaunas, puis au village de Ragoula, à quatre-vingts kilomètres de Kaunas, qui fête la Pâque juive avec les nouveaux « Soviétiques »...

Quelques années passent. Liba fait la connaissance de Gregori et se marie avec lui le 18 mars 1953. Le 27 mai 1957, elle rentre à Paris, avec Gregori, futur écrivain de la Résistance française. Les affaires d'édition sont embrouillées. L'auteur se devait de donner une suite à son livre, car, dit sa veuve, le chapitre 5 a été

« escamoté ». Malheureusement, le manuscrit en yiddish, après recherche, n'est plus entre ses mains.

Gregori, dans la partie du manuscrit édité, sur le ton enjoué d'un homme dont les FFI disaient : « il a la baraka », ne craint pas d'éclairer les circonstances du retour en URSS : « C'est dans des wagons à bestiaux que, le 16 août 1945, nous quittons la France. En Allemagne, il me faut subir le contrôle des services de sécurité soviétiques. Ils n'ont pas l'air d'être particulièrement intéressés par ma participation à la Résistance française. Pour eux, seule la lutte des partisans en territoire soviétique semble avoir une quelconque signification, ou encore celle des partisans yougoslaves. Je me retrouve dans la situation des prisonniers de guerre que Staline dénonçait comme traîtres. Néanmoins, on prend en considération le fait que j'ai commandé un bataillon communiste. »

L'indulgence des « services de sécurité » est tout à fait significative, car chacun sait que les issues du tamis des contrôles du NKVD ne sont pas celles d'une passoire de ménage. Ivan Kolesnik le découvrira, lui, à Dora, dans l'ancien camp nazi. Michel Stépanovitch, son collègue de Beauregard, le signale dans sa lettre à Ivan. Les camps de triage de l'ensemble de la population réintégrée en URSS, sont attestés, en 1990, par le chercheur soviétique B.H. Zemkov, dans une publication d'État*.

Comment passer à travers les mailles du filet ? Pour amadouer un gradé de l'Armée rouge et obtenir un sauf-conduit, un lot de montres vaut mieux qu'une croix de guerre gagnée dans une embuscade en Haute-Loire !

Cette clémence, toute relative autant que provisoire, est à rapprocher de celle manifestée à l'égard des soldats du 1er régiment soviétique de partisans en France. En un premier temps, « les six drapeaux et les archives du régiment seront remis au Musée de l'Armée rouge », écrit, dans son rapport, le commandant Victor Gardon, ancien responsable français du camp de Nîmes. Mais, « au début de 1955, j'ai appris que, comme les autres, les hommes du régiment avaient été eux aussi victimes de répressions... ». La lettre parvenue de Tbilissi (Géorgie) dont il envoie copie le 30 novembre 1956 au général Henri Zeller en fait foi.

* Et Soljenitsyne en a parlé dans le tome 1 de *L'Archipel du Goulag*, chapitre consacré à l'« Histoire de nos canalisations ».

Chapitre 14

Sur l'autre rive

Les groupes « Veny » de l'Aveyron

Les bons effets de la persuasion et de la violence, à l'intérieur même des maquis, comme, plus tard, dans les camps de filtrage en Allemagne, président à la reprise en main des ressortissants soviétiques. Les activistes du Parti communiste français multiplient les contacts favorisant les désertions. Ils ne sont pas avares de promesses. Les soldats perdus auront droit au pardon du maréchal Staline. Pierre Bertaud, commissaire de la République par intérim, évoquait souvent la surprise du général de Gaulle, à la prise d'armes de Toulouse, ce 17 septembre 1944, lorsque, précédés d'un immense drapeau rouge descendant jusqu'à terre « défilent des hommes courtauds, râblés, teint jaune, les yeux bridés ; puissants, disciplinés, l'arme à la hanche » : les « Vlassov » !

L'immense drapeau rouge signale-t-il que le pouvoir soviétique est vainqueur en France comme sur le territoire de l'URSS ? Raymond Fournier, ancien responsable aux maquis Tarn-Aveyron, et qui, par la suite, commandera le 3e bataillon du 81e régiment d'infanterie de la 9e division d'infanterie coloniale, apporte un témoignage authentique[1], à propos de la révolte (manquée) des Soviétiques de la caserne Burloup, à Rodez. Dans ces départements où croisent sans cesse les détachements de l'*Ostlegion*, les déserteurs « russes » récupérés par les maquis FTPF établissent une liaison constante avec leurs camarades embrigadés chez les Allemands. C'est ainsi que nous découvrons l'action des groupes

« Veny »*. Intégrés aux FTPF, ils sont formés principalement de partisans soviétiques, utilisés pour le contact avec leurs compatriotes. Ils définissent ainsi leur action :

« Le thème de notre travail est la désagrégation et se base sur ces données pour les inciter à la révolte, d'abord, et à leur jonction, en tant que troupes combattantes, avec l'armée française ensuite, ceci leur offre la possibilité de se racheter et de rentrer en Russie à la fin de la guerre [...]. Il existe une décision officielle russe confirmant notre thème de propagande, nous attendons le texte original que nous avons demandé à Londres. [...] Nous avons aussi envoyé, par l'entremise de Londres, des télégrammes à leurs familles, en Russie, en demandant que la réponse [soit accompagnée de] la signature complète des parents — ceci leur prouvera que leur action est reconnue par le gouvernement soviétique et que nous sommes en liaison avec lui... »

Il va de soi que la liaison est directe avec Moscou, chiffrée dans le code utilisé par les émetteurs clandestins disséminés à l'Ouest et en Europe centrale.

Ce document, présenté par Raymond Fournier, date du 9 juillet 1944. Il semble indiquer comment les choses avancent dans la garnison de Rodez. Les éléments azerbaïdjanais sont sûrs en majeure partie. Ils obéissent à d'anciens officiers de l'Armée rouge qui les organisent en groupes prêts à passer à l'action. L'idée est celle d'un soulèvement général et simultané des « troupes Vlassov » : « Voilà l'erreur tactique, écrit l'auteur. En effet, le complot éventé (il devait se produire le 12 août), l'agent de liaison Grégoire Romaniuk est arrêté et fusillé à Sainte-Radegonde, banlieue de Rodez. Douze conjurés, convoyés au cimetière, se jettent sur leurs gardes. Cinq Soviétiques sont tués, les autres s'enfuient. L'un d'eux, Kourbanov, dans son rapport, indiquera que, dans la journée du 17 août, tous les cadres de la Légion sont arrêtés. Une soixantaine d'hommes sont exécutés, un nombre assez important de soldats s'évadent et sont recueillis dans les centres de résistance. »

Évaluant les différents aspects de ces combats, Raymond Fournier assure que les documents en sa possession prouvent que, depuis fort longtemps, les soldats de l'*Ostlegion*, en garnison à Rodez, désiraient prendre contact avec la Résistance et retourner leurs armes contre les nazis :

---

* « Veny » était le code pour « soviétique » — note de Raymond Fournier.

« Nous, anciens soldats et officiers de l'Armée rouge, après des souffrances inouïes qui furent infligées par les canailles fascistes, fûmes enrôlés de force dans la fameuse légion. Du premier jour, nous commençâmes notre travail pour la formation d'une organisation antifasciste. Malgré la perte de nos meilleurs organisateurs, malgré la répression sans nom que nous avons subie, notre travail antifasciste se poursuivait : passages organisés du côté de l'Armée rouge, et, après notre envoi dans l'Ouest, passage aux Partisans français, yougoslaves, polonais, ou italiens. Signé : Kourbanov, Veleïev, Koulaïev, Yakoubov, Hanahamador. »

Incidemment, Raymond Fournier signale l'activité d'un chef de division de la préfecture de Rodez ayant organisé plusieurs dizaines de patriotes ruthéniens « prêts à encadrer les soldats soviétiques révoltés ». Il ne peut s'agir que d'une fraction des trois cents Ukrainiens de Ruthénie subcarpatique employés comme mineurs, que les successeurs du général de Gaulle au gouvernement, en dépit de la tempête diplomatique soulevée par l'URSS, se refuseront à livrer, prétextant le grave déficit en énergie de la France.

Les chroniques et divers récits de l'époque confirment la relation de Raymond Fournier et certains détails concernant les groupes « Veny ». Un ouvrage récent, édité dans le Tarn, sous la signature de Diana et Robert Favre[2], fait état de l'apparition soudaine, le 6 août 1944, à la suite d'une trahison, d'une colonne allemande dans le village de Jouqueviel — où stationne la 4214e compagnie FTPF, unité composée en majorité de Polonais et de Géorgiens. Un combat meurtrier s'engage. Le camp et le village sont mis à feu et à sang. Plusieurs passages relèvent la présence active des Soviétiques : « Les “Veny”, plus tardivement nés, ont des effectifs dépassant le millier [...]. Les “Veny” bénéficient aussi de nombreux parachutages. Les FTPF du Carmausin, délaissés, les délestent parfois des précieuses cargaisons [...]. Les FTPF n'ont plus l'initiative, ce son+ les “Veny” qui déclenchent l'opération de la Croix-Haute où se retranchent quatre-vingt-dix Allemands... »

En concluant (novembre 1972), Raymond Fournier compare miliciens et engagés de la LVF* à ceux qu'il appelle impropre-

---

* LVF : Légion des volontaires français (contre le bolchevisme), unité créée au cours de l'été 1941 et qui devait combattre devant Moscou et en Biélorussie avec la IVe armée allemande.

ment, comme tout un chacun à la fin de la guerre, les « Vlassov ». Son analyse, très mesurée, dans le cas des « Vlassov », reste en défaveur des premiers :

« Il est juste de retenir en faveur des Vlassov qu'ils constituèrent une organisation antifasciste au sein de la Légion et qu'ils passèrent à la Résistance chaque fois que l'occasion leur en fut offerte (ils se battirent farouchement contre les Allemands à Carmaux, Jouqueviel et Albi).

« Certains chefs de maquis, fort rares heureusement, et peut-être mal informés, ne comprirent pas, comme les FTPF ou les groupes "Veny", que faciliter le passage dans nos rangs des soldats soviétiques, c'était frapper durement l'ennemi. C'est grand dommage pour la Résistance à Rodez. Qu'on songe encore une fois aux martyrs de Sainte-Radegonde... »

L'allusion de Raymond Fournier aux « chefs de maquis » désigne incontestablement un commandement subordonné à un mouvement non communiste. Pour des raisons politiques proches des hésitations, des a priori ou des préjugés du corps des officiers classiques, ces responsables ne partageaient pas les conceptions des chefs des maquis « rouges » en vue d'un « intense débauchage des Soviétiques incorporés dans l'armée allemande ». Les partisans des groupes « Veny », au coude à coude ou en compétition avec les unités de guérilleros espagnols, eurent l'occasion de montrer le fonctionnement de la guerre révolutionnaire. Ce qui a pu, à juste titre, mettre en éveil l'autorité militaire, ainsi que celle, hésitante, des futurs commissaires régionaux nommés par le GPRF et de Gaulle. C'est ainsi que se recoupent les jugements de Gregori Ritvas, juif lituanien et soviétique, et de Raymond Fournier, des Franc-Tireurs et Partisans français.

En ce qui concerne les promesses de miséricorde et de pardon, ignorant parfaitement les desseins du maître de Moscou, nos deux guérilleros communistes ont pu être sincères. Leur relation a su jeter un voile sur la phase suivante : le rapatriement des sujets soviétiques. Parole de témoin irréfutable, voici une franche notation due à Gregori Ritvas : « Au lendemain de la guerre, le sort des Vlassoviens était tranché sans cérémonie, surtout ceux qui arboraient le tatouage SS. »

En Haute-Savoie

Tandis qu'en août 1944, les Kolesnik et Ritvas « désertent » et livrent, au cœur de la France, avec les FTPF Zapalski ou Fournier, les ultimes combats de la Libération, la Haute-Savoie, en bordure du Léman, connaît une situation politique contrastée.

En réponse au massacre perpétré par les Allemands le 28 août 1944, à Saint-Genis-Laval, près de Lyon (chiffre alors connu : 80 résistants abattus ; le chiffre réel sera de 100 à 120), le commissaire de la République, Yves Farge, donne l'ordre de fusiller 80 prisonniers détenus en Haute-Savoie. L'exécution s'accomplit à Vieugy, arrondissement d'Annecy. Quarante soldats sont abattus le 28 août, et 40 autres au château d'Habère-Lullin, le 2 septembre. L'enquête d'Henri Amouroux [3] révèle les détails et les circonstances de ce drame.

Sur le même théâtre d'opérations, symétriquement, un acte quasi chevaleresque s'accomplit. Au milieu d'août, par un coup de bluff des maquisards, 400 soldats allemands de la garnison d'Evian obtiennent une reddition honorable. Les officiers sont autorisés à conserver leur arme personnelle (des P38 sans chargeur). Peu armés et sans instruction militaire sérieuse, deux compagnies de 50 FTP se relaient à la garde de ces prisonniers. Malgré les exactions que ceux-ci ont pu commettre dans la région, les ordres sont de traiter ces hommes dignement, selon les lois de la guerre. Sans doute, par crainte d'évasions, le commandement décrète une « tonte générale » à laquelle procèdent cinq coiffeurs d'Évian. En outre, quelques Allemands perdent leurs bottes... Edmond Christinet, qui évoque l'anecdote dans ses mémoires [4], parle de « récupération ». Les jeunes maquisards vont même plus loin et se saisissent des pistolets P38 appartenant aux officiers (mais comme ces armes sont sans chargeur, il s'agit d'objets souvenirs). Averti, le commandant FFI de Haute-Savoie ordonne aussitôt la restitution des armes, conformément aux accords de reddition.

Engagé le 14 octobre 1942 au 10e régiment d'artillerie coloniale, Edmond Christinet ne prévoyait pas sa démobilisation le 27 novembre, conséquence de l'invasion allemande de la zone « libre ». En février 1943, il part avec le STO, et se retrouve à Berlin, sous les bombardements. En octobre, il revient en permission de convalescence, mais ne rejoint pas. Il se réfugie en Suisse où il a de la parenté. Repassant la frontière en juillet 1944, non loin des ruines du village de Saint-Gingolf incendié, il est décidé à faire quelque chose pour son pays. C'est là que le jeune Christinet rencontre des partisans FTP. Ceux-ci, regroupés dans le Chablais, forment deux petites compagnies appelées à constituer le futur bataillon « Foges », noyau du 27e bataillon de chasseurs alpins — où la nouvelle recrue apercevra une future célébrité : Charles Hernu.

Après la reddition de la garnison d'Evian, la section d'Edmond Christinet est affectée à la surveillance des prisonniers détenus à l'hôtel Royal. À chaque tour de garde, les arrivants reçoivent une arme qu'ils doivent rendre. Edmond Christinet, lui, est doté d'un fusil Mauser avec une musette de cartouches. Il sait que s'il prend aux prisonniers la fantaisie de descendre en force dans le hall, il ne donnera pas cher de sa peau. Solide gaillard, fier de ses capacités physiques, il est bâti comme un chêne du Cotentin où il a passé son enfance. Mais comment répondre à un assaut résolu avec un Mauser et quelques Sten ? Le silence des étages est pesant. Une vague anxiété est au cœur de chacun. On entend parfois craquer les planchers des longs corridors, et l'un ou l'autre se dresse sur son siège. Comme à Berlin, sous le fracas des bombes, ou après sa blessure, à l'hôpital, Edmond songe à son enfance, aux jeux d'autrefois, dans les pâtures et les chemins creux, avec les gamins de Trelly et le cousin Marcel Cordon... Rien ne survient, ni le premier jour de garde, ni les autres. Les « Chleuhs », comme on appelle aussi alors les Allemands, se tiennent tranquilles. D'ailleurs, le danger ne vient pas d'eux, mais, ô surprise, des soldats « russes » d'un maquis voisin !

La garde achevée, le groupe regagne son cantonnement de l'hôtel Lumina, sur la route de Saint-Gingolf. Dans une belle salle à manger donnant sur le Léman, servis par de jeunes femmes « russes » charriées par les « bataillons de l'Est » qui ont sévi dans la contrée, les FFI vainqueurs savourent les délices du repos des guerriers — du moins, tels qu'ils se voient...

Au cours des exercices et des déplacements à Évian, surpris et peinés, ils ont tous constaté le peu d'empressement de la population. Cela tient à l'esprit de la ville, pense Edmond, mais aussi aux façons, aux allures de guérilleros mexicains que se donnent parfois les garçons descendus des montagnes. Les FTP ne sont pas bien vus !

« Avec cela, raconte Edmond, nous étions le bras armé du communisme, des “rouges”, mais il faut ajouter, à ces opinions préconçues, une plus consistante qui ne plaidait pas en notre faveur : la collusion que l'on nous prêtait avec la brigade rouge du fameux Nicolas. Son équipe inspirait une vive répulsion aux Evianais.

« Nos chefs, le capitaine Fournier* en particulier, entretenaient des rapports tendus avec Nicolas, grand amateur d'alcool à brûler, qui changeait d'opinion à tout moment et cédait à des crises de folie furieuse capables de le conduire aux pires extrémités. Un jour, les choses se gâtèrent si bien que Nicolas promit au capitaine de faire une descente au Lumina, le soir même, avec tous ses hommes et de nous exterminer ! La raison du différend tenait au fait que nous avions fini par nous opposer aux continuelles allées et venues des “Russes” de Nicolas dans notre hôtel où ils venaient retrouver les femmes de service, leurs amies. Notre casernement était sur le point de devenir une véritable maison de passe. En voulant remettre de l'ordre, nous avions déclenché la guerre !

« Dans l'heure qui suivit, le Lumina se transforma en véritable forteresse. Toutes les armes étaient rassemblées et comme la garde des prisonniers était assurée par la compagnie Cachat, j'avais récupéré mon fusil ! Nous nous installâmes par chambrées à nos fenêtres, couchés sur les parquets, avec des matelas tassés contre les barres d'appui, et froidement nous attendîmes. Les frères Jaquier, auprès de moi, avaient préparé des grenades allemandes à manche et, ici et là, au long de la façade, on voyait dépasser des canons de FM ou de mitraillettes Sten. Nicolas ne se déplaçait qu'en “tractions” ainsi que toute sa bande. S'il apparaissait comme prévu, et fanfaron comme nous le connaissions, son sort était réglé ! Une écumoire. Je dois reconnaître que tous nos gars jubilaient à la pensée d'en découdre. Je ne faisais pas exception. Nous imaginions anéantir ces fous aussi calmement que s'il s'était agi d'aller purger la campagne de bêtes enragées. Pour nous, Nicolas et ses compagnons n'étaient pas des hommes, mais une bande de nuisibles, méprisables au dernier degré puisque transfuges de la collaboration avec les Allemands et tout à fait étrangers à nos idéaux. Il convenait de les rayer de la carte. »

* Il s'agit, évidemment, d'un autre Fournier que celui de l'Aveyron ou que celui de Beauregard.

L'incident sanglant, imaginé par les jeunes à l'entrée du Lumina, n'eut jamais lieu. « Finalement, Nicolas renonça. Peut-être le prévint-on de la souricière ? Cette information le trouva réceptif entre deux beuveries. Dommage... »

Il est patent que la camaraderie entre les FTPF et les maquis « rouges », ne fut pas toujours ce que Raymond Fournier en a dit pour l'Aveyron. Cependant, la fougue du partisan Nicolas en Haute-Savoie ne ternit pas, à la réflexion, la croix de guerre du capitaine Ritvas en Auvergne.

Peut-on encore un moment laisser filer la plume Sergent-Major d'Edmond Christinet ? Il est question d'éducation marxiste, ce qui, en l'occurrence, n'est pas sans rapport avec les desseins supposés des FTPF alliés aux maquis « rouges » :

« A peu de jours de là, nous reçûmes la visite d'un individu étrange, se déclarant "commissaire politique" et portant un ordre de mission signé André, commandant des FTPF de Haute-Savoie. Etant de garde au Lumina, ce fut moi qui l'accueillis.

« Aubert, c'était son nom, était un gaillard grand et mince, d'une trentaine d'années, au visage long et osseux, avec un regard dur, toujours en éveil. Il était vêtu d'une vieille tenue de toile de l'armée, dite treillis, et portait un Colt dans un étui serré à la cuisse par une lanière de cuir. Il s'assit et me demanda le registre des effectifs, où se tenaient consignés les renseignements propres à chacun. Après avoir feuilleté le registre, Aubert le reprit en début et commença à m'interroger sur chaque nom. Aubert semblait visiblement contrarié de mon ignorance car il lui aurait été fort agréable de trouver un délateur. A un moment, il tomba sur le nom de Hall : "Mais c'est un gars qui a fait de la PM (Préparation militaire) ", grinça-t-il, et d'ajouter : "Pas d'erreur, c'est un fasciste ! Va falloir voir ça ! " Je lui fis observer que Hall faisait fonction d'instructeur auprès d'un grand nombre de nos gars. Je ne crois pas qu'il soit réaliste de se séparer d'un des seuls d'entre nous capable de démonter et de remonter une arme. De toute manière, il ne s'occupe pas de politique. Aubert hocha la tête : "Il va falloir s'y mettre à la politique, enseigner le marxisme aux gars. Il y aura des cours pour cela... Qu'est-ce qui te fait sourire ? " Je lui expliquai que j'avais été abreuvé de doctrine, que mon prof était le secrétaire de Marcel Cachin. Alors, pour m'en apprendre plus, je demandais à voir ! Aubert parut soudain radouci. Dans le fond, comme je devais l'apprendre plus tard, il était totalement nul en théorie marxiste. Mais les beaux discours de ce chef ne devaient pas s'arrêter là. Aubert évoquait avec violence les proches lendemains de la paix, la nécessité pour les FTPF de demeurer armés au sortir de la guerre afin de faire triompher le communisme en France. L'auditoire suivait ses péroraisons avec une certaine apathie. J'observais que le mot favori d'Aubert était celui de "dessouder", ce qui signifiait la destruction radicale de l'ennemi à la mitraillette appelée "dessoudeuse" ! Il ponctuait ce néologisme d'une claque de la main sur le Colt. Par la suite, j'appris que notre commissaire était suisse d'origine, qu'il avait été incarcéré pour des raisons politiques (ou pour tout autre chose). Pour la dialectique, nous eûmes droit à un véritable théoricien et Aubert disparut du devant de la scène. »

« Détachements soviétiques »

Echappés des bagnes des côtes de la Manche et de l'Atlantique, des camps de représailles d'Allemagne, du Nord et de l'Est de la France, des fugitifs soviétiques sont en marche, dès 1943, vers le sud. Ils gagnent la forêt de Châtillon, en Côte-d'Or, la forêt de Chaux, dans le Jura, les massifs des Alpes ou le Massif central, là où sont disséminés les « détachements soviétiques ». N'ayant sans doute pas d'autre issue, mais bravement, d'humeur vengeresse, de disposition impitoyable à l'égard de l'ennemi de la grande patrie, ces évadés forment des unités semi-autonomes, subordonnées à l'état-major clandestin de l'Armée rouge. Ils guerroient aux côtés des Espagnols républicains, des Polonais, des Yougoslaves ou des Tchèques. Héroïquement, selon tous les témoignages.

Dès 1942, dans la zone interdite du Nord de la France — mais aussi en Moselle et en Alsace annexées à l'Allemagne — se multiplient des camps où sont rassemblés des dizaines de milliers de prisonniers et de déportés de Biélorussie et d'Ukraine. Leur situation est connue. Les Stalag XIIE, région de Metz, et Stalag VD, région de Strasbourg, alimentent des « kommandos » de travail dans les usines, les grandes aciéries, les mines de fer et de charbon. Fosses communes, petits et grands charniers découverts après la fin des hostilités jalonnent les emplacements abandonnés[5]. Voici quelques noms sinistres : Elzange (Moselle), Boulay et Ban-Saint-Jean, à Denting (Moselle), où les restes, exhumés à partir des années soixante par les services du ministère des Anciens combattants, subirent nombre d'avanies au rythme des fluctuations de la guerre froide, et des transferts depuis les fosses communes de Lorraine jusqu'à celles de Noyers-Saint-Martin où « reposent » les ossements de 4 528 Soviétiques.

Dans chaque camp allemand, une organisation clandestine, animée par des communistes, identique à celles existant dans les camps de concentration d'Allemagne, se développe et décide des sabotages ou des évasions. A partir de 1943, un Comité central des partisans soviétiques en France dirige la totalité du mouvement. Vingt comités de camp sont constitués et le Comité central leur assigne un programme. Gaïto Gazdanov l'expose dans : *Je m'engage à défendre*[6] :

« Le comité du camp organise un groupe de combat dans toutes les mines, toutes les entreprises, ainsi que dans tous les ateliers et dans les baraques. Ce groupe de combat doit grossir tous les jours en recrutant de nouveaux patriotes soviétiques pour lutter contre le fascisme. Il organise (le comité) des actes de sabotage de la production, de départ du camp des camarades appelés par le commandement, ainsi que de ceux qui courent un danger sérieux du fait de leur activité. Si les circonstances l'exigent, le comité doit organiser la révolte et la lutte armée en coopération avec le peuple français. »

Donc, des éléments isolés, mais aussi des groupes, s'évadent et suivent des filières qui souvent les conduisent à Paris où ils disparaissent dans la population. Avant dispersion en province, des émigrés russes les prennent en charge et, parfois, les accompagnent, répondant à une double mission : de propagande et de recrutement pour les maquis. Tout au long de son livre, Gaïto Gazdanov raconte la « fantastique » aventure d'Anton Wassilievitch, « magnifique figure », représentant parfait de « l'homme nouveau », pétri de courage et d'abnégation, qui, évadé d'un camp d'Alsace, se rend à Paris, puis, à la tête de deux cents guérilleros (soviétiques, espagnols, polonais...), en liaison logistique et tactique avec le maquis du commandant FTP Pierre, traque implacablement les convois de l'ennemi en retraite sur les nationales de la Côte-d'Or :

« La lutte des partisans soviétiques [dans les départements du Nord et du Pas-de-Calais] avait pris une telle envergure qu'en été 1943, le nombre de ces partisans et celui des formations FFI était sensiblement égaux. »

« Au moment de l'insurrection générale en France, les membres de ce comité assumèrent le commandement de toutes les forces soviétiques sur le territoire français, affirme Gaïto Gazdanov. Ces forces étaient divisées en trois groupes, celles du Nord, celles du département de la Côte-d'Or et celles de l'Est. Au mois de juin 1944, il existait trente-cinq détachements relativement importants dépendant directement du comité central, et des dizaines d'autres, plus petits, se battaient exactement comme ceux qui étaient dirigés de Paris ou du Nord. »

L'un de ces groupes est appelé *Svoboda* (Liberté). Deux sont attestés par un document militaire [7] intitulé : *Formations d'étrangers sous commandement français ou allié*, le « groupement russe » Colonel Victor Alexemobitch et le Bataillon indomptable, respectivement en Gironde et en Lot-et-Garonne. Le détachement Svoboda signalé par Gazdanov serait-il celui mentionné dans la lettre de la Direction de la sûreté [8] comme étant stationné ultérieurement à Paris, caserne de Reuilly, dont « six Russes »... ont attaqué des passants et plus particulièrement un automobiliste ?

Le détachement Maxime Gorki [9], commandé par Anton Wassilievitch, stationne dans la forêt de Châtillon, en Côte-d'Or, et participe, avec les FTPF, à la libération de Châtillon-sur-Seine. Gazdanov décrit les aspects de la lutte :

« Dans ce détachement tout marchait comme s'il avait existé depuis toujours en tant qu'unité soviétique, à cette différence qu'au lieu des espaces et des forêts de la Russie, c'étaient les espaces et les forêts de la France, le théâtre occidental de la guerre contre les Allemands. Au-dessus de la tente de l'état-major flottait librement le drapeau soviétique. L'état-major tapait des ordres de toutes sortes sur une machine à écrire russe. On traduisait les notes de service envoyées par le commandement FFI. »

En se basant sur un rapport de Wassilievitch, on apprend que la population soutient, approvisionne et cache les partisans soviétiques. Mais au départ, leur support essentiel sera l'action des émigrés, intermédiaires entre ces étrangers parlant un autre langage, la population des villages et les formations de la Résistance :

« L'organisation des émigrés russes, à laquelle Anton Wassilievitch eut particulièrement affaire, était composée d'hommes qui considéraient comme leur premier devoir la lutte contre les ennemis de la Russie. Elle se forma au mois de juin 1943, et la plupart de ses membres faisaient en même temps partie de la Résistance française [...]. Quelques-uns d'entre eux se battaient contre les Allemands dans les rangs des détachements des partisans soviétiques ; leur but officiel ne pouvait évidemment pas être différent de ceux du Comité central des prisonniers russes ; c'était l'aide aux prisonniers, l'organisation des évasions, le sabotage des entreprises travaillant pour les Allemands, la propagande contre les engagements volontaires en Allemagne, la lutte armée contre les occupants, l'envoi d'interprètes aux détachements soviétiques. »

Gazdanov, respectant une certaine stratégie, ne décrit qu'une facette de la réalité. Les documents apprennent à l'évidence qu'une fraction de l'émigration en Europe, également en France, s'est engagée positivement du côté de l'Allemagne. La relation de Gazdanov accorde une place privilégiée aux seuls émigrants dits « antifascistes ». Plus proche de la vérité, Nina Berberova a constaté à ce propos qu'à la Libération, les exilés russes étaient « coupés de ceux qui avaient collaboré, de ceux qui avaient calomnié des innocents, ainsi que des "patriotes soviétiques" qui s'étaient compromis avec les Allemands [10] ».

Isolés, les détachements soviétiques fonctionnent sous leur propre commandement en terre étrangère, comme rameau semi-autonome de l'Armée rouge, et s'appuient fermement (dangereusement) sur l'émigration, infrastructure passablement fragile. Les propos de Gazdanov sur l'attitude de l'émigration dès 1943 sont dans la droite ligne du projet à terme du gouvernement de l'URSS, une volonté d'absorption progressive de la diaspora russe dans le monde. Ainsi, l'ukase du 18 juin 1946, destiné à l'émigration en Europe occidentale, reprend les termes du décret du 10 novembre 1945 « relatif à la réintégration, dans la nationalité soviétique, des individus vivant en Mandchourie et qui sont, soit d'anciens ressortissants de l'Empire russe, soit d'anciens citoyens soviétiques ».

Il existe d'autres relations détaillées (ou succinctes) des hauts faits des évadés des camps de prisonniers allemands mais peu de traductions [11]. L'accès progressif aux archives de l'Est ouvrira d'autres voies. N'est-il pas utile de signaler la déclaration, rapportée par Gazdanov, d'un colonel FFI (on peut lire FTPF) à Serge Petrovitch, émigré de la bonne conscience et du bon secours. Un convoi allemand arrive soudainement dans un village. Le chef FFI prescrit la prudence car les Allemands sont nombreux et bien armés. Deux Russes, ceinturés de chapelets de grenades, ne sont pas de cet avis :

« Ces deux fous engagèrent seuls le combat contre quarante Allemands. Ils se servaient exclusivement de grenades. Poussant des hurlements, ils surgissaient d'un coin quelconque pour attaquer le camion. On entendait une fusillade acharnée et des explosions. Ils couraient d'un endroit à un autre, disparaissaient, reparaissaient, lançaient des grenades et finirent par affoler et fatiguer les Allemands qui quittèrent la ville après avoir perdu un certain nombre de soldats tués ou blessés. “Je n'aurais jamais cru que des choses pareilles soient possibles, dit le colonel. Et vous voulez que je vous rende ces hommes ? Mais vous n'y pensez pas ! ” »

Gazdanov rapporte bien d'autres folies russes. Cependant, il reconnaît loyalement que tous les prisonniers évadés n'étaient pas engagés dans la lutte : « Ils s'évadaient de partout, de Hollande, de Belgique, d'Alsace, du Nord de la France, des départements du Centre et du Sud. Evidemment, il serait erroné de croire que tous les prisonniers soviétiques, jusqu'au dernier, agissaient ainsi. Ce fut une sélection. »

Est-ce une prémonition ? Ou sait-il déjà que les bagnards vont devoir se serrer un peu plus dans les baraques pour accueillir les futurs rapatriés ? Ecrite le 19 mai 1945, voici sa conclusion : « Je crois également que le pays pour lesquels ils mouraient dans les espaces étrangers européens, je crois que ce pays ne peut ni ne doit oublier l'héroïsme lointain qui leur fit donner leur vie sur la terre étrangère. »

Avec le recul, la documentation s'étoffe. En Russie et dans les Etats indépendants de la périphérie de l'ex-Union soviétique, des associations d'anciens partisans ayant combattu en France voient le jour. Telle l'ASACRE, qui, en 1992, demande au gouvernement français — lettre transmise par Marc Ferro, président, à cette date, de l'Institut d'études slaves — de financer l'achat d'une prothèse pour un ancien combattant.

Mieux encore, une lettre d'un attaché militaire, datée d'Almaty (Kazakhstan), le 7 juin 1993, informe le gouvernement français de la réception d'un volumineux dossier expédié par un certain Akmet Bektaev, « médecin kazakh, qui a fait partie de la Résistance française en 1944 ». Cette personne souhaite être invitée gratuitement en France, avec sa femme, pour visiter les lieux où il a séjourné pendant la guerre : Carmaux, Albi, Castres, et la région toulousaine...

Le dossier, constitué principalement de coupures de presse, recoupe les indications des auteurs français de la Résistance. Akmet Betkaev, au début de 1944, est transféré du « camp de prisonniers d'Albi » — mention étonnante, car le sud de la France est à l'extérieur de la zone des stalags — vers un camp dans la ville de Carmaux. Parmi les travailleurs de cette ville minière, il rencontre un ouvrier ukrainien du nom de Diatchouk et un ouvrier polonais : Ankitowicz. Grâce à Diatchouk, dans la maison de ce dernier, il contacte un représentant du parti communiste français, le colonel Fernand, commandant d'un maquis yougoslave. Avec l'aide de Diatchouk également, dans la nuit du 16 juin 1944, après avoir tué les gardiens allemands, quarante-huit « prisonniers de guerre » — toujours cette assertion, au long des récits, pour masquer l'appartenance à la Wehrmacht — rejoignent un maquis où ils sont habillés et armés. Il cite les noms de neuf camarades dont il se souvient. Après leur évasion, les Allemands punissent et dispersent les autres « prisonniers ». Sondés par le groupe Bektaev, cent vingt Géorgiens, vingt Yougoslaves et Croates filent en direction des montagnes :

« Le 17 août 1944, à huit heures trente, les résistants français, renforcés par les détachements de Turkestanais et Géorgiens qui, pendant la nuit, ont réussi à fuir les lignes allemandes tiennent bon. Les Allemands quittent alors Albi et les partisans français et soviétiques font leur entrée dans le chef-lieu du département et c'est une joie débordante dans la ville... »

Les unités dont parle Bektaev sont formées en un régiment dont le chef, Chkhinely, est désigné par le Parti. Et l'on apprend aussi la création du régiment de partisans soviétiques de Nîmes, celui dont sera responsable le commandant Victor Gardon...

À la Libération, « l'officier de Vichy », dont Raymond Fournier a dépeint la mentalité, pressent l'avènement d'une situation révolutionnaire, où les « maquis rouges » tenteraient, avec les Soviétiques ralliés, une prise de pouvoir. L'été 1944 est aussi l'époque de la rumeur qui s'amplifie et court aussi vite que le grand air de la calomnie, dans le *Figaro* de Beaumarchais. Dans ses souvenirs sur le camp soviétique de Beauregard, avec un sourire malin et le coin des yeux plissés, Ivan Kolesnik raconte que les gardes, pour se divertir, font cracher leur mitrailleuse Maxim dans le stand de tir en s'écriant : « Voilà les Russes qui attaquent ! » et que les gens de Bougival rentrent chez eux et ferment les volets. Pourquoi pas ? « Voilà les Cosaques », disait-on, en 1814, pendant la campagne de France.

Il n'y a pas de fumée sans feu... Alors que les occupants refluent vers les frontières, les Russes sont partout. Paris est le carrefour des transfuges, des émigrés blancs en rupture d'émigration, des prisonniers évadés des stalags et des mines. Chacun d'eux se blottit au sein d'une population qui, impatiente de sa délivrance, hait mortellement l'occupant, la Milice, la Gestapo et ses sbires. Tous vont faire le coup de feu dans la rue ou sur les barricades en compagnie des Géorgiens, Arméniens ou Kirghizes repentis. La plupart se retrouvent au camp de Beauregard, à La Celle-Saint-Cloud. Certains se taisent. D'autres, à peine descendus des amas de pavés et de troncs d'arbre le 25 août, ou à peine relâchés des geôles FFI, assument, comme interprètes, le rôle pour lequel les Allemands les avaient déjà réquisitionnés. La première semaine de septembre, ils seront quatre cents à l'aise, à l'orangerie du château de Beauregard et dans les quarante baraquements en demi-dur réservés jusque-là aux requis du STO.

Entre ces résidents ingouches, tchétchènes, tatars, cosaques du Terek ou du Kouban, cette foule de peuples alliés des Allemands et amalgamés, dans le parc du château, aux prisonniers de guerre fugitifs venus du Nord, du Pas-de-Calais ou de Moselle, et qui ont marché de nuit, dans les forêts, pour rejoindre les détachements de partisans de l'Armée rouge et courir sus aux mêmes Allemands, quelle est la distance ? À Beauregard, dit Ivan Kolesnik, on ne parlait pas. Ils étaient tous des Soviétiques, que la mission Dragoun, l'armée et la police française expédieront, via l'Allemagne vaincue, par-delà l'Oural... et souvent *ad patres*.

Troisième partie

LES EMBARRAS DU RAPATRIEMENT

Chapitre 15

Le retour d'Ivan

Peu avant l'aube d'une fraîche matinée de la fin d'été 1945, une longue colonne d'hommes, de femmes et d'enfants chargés de ballots s'étire sur la route de Versailles à Bougival, débouche du passage souterrain sous la voie ferrée et grimpe la côte du hameau des Grenets, parmi les maisonnettes et les vergers. La tête de la colonne a déjà atteint les installations de la gare de Bougival...

Gisèle et Ivan Kolesnik* cheminent au milieu de la procession désordonnée des « mille cinquante » Soviétiques du camp de Beauregard désignés pour le convoi de rapatriement du 12 septembre. À la gare, rangé contre le dépôt de marchandises, locomotive déjà sous pression, le convoi allonge sa file de wagons dont les portes béantes laissent voir les tas de paille amassés à l'intérieur. Arrivant avec son groupe, Ivan remarque aussitôt des gardiens armés, venus du camp, en faction devant les portes bouclées des trois wagons de queue. Aucun son ne parvient de cette partie du convoi, dont les verrous sont plombés. Ivan devine qu'il s'agit de prisonniers « spéciaux », mais n'en fait aucunement part à Gisèle qu'il sait anxieuse.

Trois jours plus tard, ayant quitté la France par Metz et traversé deux zones d'occupation alliées, le convoi entre en zone soviétique. Il s'arrête à l'ancien camp nazi de Nordhausen. Un autre train de marchandises en double voie attend les voyageurs. Tandis que s'opère le transfert, les trois wagons de queue sont détachés et tirés à l'écart. Comme Ivan peut en témoigner, les wagons n'ont pas été ouverts durant le parcours. Il sait que le sort des hommes

---

* Cf. chapitres 1 et 13.

enfermés n'est pas enviable ! Lui et ses compagnons font quelques petites affaires et discutent avec les hommes de troupe du camp. Ivan se procure même un petit lit en fer de 90 centimètres.

Le nouveau train démarre le 28 septembre, roule en Allemagne de l'Est, traverse la Pologne, souvent stoppé par des trains prioritaires. Au cours des arrêts, chacun s'efforce de trouver de quoi se nourrir dans les champs de pommes de terre, et l'on cuisine en campagne, à la fortune du pot. Gisèle ressent les premières nausées de la grossesse et trouve le temps long ! Kovel en Ukraine est atteint le 26 octobre, puis Sarny, où le groupe d'Ivan est de nouveau transbordé — cette fois, dans une voiture de voyageurs. Ivan conserve, plié, le lit de fer qu'il revendra cinquante roubles à l'arrivée à Moscou. C'est à Moscou qu'un ancien camarade de Beauregard prend contact avec lui, sur le quai de la gare, tandis qu'ils attendent le train de Kharkov. Gisèle, assez mal en point, a demandé à être reçue à l'ambassade de France où on l'a rassurée : « Il était entendu que si nous ne pouvions pas nous accoutumer à cette vie, on pouvait nous aider à nous rapatrier. » Le couple passe deux nuits dans l'immeuble de l'ambassade, qui, en cette terrible époque, est devenue la maison du bon Dieu. Mme Catroux loge les jeunes mariés dans la chambre du chauffeur du général qui leur parle de l'année passée en Afrique du Nord (il a été le chauffeur de De Gaulle). Gisèle, encore en robe d'été, toujours transie, reçoit de la générale une canadienne en peau de mouton. C'est le 13 novembre que, arrivant de Kharkov dans le traîneau d'un ami d'un autre village, ils parviennent à la maison de Tchernavodsk :

« En arrivant, la situation était terrible concernant la nourriture et le chauffage, témoigne Ivan. On peut parler de misère, mais aussi de la joie de se retrouver vivants, car autour de nous, il n'y avait pas beaucoup d'hommes qui étaient revenus... Mon séjour chez mes parents, avec ma femme, a duré trois semaines environ. Pendant ce temps-là, elle a pu voir et constater la grande misère dans laquelle il aurait fallu vivre... Le 3 décembre, très tôt, j'ai dit adieu à mes parents sans le faire savoir à mes frères. De Kharkov nous avons pris le train pour Moscou. Depuis cet adieu mes parents ont vécu sans savoir si nous avions réussi à sortir de l'URSS. Ma femme a été prise en charge par l'ambassade. »

Le 13 décembre, après avoir entrevu Gisèle (« rendez-vous avec ma femme pendant cinq minutes avec Jacques, de l'ambassade — garçon de courses »), Ivan Kolesnik prend la folle décision de monter en fraude dans un train à destination de la Pologne. Aux contrôles, il présente un papier tamponné par l'ambassade, que les soldats prennent pour un sauf-conduit, et il parvient à Brest-Litovsk, la nouvelle frontière. Le plus dur reste à faire ! En gare, son train stationne à côté d'un convoi militaire. Il y a des gardes armés partout. « Varsovie » est inscrit sur la portière d'un wagon de permissionnaires. « Que Dieu me vienne en aide ! »... Jouant son va-tout, Ivan saute dans le convoi, arpente les couloirs d'un air indifférent, et aborde un employé à casquette, serviette sous le bras. Son cœur cogne dans sa poitrine quand il sort les papiers de sa poche de veste. Le chef de train examine les certificats avec la photographie de Gisèle, écoute et semble comprendre l'histoire du voyageur clandestin qui, à ce moment, détache une montre en or dissimulée dans sa manche. « Reviens dans un quart d'heure », lui dit l'homme.

Ivan est de retour, plein de crainte. L'agent lui désigne sa réserve où il l'enferme à clef au moment du départ. Il ouvre ensuite et lui explique la marche à suivre. Durant le trajet, Ivan partage la marmite avec lui et s'emploie au nettoyage pour détourner la curiosité des militaires chargés du contrôle.

Au bout du voyage en Pologne, le train stoppe dans une grande gare à ciel ouvert environnée d'amas de ferrailles tordues et de squelettes de maisons. Quittant son réduit, et conseillé par le chef de train, Ivan prend soin d'éviter la sortie et s'engage dans une rue bordée de ruines et de monceaux de gravats. Il est dans la capitale dévastée par la guerre, Varsovie. Passant le seuil d'une sorte d'estaminet, il rencontre un ex-prisonnier français avec qui il peut parler. Ce garçon trafique cigarettes et autre camelote entre Varsovie et Moscou et ne semble pas pressé de rejoindre la mère-patrie. Ivan en tire quelques bons « tuyaux », fait du troc et note l'adresse du consulat de France. Après une marche harassante dans le froid et la neige, il est reçu et interrogé par les militaires français. Mais Ivan n'est pas très rassuré, car dans les étages et le hall circulent des employés polonais qui lui font comprendre qu'ils détestent les Russes ! Une personne de l'ambassade de Moscou le reconnaît et lui apprend qu'à la gare de Poznan, à l'autre extrémité de Varsovie, les trains partent pour Berlin. Deux heures pour traverser la ville dans le froid et la neige, franchissement sur la glace de la Vistule en se méfiant de tout. Le train en partance est bondé. Il grimpe dans un wagon marqué « Prague » et voyage dans un soufflet jusqu'à Berlin, exhibant sans cesse ses papiers munis du tampon de l'ambassade de France. Sur le quai, à Berlin, en zone soviétique, il avise un sous-officier français qui l'emmène à Franhau où est cantonnée la 710e compagnie de QG du gouvernement militaire français du « Grand Berlin » :

« Dans les bureaux, on m'a dit d'attendre et j'ai rempli quatre formulaires pour obtenir un visa pour rentrer en France. Je suis rentré à Paris avec un ordre de mission, signé du général de Beauchêsne, que j'ai toujours. Arrivé à Paris, je retrouve ma femme qui venait de Moscou par Odessa et Vienne (centre de rapatriement des personnes déplacées). Nous possédons les documents. »

Tandis que les jeunes gens, aidés par belle-maman, s'installent à Morangis, en banlieue parisienne, les diplomates s'interrogent : Qu'est devenue cette Gisèle Thomas qui, le 12 septembre 1945, a quitté son pays sans autorisation, et dont, de surcroît, le mariage soviétique n'est pas reconnu ? Lors de « l'affaire de Beauregard », en novembre 1947, l'évasion de vingt Françaises — et d'un groupe de familles arméniennes émigrées (avant 1939) — par le convoi du 12 septembre (le nom de Gisèle Thomas ne sera toutefois pas cité) fera couler beaucoup d'encre dans les quotidiens parisiens. On fera alors grief aux Soviétiques de leurs mauvaises façons envers la France.

A Morangis, début 1946, alors que le couple se remet doucement de ses aventures, Gisèle préparant berceau et layettes, assistée par maman Thomas, leur logement est convoité par une voisine... Deux gendarmes se présentent pour récupérer « le Soviétique » dont la place serait dans un camp. Au vu de l'ordre de mission signé du commandant en chef du Gouvernement militaire français du Grand Berlin, « c'est tout juste si les deux hommes de la brigade de Morangis ne se mettent pas au garde-à-vous », dit aujourd'hui, en riant, l'homme qui était recherché. « En tout cas, déclarent les gendarmes en s'excusant, nous pourrons vous fournir un ordre de réquisition de l'appartement ! »

Le geste de la voisine envieuse est symptomatique de l'atmosphère régnant après la Libération. On dénonçait juifs ou résistants quand les Allemands étaient là. Désormais, on livre les « Russes ».

L'histoire des Kolesnik se termine en « happy end ». Après un déménagement à Orly et la naissance d'une fille, la rencontre d'un coreligionnaire baptiste les conduit au pasteur Vincent, président de la Fédération baptiste de France. Nommé gardien d'immeuble,

Ivan se retrouve responsable d'une bibliothèque de cent vingt mille volumes, au 54, de la rue des Saints-Pères à Paris, siège de l'association. Le dimanche, avec sa femme, si elle n'est pas trop occupée, renouant avec la tradition du père, il se rend au culte, avenue du Maine. Par la suite, il est employé et homme de confiance, avec d'autres « Russes », à l'ambassade américaine. En même temps, il passe ses nuits à un établi de cordonnier pour subvenir aux besoins de ses trois enfants. Sa femme Gisèle travaille quelques années dans un secrétariat. Ensuite, Ivan acquiert une échoppe à Compiègne et, en fin de carrière, achète un pavillon à Blois. Sa fille a vécu un temps à La Celle-Saint-Cloud et Ivan s'est promené entre les bâtiments construits par la Ville de Paris, sur l'emplacement du parc et de l'orangerie du château de Beauregard, cherchant vainement quelque trace du passé. Rôdant autour d'un joli chalet en meulière et toiture à rives en bois ajouré, il est un jour hélé par une dame à la fenêtre de sa cuisine, qui lui apprendra des bribes de sa propre histoire ! Mme Visconti, fille du régisseur du comte de Bendern, résidait déjà à l'époque dans ce pavillon.

Sur ma demande, Ivan écrit ses souvenirs, parcours d'un combattant malgré lui, fils d'un homme qui a subi, en URSS, le calvaire des objecteurs de conscience. Ivan Kolesnik a fait ses adieux aux armes. Il a survécu à la guerre, à la folle équipée du retour Kharkov-Paris. Mieux que quiconque, il sait quel fut le destin des jeunes soldats de la classe 1941 : « Peu d'entre eux sont réapparus au village de Tchernavodsk ! » répète-t-il souvent.

Ivan Kolesnik appartient à l'un des derniers contingents rapatriés. La note, déjà citée, du ministère de la Guerre faisant « le point de la question des ressortissants soviétiques au 1er novembre 1945 » précise :

> « [...] Repris le 9 août, le rapatriement des ressortissants soviétiques rassemblés dans les camps spéciaux était entièrement terminé le 22 août.
> Depuis cette dernière date, les camps de rapatriement ont été dissous, et des Centres de regroupements créés, en vue de rassembler les isolés. Le département de la Guerre s'est également chargé du rapatriement de cette catégorie de citoyens soviétiques.
> Du 23 août au 22 septembre, 7 trains de 1 000 places environ ont été acheminés sur l'Allemagne.

3 trains sanitaires ont été également mis en route (1 000 malades en tout, environ).
Un train de 1 100 personnes est parti de Beauregard le 9 octobre.
Le 1er novembre, le seul Centre devant subsister est Beauregard.
En résumé :
— Hébergement initial de plus de 60 000 ressortissants soviétiques.
— Hébergement à partir d'avril de 15 000 ressortissants soviétiques.
— Alimentation et service de la solde pour un effectif voisin de 100 000 ressortissants soviétiques.
— Fourniture d'effets à environ 35 000 ressortissants soviétiques.
— Rapatriement de plus de 110 000 ressortissants soviétiques.
Telle est la tâche accomplie jusqu'à ce jour par le ministère de la Guerre*. »

Tous ne furent pas aussi heureux, à commencer par les propres compatriotes d'Ivan, les Ukrainiens qui choisirent la Résistance.

Les résistants ne sont pas épargnés

Lorsque Achille Guillermet m'écrit et évoque « l'ampleur » du drame des Ukrainiens dans lequel il a été acteur, je lui réponds aussitôt et joins à mon courrier une copie de la lettre envoyée de Tiflis au commandant Victor Gardon, ancien responsable du camp arménien de Nîmes. L'appel de détresse du « sous-lieutenant A. A... » est parvenu secrètement à son ancien chef. Il est retransmis, assorti d'un rapport [1], au « bon général Zeller », ancien commandant en chef de la XVIe région militaire (Montpellier). Libéré d'un camp sibérien au moment du premier dégel qui a suivi le XXe Congrès du parti communiste soviétique (1956) et la dénonciation, par Khrouchtchev, du « culte de la personnalité » et des « crimes de Staline », le « sous-lieutenant A. A... » est un rescapé de l'enfer.

Expliquant « la position du 1er régiment soviétique de partisans en France », le commandant Gardon estime que « le régiment de Nîmes était considéré comme le thermomètre des sentiments des autorités soviétiques vis-à-vis des prisonniers de guerre enrôlés dans la Wehrmacht, et les conditions faites au régiment, connues de tous les ressortissants soviétiques se trouvant en France, jouèrent un rôle psychologique considérable dans la possibilité de leur

* Voir p. 58 et 79.

rapatriement. [...] Le général Dragoun* et le consul général Gouzovski considéraient l'existence du régiment comme servant providentiellement le prestige soviétique. Au début de 1955, j'ai appris que, comme les autres, les hommes du régiment avaient été eux aussi victimes de répressions. Des témoignages de touristes et des lettres individuelles, en 1956, m'ont apporté confirmation de ces faits. [...] En septembre, j'ai reçu, apporté par un touriste, la lettre de l'officier du régiment. »

La lettre venue de Tiflis fait un grave reproche aux officiers français : « [...] il était trop tard. Vous aussi, vous ne nous avez pas gardés. Vous savez, camarade Mayor [commandant], si vous aviez dit un seul mot, nous serions tous restés comme un seul homme. Dommage que vous n'aviez pas d'ordres. Vous saviez très bien que vous pouviez nous garder en France. Nous regrettions de vous avoir quitté, mais il était trop tard. »

Onze années après le départ du 1er régiment soviétique de partisans, mis au courant de la répression qui le frappe, le rapport du commandant Victor Gardon se termine ainsi : « Ce sont des soldats ayant participé à la libération de la France qui appellent au secours. »

De ce rôle, témoigne la croix de guerre avec citation reçue par ce régiment[2] :

> « Unité symbolisant l'ensemble des ressortissants soviétiques ayant rallié la Résistance française et combattu l'ennemi commun sur notre territoire.
> De juin à septembre 1944 a pris une large part aux combats qui ont abouti à la Libération. Tuant et capturant de nombreux Allemands, faisant un butin de guerre important, luttant héroïquement avec nos patriotes, a contribué à la défaite de l'adversaire.
> Demeure, après avoir lutté fraternellement à nos côtés, le témoignage vivant de l'amitié franco-soviétique, scellée sur le même champ de bataille pour la défense des mêmes libertés. »

Constitué à la hâte en fonction des besoins et de l'urgence, composé d'éléments disparates, le « Corps des assimilés spéciaux de rapatriement » (français) n'a pas d'état d'âme. Même précaire, le galon se porte très bien au 78, avenue Foch (le ministère)

* Chef de la mission soviétique de rapatriement « pour l'Europe de l'Ouest » (cf. chapitre 5).

comme aux haras de Bel-Ebat (domicile des assimilés spéciaux parisiens), jouxtant le camp soviétique de Beauregard, commune de La Celle-Saint-Cloud (Seine-et-Oise). Chaque détachement, subordonné à l'état-major général Guerre, est « en subsistance » à l'intendance de la région militaire dont il relève, et détaché à la direction du Rapatriement du ministère des Prisonniers, Déportés et Réfugiés. On recrute par cooptation, amitié, titres d'ancienneté, des gens qui préfèrent sans doute le service des « Russes » à une mort éventuelle dans les Vosges ou aux abords des poches de l'Atlantique. La tâche de liaison avec l'autorité soviétique ne comporte aucun contrôle officiel du côté français, bornée, en tout et pour tout, aux prestations financières et aux livraisons d'intendance. Les directives de janvier 1945 réglant le « régime des camps » n'incitent l'officier de rapatriement qu'à parlementer, à l'entrée, avec le corps de garde avant de livrer le ravitaillement dont il est comptable. Il lui sera toutefois demandé, si « on » le décide, une signature au bas d'un acte de décès, à la mairie du lieu, pour autant que le corps soit reconnaissable et la mort naturelle. Son rôle occulte ne sera connu que fortuitement (et pas avant la fin du siècle).

L'armée, en aucun pays, n'est monolithique. Encore moins l'armée française de l'automne-hiver 1944-1945, au moment de l'amalgame de 140 000 FFI dans les formations de la Ire Armée[3], ou le recasement de la « partie saine » dans la garde républicaine, dans les légions de la gendarmerie ou de la garde mobile, ou encore dans les bataillons FFI acheminés sur le front de l'Atlantique. La noble idée du général de Lattre : forger une seule âme à cette armée de la nation, unifier le corps des officiers que le général de Gaulle lui a mis entre les mains, a fait long feu à l'école des cadres (mars 1945) de la maison de santé de Rouffach[4], aussi bien que dans la formule, quoique inspirée de l'expérience du scoutisme, des « camps légers » de l'après-guerre. La communion, la fusion idéale, ne viendra qu'a posteriori, avec le souvenir perpétué, au milieu des drapeaux inclinés, à l'appel aux morts, au pied des mausolées, dans les commémorations et les deuils, chez les « Leclerc de la 2e DB », les « Rhin et Danube » de De Lattre, ou les rescapés du Vercors ou du mont Mouchet. Aussi, comment saisir les réactions, individuelles ou collectives, de l'armée, face au « rapatriement » des Soviétiques, autrement que dans quelques témoignages et à travers les documents accessibles ?

Les « Russes » en Afrique

L'armée obéit. La discipline régnant, les ordres finissent par être exécutés. Cinquante années plus tard, viennent questions et remords.

Si un officier français peut se sentir soulagé, c'est bien Achille Guillermet en Indochine : « Croisant un groupe de légionnaires dans une rue, je fus interpellé "Admiral ! Admiral !" C'était mon nom de guerre. Et dans cette rue d'Haiphong, qui aurait pu m'interpeller ainsi sinon des anciens de mes Ukrainiens, plus heureux encore que moi de cette rencontre ? »

A l'automne de 1944, Achille Guillermet escorte vers Marseille, avec le lieutenant Roger Gaget, les quatre cents hommes du 2e bataillon ukrainien dont il a pris le commandement au Valdahon*. Il ne peut que se poser des questions en exécutant l'ordre du colonel Lagarde-Sarrazac. Il connaît aussi bien le passé antistalinien de ses hommes que leur amour pour leur patrie, l'Ukraine. En mai 1992, il m'écrit :

« Je savais certes, pour l'avoir vécu en son temps, avec mes Ukrainiens, le drame de ces derniers, mais je ne m'attendais pas à ce qu'il soit d'une telle ampleur. Je me rappelle toujours la première rencontre des officiers de l'Armée rouge (septembre 1944) venus reprendre le contrôle de mon bataillon, lors de la jonction avec la Ire Armée française, à Vercel. Dans l'enthousiasme de la victoire prochaine, nous ne nous rendions pas très bien compte du choc provoqué parmi les Ukrainiens, mais je sentais confusément le drame qui grandissait. »

En fait, il n'avait jamais vraiment été convaincu du bien-fondé de la consigne. C'est ce qu'il exprimait déjà dans sa monographie :

« Après maintes tractations avec diverses "autorités" dont le commandant de la place et les représentants de la Légion étrangère, nous reçûmes l'ordre de conduire le bataillon, à pied, au camp des Baumettes [...] Nous arrivâmes aux Baumettes et quand le portail se referma sur nous, très vite, je me souviens d'un pincement au cœur. Il allait falloir se quitter et je n'étais pas le seul à le regretter. Nous avons pris notre dernier repas ensemble aux accents de valses viennoises jouées par un orchestre de prisonniers allemands [...] Congé enfin fut pris des restes du bataillon, impec-

---

* Voir notamment le chapitre 8.

cablement aligné au garde-à-vous [...] La même question se posait à tous : qu'allait-il advenir ? Que de drames mal connus allaient se nouer ? »

À peine installé dans les hangars désaffectés du Rove, près de Marseille, le bataillon ukrainien de « l'Amiral » voit surgir des tractions avant dont les occupants, munis de brassards FTPF, « sans prendre contact avec nous, se colloquent directement avec les hommes de troupe, y semant la zizanie. Il faut croire que le téléphone soviétique est supérieur en efficacité au téléphone arabe[5] ».

Selon les lieux et les circonstances, les officiers ne réagissent pas tous de la même manière. J. F. Mugnier-Pollet, résistant franc-comtois, commentant le texte de Guillermet, signale[6] comment, pendant la bataille de Provence, ayant eu des preuves d'atrocités commises, le chef des commandos d'Afrique demanda condamnation de soldats « russes » qui furent ensuite fusillés.

Ceux qui remplissent leur devoir, pressés par les événements et les tâches, ne s'embarrassent pas toujours de détails. L'épouse française du soldat Ivan Mozalewski, du 3e groupement de choc, s'adresse ainsi au Service historique de l'Armée de Terre (SHAT) de Vincennes, après la guerre. Son mari a été « muté », à compter du 1er mars 1945, au camp soviétique de Chalon-sur-Saône. Les traces de cet homme, qui a combattu dans les rangs de l'armée française, s'arrêtent au bord de la Saône. Toutefois, le 31 mars 1961, le Service historique de l'Armée de Terre, qui procède aux recherches, envoie une note au 1er Bureau de l'Etat-Major :

> « [...] 2° Le Service historique suppose que la mention “mis à la disposition de l'armée soviétique” portée sur la mutation par le lieutenant-colonel Bouvet et signée par son officier adjoint Muzador, correspondrait à certaines dispositions prévues par l'instruction n°666 EMGG/1 du 20 janvier 1945 concernant les mesures à prendre à l'égard des ressortissants étrangers des puissances alliées (URSS, Pologne, etc.) et appartenant aux FFI qui devaient être désarmés, ou remis à fin de rapatriement à leurs autorités militaires en France. »

La note du 20 janvier 1945 a fini par atteindre le soldat Ivan Mozalewski. Mais qu'est-il advenu de ce soldat du 3e groupement de choc après sa livraison aux Soviétiques ?

Les récits montrent que, en dépit d'un certain freinage, le départ du plus grand nombre est inscrit comme une fatalité. Des notes, signées du général Sevez, parviennent jusqu'en Afrique du Nord et touchent le XIXe Corps d'armée où se reforment les bataillons de Légion étrangère destinés à l'Indochine. « Ivan Ivanov » — du moins c'est le nom sous lequel apparaissait la relation d'un ex-légionnaire, en mars 1950, dans le n° 4 du *Bulletin d'information des groupes de liaisons internationales* [7] :

« [...] Arrivés en Afrique nous nous sentîmes en parfaite sécurité, contre toute atteinte venant du "pays natal", en tout cas, aussi longtemps que nous, volontaires de l'armée française, étions au service de la France, écrit-il. Tous les Français nous assuraient que nous pouvions être bien tranquilles. D'ailleurs, nos rencontres avec les anciens émigrés russes nous renforçaient dans ce sentiment. Les citoyens soviétiques ne furent pas immédiatement contraints au recensement après la libération de la France. Volontairement, ou par la ruse, par l'agitation ou sous la menace, on les attirait dans des "camps russes" spéciaux. Plus tard, les gendarmes français eux aussi se mirent à capturer des Russes pour les envoyer dans ces camps.

« A la Légion étrangère, de nouveau, les mêmes phénomènes se répétèrent. Les bataillons de la Légion récemment formés comprenaient en majorité des Russes ; le commandant était intéressé à les conserver. C'est en été 1945 qu'arriva pour la première fois du consulat soviétique, une liste de 36 personnes à envoyer à Alger. Pendant leur transfert de Sidi bel Abbes à Alger, quelques-uns d'entre eux réussirent à s'évader et à entrer de nouveau à la Légion, mais sous d'autres noms et avec une autre nationalité. Plus tard encore arrivèrent, jusqu'à toutes les casernes de la Légion, du Sahara au Maroc, des autos bondées d'officiers soviétiques. Les officiers français alignaient la garnison et donnaient l'ordre aux légionnaires russes de faire deux pas en avant. Les officiers soviétiques n'avaient plus qu'à prendre des noms. Le colonel passait devant les Russes, leur parlait aimablement, les interrogeait, tandis que l'adjoint inscrivait les noms. Parmi les Russes, il y avait deux jeunots de vingt ans et des vieillards aux barbes longues jusqu'au nombril. On n'inscrivait pas le nom des derniers. Le colonel déclara avec un léger sourire : "Où pourrions-nous fourrer tous ces vieux soûlards ? Il nous faut de la jeunesse pour reconstruire la grande patrie dévastée". »

En Afrique du Nord, comme en métropole et dans les territoires occupés d'Allemagne et d'Autriche, l'autorité militaire française, en dépit des réticences, se voit donc dans l'obligation de renvoyer ses légionnaires — ici, au camp soviétique d'Alger. Leur détention n'y est que transitoire. La France fournit le transport (généralement par air), et l'accompagnement jusqu'à la zone d'occupation soviétique en Allemagne et les camps de « filtrage ». En général, il faut avouer qu'on a servi sous le « traître » Vlassov. Ceux qui avouent sont séparés, spécialement gardés et transférés dans de nouveaux camps, comme condamnés à mort. On classe volontiers « vlassoviens* », les ex-légionnaires. Ils ont volontairement « servi dans les armées impérialistes ».

D'après « Ivan Ivanov », les volontaires des maquis, devenus plus tard volontaires dans la Légion étrangère, ont été fusillés comme « volontaires dans les armées impérialistes ». Le témoignage d'« Ivan Ivanov » confirme parfaitement les données tirées des textes d'archives. Lui a eu la chance (l'astuce) de se tirer de ce mauvais pas, comme les Strauwir, Voïnov, Kolesnik, Ritvas, dont nous avons parlé, réchappés de l'extermination, par l'Allemagne nazie, de plus de trois millions de prisonniers de guerre soviétiques et de la répression stalinienne qui s'abattit sur les survivants.

Hourra ! l'Oural !

« Bonjour Ivan... ! », écrit, le 7 janvier 1991, du village de Krasnogvardeisk, le camarade Mchel Stépanovitch. Il est de ceux qu'Ivan Kolesnik avait retrouvés, le matin du 12 septembre 1945, affectés à la surveillance des trois wagons plombés, en gare de Bougival. A Nordhausen, en zone soviétique d'occupation, lorsque ces trois wagons furent détachés et leurs occupants, des prisonniers « Vlassov », « livrés à la commission soviétique », les voies de Michel et d'Ivan s'écartèrent pour toujours.

Michel passe un moment au camp de filtrage. Ensuite, « les vieux comme moi sont renvoyés dans leurs foyers. En route, quatre cents ou cinq cents d'entre nous ont été arrêtés à une station et un représentant du gouvernement soviétique nous a proposé d'aller travailler dans la région de l'Oural... Par chemin de fer nous sommes arrivés à la station "Smitchka", ville de Tagil, région de

* L'appellation commence à être extensive.

Sverdlovsk (Iekaterinbourg), où j'ai été désigné pour travailler comme mécanicien à la fabrique de coton ». Après une année, sa femme est autorisée à le rejoindre... « En 1956, je suis rentré avec toute ma famille au village de Krasnogvardeisk où j'ai travaillé jusqu'à la retraite comme mécanicien dans un sovkhoze. »

Commentant le message amical qu'il a reçu, Ivan Kolesnik fait remarquer que, libéré par les Américains, Michel ne se trouvait pas en Normandie par simple fait du hasard. A son avis, pas plus que lui, à Château-Chinon, au moment de sa propre désertion ! « Le 2 août 1944, des prisonniers évadés sont tombés sur les Américains qui avançaient sur Paris », a écrit Michel... Encore que cela soit possible, les fuyards des camps du Nord et de l'Est de la France, ou ceux qui arrivaient d'Allemagne, marchaient en direction du Centre et du Sud, et non vers la Normandie. Michel peut aussi bien, pour sortir d'un stalag, s'être engagé dans un bataillon de l'Est (*Baubataillon* ou *Festungbataillon*) et le passer sous silence. Par contre, il insiste sur quelques accrocs avec les Américains.

Au camp de Beauregard, où les Alliés, et plus particulièrement les forces FFI, dépêchent tout « Russe » qui traîne ou se cache en région parisienne, Michel Stépanovitch se retrouve avec un pistolet-mitrailleur suspendu à l'épaule, parmi les cinquante gardes, dans cette unité où son homologue, Ivan Kolesnik, servira comme il l'affirme, désarmé, mais ne subissant aucune contrainte. A ce moment, jusqu'au convoi du 12 septembre : Paris proche, promenades sentimentales et petit « bizness », c'est la vie tranquille. Un fonds généreux du ministère des Prisonniers, distribué par le truchement d'une agence bancaire du quartier des Arts-et-Métiers, alimente trafics et escapades. Un jour, le magot disparaîtra avec l'encaisseur.

Certains s'évadent, comme cette famille dont Nicolas Voïnov nous conte l'odyssée[8]. Les Bachilov, anciens déportés du travail, vivent au camp de Beauregard avec un nouveau-né. Le jour vient où il leur paraît dangereux de prolonger le séjour. Bachilov demande à Nicolas Voïnov de leur procurer des laissez-passer. Les *lads* ont peut-être mauvaise réputation mais ils savent aussi défendre les malheureux... « Les anciens *waifs* forment une confrérie armée ; ils bénéficient d'une complète liberté, jouissent de nombreux privilèges et sont partout redoutés. » Voïnov maintenant de bonnes relations avec la bande, celle-ci accepte de monter l'évasion de toute la famille. Une sortie est ménagée dans les barbelés découpés par Voïnov dans la clôture ouest, là où n'existe pas de mur d'enceinte. Grâce à Nicolas, les bagages passent la grille d'entrée dans une brouette d'ordures. Dehors, « quelques-uns de mes amis, les Kouznetsov, prennent en charge les Bachilov » et les installent dans une petite chambre à Paris. Comme il est de règle à cette époque, le recours à l'émigré « blanc » est efficace car il assure accueil, réconfort, logement et possibilité de travail.

Compromis dans la tentative d'évasion manquée d'un ami retenu dans le bunker, Nicolas est envoyé à la caserne de Reuilly. Pour sa part, il a déjà échoué trois fois. Il se retrouve donc aussitôt dans un train pour Lyon, en route vers la prison « soviétique » de Chapoly. Craignant d'y laisser sa peau (cette prison a très mauvaise réputation), Nicolas saute du train et, à la première gare, se dissimule dans un wagon chargé de pommes de terre remontant, en sens inverse, sur la capitale. Il se réfugie, lui aussi, chez les Kouznetsov. Mais ce n'est pas la fin de ses aventures. Il survit en nomade, traqué par les agents soviétiques, caché par les émigrés et, parfois, des Français. Grâce à un réseau organisé, il franchira la Manche et commencera une vie nouvelle dans une Angleterre qui vient (mais un peu tard) de changer radicalement sa politique d'asile aux réfugiés russes.

Tandis que les trains bondés emportent vers l'Est les acteurs, et non des moindres, de la Seconde Guerre mondiale, masse d'hommes et de femmes entassés pêle-mêle sur des bottes de paille, la page sanglante de la guerre à peine tournée, des facteurs nouveaux interviennent et changent le cours des choses dans la vie internationale (et la politique occidentale de rapatriement).

Discutés puis conclus en un moment de grand désarroi où la France rétablit sa position de quatrième grande puissance, les accords franco-soviétiques du 29 juin 1945 ont donné lieu à des interprétations contradictoires. Par nécessité, en vue d'assurer le retour des Alsaciens et Mosellans, l'application française de la réciprocité est rigoureuse jusqu'au début de 1946 — jusqu'au départ du général de Gaulle. Simple coïncidence ou fruit du nouveau contexte international, une position plus conforme aux conventions internationales se fait jour graduellement en ce qui concerne la conception française du « droit d'asile » et des prisonniers de guerre. Il faut dire que la réciprocité invoquée ne porte plus, pour la France, que sur quelques centaines de ressortissants « soviétiques » dont la majorité est constituée de cas litigieux.

À l'opposé, l'Union soviétique accroît excessivement son intransigeance et ses exigences. Cependant, tout en usant et abusant de moyens contestables, elle ne parvient qu'incomplètement, à son gré, à faire rentrer les nationaux qui s'incrustent (selon elle) en Occident. Sur le chapitre de la réciprocité, elle se manifeste à peine. Le regroupement des ressortissants français se trouvant sur son territoire s'accompagne de sévères traitements. Le rapatriement des Alsaciens et Mosellans s'échelonnera même jusqu'en 1952.

Un témoin, un Polonais, rapporte ainsi ce qu'il a vu dans la région de Posen, fin 1945[9] :

« Il m'a été récemment recommandé de porter à votre connaissance certains faits qui se sont produits en gare de Leszno (encore dénommé Lissa ou, nom allemand, Lissa-in-Posen) et kakolewo (nom allemand, Kankel) dans la province de Poznan à la fin octobre 1945 ; ces faits concernent des citoyens français.

« À ce moment-là je me trouvais souvent à Leszno (Lissa) car je préparais mon évasion d'Europe orientale.

« Bientôt après (en novembre 1945) je quittai pour l'Europe occidentale. A ma grande surprise je vis un certain nombre d'hommes vêtus de haillons, restes d'anciens uniformes, sur le quai de la gare, et j'en rencontrai d'autres, mendiant dans la ville.

« Je me demandais d'où ils pouvaient bien venir. Ils me dirent qu'ils étaient tous de nationalité française, la plupart alsacienslorrains, faits prisonniers des Russes alors qu'ils servaient comme enrôlés de force dans l'armée allemande. Ils avaient été plusieurs milliers dans ce cas, mais la majorité, environ un millier d'hommes, étaient morts en Russie.

« Les survivants mouraient en gare de Kakolewo et étaient ensevelis le long de la voie de chemin de fer. Les autorités soviétiques les avaient arrêtés sous prétexte que les autorités françaises n'avaient pas procédé à des extraditions qu'ils avaient exigées.

« J'ai donné un peu d'argent à ces pauvres malheureux pour acheter de la nourriture, et ai acheté du saucisson à l'un d'eux. Ce n'était pas sans risque car le public les considérait très froidement, et je fus accosté plusieurs fois pour leur être venu en aide. Je leur ai demandé leurs noms mais ne m'en souviens plus, et j'ai oublié aussi le nom de leurs villages. Ils ne recevaient que des pois secs qu'ils faisaient cuire eux-mêmes dans la forêt de Kakolewo.

« Etant maintenant en Grande-Bretagne, je me sens plus en sûreté que sur le Continent et j'ai cru devoir porter ces faits à votre connaissance ; je désire que vous considériez ces renseignements comme confidentiels, ainsi que mon adresse personnelle.

« J'ai encore certains amis en Europe orientale et je ne voudrais pas qu'ils souffrent par ma faute.

« Si vous désirez de plus amples renseignements sur cette affaire je suis tout à votre disposition pour vous les fournir. »

« Der Schutzengel » (l'ange gardien)

Une série de quatre articles sur l'occupation allemande en France paraît, en 1990, dans le magazine allemand *Der Spiegel*, sous la signature d'Henri Amouroux. A cette occasion, Hanns Biering, de Nurtingen, expédie un extrait de ses mémoires à l'auteur de la *Grande Histoire des Français sous l'Occupation*[10].

Hanns est capturé à Leutkirch (Sud-Wurtemberg), le 30 avril 1945. Après maintes tribulations, il se retrouve, à 19 ans, entre les murs et les fossés du fort de Noisy-le-Sec, au camp 222. Deux années passent. En janvier 1947, responsable, bien noté, du fichier central au bureau du personnel, il est désigné comme secrétaire de la commission de rapatriement franco-soviétique installée au camp 222. Il y a encore des « Vlassov » dans la région parisienne, principalement des *Volksdeutsche* de Volhynie et de Bukovine. Pour ces hommes, jeunes pour la plupart, désignés d'office comme *Freiwilliger* (volontaires) dans les unités de la Waffen SS, il est clair aux yeux de Hanns que leur durée de vie va s'abréger lorsqu'ils seront remis aux autorités militaires soviétiques. Cependant, nostalgie peut-être, une partie des déplacés interrogés s'illusionne sur le retour dans la patrie. Hanns raconte comment, à la suite d'une convocation du commandant, il reçoit l'ordre de se présenter, le 18 janvier 1947, au bureau de la commission :

« [...] Ensuite il [le commandant] me donna un document de plusieurs pages : "Lisez cela et interrogez-moi si vous ne comprenez pas quelque chose." Je voulus me retirer avec le texte. "Restez ici ! Je vais déjà très loin, en vous donnant à lire un accord que le gouvernement français a conclu avec le gouvernement soviétique. Asseyez-vous derrière la table." Une fois de plus dans ma vie je fus reconnaissant à mon père d'avoir insisté pour que, pendant ma scolarité, j'apprenne la sténo. Rapidement je reconnus les points décisifs de l'accord qui consistait comme suit : l'Union soviétique avait seulement un droit sur les prisonniers de guerre qui possédaient la nationalité soviétique le 22 juin 1941, le jour du début de l'attaque allemande de la Russie. Tous ceux qui avaient perdu la citoyenneté soviétique avant cette date restaient sous le contrôle français.

« Chez nous au camp, à cause de la proximité, à Paris, des camps de regroupement des étrangers, se trouvaient un bon nombre de membres de l'armée "Vlassov", surtout des Cosaques qui, après leur captivité, avaient accepté de combattre du côté allemand. Nombreux étaient les gens de race allemande qui, sur la base de l'accord de déplacement, conclu après le pacte Hitler-Staline d'août 1939 avaient été transférés en Allemagne depuis les Etats baltes, la Bukovine et la Volhynie. Ils avaient été pour la plupart enrôlés de force dans les Waffen SS. Quelques-uns d'entre eux avaient indiqué, à l'occasion de l'enregistrement de leur identité, comme adresse d'origine une adresse en URSS. Enfin, beaucoup de familles étaient séparées, une partie déplacée, une partie restée en URSS. Il était clair pour les soldats de Vlassov et pour les déplacés que ce qui les menaçait, s'ils revenaient en URSS, était : la fusillade ou la Sibérie. Une autre partie des déplacés se faisait encore des illusions.

« Je me mettais aussitôt en relation avec le chef du camp allemand, un adjudant-chef expérimenté et posé.

« [...] Le 18 janvier 1947, tout était parfaitement organisé à l'allemande, la salle de négociations installée. Dans l'entrée attendaient en permanence dix prisonniers, quand c'était au n° 7, le groupe suivant était appelé. Les Français regardaient l'événement discrètement, de loin.

« Dans la salle de négociations, l'officier soviétique était assis à une table avec un sous-officier comme chef du protocole. En biais, à une seconde table étaient assis la traductrice des Soviétiques et moi. A une troisième petite table, s'asseyait le prisonnier présenté. D'abord apparut un officier russe, qui avait l'air directement sorti d'une scène d'opéra en "tsarévitch" ; haut de 1,85 m, en uniforme impeccable, figure intelligente et les meilleures manières. La jeune interprète était une beauté blonde, qui nous impressionna beaucoup, nous prisonniers, totalement déshabitués des femmes. Plus tard, j'appris qu'il s'agissait de la fille d'un noble, un Russe blanc qui s'était enfui après la Révolution et vivait en exil dans des conditions très modestes. Sa fille voulait faire usage de la possibilité de retour au pays et pensait y parvenir en étant interprète. Elle atteignit son but et trouva même dans l'officier cité un époux et un concitoyen.

« [...] Lors de la présentation des camarades, il y eut seulement deux incidents insignifiants. À la première audience, un Cosaque, solide gaillard, se trahit presque, car il maîtrisait le russe. Nous lui avions fabriqué une légende comme étant un Allemand volhynien. Je pouvais infléchir l'affaire. [...] Au total, trois convois, avec environ chacun vingt camarades partirent en camp de transit vers l'URSS.

« [...] D'un seul nous reçûmes des nouvelles au camp 222, avant mon départ en juillet 1947. C'était un Berlinois qui, se sentant trompé, trouva une opportunité à la gare de marchandises de Berlin pour s'enfuir. Quel fut le destin des autres ? Ceux que nous avions préservés du rapatriement contre leur volonté furent transférés quelques jours plus tard dans un détachement extérieur, pour travailler sur une propriété agricole [...] Le Cosaque, dont la séance avait presque mal tourné, apparut à mon bureau, s'agenouilla et embrassa mes mains en remerciement pour mon aide de l'avoir sauvé du rapatriement. Une telle chose ne m'est plus jamais arrivée !

« Le soir, libérés de la crainte immédiate d'un retour forcé, les Russes chantaient, dans leur casemate du fort, des chants, des chœurs et chants populaires. Je les entendais également de la cour du camp. Là, le chef du camp m'approcha et me dit : "La sérénade vaut aussi pour toi !" Ce que nous avions empêché ensemble pour beaucoup de camarades, m'est apparu clairement beaucoup d'années plus tard, quand le destin cruel de ceux que Staline fit jadis revenir se révéla. Aussi l'on comprendra pourquoi, parlant de mon action, j'évoque l'image de l'ange gardien ! [...] Les Français, écrit encore Biering, regardaient l'événement discrètement et de loin... »

Autrement dit, ils s'en lavaient les mains comme, d'après les Evangiles, Pilate en Judée. Ce « laisser faire » était l'occasion, pour l'officier soviétique, d'influencer le prisonnier. Dans cette procédure, surtout depuis le revirement de 1946, l'autorité française ne peut plus être accusée. L'intervention de Hanns Biering consiste, en toute discrétion, à prévenir le Cosaque ou le Volksdeutsch de la menace qui pèse sur lui en cas de retour. Les prisonniers, bien informés, seront libres et, chose plaisante, conduiront le cheval et la charrue sur les terres d'un ancien boyard. A tout prendre, cela vaut mieux que le bagne et les barbelés dans la froide Sibérie !

En zone française d'Autriche

Le 17 janvier 1946, l'ambassadeur Bogomolov entretient le Quai d'Orsay « des difficultés posées par les autorités de la zone française d'occupation d'Autriche au rapatriement en URSS de citoyens soviétiques [11] » :

> « Rappelant les efforts faits par le Gouvernement soviétique pour donner complète satisfaction au Gouvernement français en ce qui concerne le rapatriement de ressortissants français se trouvant encore en Russie, faisant notamment état des efforts faits pour retrouver trace des Alsaciens-Lorrains d'"origine allemande" pris les armes à la main par les troupes russes, qui se trouvent parfois dans des camps distants de 700 km de la gare de chemin de fer la plus proche et que le Gouvernement soviétique dirige néanmoins aussitôt qu'il le peut vers la France, M. Bogomolov a exprimé le regret que ces efforts ne soient pas toujours payés de retour par le Gouvernement français.
> Il a expressément mentionné les cas suivants :
> A Feldkirch dans le camp Tisice, nommé on ne sait pour quelle raison coopérative de production, 500 citoyens soviétiques seraient réunis sous la direction d'un Russe blanc, le général Mamontov. Les autorités françaises auraient refusé à la mission russe le droit de visiter ce camp.
> A Bretchentz, au camp Waindeck, 60 citoyens soviétiques seraient enfermés.
> A Landeck, Kapistain et Dornbirn, 6 000 citoyens soviétiques en majorité ukrainiens et biélorusses et parmi lesquels se trouveraient également des Baltes, seraient pareillement retenus. Les autorités françaises auraient fait des réserves particulières en ce qui concerne les Baltes.
> M. Bogomolov a exprimé le désir que ces "petites affaires" soient examinées et réglées le plus tôt possible.

Il a rappelé en partant la question des visas, français pour les Russes, et soviétiques pour les Français, qui se trouve de nouveau en suspens. »

En réponse à une demande de l'État-Major général Guerre, le général Béthouart donne les résultats de son enquête [12] : « Le camp dont il est question est le camp de Tisis, près de Feldkirch. Il comprend près de quatre cent quarante personnes, dont la majorité est constituée par des émigrés russes blancs, porteurs, en partie, du passeport Nansen. Le contrôle effectué tout récemment n'a décelé aucun ressortissant soviétique. Les ressortissants polonais et baltes qui se trouvent actuellement à Landeck n'ont pas voulu être rapatriés. Je répète qu'ils ne tombent pas sous le coup des accords franco-soviétiques prévoyant le rapatriement obligatoire. »

Moscou tempête ; une note de protestation du général Goloubiev au colonel Marquier accuse le général Béthouart de fermer les camps aux délégués soviétiques. Mais Paris est habitué aux orages venant de l'Est. Toujours à la tête des Affaires étrangères (Félix Gouin, président du Conseil), Georges Bidault rédige, s'appuyant sur une note détaillée conçue par le général Juin, une réponse à l'adjoint de Molotov, Dekanozov. La situation n'est plus celle du 10 décembre 1944, où le même Georges Bidault, ministre du général de Gaulle, paraphait au Kremlin le pacte franco-soviétique avec le même Molotov en présence de De Gaulle et du maréchal Staline ! La dure réalité fait pièce à la phraséologie d'une alliance sans lendemain.

Le gouvernement soviétique s'obstine. Fin 1946, il compte exercer son droit de poursuite en Indochine où la France est engagée militairement. Fol entêtement, tant il lui reste peu de chances de parvenir à son but.

Et jusqu'en Indochine...

Dans son immensité, ses singularités, sa dimension géopolitique, l'ancien Empire français (devenu Union française depuis le 27 octobre 1946) excite l'appétit de l'Union soviétique. Implantée en territoire métropolitain et dans les territoires occupés, où elle se meut comme « renard dans le poulailler » *, la mission militaire

* Hitler utilisait l'expression pour Vlassov.

soviétique de rapatriement ambitionne désormais d'élargir le champ de ses grandes manœuvres. Sa première moisson en Afrique du Nord, fin 1945, lui a permis de rassembler quelques gerbes de légionnaires, et d'annoncer l'ukase de Staline décrétant le blanchiment des émigrés tsaristes des années vingt — de gober quelques oiseaux perdus, fascinés par le nouvel éclat des épaulettes*.

Quand, au long de l'année 1946, s'affermissent les positions françaises et que se révèlent les lacunes en matière de « réciprocité » chez le partenaire, les ministères français concernés dressent un barrage étanche. N'ayant pu obtenir la possibilité d'ouvrir un consulat à Odessa où s'accumulent les problèmes (prisonniers, déportés, malades, etc.), le ministère des Affaires étrangères rend la pareille et décide le gel, sinon l'interruption, de l'activité du consulat soviétique d'Alger. En janvier, un tentacule de la mission, conduit par le colonel Dobrinine, a échoué (rapport du général Mast), tandis qu'au Maroc la délégation de son homologue, le colonel Chakhov, se brise contre la « mauvaise volonté » de l'administration du Protectorat. Au milieu de 1946, un colonel Vladimir Doubrovine et cinq officiers séjournent à Hong Kong en attente de visas, décidés à débusquer les Russes légionnaires en opération dans les rizières cochinchinoises. Le détachement se met en route en octobre et arrive à Saigon le 26 où « la présence de cette mission a causé un malaise [13] » :

> « 30 novembre 1946 — La mission soviétique a tendu un réseau d'informateurs, surtout à base d'Allemands dans les unités de la Légion. Par ailleurs, on a assuré au colonel Doubrovine qu'il n'y avait aucun Russe à la 13e DBLE — mais il a remarqué, parmi les cars de permissionnaires stationnant sous les fenêtres du Continental, des légionnaires parlant et chantant en russe. Il a dit être dupé et qu'il y a au moins 30 Russes à la 13e DBLE. »

Dans une lettre du 17 décembre, le général Valluy assure qu'il a facilité la tâche de la mission. Il l'a autorisée à se faire présenter les légionnaires russes. Constatant que le colonel Doubrovine a tendu un réseau d'information dans certaines unités du corps expéditionnaire, ceci étant « manque de courtoisie et entorse aux règles

---

* Voir p. 319, le décret du 14 juin 1946 pris par le Praesidium du Soviet suprême de l'URSS. Ce décret incita quelques milliers de « Russes » à rentrer au pays (voir aussi l'article du *Monde*, p. 321).

diplomatiques », il demande que l'on mette fin aux activités de cette mission. Son point de vue est étayé par de nombreux renseignements parvenant à son état-major à Saigon. Il sait que le colonel soviétique est officier des services spéciaux et qu'il a séjourné à Tchungking en 1944-1945. L'interprète de la mission, le lieutenant Vichniac, manifeste une grande activité, paraissant très amateur de sorties solitaires à pied ou en civil. En outre, court le bruit, dans les milieux légionnaires, qu'il a déjà fait rentrer, avec le consentement du gouvernement français, un certain nombre de légionnaires russes, qui auraient été exécutés à leur arrivée en URSS.

Après le départ (14 janvier 1947) de la mission Doubrovine, le rapport (daté du 24 janvier) du chef de bataillon Keller expose des faits illustrant le comportement de ladite mission. Il conclut [14] :

« En définitive, outre de "nombreux souvenirs" personnels, fruits d'acquisitions dispendieuses faites dans un pays capitaliste, la mission soviétique revient avec un résultat officiel à peu près nul, mais avec une vue d'ensemble, assez peu objective probablement, de la question indochinoise et des possibilités qu'offre la péninsule, ainsi qu'une impression plutôt fâcheuse des Français. »

La guerre des visas

Une ultime tentative de l'Union soviétique, en vue de la récupération des ressortissants passés à travers les mailles du filet, a lieu fin 1946. Mais le temps n'est pas encore venu des dénonciations et des expulsions de missions, telles qu'en novembre 1947, avec la fermeture de Beauregard, le spectacle en sera donné à la presse internationale.

La résistance rencontrée par les Soviétiques début 1946 ne ralentit en rien leur action et leur déambulation hors de tout contrôle, dans l'espace français, en métropole, en Allemagne du Sud et en Autriche. Une circulaire aux régions militaires, signée du colonel Fournier, porte un premier coup d'arrêt mais ne change pas fondamentalement la situation. Les services français alarmés par les récits des exactions (et notamment ce qui se passe à Lyon) sont contraints de réagir, d'autant que le silence imposé par la censure de guerre n'est plus opérant.

Une note officielle est diffusée, qui s'intitule « L'accord de rapatriement franco-soviétique et le droit d'asile [15] ». Sujet : « Baltes et Ukrainiens ». C'est un démenti nécessité par les affirmations du quotidien *Paris-Matin*. Le gouvernement français « n'a pas accordé aux autorités soviétiques le droit d'appréhender en France des personnes qu'elle considère comme leurs ressortissants ». L'ultime assaut est donné après l'affaire autrichienne ! Il est déclenché de Moscou le 1er décembre 1946. L'adjoint du ministre des Affaires étrangères, Dekanozov, émet une vigoureuse protestation sur la mauvaise volonté de la France qui retient « 70 000 Soviétiques ».

Le mémorandum plonge le général Catroux dans le plus grand embarras. Attaché à la « réciprocité » définie par la convention franco-soviétique du 29 juin 1945, il est à Moscou pour arracher les prisonniers français en transit et les Alsaciens et Mosellans si sévèrement traités dans les camps. Tout lui est difficile. Il n'a jamais reçu les dix-huit officiers français désignés, dont le groupe reste toujours bloqué à Paris, faute de visas d'entrée en URSS. Sur place, le « colonel Marquier », chef de la mission de rapatriement, ne dispose que d'un officier adjoint et ne peut pas sortir de Moscou. En novembre 1947, il prendra parti contre son gouvernement et sera limogé.

La France, en conséquence, n'accorde plus de visas d'entrée aux Soviétiques, ce qui n'empêche par les officiers venant de Belgique ou des zones anglaise et américaine d'Allemagne ou d'Autriche, de franchir tranquillement la frontière. Le ministre des Prisonniers, Anciens Combattants et Victimes de Guerre, le communiste Laurent Casanova, fait de son mieux. Le 27 avril 1946, par exemple, il essaie de faire pression sur Georges Bidault, soulignant que le général Goulobiev, directeur du Service des ressortissants soviétiques, demande un visa pour le colonel N.A. Filatov et le lieutenant-colonel K.M. Ouzenev.

Fin 1946, le général Catroux interroge le ministère. La réponse de Georges Bidault (virtuellement démissionnaire le 7 décembre) marque une nouvelle interprétation des accords, c'est-à-dire un retour pur et simple aux conventions de Genève [16] : « La doctrine constante du gouvernement français en matière de retour des émigrés résidant sur son territoire est de ne s'opposer en aucune façon à ce rapatriement dès lors que les intéressés en expriment la volonté. Ce principe fondamental figure dans tous les accords d'immigration et de travail que la France a signés depuis 1920.

Nous observons, par conséquent, à l'égard des 70 000 Ukrainiens et Biélorussiens dont il est fait mention dans votre télégramme précité, la même attitude libérale que celle adoptée dans nos rapports avec la Pologne, la Tchécoslovaquie et d'une façon générale les autres pays de l'Est. »

Au cours du nouvel entretien Catroux-Dekanozov, dont le général rend compte le 15 décembre, il appert que le Soviétique, se déclarant satisfait, met à profit cette occasion pour soutirer une série de visas supplémentaires pour des officiers chargés de conduire ces rapatriements. Les sources n'indiquent pas comment cette mission est parvenue à ses fins, ni quel a été le degré de sa réussite. On connaît les résultats parfaitement nuls des réclamations au sujet des « trois mille » mineurs (une partie se prétend ukrainienne) du bassin d'Alès*.

---

* Voir p. 208-209.

Chapitre 16

Changement de cap

À partir du 8 mai 1945, le rythme d'évacuation des camps s'accélère. En dépit des séquelles de la dissolution de la Ire Armée, en juillet, et du départ de De Lattre qui assiste, impuissant, à « l'immense déroute de ses troupes victorieuses », en dépit des problèmes auxquels le général Kœnig, commandant du Gouvernement militaire, doit faire face, l'opération du renvoi des « Russes » est une réussite d'organisation. Cependant, il semble presque étrange de relever si peu de traces de cette action dans les JMO et les documents d'état-major des unités. Cela tient, en partie, à la participation directe des Soviétiques à l'encadrement et à la garde des convois, au rôle des agents français se limitant comme toujours à la logistique et aux dépenses d'intendance. Le courrier du ministère des Prisonniers, Déportés et Réfugiés en rend compte : « Au 1er octobre 1945, le gros des citoyens soviétiques (plus de 90 000) avait déjà été rapatrié. »

De même, le mémorandum du ministère de la Guerre aux Affaires étrangères, « Point sur la question des ressortissants soviétiques au 1er novembre 1945 [1] », signale un total de rapatriés de 93 918.

Bien que l'armée traîne parfois les pieds on s'achemine, à l'automne 1945, vers une totale exécution des ordres de l'Etat-Major général. C'est pourquoi, en réponse aux récriminations constantes, voire aux notes comminatoires du général Dragoun, chef de la mission militaire soviétique « pour l'Europe de l'Ouest », le général Alphonse Juin peut répondre au ministère des Affaires étrangères [2] :

> « [...] b/. C'est sur ordre des autorités françaises... que 19 citoyens de l'URSS en provenance de la 13e Région et de Lyon, alors stationnés

à Meaux, ont été remis à cette mission.
c/. Latitude a été laissée au commandant soviétique Dierugine pour se rendre en Afrique du Nord, accompagné d'un officier du ministère de la Guerre [...] Près de deux cents d'entre eux ont été reconnus et dirigés sur Meaux aux fins de rapatriement [...]
Dans le 3e paragraphe [...] D'autres ressortissants soviétiques ont été détectés et immédiatement signalés à la mission soviétique [...] Celle-ci tardant à les prendre, ils ont été dirigés d'office sur le camp de Beauregard [...].
Signé Alphonse Juin. Ampliation : cabinet du général de Gaulle. »

On ne peut être plus clair. Et pourtant depuis mars-avril, les illusions sont tombées. Télégrammes et lettres issus de l'ambassade du général Catroux annoncent la réalité sur l'attitude des Soviétiques concernant les Alsaciens et les Lorrains. Déjà, le 11 octobre, était tombé un rapport signé du général Kœltz[3] annonçant « deux mille morts au camp de Tambov et soixante morts à l'arrivée du convoi à Francfort-sur-Oder ».

D'autres facteurs influent sur la position française. La conférence de Potsdam et l'accord du 8 août 1945 entre les « Trois Grands » (Attlee, Staline, Truman) qui partage l'Allemagne en zones d'occupation. La brusque fermeture de la zone soviétique entraîne de multiples difficultés pratiques et un refroidissement notable des alliés occidentaux envers l'URSS. Le « rideau de fer » est tombé « de Stettin à Trieste » et le mirage d'une transformation démocratique de l'ex-allié s'évanouit.

Les Anglo-Américains ont rapatrié leurs « DPs » et leurs prisonniers soviétiques, volontaires « russes » de la Wehrmacht, au cours de l'été, au même rythme accéléré que les Français, mais d'une manière plus brutale. Bien que dissimulées, les cruautés de la livraison par les Britanniques de vingt-huit mille Cosaques et de cinq mille Caucasiens bloqués en Autriche, dans la vallée de la Drave, près de Lienz, celles de la livraison américaine des Russes « vlassoviens » du camp de Kempten, ont eu un écho chez les militaires, les responsables des administrations et les opinions publiques en Occident.

« Au début de l'automne 1945 », écrit Nicolas Tolstoï dans *Les Victimes de Yalta*[4], « Eisenhower, révolté à la lecture des rapports sur la sanglante opération de Kempten, avait interdit de son propre chef le recours à la force contre les "citoyens soviétiques" dans l'ensemble des secteurs placés sous son commandement ». L'auteur cite les nombreuses protestations élevées à cette époque, et parle d'une fronde dans les unités chargées de l'exécution. Malgré cela, fin 1945-début 1946, en fonction des directives Mac Narney-Clark [5], quelques milliers de Soviétiques (réclamés comme « criminels de guerre » par leur gouvernement) sont renvoyés par la force au cours d'opérations, dont l'une, à Plattling, en Bavière, sera l'objet de protestations véhémentes de prisonniers SS, témoins de la scène.

Lorsque la chair « slave et asiate » résiduelle « extradable » est devenue infime, les frénétiques livraisons s'arrêtent. Mais, simultanément, percent de grands changements dans les relations internationales. Voici qu'intervient un facteur décisif en faveur d'une moralisation de la conduite des Occidentaux vis-à-vis de ce qui sera appelé la « deuxième émigration russe ». Le 12 février 1946, l'Assemblée générale de l'ONU adopte une résolution concernant les personnes déplacées. Au chef de la mission militaire soviétique en Europe de l'Ouest, le ministère des Armées le rappelle d'une manière péremptoire le 17 avril 1946 [6] : « [...] Cette résolution, qui a été votée à l'unanimité et par conséquent par la délégation soviétique, dispose qu'aucun réfugié ou DP qui, en toute liberté, aura finalement et définitivement, après avoir, en pleine connaissance de la situation et des renseignements fournis par son pays d'origine, fait valoir des raisons suffisantes pour ne pas retourner dans son pays, ne sera contraint d'y rentrer pourvu qu'il ne tombe sous le coup des dispositions relatives aux Quisling *, aux traîtres et aux criminels de guerre [...] »

L'UNRRA **, qui administre dans ses camps disséminés en Allemagne des centaines de milliers de DPs, emboîte le pas aux décisions de l'ONU. Le revirement français est spectaculaire au sujet des camps de regroupement stationnés en Allemagne et en Autriche, laissant désormais — en contradiction avec les pratiques antérieures — la possibilité d'option aux personnes issues des territoires annexés par l'URSS en 1939. Cela est marqué par une lettre confidentielle du ministère des Affaires étrangères

* Vidkun Quisling (1887-1945). Homme politique norvégien qui devint chef du gouvernement lors de l'occupation allemande. On en a fait le symbole de la collaboration. Condamné à mort et exécuté en 1945.

** Voir p. 62.

(25 février 1946) à l'ambassadeur de France à La Haye[7], signée Coulet, spécifiant l'accord pour le « droit d'option aux ressortissants des territoires incorporés à l'URSS depuis 1939 ».

Un travail de réflexion s'était accompli dans les hautes sphères. Le 20 septembre 1945, une note « du jurisconsulte du Département » exposait une analyse de l'application de l'accord franco-soviétique du 29 juin[8]. Sur la question des ressortissants des territoires annexés par l'URSS, la note indique : « À l'égard des originaires de territoires polonais ou tchécoslovaques dont le transfert à l'Union soviétique n'a pas encore été reconnu par le gouvernement français, nous n'avons pas à les considérer actuellement comme ressortissants soviétiques et, dès lors, nous n'avons pas à les comprendre dans le rapatriement. »

L'avis du juriste est bien en avance sur la réponse du général Juin aux Soviétiques (29 octobre 1945), où il met encore en avant les livraisons effectuées par l'armée française. L'expert n'écrit-il pas, dans cette note de septembre : « [...] soit vis-à-vis des Baltes, soit vis-à-vis des autres ressortissants soviétiques, il est important de déterminer si le gouvernement français est obligé de rapatrier ceux d'entre eux qui refusent de l'être [...] Le mémorandum soviétique n'énonce pas une telle obligation. Se plaignant de la propagande tendant à inciter les citoyens soviétiques à ne pas regagner l'Union, il implique de cette obligation de remise qu'elle n'existe pas, car si cette obligation existait, cette propagande serait inopérante [...] »

Évidemment, l'argumentation du précédent paragraphe cité peut être qualifiée sans exagération de simple « argutie ». Mais, d'un caractère moins spécieux, mieux fondé juridiquement, apparaît l'énoncé du passage suivant :

> « L'accord du 29 juin dont l'objet est de réglementer le rapatriement, n'énonce pas ni n'implique par ses termes, l'obligation de rapatrier les sujets soviétiques qui se refuseraient à ce rapatriement. Sans doute le protocole annexe parle-t-il dc "tous les sujets soviétiques", mais c'est seulement pour introduire la disposition qui exclut le refus de rapatriement pour raison de poursuites pénales [...] D'ailleurs ce qui règle l'accord c'est le rapatriement, non un transfert autoritaire de populations. Or, le rapatriement est une opération bien connue dans la pratique internationale et, traditionnellement, il constitue une assistance : il ne saurait être imposé à qui s'y refuse [...] L'interprétation ci-dessus est enfin conforme à l'esprit de la Charte de San Francisco

dont le préambule proclame les droits fondamentaux de l'homme, dans la dignité et la valeur de la personne humaine [...] »

Début 1946, les lampions des fêtes s'éteignent, les événements internationaux dessinent un nouveau modèle de relations Est-Ouest. Le pacte franco-soviétique du 10 décembre 1944 s'estompe, perd toute réalité. Les oppositions rencontrées, au cours de l'été 1945, à la conférence de Potsdam, à celles de Londres, en septembre, se sont creusées. En avril 1947, à Moscou, se profile l'échec de la réunion des quatre ministres des Affaires étrangères de décembre suivant (la France, cette fois, invitée).

Dans le domaine des rapatriements précipités, toute latitude a été laissée aux délégations soviétiques, sur le bien-fondé des décisions qui les autorisent à fourrer pêle-mêle dans les wagons, réfugiés, déportés, anciens prisonniers, faux et vrais « vlassovites », quelquefois même des « émigrés blancs », Baltes, Ruthéniens, Roumains des territoires annexés... Les dégâts humains ne sont pas réparables ! Mais voici qu'en ce printemps de l'après-guerre, les conséquences des profondes transformations de la situation politique internationale, dont l'écho se prolonge inévitablement en France, incite les responsables de l'Etat à une réflexion, les pousse à un revirement sur la question des rapatriements. Le moment arrive d'un certain réveil de la conscience, voire d'une conversion morale tardive.

Échelonnés le long du premier semestre 1946 en métropole, en Afrique du Nord et dans les territoires occupés d'Allemagne et d'Autriche, des signes nombreux manifestent un changement au sein de l'administration civile et militaire.

Edmond Michelet, ministre des Armées dans le ministère Félix Gouin (Maurice Thorez et Francisque Gay sont vice-présidents)[9], sur la base d'un rapport du colonel Fournier (toujours patron du service des « ressortissants soviétiques » à l'Etat-Major général), fait état d'un incident grave occasionné par la visite de la mission soviétique au dépôt de la Légion étrangère de Marseille. « Les légionnaires se disent baltes » et le commandant du fort Saint-Jean refuse de les renvoyer au camp de Beauregard. Le ministère des Affaires étrangères a pris connaissance du rapport du colonel Fournier et de ce que dit le colonel : « [...] 3° — Un avion venant d'Afrique du Nord a perdu ses légionnaires à l'arrivée [...] »

Séance tenante, le ministère des Affaires étrangères télégraphie son approbation au fort Saint-Jean dont le commandement a agi en connaissance de cause. Déjà, fin février 1946, une note de la même source avait circulé, conseillant plus de souplesse vis-à-vis des évadés des camps soviétiques désireux de contracter un engagement. La Légion recrute pour l'Indochine où les pertes sont sérieuses. La note expose les difficultés qui se présentent pour recompléter les bataillons. Les chefs, remarquons-le, n'ont pas attendu pour changer l'identité de leurs recrues « russes ».

Un petit détail plein de signification révèle le changement des instances responsables. C'est à propos de Gisèle Kolesnik, née Gisèle Thomas, ayant quitté la France à l'insu de l'autorité dans le convoi parti le 12 septembre 1945 par la gare de Bougival. Quarante Français, issus en partie de l'émigration arménienne, et vingt Françaises, mariées à des Soviétiques, se sont glissés dans le train. M. Coulet, haut fonctionnaire du Quai d'Orsay, questionne ainsi l'ambassade, à Moscou, le 23 juin 1946 [10] : « Madame Kolesnik a-t-elle quitté l'URSS ? » Ce soin mis à suivre la piste d'une citoyenne théoriquement « en défaut » est tout à fait méritoire, alors que le négociateur Charpentier, à Moscou, adjoint du général Catroux, a télégraphié le 2 avril précédent : « Gisèle Thomas, épouse Kolesnik, rapatriée par les soins de la mission via Odessa. » La lecture de ces messages retrouvés au Quai d'Orsay (communicables aujourd'hui) a rendu tout guilleret le mari, Ivan Kolesnik, désormais naturalisé français.

Fin novembre 1947, le gouvernement de Robert Schuman, succédant à Paul Ramadier qui, le 14 novembre, a fait perquisitionner le camp de Beauregard, relance le sujet des escapades clandestines. La simple fermeté manifeste en 1946 se mue, l'année suivante, en froide vengeance, comme il convient lorsqu'une nation retrouve son rang et veut défendre son honneur.

Autre signe du changement dans l'esprit des dirigeants : même le colonel Fournier, l'ancien « détaché aux questions russes », chef du service des « ressortissants soviétiques » à l'Etat-Major général, lui qui fut à l'origine du camp de Beauregard, sur sa propre initiative, a-t-il raconté, et sur l'instigation de l'état-major FFI du XVIe arrondissement..., même le colonel Fournier, donc, se montre ferme, désormais, avec les officiers de l'Armée rouge dont il a tant, jusqu'ici, facilité le travail [11] : « Aucun officier ni aucune délégation de la mission soviétique pour le rapatriement des ressortissants soviétiques [...] n'est maintenant accrédité à demeurer auprès de votre commandement par mon département. »

Avec la brutale fermeture du camp de Beauregard, en novembre 1947, alors que se déclenche la guerre froide, s'achève la période de mainmise soviétique en France. L'initiateur et responsable de « l'affaire » est le chef de la DST (Direction de la sécurité du territoire) à l'époque, Roger Wybot, qui en donne un récit dans son ouvrage *La Bataille de la DST*[12] :

« [...] Je fais surveiller de près, vers cette époque, un camp réquisitionné après la guerre par les ambassades de l'Est, soviétiques et autres, dans les environs de Paris, à Beauregard. Les Russes déclarent y héberger les ressortissants des démocraties populaires déportés par les Allemands et libérés par les alliés. En réalité, d'après les renseignements que j'ai pu obtenir, ce camp de transit ressemblerait davantage à un camp d'enlèvements. On y séquestre, semble-t-il, des opposants politiques que l'on cherche ensuite à transférer en URSS, de force.

« Le camp de Beauregard bénéficie de privilèges diplomatiques exorbitants. Son statut est pratiquement celui de l'exterritorialité. Du côté français, personne ne peut y pénétrer. Pour essayer de savoir ce qui s'y passe, je suis obligé de faire procéder à une série de reconnaissances aériennes au-dessus des mystérieux baraquements. Il n'en ressort pas grand-chose sinon que règne, à l'intérieur du camp, une activité fébrile et bizarre de termitière clandestine.

« Notre impuissance agace prodigieusement le gouvernement [...] Paris cherche un prétexte pour intervenir. Ce motif nous est fourni par un fait divers assez banal. Un couple divorcé se dispute son enfant. Grâce aux écoutes téléphoniques [...] nous apprenons que l'enfant, enlevé par son parent soviétique, doit être dirigé incessamment, et dans le plus grand secret, sur le camp de Beauregard [...] Beauregard sert également pour les rapts familiaux. »

Roger Wybot obtient le feu vert du gouvernement Ramadier et d'Edouard Depreux, ministre de l'Intérieur. Il envoie des escadrons de gendarmerie mobile et des compagnies de CRS pour encercler le camp :

« [...] Je fais couper toutes les lignes téléphoniques, bloquer tous les standards des postes dans un rayon de dix kilomètres. Je veux isoler totalement cette forteresse soviétique.

« [...] Je me présente au camp de Beauregard derrière un char que je fais placer immédiatement devant l'entrée [...] Un officier français, blême, mal à l'aise, me fait face. Officiellement, il est chargé de liaison avec les Soviétiques. Mais nous le soupçonnons depuis longtemps d'appartenir à cette frange de notre armée qui travaille la main dans la main avec les communistes [...] L'officier risque un œil hagard à l'extérieur, repère le char en position de tir, décide promptement de me livrer passage.

« [...] En une noria folle, les véhicules se succèdent devant l'entrée du camp pour déverser leur cargaison d'inspecteurs — ils sont quatre par voiture. Mes commandos, mitraillette au poing, se ruent à l'intérieur de Beauregard [...] »

Le bilan sera mince. Roger Wybot en convient :

« Finalement, ce raid gigantesque débouche sur une déception. Certes, nous retrouvons très vite l'enfant enlevé à l'intérieur du camp, et nous pouvons annoncer :

« — Nous l'avons, sain et sauf !

« Notre rôle officiel est rempli, le prétexte invoqué légitimé. Mais nous n'avions pas mobilisé tous ces chars et ces forces écrasantes pour intervenir dans une affaire de famille. Notre souci était de mettre fin à un scandale, de débusquer de leur tanière les officiers de la police secrète soviétique, d'arracher à leur prison des personnes enlevées, séquestrées contre leur gré.

« Dans les baraquements, nous ne rencontrons que des ressortissants de l'Est en transit régulier. Quelques armes : mitraillettes, revolvers, armes de poing. Pas de quoi en faire un drame. »

L'événement est pourtant de taille. Des réactions en chaîne se produisent, suivies, désormais — et c'est nouveau — par la presse. L'investissement, le 14 novembre 1947, à 16 h 30, du camp de Beauregard, est annoncé le soir même par un communiqué officiel. Des comptes rendus paraissent dès le 15. Cela devient « l'affaire de Beauregard ». *Le Figaro* résume l'entreprise : « Importante opération de police au camp de Beauregard où sont rassemblés des sujets soviétiques en instance de rapatriement. On y découvre les enfants Spetchinsky, enlevés récemment à leur père, et des caisses de munitions. » Suit le communiqué du ministère de l'Information précisant quelques détails sur cette « vérification ».

L'Époque expose l'origine des événements. Sophie Soubatine, mariée, puis en instance de divorce avec Dimitri Spetchinsky, a trois enfants : Maria, Zénobius, Olga (respectivement âgés de 10, 8, et 7 ans). A l'audience de conciliation, le juge a décidé de confier les enfants à leur père. Disparue de Nice avec les petits, la mère cherche à franchir la frontière à Sarreguemines pour se rendre en URSS. Elle est avisée d'une interdiction de quitter la France. Réfugiée à l'ambassade de l'URSS, elle est dirigée sur Beauregard. Cela fournit un excellent prétexte au gouvernement Ramadier pour agir comme on a vu.

Un ancien des « Free French », le commandant Guy Xoual, questionné en 1992, déclare qu'il se trouvait à la tête d'un des détachements mobilisés pour l'opération. Il est l'un des premiers à entrer dans le camp et dirige la perquisition dans les baraques. Les Soviétiques n'opposent aucune résistance, mais, dit-il, « je me suis trouvé un certain temps responsable de la région Nord pour la section soviétique de la DST. Au courant de l'illégalité des pratiques de l'ambassade, j'ai vu avec plaisir abattre le symbole des rapatriements forcés et du kidnapping. C'est une honte d'avoir toléré cet état de chose si longtemps ! ». Rendons grâce à cet officier de la 1re division française libre, qui termine sa carrière à la DST, et ne se voit plus tenu à l'obligation de réserve, son supérieur Roger Wybot ayant publié ses révélations sur l'affaire. D'autres éléments sont bien sûr en archives au ministère de l'Intérieur, inaccessibles avant le milieu du siècle prochain. Les documents classés concernent les complicités, le réseau qui descend de certains ministères et place des officiers de « rapatriement » de confiance à la couverture des « actions » effectuées sur le territoire français.

Une cascade de mesures suit l'opération contre le camp, dont l'expulsion immédiate de dix-neuf ressortissants soviétiques. Georges Bidault sera toujours aux Affaires étrangères dans le gouvernement Robert Schuman qui succède bientôt à celui de Paul Ramadier. Diffusées par l'AFP (l'Agence France-Presse) les notes de protestation soviétiques et les très fermes réponses françaises se succèdent en rafales. A la « une » des quotidiens, selon l'appartenance, les titres, les sous-titres et les « chapeaux » versent dans la contradiction ou la louange.

16 novembre, dans *Combat* : « Les opérations spectaculaires de la police au camp soviétique de Beauregard ne seraient pas sans rapport avec l'activité du colonel Filatov, chef de la mission russe de rapatriement. Bogomolov proteste, mais le camp de Beauregard

sera placé sous contrôle exclusivement français, réplique Georges Bidault. D'autres opérations de ce genre sont envisagées. »

L'Humanité : « Quatre tanks et deux mille gardes armés jusqu'aux dents contre trois enfants soviétiques du camp de rapatriement de Beauregard. Des procédés de gangsters. Rapt d'une Soviétique et de ses enfants. Insulte aux glorieux combattants soviétiques... », sont les sous-titres de la première page. A noter le bandeau, en haut de la page : « Aux ordres des fauteurs de guerre américains, révoltante provocation de Ramadier-Depreux contre l'URSS amie et alliée ».

France-Soir (ex- *Défense de la France)* : « Après l'expédition armée de Beauregard, le commandant du camp soviétique : "Vous êtes 3000, nous sommes 60 ! Je cède." Les policiers ont récupéré trois jeunes enfants et quelques armes ex-allemandes. »

18 novembre, *Le Monde* : « L'affaire de Beauregard est terminée, estime la Sûreté nationale. »

Le camp soviétique démantelé, le fonctionnement du centre, quoique très ralenti, se maintient jusqu'en 1951. L'officier de rapatriement Winter, qui a le titre, sur les documents administratifs, de « directeur du camp de Beauregard », a cessé son activité à compter du 6 novembre 1947. Il est remplacé par « R. Souquière » :

> « À dater du 7 octobre 1947, l'officier de rapatriement de 4e classe R. Souquière sera affecté au Centre de Beauregard. Il devra être en mesure de prendre effectivement, à partir du 1er novembre 1947, le Service de l'officier de rapatriement de 4e classe A. Winter, directeur du Centre, démissionnaire, qui sera mis en permission libérable à la date du 6 novembre 1947.
> Les instructions nécessaires pour la mise au courant de l'OR 4 Souquière, la passation du service et de la comptabilité en deniers et matières seront données à ces deux officiers de rapatriement par les services intéressés du ministère des Anciens Combattants & Victimes de guerre.
> Il me sera rendu compte par l'OR 4 Winter de l'entrée définitive en fonctions de l'OR 4 Souquière.
> *Signé* : le commandant du CASR (corps des assimilés spéciaux de rapatriement) F. Toudet. »

On peut se demander si ce départ n'est pas en rapport avec ce qui se préparait pour le 14 novembre. Un « état des rapatriements », englobant la période située entre le 1er janvier 1948 et fin décembre 1951 sera établi, dans les rapports internes du ministère des Anciens Combattants et Victimes de guerre[14].

À partir de 1946, les temps forts du rapatriement sont consommés. La politique des Etats sur cette question commence à évoluer. Une résolution de l'ONU* concernant les *Displaced Persons* (« DPs ») veut rétablir la légalité. Les autorités françaises, en conflit constant avec le gouvernement soviétique et ses représentants, en métropole et dans les zones occupées d'Allemagne et d'Autriche, décident de tenir compte, désormais, de l'avis des intéressés[15].

Une grande étape vers le respect du droit d'asile est accomplie. Cela vient un peu tard. En effet, le *Bulletin du Gouvernement militaire en Allemagne* affirme que 101 000 « DPs » soviétiques ont été rapatriées[16], par la France, au 1er octobre 1945. Combien l'ont-elles été volontairement ? combien parmi elles ont pu échapper au NKVD ?

* Résolution du 12 février 1946.

Chapitre 17

Le modèle suisse

La France n'est pas la seule à devoir traiter le problème. La Suisse, sanctuaire du CICR (Comité international de la Croix-Rouge), se voit envahie, de 1940 à 1945, par une vague de plus de 100 000 réfugiés de toutes origines, dont 10 000 ressortissants soviétiques. La grande Union soviétique saura se plaindre et menacer pour amener la Confédération helvétique à composer et assurer le renvoi de ces citoyens.

Débusqué à Morez (Jura), le 3 septembre 1944, par les tirailleurs du général de Monsabert (Ire Armée) renseignés et appuyés par les FFI locaux, un rassemblement hétéroclite de personnels allemands et russes n'a d'autre choix que de courir à la frontière. Au milieu de la formation allemande aux abois, marche une *Hundertschaft* cosaque, un peloton de cent cavaliers, détachés du 454e régiment de cavalerie de l'Est venant de Pontarlier. Désarmée aussitôt par le poste de garde de l'armée helvétique, la colonne est rejetée, le 4 septembre, sur le village du Brassus, alors que, plus au nord, perché sur les collines et le Noirmont, face à la Suisse, un fort parti de FFI (à majorité FTPF) a pris position. Avec l'aide des tirailleurs et des spahis du groupement tactique Goutard, ces forces s'emparent de Mouthe où capitulent 400 Cosaques et douaniers allemands. Les survivants allemands partiront en captivité vers la France, tandis que les Cosaques, internés au Brassus, auront provisoirement la vie sauve. Ils rejoindront des lieux d'internement par nationalité, disséminés sur le territoire suisse. Ils y retrouveront des fuyards de Mouthe. Le surlendemain de la bataille, le journal suisse *Le Jura* rapporte que 170 Allemands et

30 Russes échappés de Mouthe ont réussi à franchir la frontière dans la soirée et la nuit du 4 septembre [1].

Pointillés sur la carte, les limites territoriales ne retiennent pas l'homme luttant pour sa survie. Depuis septembre 1939, les pâturages entre les petits murs de pierre et les hautes forêts de conifères forment les mailles d'une passoire. Distancer la patrouille, sauter par-dessus le mur ou le grillage, c'est la dernière chance pour un grand nombre d'hommes. Cependant, la Suisse mobilisée monte la garde. Elle attend, désarme et recueille, mais parfois refoule. Pour le soldat épuisé, le juif traqué, « ici commence le pays de la liberté ». A ceci près que logés, nourris, blanchis, assignés à résidence dans des baraquements dressés à l'intérieur des festons de barbelés, les réfugiés n'auront souvent qu'un sursis de quelques mois.

Etat neutre et siège mondial du CICR, île non tout à fait indemne au milieu de la tempête planétaire, la Suisse est en dehors du conflit — dans ses limites intangibles depuis le congrès de Vienne, depuis 1815. En 1945, la population et le gouvernement fédéral se relèvent d'une certaine asphyxie et entreprennent de liquider les séquelles de la Seconde Guerre mondiale.

L'État, qui a su résister à d'infinies pressions venant des grandes puissances et failli servir de champ de bataille, considère objectivement la situation. Le IIIe Reich s'écroule, en Europe occidentale apparaît l'armée des Etats-Unis, tandis que, non loin des sources de l'Inn, à l'est du pays, au cœur du massif alpin, sur le Danube, à Vienne, en Moravie et dans les Balkans, l'Armée rouge est omniprésente. Aux rives du beau Léman, face au jet d'eau de la ville de Genève, le Palais des Nations, siège avant la guerre de la SDN, abrite encore des fonctionnaires internationaux préparant sans doute la relève. En avril, au bord du Pacifique, à San Francisco, l'Organisation des Nations unies (ONU) — fille posthume de Franklin Delano-Roosevelt — est née, parrainée déjà par quarante-six nations. Tout comme la France est le pays des droits de l'homme, le pays d'Henri Dunand, la Suisse, est la patrie de la pensée philanthropique par excellence, le lieu d'élection de la convention sur le droit de la guerre (incluant le droit d'asile). Cependant, en cette époque confuse, elle doit agir pour sa sauvegarde. La mauvaise conscience est le luxe que pourra s'offrir la Suisse après les événements.

Les problèmes vont découler du fait que stationnent alors plus de quarante mille internés militaires, sans parler d'un très grand nombre de réfugiés civils, sur une surface habitable étroite, grande comme deux départements français. La présence des allogènes ne peut se prolonger. Du reste, leurs gouvernements les réclament, et le plus puissant d'entre eux, l'Union soviétique, à hauts cris. Désengorger les camps de transit au plus tôt est vital, car les étrangers causent aussi des désordres dont la population est lasse. Tout comme en France, il y a des victimes et des dégâts du fait des « Russes ». Vider les camps avant l'hiver de 1945-1946 est le but des instances confédérales. La négociation avec l'URSS ne sera pas une mince affaire en l'absence de toutes relations diplomatiques — la Grande-Bretagne est *de facto* l'intermédiaire.

Le pays de la plus grande neutralité se voit soudain confronté à la puissance soviétique victorieuse et dominatrice dont le bras armé s'est abattu sur la moitié de l'Europe continentale. Et la question du rapatriement (exigé immédiat) fait l'objet de notes sans concession de la mission soviétique.

Quand le son du canon ne résonne plus à ses frontières sacrées, un terrible défi s'impose au gouvernement fédéral. En la circonstance, le pragmatisme prévaut. Sous une forme masquée, par le truchement de quelque artifice de langage ou, plus hardiment, en proférant de vraies fausses promesses, le rapatriement forcé des « Russes » se met en place. Cependant, comme en témoigne le plus petit Etat du monde, le Liechtenstein, l'ordre impérieux du rapatriement à l'Est de tant de réfugiés aurait pu être contrebalancé par une attitude courageuse.

À l'écart du conflit, la Suisse sous les armes en subit les conséquences. Réfugiés et internés ont créé une situation juridique complexe. Venues des régions proches de la Suisse, projetées par la guerre, des flammèches incendiaires traversent les cantons. L'invasion massive des réfugiés recèle une menace. Tous les organismes fédéraux concourent à limiter le risque, à résolument affronter le danger d'une possible déstabilisation.

Un rapport du Comité international de la Croix-Rouge[2] sur la période de la Seconde Guerre mondiale distingue entre les prisonniers de guerre évadés, les hospitalisés (soldats et malades), et les réfugiés civils. Le service de l'internement du Comité international a été créé, en 1940, après l'entrée sur le territoire suisse de militaires français et polonais faisant partie du 45e corps d'armée français : « Cependant, étant donné le nombre sans cesse accru de militaires et de civils de diverses nationalités qui se réfugiaient en Suisse, le service devint indépendant le 10 octobre 1942 et fut habilité à traiter de tous les cas militaires et civils. »

Le rapport note, à propos de la question du rapatriement : « En quelques occasions, des internés en pays neutre se plaignirent au CICR d'être exposés contre leur gré à être rapatriés. Dans les cas de ce genre, le CICR rappela aux autorités des pays intéressés le principe qu'il n'a cessé de défendre en toutes circonstances, à savoir qu'aucune personne ne devrait être rapatriée contre son gré, si elle a de justes motifs pour ne pas vouloir l'être. »

La position du CICR est donc sans équivoque. On lit dans un numéro de la *Revue internationale de la Croix-Rouge* d'août 1946[3] : « Signalons ici qu'un certain nombre d'internés, militaires et civils, et de toutes nationalités, déclarèrent ne pas vouloir rentrer au pays, ceci pour divers motifs, le plus souvent d'ordre politique. La Suisse n'oblige aucun de ces réfugiés à partir ; elle ne procède pas à des "rapatriements forcés", sauf naturellement lorsqu'il s'agit d'expulsions individuelles par mesures de police. »

Son activité s'étendant à la visite des camps, à partir de 1944, le CICR « fut admis à visiter les camps de façon systématique ». L'article de la revue mentionne que « ces activités s'exercèrent aussi, à la fin des hostilités, au Liechtenstein, où s'étaient réfugiés des groupes de militaires et de civils, en majorité ressortissants de l'URSS, et où furent ouverts quatre ou cinq camps que visitèrent les délégués du CICR ». Il apparaît toutefois que le CICR obtint de meilleurs résultats auprès du prince François-Joseph qu'auprès du gouvernement fédéral. Comme le remarquera Soljénitsyne en 1994, les ex-soldats russes antistaliniens, sauvés de la pendaison par la conduite courageuse du Liechtenstein, furent accueillis par la suite dans l'hémisphère américain.

Lors de la libération des monts du Jura à l'est de la Franche-Comté, fin août-début septembre 1944, les éléments cosaques stationnés entre Morez et Pontarlier furent défaits par l'action conjuguée des maquis et de l'armée de Lattre. Les survivants des combats se présentèrent aux postes helvétiques ou passèrent clandestinement le petit mur délimitant, dans les bois de sapins, la France et la Suisse. Et la *Hundertschaft* fut désarmée au Brassus. L'armée helvétique refoula parfois ces intrus[4]. Ce fut le cas d'une colonne de soixante-six « Russes », de ceux qui échappèrent à Mouthe et à Pontarlier, mais furent reconduits *manu militari*, le 6 septembre 1944, aux Verrières-de-Joux.

Dans son rapport, le chef du détachement suisse accompagnant les soldats refoulés déclare que, « suivant les instructions qu'il a reçues, il a été obligé de relâcher les soldats russes sur le sol français en un endroit indéterminé ». Le faible groupe FFI chargé de les convoyer à pied sur la route de Pontarlier ne put éviter une révolte de la colonne. Un Français fut tué à bout portant lorsque les Russes se ruèrent à nouveau vers la forêt, en direction de la Suisse d'où ils venaient.

Il y a lieu d'être prudent devant des déclarations officielles, quelle qu'en soit l'origine ! Sur l'affaire, nous possédons toutefois un texte d'une grande précision, établi sur des sources authentiques et publié sous les instances de la Bibliothèque fédérale. Il est signé du colonel Daniel Reichel[5]. L'analyse de ce document peut conduire à une bonne connaissance des événements dramatiques qui accompagnèrent le rapatriement des internés russes. Un éclairage comparatif avec ce qui s'est passé en France ouvre des perspectives nouvelles sur ce grand drame. Les propos tenus par le colonel Reichel, l'établissement d'une chronologie des événements sous-tendue par une fine analyse de l'attitude du gouvernement fédéral, marquent une avance objective. On observera que l'auteur appartient à l'administration d'un Etat déclaré neutre dans le conflit, et qu'il est chargé de responsabilités officielles.

L'entrée en matière de l'article est modeste : « Les auteurs de la présente étude se sont efforcés de tenir compte des facteurs d'appréciation les plus divers, voire les plus contradictoires... dans l'état actuel de leur connaissances, un certain nombre d'éléments essentiels — notamment en ce qui concerne le sort réservé aux internés après leur rapatriement — ne peuvent être établis faute de documents... »

Le contexte est abordé. La Suisse n'entretient pas de relations diplomatiques avec l'URSS. Staline ne nourrit aucune sympathie pour la Suisse, sinon plutôt une « hostilité déclarée ». Dans les pays de l'Europe de l'Est occupés par l'Armée rouge, se trouvent des agents diplomatiques et consulaires et des milliers de Suisses qui s'y sont établis depuis plus ou moins longtemps. Le conseil fédéral ne peut pas ne pas se préoccuper de leur sort... Dans la nuit du 15 au 16 juin 1945, Radio Moscou annonce que le gouvernement soviétique a pris la décision de suspendre le rapatriement des Suisses établis dans ces régions, jusqu'à ce qu'il ait reçu des informations précises sur les conditions dans lesquelles des ressortissants soviétiques sont retenus en Suisse... En outre, « Radio Moscou porte diverses accusations contre la manière dont 9 000 citoyens soviétiques seraient traités dans notre pays »... On voit le chantage. Il est à rapprocher de celui exercé à l'encontre des Français, alsaciens et mosellans, détenus dans le camp de concentration de Tambov.

Sans perdre de temps, le conseiller fédéral Max Petitpierre répond aux accusations soviétiques, et déclare que le conseil fédéral est prêt à recevoir en Suisse une commission interalliée... « Le gouvernement soviétique accepte cette invitation, tandis que les alliés occidentaux [Angleterre, France, Etats-Unis] chargent leurs attachés militaires à Berne de suivre cette affaire... »

Ensuite, le colonel Reichel déroule le récit des événements et incidents qui entourent les phases de la négociation et du rapatriement. Du fait qu'un grand nombre de militaires de toutes les nations belligérantes ont afflué sur le territoire helvétique, soit 40 000, l'effectif d'un corps d'armée, le regroupement en « camps nationaux » s'est imposé par la force des choses. Les problèmes de l'encadrement et de sa qualification ont été difficiles à résoudre. « En ce qui concerne les Russes, les camps font l'objet de contrôle de la part de la légation de Grande-Bretagne. » Des parlementaires et des médecins, dont les sentiments à l'égard de l'URSS ne peuvent être suspectés, « sont autorisés à visiter les camps ; ils peuvent se convaincre que leur fonctionnement est normal et le traitement des internés, humain ». De même qu'en France, des incidents éclatent aux abords et à l'intérieur des « camps soviétiques » :

« [...] Accoutumé à une discipline de fer, le soldat soviétique supporte souvent mal les mois passés dans la semi-liberté de l'internement. Lorsqu'ils sentent approcher la fin de la guerre, avec toutes les incertitudes dont l'avenir est chargé pour eux, ces hommes ont peine à réprimer des accès de violence. L'abus d'alcool, le vol, les menaces de viol, la distribution de matériel de propagande de tendances opposées, tous ces facteurs se traduisent par un nombre croissant d'infractions à la discipline. En 1944, 1 010 cas sont traités disciplinairement. 199 cas sont déférés à la justice militaire ; à 379 reprises enfin, on doit procéder à une enquête en complément de preuves. Dans quelques cas isolés, il y a mort d'homme, cinq soldats soviétiques perdent la vie au cours d'incidents graves, deux civils suisses sont tués [...] Au début de 1944, un interné russe, ivre, saute à la gorge d'un sergent suisse. Ce dernier se dégage et fait usage de son arme. L'interné est tué. Le cas de légitime défense est établi sans équivoque lors de l'enquête qui est ordonnée. Il y a un cas plus grave : le 20 avril, à Unterbäch, un interné soviétique en état d'ébriété coupe le nez à un civil suisse qui se suicide. Quelques semaines plus tard, près de Glaris, un ouvrier suisse qui rentre chez lui est attaqué par deux internés ivres ; grièvement atteint, il succombe à ses blessures [...] »

C'est l'équivalent de ce qui arrive en France à la même période. Cette situation pourrait dégénérer, aussi le Conseil fédéral prend l'initiative de demander le rapatriement : « La guerre étant terminée, la démarche semble aller de soi. » La chose est loin d'être aisée car la Suisse n'entretient pas de relations avec l'URSS. Et les alliés occidentaux se récusent. Cependant, le 26 juillet 1945, s'annonce une délégation soviétique, à la tête de laquelle s'avance, instruit personnellement à Potsdam par Molotov, le major-général Vikharev.

Dans son article, Daniel Reichel fait état du rapport du colonel divisionnaire Flückiger[6], chef de la délégation suisse auprès de la commission bipartite chargée « d'examiner les conditions d'existence des citoyens soviétiques échappés de la captivité allemande et réfugiés en Suisse ». La chronique de la négociation, signalée comme étant « d'une âpreté certaine », est basée sur les éléments fournis par l'auteur du compte rendu. Ici encore s'impose la comparaison avec la discrétion française.

L'examen des modalités du rapatriement est soumis à un préalable exigé par les Soviétiques. La Suisse doit s'expliquer, répondre aux accusations. Point par point, le procès-verbal de la commission enregistre la confession des « fautes », en présence d'ailleurs de trois officiers alliés occidentaux. Incriminée pour avoir refoulé à la frontière des citoyens soviétiques, ce que l'incident des Verrières-de-Joux, mentionné plus haut, confirme, voici le *mea culpa* de la nation suisse, incluant — en annexe du protocole — un sincère repentir : « En ce qui concerne le refoulement des citoyens soviétiques échappés de la captivité allemande et réfugiés en Suisse, la délégation suisse communique à la commission que, d'après le droit international, la Suisse est fondée à accorder l'asile selon sa libre appréciation. Elle a accueilli plus de 270 000 réfugiés de toutes nationalités, malgré l'énorme charge que cela représentait pour elle et pour son économie alimentaire. Parmi eux se trouvaient environ 10 000 citoyens soviétiques. Il est exact que des citoyens soviétiques ont été également refoulés à la frontière. La délégation suisse regrette le préjudice qui a pu en résulter pour eux [...] »

Voilà donc venue la contrition.

Lorsque la négociation commence, la délégation suisse est dans l'ignorance des accords de réciprocité de Yalta qui sont secrets. Et elle est saisie sans ménagement des exigences assorties de menaces de l'autre partie :

« Vikharev, qui a reçu la mission impérative de rapatrier tous les internés de nationalité soviétique, dispose manifestement des listes nominatives des hommes. On sait fort bien, en effet, du côté suisse, qu'une manœuvre visant à soustraire au rapatriement un nombre important d'internés ne pourra pas échapper à Vikharev. Fort de ses instructions, ce dernier ne se fait pas faute de recourir à la menace de rupture. Une menace dont seraient victimes les nombreux Suisses retenus en Europe de l'Est, dans les territoires contrôlés par les Soviétiques, et dont le rapatriement serait définitivement compromis. »

Comme les Anglo-Saxons, comme les Français, comme les Norvégiens qui réexpédieront 81 000 Russes en URSS, les Suisses, à tort ou à raison, pensent n'avoir pas le choix. Ils se déterminent de la même façon que les Alliés. Le rapport des forces, du moins la représentation qu'en ont, à ce moment-là, les gouvernants, expliquera cela.

Reichel, ne retrouvant pas le protocole de la négociation, signale toutefois que certains documents des Archives fédérales, indiqueraient « que la délégation soviétique a formellement fait part de l'amnistie, au bénéfice de laquelle seraient mis les internés rapatriés. Il n'appartenait pas à la délégation suisse de mettre cette déclaration en doute, cela d'autant moins qu'il n'était pas en son pouvoir d'en contrôler l'application. La délégation suisse a toujours réservé les droits des internés qui s'opposeraient formellement à leur rapatriement, elle n'a jamais cédé sur ce point [*sic*]. »

Si la Suisse demande l'aman au général Vikharev, celui-ci fait preuve de quelque longanimité : « [...] La délégation soviétique reconnaît qu'il n'y a pas eu d'inégalité de traitement, et que les cas d'indiscipline ne peuvent être niés. » Pour terminer, elle « tient à relever qu'à l'époque de son arrivée en Suisse, la situation était pleinement satisfaisante ».

À ce moment-là, l'ensemble de la colonie internée est déjà expédié en zone soviétique d'occupation en Allemagne : « Le 9 août 1945, les commandants de secteur reçoivent un ordre du DMF au terme duquel ils sont chargés de porter à la connaissance des internés l'amnistie qui leur est accordée par le gouvernement soviétique. Du 10 au 30 août, 7 097 internés soviétiques quittent la Suisse par chemin de fer en empruntant le poste de passage de St. Margrethen. » Le colonel Reichel ne s'étend pas sur les détails du départ. On suppose que l'annonce officielle d'une amnistie eut quelque utilité pour faciliter l'embarquement des « citoyens soviétiques échappés de la captivité allemande » sur les wagons des chemins de fer fédéraux. Il est alors noté que « la nervosité s'est accrue, chez ces hommes dont le départ est soudain hâté. Quelques centaines de Caucasiens musulmans, qui ont fait preuve, en bloc, de la plus grande résolution, ne seront pas rapatriés ».

Pour conclure cette libre négociation, « le général Vikharev demanda que soient livrés deux Soviétiques : Kotchetov... et Novikov. Les deux hommes devaient être échangés contre cinq diplomates et agents consulaires suisses retenus par les Soviétiques. Estimant que malgré son caractère déplaisant, ce mode d'échange avait connu des précédents, le Conseil fédéral décida de donner suite à la demande de Vikharev pour obtenir la libération des Suisses. Kotchetov et Novikov furent donc embarqués à Dübendorf à destination de l'URSS. Quel fut leur sort ? Furent-ils exécutés ? Le fait n'est pas certain. Selon des informations recueillies par un diplomate suisse, Novikov aurait été l'objet d'une mesure de libération ordonnée par Khrouchtchev ».

Et le colonel Reichel se fait critique : « Le départ de Kotchetov et de Novikov avait fait l'objet d'une décision pour le moins brusquée, au sujet de laquelle on pouvait exprimer une réserve. » En revanche, l'affaire des Caucasiens musulmans rassure : « Malgré les démarches qui avaient été entreprises jusqu'en 1949 par le gouvernement soviétique, on sait que ces hommes, ayant obtenu le statut juridique de réfugiés civils, purent trouver un asile définitif dans un certain nombre de pays, qui avaient pu leur ouvrir leur porte. »

Mais la Confédération helvétique ne baisse pas le rideau sur son passé. « En août 1945, on ne pouvait imaginer que des soldats rapatriés seraient traités de cette manière. Ce n'est que beaucoup plus tard, qu'on a entendu dire que les soldats soviétiques faits prisonniers par les Allemands, libérés par les armées anglaises et américaines, et internés en Angleterre et aux Etats-Unis, auraient été envoyés en Sibérie, sans que l'on ait d'ailleurs mentionné expressément ceux qui avaient été internés en Suisse [...] » Selon le colonel, l'accusation portée par ceux déclarant que le Conseil fédéral « aurait su, en 1945, que les internés rapatriés seraient renvoyés en Sibérie — cette accusation est dénuée de tout fondement. En leur reprochant, *post factum*, de ne pas en avoir tenu compte, on commet un anachronisme, dangereux, parce qu'il déforme les faits [...] ».

Chapitre 18

Au pied des stèles

Un demi-siècle après leur extradition, que reste-t-il des « Russes » dans la mémoire collective des Français ? Des récits, sans doute, transmis « de bouche à oreille », une rumeur aussi, des amalgames, des allégations que la distance, désormais, amplifie... mais également des lieux, « charniers » fantasmatiques ou, au contraire, très officiels, très affirmatifs dans leurs statistiques car il en existe une administration — et puis des stèles, des cénotaphes.

L'amalgame le plus durable et le plus fort, mais aussi le plus ridiculement inexact, reste bien cette qualification de « vlassovistes » qui eut cours, en France, quand la propagande stalinienne eut à qualifier ses « traîtres » et ses « collabos », vrais ou supposés. Curieusement, le terme n'est que rarement utilisé en 1945 — sinon par les Soviétiques mis dans le secret. S'il est vrai, comme nous l'avons vu*, que les « Russes » furent parfois employés à des actions de terreur (Drôme, Massif central), nombre d'autres se regroupèrent, quand ils le purent, dans des unités de maquisards, ou passèrent du côté des libérateurs. Ils étaient certains de l'impunité promise. Leur « culpabilité » tenait le plus souvent, nous l'avons vu aussi, au fait que la grande majorité des survivants du grand massacre des prisonniers de guerre « russes » par les nazis ne dut son salut qu'à un engagement aux côtés des armées allemandes — par instinct de survie tout autant que par antibolchevisme. Nous le répétons, il ne faut jamais oublier, à propos de ces « transfuges », que plus de 3 des 5,7 millions de prisonniers moururent dans d'épouvantables conditions. Autre phénomène de

---

* Notamment dans le chapitre 8.

masse à prendre en compte : plus des trois cinquièmes des survivants combattirent contre Staline. Cela révèle, pour le moins, une non-adhésion au régime bolchevik pour des raisons que masquait alors une propagande à son paroxysme.

Contre les amalgames trop rapides, le maintien d'une mémoire fidèle reste la meilleure méthode. C'est tout le sens que l'on peut donner à une cérémonie comme celle qui, tant qu'il y a des témoins, commémore régulièrement la contribution des unités ukrainiennes à la libération de la petite ville de Vercel (Doubs).

Pour le quarantième anniversaire de la fin de la guerre, alors que les témoins étaient encore nombreux, une « journée » réunit Français et Ukrainiens autour d'un monument où est célébrée la mémoire des « Soldats ukrainiens morts pour la France ». Le 12 mai 1985, le maire de cette commune du Doubs, Georges Gruillot, s'exprimait en ces termes : « C'est pour le maire de Vercel un grand honneur que de célébrer avec les résistants français et ukrainiens la fin de la Seconde Guerre mondiale. » Ce qui signifie bien que pour l'orateur et ceux qui l'écoutaient, il n'était pas question de « traîtres »... Suivait, d'ailleurs, le récit du passage de ces soldats aux côtés des FFI — leur appartenance éphémère à la 30e division de Waffen SS n'étant nullement occultée [1]. Georges Gruillot commence par rappeler comment furent pris les premiers contacts, puis : « Afin d'entretenir les relations et de ne pas perdre contact avec les soldats du camp [de Valdahon] un tract traduit par Mme Chomsky, d'Ornans, et reproduit par un FFI, Vernerey, de Chasnans, sera diffusé par des employés civils français travaillant au camp.

« Il s'agit alors pour les maquisards d'attendre le moment le plus opportun pour accueillir le bataillon. Le temps ne presse pas puisque les soldats ukrainiens ne constituent pas une menace et sont logés et nourris par les troupes allemandes. C'est pourquoi *le commandement, sachant que l'entretien d'une troupe nombreuse risque d'être difficile, choisit de repousser au maximum l'engagement des soldats ukrainiens aux côtés des résistants locaux**.

« Mais les événements vont en décider autrement : le 26 août 1944, les soldats ukrainiens sont approvisionnés en vivres, en munitions et en tabac [par les Allemands]. Ils viennent de recevoir l'ordre de se préparer à donner, dès le lendemain, la chasse aux

---

* Souligné par l'auteur.

maquisards. D'autre part, deux compagnies SS doivent arriver en renfort pour les aider dans cette mission.

« Dans la nuit du 26 au 27 août, le capitaine Alex Negrebetski charge le lieutenant Melesko d'établir une liaison avec les Français afin de les informer de la tournure des événements. Puis ses hommes quittent le camp du Valdahon après avoir mis hors de combat leur encadrement SS. Vingt-quatre soldats et officiers allemands périront de la sorte.

« En même temps, pour protéger leur sortie, les Ukrainiens établissent un tir de barrage qui neutralise les Allemands dans leurs casernes. Les soldats ukrainiens partent alors en plusieurs groupes dispersés entre Adam-lès-Vercel et Les Granges-d'Epenoy, à la rencontre des maquisards.

« Le premier groupe se trouve à Adam-lès-Vercel où, au petit matin, il réveille Gilbert Amiot. D'abord inquiété par les uniformes vert-de-gris des Ukrainiens, Gilbert Amiot comprend néanmoins que le lieutenant Melesko souhaite être conduit auprès des chefs du maquis. Le contact est ainsi établi avec le capitaine Leclerc, chef du maquis de Bémont, qui décide de regrouper l'ensemble du bataillon sur le plateau du Bout-de-Nods.

« Le second groupe se heurte à une patrouille allemande partie à la recherche des déserteurs. Il réussit à la repousser. Deux hommes sont blessés.

« Le troisième groupe rencontre également une patrouille allemande commandée par le Hauptmann Liebe, qui invite les dissidents à se rendre et à rejoindre leur caserne. Le refus des Ukrainiens est ferme mais la bataille ne s'engage finalement pas, les Allemands préférant rebrousser chemin.

« Finalement, les trois groupes sont réunis au Bout-de-Nods où le capitaine Leclerc les attend. Les Ukrainiens ont avec eux leur armement : un canon antichar, huit mitrailleuses lourdes, vingt-cinq fusils-mitrailleurs, quatre mortiers, sept lance-grenades. Ces armes font la joie et l'admiration des Français [...] Le 28 août, sous la présidence du capitaine Leclerc, le ralliement officiel des Ukrainiens à la résistance française est célébré [...] Leur sont alors remis le brassard tricolore à croix de Lorraine et le brassard jaune, couleur de l'Ukraine.

« Instant de grande émotion pour ces hommes qui, loin de leur pays, se réunissent à nouveau pour combattre un ennemi dont l'idéologie les inquiète autant que celle qu'ils ont connue chez eux. Les partisans ukrainiens qui avaient déplu à Hitler subissaient depuis longtemps le même martyre de la part des staliniens. En ce jour d'août 1944, c'est ainsi qu'ils choisissaient de combattre toute idéologie totalitaire aux côtés des défenseurs du monde libre. [...] À partir du 30 août, les Ukrainiens seront engagés dans différentes opérations de guérilla au cours desquelles ils feront la preuve de leur loyauté, de leur courage et de leur détermination [...] Certains y laisseront leur vie. Les corps de sept soldats ukrainiens tombés à l'ennemi dans les environs ont été enterrés à Vercel. Une tombe commune et un monument érigé par les anciens soldats du bataillon se trouve au cimetière [...] »

Il est bon de savoir que ces morts ukrainiens ne figuraient pas, en 1991, sur les relevés de la Division interdépartementale (des ACVG) de Dijon. Motif allégué : pas de crédits pour les déplacements de fonctionnaires dans les départements limitrophes. Un historien local, André Badot, raconte comment[2], « en 1987, un directeur du Bureau soviétique d'information [de Paris] est venu spécialement, en voiture diplomatique, prendre contact avec M. Voldey [l'ancien maire de Valdahon] qui l'a éconduit* ». Cela signifie que, favorisé par la fidélité des populations, bien dans sa peau, Georges Gruillot n'avait pas à s'embarrasser de mots inutiles, ni de la rumeur lointaine pro ou antisoviétique des décennies qui ont précédé la disparition de l'URSS. Mais comment l'histo-

* Le résistant comtois Mugnier-Pollet, dans une étude dactylographiée de 120 pages très documentée, rédigée en 1989, cite le cas d'un Soviétique rallié, tué au combat et enterré à Foncine-le-Haut (Doubs) : « [...] D'autres *Hiwis* (auxiliaires russes), ressortissants de la division spécialisée antimaquis du Sud de la France, en une section forte de quarante hommes armés jusqu'aux dents, avaient déserté et s'étaient réfugiés dans une ferme abandonnée des Entrecôtes. Un officier d'un groupe du secteur "JP" avait réussi à les rallier grâce à l'action de leur chef, Gregory Zwychev. [Celui-ci] fut blessé le 3 septembre vers 17 h 30, dans un engagement. Capturé par les nazis, il est jeté dans la ferme incendiée des Jacquet. [Ce qui] reste de sa dépouille [sera] inhumé au cimetière de Foncine-le-Haut. Sa tombe, toujours entretenue, a même reçu la visite d'une délégation soviétique [...] »

Comme des centaines d'autres, la tombe de Gregory Zwychev ne figure pas dans les statistiques.

M. Mugnier-Pollet ajoute ce détail : « [...] Si les Ukrainiens du BUK [le bataillon révolté contre les Allemands] furent, pour une grande partie, rapatriés en URSS, ceux de la section "Gregory Zwychev" parvinrent à s'engager dans la Légion étrangère [...] »

riographie française, qui a omis de retenir l'ampleur de la présence « russe » à la fin de la Seconde Guerre mondiale, a-t-elle pu exclure de ses préoccupations des événements régionaux d'une telle importance et, finalement, manifester aussi peu de curiosité pour les sources diplomatiques ? La réponse tient sans doute dans l'amalgame dont nous parlions à l'instant et dans les raisons de son existence.

Le manque de curiosité pour les « détails » d'une histoire plus complexe qu'on a bien voulu nous la présenter va de pair, nous semble-t-il, avec le peu d'intérêt manifesté pour les lieux de mémoire qui, pourtant, continuent de témoigner.

En 1946, dans une note conservée au SHAT[3], le commandant de la VIe région militaire (Châlons-Champagne), le général Henri Zeller, signalait un certain nombre d'emplacements de sépultures situés dans le département de la Moselle, sur les terrains militaires de Ban-Saint-Jean, d'Elzange (Thionville) et de Bitche, notamment. Une carte accompagnait le rapport. Dans les années qui suivirent, et notamment dans les années soixante, les découvertes macabres se multiplièrent sur ces emplacements. On a pu dénombrer jusqu'à une soixantaine de sites pour les deux départements de la Moselle et du Bas-Rhin. Et rien n'interdit de penser que bon nombre de fosses communes et de tombes individuelles sont à jamais ignorées. Les chiffres qui ont pu se croiser semblent ne jamais pouvoir se recouper.

Ainsi, dans le camp militaire de Ban-Saint-Jean, près de Boulay (Moselle), un monument en marbre noir, marqué d'un trident d'or, emblème national ukrainien, avait été érigé par l'Association des Ukrainiens de France avec cette mention : « Ici reposent 22 000 Ukrainiens, victimes de la guerre 1939-1945. » Le chiffre avait été établi par les Ukrainiens eux-mêmes, lesquels s'étaient fiés à des témoignages et affirmations recueillis dans la région. En février 1993, plusieurs années après que le monument et, surtout, la plaque eurent disparu (à la demande, semble-t-il, des autorités soviétiques), le quotidien *Le Républicain lorrain*, dans un article signé de C. Leclercq, faisait à nouveau état de « 35 000 victimes »[4] : « L'ancienne cité militaire de Ban-Saint-Jean, près de Boulay, servit de camp de prisonniers russes pendant la Seconde Guerre mondiale. Ce stalag était-il un camp d'extermination, les nazis ont-ils anéanti plus de 35 000 personnes ? Pour rétablir la vérité, plusieurs historiens locaux rassemblent des témoignages. » Le titre de l'article était lui-même : « Rétablir la vérité sur le camp russe »... À ceci près que ces « Russes » étaient plus précisément des Soviétiques et que ceux-ci, en définitive, étaient majoritairement des Ukrainiens, plusieurs enquêtes avaient déjà été conduites dans la quinzaine d'années qui avait précédé cet article. A l'origine, alors que le monument aux Ukrainiens régnait en silence sur un ossuaire, l'exhumation des corps enfouis là déclencha une polémique qui opposa les Ukrainiens de France à la Direction interdépartementale des ACVG. Le président de l'association ukrainienne, Wolodymyr Kosyk, exprima ainsi la position de ses amis [5] :

« Ce cimetière [de Ban-Saint-Jean, à Denting, près de Boulay, Moselle] — ce sont en réalité des fosses communes où reposent les restes mortels des milliers de prisonniers de guerre originaires en majorité écrasante d'Ukraine. Les responsables de notre section [de l'association] de Metz se sont occupés de ce cimetière, comme de celui de Boulay, avec le plus grand dévouement depuis plus de vingt ans [nous sommes en 1980], percevant à cette fin un indemnisation forfaitaire annuelle de la Direction interdépartementale de Metz.

« Il est aisé de comprendre l'attachement de la communauté ukrainienne de Metz et des environs à ce cimetière, non seulement en raison de l'origine de ces victimes de la guerre et de la barbarie nazie, mais aussi parce qu'elle croit devoir perpétuer leur mémoire.

« Or, nous avons été surpris d'apprendre par la presse, au mois de février dernier [février 1980], que les ossements de ce cimetière [...] allaient être transférés dans une nécropole nationale que les responsables de la Direction interdépartementale ont refusé d'indiquer à nos responsables de Metz. Afin de pouvoir rassurer la communauté ukrainienne de l'Est, j'ai demandé par écrit des renseignements [à M. G..., au ministère] qui m'a expliqué par téléphone que le transfert se faisait conformément à une procédure normale, le cimetière se trouvant sur un terrain militaire qu'il fallait rendre à l'armée*... »

* Ce qui était doublement inexact : l'armée n'a plus rien fait de l'ancien camp de Ban-Saint-Jean et le terrain réservée aux sépultures avait été loué, pour 99 ans, par l'ambassade soviétique, en avril 1946[6].

Et Wolodymyr Kosyk de proposer, puisqu'il y avait, de fait, exhumation, de regrouper les restes mortels au cimetière de Boulay où étaient enterrés (les Ukrainiens de France s'en occupant également) les morts d'un *Feldlazarett* (un hôpital de campagne) d'origine soviétique... Cependant, ces sépultures — des fosses communes contenant chacune une cinquantaine de corps — ayant été creusées dans une partie, réquisitionnée, du cimetière israélite de Boulay, il convenait d'en demander l'autorisation à la communauté de Boulay. « Contactée, précisait W. Kosyk, celle-ci était disposée à nous la céder. »

Il n'y eut pas de transfert à Boulay. Les pauvres restes, emballés dans des sacs en plastique, furent acheminés vers la nécropole nationale soviétique de Noyers-Saint-Martin où ils reposent désormais dans le plus strict anonymat des stèles et du gazon. Comme le précisait un autre article du *Républicain lorrain*, mais cette fois de 1980 :

> « Un premier sondage entrepris à l'automne 1979 sur l'initiative du ministère des Anciens Combattants avait entraîné la découverte de près de deux cents squelettes, 184 exactement. Depuis lors, en l'espace de six semaines, 1 500 autres corps, en dépit des conditions atmosphériques nullement propices à de telles opérations mais néanmoins souhaitées par le ministère intéressé, pour des raisons d'hygiène, purent être retirés des fosses communes.
> « Mais la triste besogne est loin d'être achevée dans ce cimetière de moins d'un hectare au milieu duquel une stèle érigée par les Ukrainiens de France indique la présence de 22 000 soldats russes*, morts en captivité, chiffre minimisé par les autorités, mais que d'autres supposent nettement en deçà de la vérité...
> « "Ajoutez-y 10 000", nous ont déclaré plusieurs habitants de la région. M. Julien Schmit, maire de Denting, est catégorique : "On ne saura jamais combien y sont morts de faim, des suites de maladies ou sous les coups des gardiens"... Un autre témoin de Boulay raconte : "On a vu des trains s'arrêter régulièrement en gare avec des milliers de prisonniers, à l'état le plus souvent squelettique, entassés dans les wagons à bestiaux. Certains étaient déjà morts à l'arrivée du convoi..."
> « [...] Non, Ban-Saint-Jean ne fut pas un camp de prisonniers comme

* L'habitude d'appeler « russe » ce qui était soviétique ne s'est jamais perdue. Cette fois, le « lapsus » est significatif. Une photo illustre cet article : celle du monument ukrainien où il est bien précisé qu'il s'agit de « 22 000 Ukrainiens ».

les autres. Il se révèle plus que jamais avoir été une sorte de camp de concentration [...] un lieu d'extermination de prisonniers de guerre russes. »

Combien sont-ils exactement, ces pauvres morts du camp de rassemblement (*Stammlager*, alias Stalag) XII E dont les plaques « d'identité » en aluminium retrouvées avec les ossements livrent le numéro de camp ? Consultée en 1995, la ville de Boulay nous a remis une note de trois pages dont l'auteur est M. Paul Bajetti qui fut réquisitionné à dix-sept ans par les nazis pour travailler aux installations sanitaires du camp de Ban-Saint-Jean. M. Bajetti cite plusieurs témoins :

« M. Pascal Brenneur déclare à ce sujet[7] : "Au total, 20 000 prisonniers soviétiques auraient transité par Boulay pour être ensuite envoyés en commandos de travail dans les mines de charbon de Moselle et de la Sarre, dans les mines de fer de Meurthe-et-Moselle et dans les usines sidérurgiques lorraines et luxembourgeoises. Ceux reconnus inaptes au travail étaient renvoyés à ce camp de Ban-Saint-Jean et 3000 y seraient morts."

« A Boulay, nous dit un civil russe, ancien employé qui vécut au camp hôpital de Boulay, l'établissement renfermait 2 000 malades ou blessés au maximum. Dès que les pensionnaires étaient rétablis, ils étaient renvoyés au camp de triage à Ban-Saint-Jean ou répartis dans des commandos, en usine, dans les mines, ou chez les paysans. Mais les mauvaises conditions de travail et la malnutrition les obligeaient à revenir dans cet hôpital dans un état encore plus grave. Les morts étaient tous enterrés au cimetière israélite qui se trouvait en face du camp. Les Allemands y firent creuser des fosses communes et y plaçaient les corps cinquante par cinquante, en les recouvrant de chaux vive ou de chlore pour éviter des épidémies en raison de la faible épaisseur de terre qui les recouvrait. »

Dans sa note, M. Bajetti précise que « les prisonniers furent transférés en Allemagne », en septembre 1944, « à la suite de l'avance des troupes américaines ». Il ajoute qu'une mission soviétique visita le camp de Ban-Saint-Jean, « le samedi 17 novembre 1945 » (il donne la composition de la délégation qui fut accompagnée sur les lieux par le préfet de la Moselle, le directeur de cabinet de ce dernier, le sous-préfet de Boulay et un sénateur). Si l'on en croit M. Bajetti, cette mission d'une journée avait pour but de

« mettre fin à tous ces bruits plus ou moins fondés qui circulaient au sujet des charniers existants à Boulay et Ban-Saint-Jean ».

Après avoir rappelé comment se déroula l'exhumation des corps, l'érudit boulageois nous dit que « la communauté ukrainienne s'inquiéta vivement de la destination finale des restes du camp de Ban-Saint-Jean » et qu'elle s'interrogea aussi « sur le sort réservé à la stèle commémorative [...] consternée par la grande discrétion dont faisaient preuve les autorités dans cette affaire »...

C'est bien ce que constate, avec un mince sourire, le président en exercice de l'Association des Ukrainiens de France, Wolodymyr Kosyk : l'association n'a jamais reçu de réponse à sa lettre de demande d'explication adressée au ministère des Anciens Combattants, le 23 mai... 1980.

À Ban-Saint-Jean[8], le monument aux Ukrainiens a disparu et l'endroit a été nivelé et labouré. Le champ du dernier repos n'a même pas retrouvé sa vocation militaire : « Depuis son abandon total, il sert quelquefois de terrain d'exercice aux sapeurs-pompiers », disait, en 1993, *Le Républicain lorrain*, qui, sous une photo très démonstrative, donnait ce détail : « ... comme cet été [1993], lors d'un stage de sauvetage-déblaiement de pompiers mosellans. »

M. Bajetti, dans sa note, révèle que le président de la communauté israélite de Boulay fut informé, « par lettre du ministère des Anciens Combattants », que les ossements des fosses communes de Boulay « seront exhumés et transférés au cimetière national soviétique à Noyers-Saint-Martin » (Oise). Cependant, les travaux « ne furent jamais exécutés. *Sur l'intervention d'une association de Russes blancs de France**, la municipalité de Boulay refusa le permis d'exhumer ».

Aujourd'hui, « quatre petites stèles, disposées de part et d'autre de l'allée centrale, indiquent symboliquement l'emplacement des fosses communes. Un muret sépare les deux cimetières ». Et M. Bajetti donne cette précision : « S'il faut en croire l'ancien employé russe qui vécut au camp-hôpital de Boulay à cette époque : quatre petites stèles symbolisant les quatre fosses communes contenant cinquante corps chacune, [ce sont] au total 200 (deux cents) corps qui reposent encore au cimetière de Boulay. »

L'addition des sacs en plastique fournis par un quincaillier de

* Souligné par l'auteur.

Boulay et ceux contenant 165 autres corps provenant « d'autres lieux de sépulture de la Moselle » permet bien de parvenir au total de 2 879 corps transférés dans le cimetière de l'Oise. Cependant, le mystère demeure... Comme nous avons pu le vérifier[9], ce sont 4 250 corps qui ont été transférés au cimetière de Noyers-Saint-Martin. Et si l'on en croit la communauté ukrainienne de l'Est (de la France) : « Des sépultures anonymes existent dans les bois de Hayange, Algrange et Alezange, aux endroits mêmes où furent tués nos compatriotes. Nous sommes loin de les avoir dénombrées toutes. »

Ne faudrait-il pas rendre hommage aux membres de l'association de ces obstinés Ukrainiens de Metz qui, longtemps avant les services officiels, ont découvert et pleuré leurs compatriotes, se sont souvenus et se sont brutalement trouvés écartés de la commémoration par les retournements (les nécessités ?) de la politique internationale de la France à la fin des années soixante-dix ? Le combat des dissidents ukrainiens pour la reconnaissance de leur identité historique et culturelle avait alors ses prolongements jusque dans les cimetières français.

Une autre affaire, celles des tombes « russes » du cimetière de Dijon-Les Péjoces, vient corroborer le fait que l'Union soviétique post-stalinienne et post-brejnevienne ne laissa pas les morts tranquilles. En 1982, la normalisation frappait encore les sépultures isolées par les monts et les plaines où les combats de la Libération avaient semé les tombes... juste avant (1983) que la dispersion revienne en faveur auprès de l'ambassade — la plupart de ses tombes dispersées étant situées en « zones sensibles ». C'est ainsi que, cette année-là, des transferts envisagés un peu plus tôt sont définitivement bloqués.

Les combattants ukrainiens enterrés le long des ifs de la clôture est du cimetière de Dijon ont connu plusieurs sépultures et changements de « statut » en un demi-siècle. Les corps de 88 d'entre eux, ainsi que ceux de deux Polonais et de cinq Yougoslaves, sont transférés[10], le 31 janvier 1947, de Besançon et de Varois à Dijon. Ce sont des soldats ayant combattu « aux côtés des forces américaines ». Les décès s'échelonnent de mars à juillet 1945. Ils se sont produits, pour la plupart, au 46th General Hospital américain établi à la caserne Vauban, à Besançon, et à l'hôpital de Varois (Côte-d'Or), l'un et l'autre subordonnés au VIe groupe d'armées américain. Rien ne précise le statut réel de ces combattants, mais il est probable qu'une partie d'entre eux au moins ont combattu dans une de ces unités en contradiction avec les accords américano-soviétiques comme le 868th Russian Infantry Regiment qui a enterré ses morts à l'American Cemetery de Bazoilles (Vosges)...

Au stade des conjectures, les associations peuvent s'opposer et réclamer chacune leurs tombes à honorer. C'est ainsi qu'une lettre de M. J..., de l'association France-URSS, réclame pour sa chapelle, au colonel Petit, ancien commandant du bataillon ukrainien révolté de Valdahon, les morts de Franche-Comté et d'ailleurs. La réponse du colonel ne parviendra pas. Il décède peu après avoir reçu la lettre. C'est sa veuve qui se charge de l'envoi de la réponse [11] — elle est signée des noms de trois grands invalides de guerre et décorés, trois anciens soldats du colonel Petit qui ont échappé au piège du retour en URSS : adjudant-chef Ivan Sligouk, caporal-chef Klem, caporal Bilak.

> « Suite à votre lettre du 13 juillet 1982 adressée au colonel Petit, Mme Petit, veuve du colonel, a informé le Comité du souvenir des soldats ukrainiens morts pour la France de vos intentions : *changer l'origine des morts pour la France après trente-huit ans de repos sur le sol français qui ont combattu pour ce beau pays de liberté* ; nous, les officiers, sous-officiers et soldats ukrainiens qui ont combattu respectivement en Côte-d'Or et en Franche-Comté sous les ordres du colonel Victor Petit et du commandant Hloba, en aucun cas n'avons appartenu à une unité soviétique. Nous dépendions des Forces françaises de l'Intérieur [FFI] et combattions sous le drapeau français et le drapeau national ukrainien bleu et or et le trident. Nos soldats tombés sur le champ de bataille et enterrés aux cimetières de Dijon, Varois, Vercel, Besançon et Emblin, et ailleurs... étaient *tous ukrainiens et non russes.* [Ils] n'auraient pas accepté de mourir pour l'impérialisme soviétique [russe]... »

Ce message, que l'on pourrait dire d'outre-tombe, est piqué comme une flèche dans l'historiographie française de la dernière guerre. C'est encore le fantôme de l'Ukraine rejetée dans les ténèbres extérieures qui se dresse là. Quatre décennies après la fin de la Seconde Guerre mondiale, le partage du monde paraît encore immuable et les Occidentaux y tiennent comme à leur politique de dissuasion et de coexistence alternées.

En 1995, les quatre-vingt-huit tombes de Dijon-Les Péjoces sont toujours décorées de la croix blanche latine de fabrication française. Le transfert n'a pas eu lieu vers la nécropole « nationale » de Noyers-Saint-Martin mais les inscriptions « Mort pour la France » ont été remplacées, d'ordre soviétique, par « Mort pour la Patrie »...

Les morts « récupérés », dépouillés même de leurs origines, par le pouvoir soviétique déclinant ont eu droit, sur le gazon uniforme et le gravier ratissé, à l'emblème symbolique de l'Empire aujourd'hui perdu : l'étoile*... Ce n'est évidemment pas le cas au cimetière (russe) de Sainte-Geneviève-des-Bois, dans la banlieue sud de Paris.

Le plan du cimetière, où la « vieille » émigration a désormais son refuge, révèle la conjonction des strates de l'exil : les généraux de l'armée blanche voisinent avec les écrivains, les savants, les poètes, les princes et les ducs... Ici reposent Noureïev, Lifar, Tarkovski. La liste des sépultures remarquables est fournie — plus dense, peut-être, qu'au Père-Lachaise. Voici la tombe de ce M. Maklakoff, du comité des Russes blancs, qui, en 1939, représentait l'émigration auprès du gouvernement français et qui, en 1944, attirait l'attention des nouvelles autorités françaises sur les dangers d'une trop rapide épuration. Voici la sépulture d'un groupe de jeunes Russes, morts pour la France, 1939-1945. Voici le carré de la Légion étrangère où l'on peut « voir la sépulture de Zinovy Pechkoff, fils adoptif de Maxime Gorki, et général de l'armée française ». Voici l'impressionnant monument aux 30 000 Cosaques livrés à l'Armée rouge, en mai 1945, par l'armée britannique, dans la vallée de la Drave, en Autriche : une demi-sphère de grand diamètre, en granit noir brut, surmontée de la croix orthodoxe en marbre...

---

* En 1980, d'après une convention franco-soviétique, le ministère des Affaires étrangères, « passant outre aux objections de principe des départements de l'Intérieur et de la Défense, a donné pour instruction au secrétariat d'Etat aux Anciens Combattants de satisfaire à la demande soviétique (de transfert vers une nécropole centrale des restes des morts) d'autant plus que le gouvernement de l'URSS a décidé de prendre la totalité des dépenses à sa charge. Conformément à cette décision, le Bureau des nécropoles nationales a été mis en rapport avec les représentants de l'ambassade soviétique, lesquels ont choisi *et commandé aux entreprises françaises les emblèmes funéraires* (triangle, pointe en haut, avec étoile pour surmonter les tombes individuelles) [...] ». Ministère des ACVG.

Deux dames âgées qui conversaient sur un banc de pierre m'ont indiqué le chemin du monument aux Cosaques. Un peu avant de l'atteindre, je me suis attardé devant le tombeau, décoré de lys blancs, du danseur étoile Serge Lifar. Une flamme perpétuelle brûle au cœur de la pierre noire verticale surmontée, elle aussi, de la croix orthodoxe. Au monument aux Cosaques, le silence n'est troué que par le bruissement des bouleaux et les trilles des oiseaux. Je me suis souvenu alors de cette émission du dimanche matin où j'ai vu mon ami Igor, en manteau d'hiver, parler devant la tombe de son père. Comment ne pas songer aussi à Nina Berberova qui, évoquant Sainte-Geneviève-des-Bois, parlait du cimetière russe comme d'un lieu où « les tombes des héros de la Résistance garnies de fleurs fraîches côtoient celles des traîtres envahies par les ronces. *Ici dort l'histoire de l'émigration russe faite de gloire, de misère, de folie et de boue*[*12] ».

Au cimetière militaire « russe » de Saint-Hilaire-le-Grand comme aux Péjoces ou à Sainte-Geneviève-des-Bois, sous la majesté des cèdres et la fine élégance des bouleaux, les alignements de croix blanche de la Grande Guerre avoisinent les rangées de tombes des morts de l'autre grande guerre, celle de 1939-1945. Ici, on compte huit cent quarante sépultures de soldats « russes » tombés en 1914-1918. Trente-sept tombes « soviétiques » étaient, naguère encore, revendiquées à la fois par feu l'ambassade de l'URSS et les associations ukrainiennes. Cela ne faisait pas l'affaire de certaines associations « blanches » pour lesquelles la terre « russe » de Saint-Hilaire-le-Grand est sacrée. Des protestations ulcérées parvinrent au ministère des ACVG lorsque les officiels soviétiques, dans les années quatre-vingt, manifestèrent subitement une piété envahissante pour « les 1939-1945 », « leurs » propres morts... Plusieurs ministères (français) froncèrent les sourcils. D'aucuns murmuraient que la proximité du camp de Mourmelon-le-Grand, haut lieu des manœuvres de l'armée française, n'était pas étrangère à une telle ostentation.

Des croix courtes et massives, en granit gris et brut, plantées dans le vert gazon jalonnent les deux hémisphères. Les *Soldatenfriedhöfe* (les cimetières de guerre allemands) sont innombrables. L'Association populaire allemande pour l'entretien des tombes militaires (*Volksbund Deutsches Kriegsgräberfürsorge*) s'est char-

---

* Souligné par l'auteur.

gée d'eux dans quatre-vingts pays. M. von Lutzau, chef des services du siège de l'Association, à Kassel, décrit l'action du *Volksbund* pour le relevé et le regroupement des centaines de milliers de tombes allemandes de 1939-1945 sur le territoire français. M. von Lutzau cite les termes de l'accord de réciprocité franco-allemand d'octobre 1945 et dit que l'Association se réjouit de constater le soutien effectif des autorités françaises mais s'étonne un peu des réticences manifestées par certains mouvements de Résistance à restituer, aux deux parties liées par la convention, papiers et documents de reconnaissance.

Contrairement à ce qui s'est pratiqué chez les Français, les soldats étrangers, d'origine soviétique principalement, n'ont pas été identifiés en tant que tels. Le lieu de naissance n'étant pas enregistré, il n'est pas possible d'opérer un comptage des ressortissants, d'autant que la confusion et la complexité des appartenances « ethniques » des peuples de l'URSS ajoutent encore à la difficulté. Les sépultures des soldats étrangers sont mêlées aux sépultures des soldats allemands de souche. Elles ne peuvent pas être distinguées. Impossible même de tenter une évaluation par nationalités, qu'elles soient russe, biélorusse, ukrainienne, arménienne, géorgienne, « caucasienne »...

S'il y a bien eu autour de 120 000 « Russes » en France, que sont devenus les 45 000 qui n'ont pas été capturés par les armées alliées après les débarquements de Normandie et de Provence* ?

Poser la question revient aussi à se demander à quoi ces auxiliaires ont bien pu servir. Au milieu de la retraite de ce qui reste du groupe d'armées « B » puis du groupe d'armées « G », à la fin de l'été 1944, les unités « russes » formèrent des « bouchons retardateurs ». C'est-à-dire que le commandement allemand plaçait, à chaque ligne de défense du repli, des arrière-gardes « russes ». Celles-ci étaient généralement sacrifiées pour donner au gros des unités le temps de s'écouler vers le Rhin, vers l'Allemagne. Bien peu échappèrent à la destruction. Les survivants qui n'avaient pas rallié les FFI ou les Alliés atteignirent la ligne de défense des frontières du Reich au cours du mois de septembre 1944, ne laissant derrière eux que leurs

---

* Voir note p. 57.

morts. Compte tenu de ce que la mythique « armée Vlassov* » ne réussit jamais à réunir que les quarante mille soldats des deux seules divisions à avoir vu le jour et qu'elle fut constituée, pour la majeure partie, des rescapés de la retraite de France, on peut dire que, finalement, les pertes « russes » doivent être voisines de 15 000 hommes (tués, blessés et disparus compris). Comment avoir une idée exacte du nombre des tués ? Interrogé, Serge B., haut fonctionnaire du ministère des Anciens Combattants et Victimes de Guerre, ne peut que souligner le flou des statistiques. S'il y a bien, officiellement, 7 062 corps répertoriés [13] comme « soviétiques » (« russes ») dans les cimetières de trente-huit départements, s'ils sont ensevelis en lignes de tombes individuelles ou en ossuaires, s'ils ont été mis à part, comme non-Allemands, à la différence de la pratique allemande, il est impossible de déterminer s'ils sont morts prisonniers de guerre, travailleurs de l'organisation Todt, déportés du travail, *Osttruppen*, combattants de la Résistance abattus par la répression ou soldats des détachements soviétiques des FFI. On peut juste affirmer que les nécropoles et les carrés militaires communaux compris dans l'ex-zone interdite et dans les trois départements annexés ont reçu majoritairement les restes des prisonniers de guerre des stalags XII E (Metz) et VI D (Strasbourg) ainsi que les dépouilles de déportés ukrainiens et biélorusses.

Comme le dit si bien Henri Amouroux [14], 1946 a vu venir l'heure « des comptes et des règlements de comptes ». La France entière, comme le reste du monde, fait ses bilans. Additionne ses pertes, tire le solde négatif des échanges guerriers. Sur les lieux des combats, dans tout le pays, après le *Te Deum* à l'église, le conseil municipal visite le cimetière et dresse un état des tombes. À la brigade la plus proche, le gendarme auditionne les témoins des drames dont la commune ou le canton furent le théâtre. On découvre alors que les sépultures sommaires recèlent souvent des « Russes », ensevelis dans un uniforme feldgrau ou dans une vareuse kaki de l'Armée rouge... Ce « Russe », est-ce un « Vlassov » (comme on commence à dire) ? Un habitant du village déclare, lui, que c'est un « maquis »... comme à Cémadon, près du bois de Confracourt, où l'on déterre, dans « la clairière du Russe », le corps d'un Ukrainien du 3e bataillon révolté à Noidans-le-Fer-

---

* Voir chapitre 9.

roux. Le Souvenir français subventionnera désormais l'entretien de la « tombe du Russe »...

Toutes les confusions sont possibles. Le brouillage est total. Chez les acteurs comme chez les spectateurs, au niveau des collectivités comme à celui de l'autorité administrative. En situation de guerre, c'est la règle : l'urgence prime.

Conclusion

Pas de droit d'asile pour les fantômes

Dans le contexte de confusion de la Libération et, plus tard, dans les difficultés de l'hiver 1944, la question posée à la France par des centaines de milliers d'étrangers — Espagnols, Polonais, Tchécoslovaques, Yougoslaves, Baltes... et « Russes » —, dont beaucoup sont armés et participent aux combats, n'est pas la moindre à laquelle le Gouvernement provisoire est confronté.

Si les Espagnols républicains continuent de croire à une reconquête de leur pays contre Franco, si les Polonais, les Tchécoslovaques ou les Italiens ont tout de suite su ce qu'ils avaient à faire, les « Russes » attendent que le flou se dissipe — les « Russes », c'est-à-dire aussi les Baltes, les Ukrainiens des provinces occidentales et, plus généralement, les ressortissants des pays « conquis/libérés » par l'Armée rouge.

L'affaire (pour la France) se traite entre une grande puissance, l'Union soviétique, que la guerre et les victoires ont hissée au second rang des nations, et une puissance vaincue à qui le bon vouloir de ses partenaires et l'audace de son chef, de Gaulle, redonnent un rang honorable. Dans ce système de rapport de forces, le gouvernement soviétique considère plutôt la France avec mépris et comme une vassale. D'autant que pour retrouver sa place dans le « concert des nations », tel que le général de Gaulle se l'imagine, elle est contrainte de flatter l'ours soviétique. Cela permet aux autorités soviétiques (diplomates et officiers de la mission militaire de rapatriement) d'imposer des conditions draconiennes pour le rassemblement et l'hébergement de leurs ressortissants et d'exiger un retour immédiat dans la mère patrie. Les Français, bousculés par des exigences (et des remontrances) permanentes, se plient aux ordres sans trop d'états d'âme. Il faut dire qu'ils sont un peu pris de court et qu'ils auraient bien vu, dans un premier temps, une intégration des volontaires dans les unités de l'armée en cours de réorganisation et une affectation des travailleurs aux mines, ateliers et chantiers où manque cruellement la main-d'œuvre.

Sous la double pression de l'Union soviétique et du parti « séparatiste », comme dira plus tard de Gaulle, le Gouvernement provisoire s'avance cahin-caha vers une version originale (française) des méthodes appliquées par les Britanniques dès 1942 et les Américains à partir de 1943. On sépare les ressortissants soviétiques capturés en uniforme feldgrau des prisonniers de guerre authentiquement allemands ; on les enferme dans des camps avant de les réexpédier, au besoin *manu militari*, au maréchal Staline qui, a dit Bogomolov, donne l'aman...

L'originalité de l'attitude française tient au fait que l'extradition se prépare et se passe dans une relative douceur (compte tenu de l'époque). Il n'y aura pas, du moins sur le sol français, de scènes regrettables et quelquefois sanglantes comme en susciteront les Britanniques à Lienz, en Autriche (vallée de la Drave), ou les Américains à Dachau ou Plättling. Ayant conservé la direction de leurs camps, les Anglo-Américains sont les seuls à supporter la responsabilité des rapatriements forcés. Pour la France, les torts sont partagés...

À chaque fois que les Soviétiques et leurs auxiliaires français seront pris en flagrant délit d'ingérence (par exemple à kidnapper des récalcitrants ou à vouloir faire la police autour de la gare de La Part-Dieu, à Lyon *...), les autorités françaises pourront formuler des remontrances — et l'on verra les officiers de la mission soviétique embarrassés. Cela n'empêchera ni les assassinats discrets ni la mise en œuvre d'une première épuration — attestée par Bogomolov lui-même. Cela n'interdira pas aux missions militaires, dûment autorisées par le haut commandement, d'appliquer le « droit » soviétique dans les soixante-dix camps soviétiques « français ».

Quoi qu'en disent l'ambassadeur Bogomolov, le vice-ministre Dekanozov ou le général Dragoun, les méthodes françaises se sont révélées efficaces. Au moment où, le 29 juin 1945, la France et

---

* Voir p. 84.

l'Union soviétique signent un accord de réciprocité fixant les règles du jeu, on peut dire que cet accord est presque devenu sans objet. Les deux tiers des ressortissants soviétiques ont déjà été réexpédiés à Staline (et au NKVD). Reste à passer au peigne fin ce qui demeure de l'encadrement, des retardataires, des malades, des cas litigieux et des récalcitrants. A propos de ces derniers, la France va faire du zèle durant quelques mois. Police et gendarmerie reconduisent dans les camps les évadés repris (et parfois dénoncés)... Et ceci au moins jusqu'au départ du général de Gaulle (janvier 1946) qui coïncide avec les premiers signes de « guerre froide ».

Longtemps, la seule évocation de ces extraditions déchaîna les foudres des porte-parole attitrés de l'URSS (officiels et officieux) et des défenseurs de la *vulgate* du KGB. Taisant que la moitié au moins des « Russes » extradés était faite de civils déportés, que parmi ces civils figuraient nombre de femmes et d'enfants, que l'autre moitié, composée de prisonniers de guerre, n'avait commis d'autres forfaits que d'accepter de couler du béton pour l'organisation Todt, taisant surtout que la plupart des auxiliaires de la Wehrmacht — et même de la Waffen SS — avaient pris une part non négligeable à la libération de la France en se rangeant, avec armes et bagages, du côté de la Résistance là où elle était présente, on neutralisa la conscience des Français en leur racontant que tous ces « Russes » avaient appartenu à l'armée Vlassov, l'armée du « traître », et qu'ils s'étaient salis dans la répression des maquis...

Le « problème », c'est que Vlassov ne fut autorisé par les nazis à créer une armée qu'en novembre 1944... la France étant libérée depuis plusieurs semaines. D'autre part, s'il est indéniable que des unités d'auxiliaires de l'Est se rendirent coupables d'exactions dans des régions à forte implantation de maquis, cela prit parfois l'importance des actions comparables conduites par la Milice de Darnand. Les porte-parole de Staline réduisirent leurs justifications à un amalgame calomniateur.

Ensuite, tomba le rideau de fer de l'oubli. Notre ouvrage, nous l'espérons, ménage un oculus dans la paroi. Cinquante ans de silence n'ont pas suffi, finalement, à étouffer la mémoire. Les archives, quand on veut bien les ouvrir et les consulter, témoignent pour la fin des temps.

Cessera-t-on, un jour, de faire la chronique de ce siècle à la manière de Joinville racontant les Croisades ? Ainsi, le plus obstiné des chercheurs ne trouvera rien encore sur certains massacres « vengeurs » perpétrés par des « résistants » de la onzième heure. Non pas parce que ces massacres n'ont pas laissé de traces, même écrites, mais parce que les dossiers qui en contiennent la description ou le bilan demeurent protégés par cent ans de « réserve »...

À partir de témoignages vérifiés en toute honnêteté et rigueur, Henri Amouroux a évoqué, par exemple, l'affaire de Mouthe dont nous avons été témoin. On se souvient de ces 60 et quelques Cosaques et douaniers allemands abattus, au fusil-mitrailleur, dans les granges du village au lendemain de la Libération... L'éminent historien et membre de l'Institut a aussitôt reçu de ces belles lettres qu'on encadre. Et par exemple : visité par une délégation de héros, l'actuel maire de Mouthe leur a présenté le registre de l'état-civil où, à la date du 4 septembre 1944, les 83 déclarations de décès inscrites à la suite ne sont pas toutes la conséquence des quelques heures de combat qui assurèrent la libération de la petite cité du haut Doubs...

Deux fantômes planent au-dessus de l'ouvrage qui s'achève ici : celui de l'Ukraine, qui attendit presque quarante ans une indépendance entrevue, mais surtout celui du général Andreï Andreïevitch Vlassov, le « de Gaulle russe », comme on disait à Smolensk, à l'état-major de von Bock.

Qui, jusqu'ici, dans l'historiographie française, a fait état, spécifiquement, de l'insurrection antihitlérienne et antistalinienne d'une Ukraine espérant, durant douze ans (de 1942 à 1954), sa liberté ? Sur ce sujet, les « auteurs » français reproduisent complaisamment et exclusivement les stéréotypes soviétiques. Même les sources diplomatiques s'en tiennent à la version officielle du gouvernement de l'URSS. Qui se souvient encore que la sanglante répression a été conduite par ce « bon » Nikita Sergueïevitch Khrouchtchev, placé par Staline à la tête des troupes spéciales du ministère de l'Intérieur ?

Ce que la France a laissé faire, nous l'entrevoyons lorsque passent les témoignages du sous-lieutenant Achille Guillermet, alias « l'Amiral », adjoint du colonel Lagarde, chef de notre « Groupement frontière » au maquis de Franche-Comté. C'est Achille Guillermet qui reçoit la charge de conduire le 2e bataillon d'Ukrainiens à Marseille pour que ces hommes-là soient livrés, à Odessa, aux sections spéciales du NKVD. Nous l'entrevoyons encore dans ce que nous racontera, des années après, Michel Pequelgny de son frère Basile, lequel réussira, avec un petit groupe de ses camarades, à rejoindre l'Europe de l'Ouest en marchant, de nuit, à travers les Carpates et la Tchécoslovaquie, jusqu'en Bavière... achevant sa course à Poissy, naturalisé français, ouvrier dans une usine du groupe PSA.

Cette lutte sauvage pour la liberté est passée aisément à la trappe. Pour le maréchal Staline comme pour le cabinet de Saint-Pétersbourg au temps de Nicolas II, « il n'y a pas, il n'y a jamais eu, il n'y aura jamais de langue ukrainienne » ! Désignée sous le vocable de « Petite Russie », l'Ukraine avait disparu de l'Histoire...

La résurrection actuelle de la « Grande Russie » est inséparable, elle, de l'autre fantôme : Andreï Vlassov. Au terme du conflit mondial, la grande illusion entretenue par l'ancien défenseur de Moscou (en décembre 1941, à la tête de la IIe armée soviétique) repose sur la probabilité d'un affrontement imminent entre les Alliés occidentaux et Staline. L'entreprise de Vlassov et de ses compagnons consiste à édifier une « troisième force » qui pourrait être crédible en un tel contexte — ce que pressent Hitler qui qualifie Vlassov de « renard dans le poulailler » et lui refuse toute possibilité d'action.

Assigné à résidence à Berlin, strictement surveillé par la Gestapo, otage de la propagande, Vlassov ne pourra rien entreprendre avant novembre 1944. Son « armée » ne sera opérationnelle (deux divisions incomplètes...) qu'au printemps de 1945. Et son action d'éclat (elle aussi passée sous silence) sera la libération de Prague, aux côtés de la résistance nationale tchèque, trois jours avant l'arrivée de l'Armée rouge.

Le tort de Vlassov est d'avoir été anachronique et d'avoir flotté entre Hitler et Staline, ces deux suppôts de l'enfer. Vlassov ne pouvait que faire naufrage. Il est mort pour une cause provisoirement déjà perdue en 1917-1918. À leur façon, Churchill et Roosevelt ont, eux aussi, pactisé avec le diable. Vlassov est vaincu : il a tort ! Sa mémoire, inséparable de l'histoire de l'Europe à naître, doit être relevée.

Comment ne pas se souvenir de la réflexion du « Commandant X », auteur d'un mémoire d'école de guerre (sur Vlassov précisément) conservé au Service historique de l'armée de terre : « Ainsi est mort un homme (Vlassov) qui a débuté comme Hoche et fini comme Moreau » ?

Rappelons, par ailleurs, que les « Russes » stationnés en France en 1943-1944 n'ont jamais fait partie de la véritable « ROA », même s'ils portaient, effet voulu par la propagande allemande, l'insigne à ce chiffre sur la manche de leur tunique. Effet réussi, au demeurant, mais la véritable « ROA » n'exista pas avant la fin de 1944... et Vlassov ne commanda rien sur le territoire français.

En définitive, y avait-il urgence, pour les alliés occidentaux, de livrer, de gré ou de force, contrairement au « droit d'asile » reconnu, en principe, par les nations civilisées, ces dizaines de milliers de militaires capturés à l'Ouest, dans la phase finale de la Seconde Guerre mondiale ?

Sauf exception, les ouvrages historiques en langue française ont soigneusement mis la question de côté. Les auteurs allemands et de langue anglaise ont eu plus de courage et rendu compte de la tragédie.

L'un d'eux, Nicolas Tolstoï (Nikolaï Tolstoy), assimila la livraison des prisonniers yougoslaves et cosaques à un véritable « crime de guerre » et s'en prit à l'un des officiers britanniques qui dirigèrent l'opération près de Lienz, Autriche, dans la vallée de la Drave. Le 1er décembre 1989, un jugement d'un tribunal britannique condamnait Nicolas Tolstoï et Niegel Watts, autre signataire du libelle, à une amende d'un million et demi de livres sterling — et, pour les dépens, à un million de livres sterling de frais de justice ! Comme me l'écrira le condamné, ce fut « le plus grand procès en diffamation de l'histoire de la justice britannique ».

S'il est un droit d'asile théoriquement incontestable, c'est bien celui qui est offert sans restriction, après la fin d'un conflit, par les pelouses tranquilles des cimetières militaires, sous les ormes et les ifs... Soldats perdus ou non, citoyens soviétiques disparus dans la lutte antimaquis au sein des rangs allemands, dans les combats antifascistes au milieu de la Résistance française, soldats enterrés, à jamais anonymes, en quelque forêt ou quelque lande revêtue de bruyère... le sol de France s'est ouvert largement à l'accueil des corps.

Le rapport que j'ai présenté, en mars 1991, m'a permis de comptabiliser 7 062 Soviétiques inhumés dans les fosses communes et les tombes individuelles des nécropoles.

Non loin de ces lieux de silence et de piété, les 22 *Friedhöfe* gérés par le *Volksbund* contiennent une encore plus grande quantité de corps « russes ». Selon l'association, ces soldats-là ne sont pas pris en compte à part puisque les « volontaires de l'Est » sont réputés « morts de l'armée allemande ».

Le frère de Dimitri Borodatchev, que nous évoquions dès les premières pages de ce livre, demeurera inconsolé. L'invalide de la Grande Guerre patriotique ne pourra jamais se recueillir devant la moindre plaque. Son frère, le Cosaque, appartient à la difficile catégorie des « morts sans sépulture »... Sa stèle, c'est notre mémoire, cette image que nous a laissée de sa mort notre ami Ivan Kolesnik.

La dernière fois que Dimitri a été vu, le 10 septembre 1945, il était entre les mains de quatre hommes qui l'élevaient plus haut que leurs épaules avant de le sonner sur le béton de l'orangerie du château de Beauregard, La Celle-Saint-Cloud, Seine-et-Oise.

Questionné, Ivan Kolesnik assure qu'il ne l'a pas entendu crier.

ANNEXES

1

Texte intégral de l'accord de réciprocité du 29 juin 1945

Accord concernant l'entretien et le rapatriement des citoyens français et soviétiques se trouvant sous le contrôle respectif des autorités soviétiques et françaises.

Le Gouvernement provisoire de la République Française d'une part, et le Gouvernement de l'Union des Républiques Socialistes Soviétiques d'autre part, désirant conclure un accord concernant la réglementation de l'entretien et du rapatriement des citoyens soviétiques, aussi bien ex-prisonniers de guerre que civils et militaires se trouvant sous le contrôle des Autorités françaises et ne tombant point sous le coup des accords de rapatriement conclus le 11 février 1945 par le Gouvernement soviétique avec les Gouvernements de Grande-Bretagne et des Etats-Unis et concernant aussi la réglementation de l'entretien et du rapatriement des citoyens français aussi bien ex-prisonniers de guerre que civils et militaires se trouvant sous le contrôle des Autorités soviétiques, sont convenus de ce qui suit :

Article 1er

Toutes les personnes définies dans le préambule du présent accord seront séparées sans délai des prisonniers de guerre ennemis et entretenus séparément dans des camps et des centres de rassemblement jusqu'au moment de leur remise aux Autorités françaises ou soviétiques selon les cas, aux endroits convenus entre lesdites autorités.

Article 2

Les hautes parties contractantes veilleront à ce que leurs autorités compétentes signalent immédiatement aux autorités compétentes de l'autre partie contractante les citoyens de l'autre partie contractante trouvés par elles et prendront en même temps toutes mesures pour exécuter les clauses de l'accord.

Les Autorités soviétiques et françaises chargées du rapatriement seront admises immédiatement dans les camps de rassemblement et points de concentration des citoyens de leur pays et auront le droit d'y nommer l'administration intérieure et une gestion conformes aux règlements militaires et à la législation de leur pays.

Des facilités seront assurées pour l'envoi ou le transfert d'officiers et de sous-officiers de guerre libérés et où les officiers et sous-officiers seraient en nombre insuffisant. La protection intérieure ainsi que le contrôle de l'accès et de l'issue des camps et centres de rassemblement seront assurés conformément aux instructions du commandant militaire dans la zone où sont situés ces camps ou centres de rassemblement. Ce commandement militaire nommera également un chef de camp qui aura la responsabilité de l'ensemble de l'administration et de la discipline du camp ou centre de rassemblement dont il s'agit.

Le déplacement des camps aussi bien que le transfert d'un camp dans un autre de citoyens libérés aura lieu par accord entre les Autorités françaises et soviétiques compétentes. De tels déplacements et transferts pourront être effectués dans les cas exceptionnels sans accord préalable. Toutefois, les autorités compétentes seront immédiatement informées de ces déplacements et de leur motif.

La propagande hostile dirigée contre les hautes parties contractantes ou contre l'une quelconque des Nations Unies ne sera point tolérée.

Article 3

Les Autorités françaises et soviétiques compétentes assureront aux citoyens libérés une nourriture, des vêtements, des logements et des soins médicaux adéquats, aussi bien dans les camps et centres de rassemblement qu'en cours de déplacement. Elles assureront également leur transport jusqu'au moment de leur remise aux Autorités françaises ou soviétiques selon les cas, dans les centres fixés par accord entre ces autorités ; la nourriture, les vêtements, le logement et les soins médicaux devront être assurés conformément aux barèmes réglementaires pour les soldats, sous-officiers et officiers. Les civils bénéficieront des mêmes barèmes que les soldats.

Les hautes parties contractantes n'exigeront pas de compensation pour ces services et tous autres analogues que leurs autorités pourront être amenées à rendre aux citoyens libérés de l'autre partie contractante.

Article 4

Chacune des hautes parties contractantes aura le droit d'utiliser, d'accord avec l'autre partie contractante, tels de ses propres moyens de transport dont elle pourrait disposer pour le rapatriement des personnes définies dans le préambule du présent accord. De même, chacune des hautes parties contractantes aura le droit d'utiliser, d'accord avec l'autre partie contractante, ses propres moyens pour l'acheminement de ravitaillement à ses citoyens entretenus par l'autre partie contractante.

Article 5

Les Autorités compétentes françaises et soviétiques, au nom de leur Gouvernement respectif, remettront aux citoyens libérés de l'autre partie contractante, les avances qui auront été fixées au préalable par accord entre les autorités compétentes françaises et soviétiques.

Les avances faites dans la monnaie de n'importe quel territoire ennemi ou dans la monnaie des autorités d'occupation ne seront point sujettes à remboursement.

En cas d'avances faites dans la monnaie de territoires libérés non ennemis, le Gouvernement provisoire de la République Française et le Gouvernement soviétique, chacun pour ce qui est des avances faites à ses citoyens, effectueront les règlements nécessaires avec les Gouvernements desdits territoires qui seront informés de la quantité de leurs devises dépensées à cette fin.

Article 6

Les personnes définies au préambule du présent accord peuvent, en attendant leur rapatriement, être employées à la gestion et à l'entretien des camps ou des centres de rassemblement dans lesquels elles se trouvent. Elles peuvent également être utilisées si elles sont volontaires, à tous travaux dans la proximité de leurs camps, dont il aura été convenu entre elles par les Autorités françaises et soviétiques compétentes ; les questions de salaires et autres conditions de travail devront être définies par voie d'accord entre ces autorités. Il est entendu que l'emploi de membres libérés des forces armées respectives se fera conformément aux règlements militaires et sous la surveillance de leurs officiers.

Article 7

Les hautes parties contractantes s'engagent à utiliser tous les moyens disponibles pour transporter les citoyens libérés aux points fixés par accord, où ils seront remis aux Autorités françaises ou soviétiques selon le cas. La remise de ces citoyens libérés ne peut, en aucun cas, être entravée ou ajournée en raison des exigences du travail auquel ils seraient temporairement affectés.

Article 8

Le présent accord entrera en vigueur immédiatement après sa signature.

Fait en double exemplaire, chacun d'eux en langues française et russe, les deux textes faisant également foi.

Moscou, le 29 juin 1945.

Annexe à l'accord concernant
l'entretien et le rapatriement des citoyens français et soviétiques
se trouvant respectivement sous le contrôle
des autorités soviétiques et françaises

Le Gouvernement Provisoire de la République Française d'une part et le Gouvernement de l'Union des Républiques Socialistes Soviétiques d'autre part, lors de la signature le 29 juin 1945 de l'Accord concernant l'entretien et le rapatriement des citoyens français et soviétiques se trouvant respectivement sous le contrôle des autorités soviétiques et françaises sont convenus de ce qui suit :

I. Sont sujets à rapatriement, tous les citoyens français et soviétiques, y compris ceux d'entre eux qui sont exposés à des poursuites pour les crimes par eux commis, et notamment pour les crimes commis sur le territoire de l'autre Partie Contractante.

II. Ledit accord concernant l'entretien et le rapatriement des citoyens français et soviétiques s'étend également aux habitants, libérés par l'Armée Rouge, des Colonies et Protectorats Français.

Le présent protocole a été établi en deux exemplaires, chacun d'eux en langues française et russe, les deux textes faisant également foi.

Moscou, le 29 juin 1945.

2

Décret du Praesidium du Soviet Suprême de l'URSS en date du 14 juin 1946

Le 14 juin 1946, le Praesidium du Soviet Suprême de l'URSS décrétait :

Article I. Il est précisé que tout individu ayant appartenu comme sujet au ci-devant Empire russe à la date du 7 novembre 1917 ainsi que les personnes ayant eu la qualité de citoyen soviétique et leurs enfants peuvent recouvrer cette qualité.

Article II. Les personnes visées par l'art. I du présent édit ayant manifesté le désir d'être réintégrées dans la qualité de citoyen de l'URSS peuvent l'être du seul fait d'avoir adressé une demande dans ce sens, avant la date du 1er novembre 1946, avec documents à l'appui certifiant l'identité du demandeur et sa qualité dans le passé de sujet du ci-devant Empire russe ou de citoyen soviétique.

Article III. Les demandes de réintégration dans la citoyenneté soviétique seront examinées à l'Ambassade de l'URSS en France. Dans le cas où les pièces déposées par le candidat satisferont aux conditions du présent édit, il lui sera délivré un passeport soviétique pour sa sauvegarde.

*Le 4 juillet 1946, le gouvernement français (Ministère des Affaires Etrangères) faisait paraître dans la presse le communiqué suivant : « Les autorités françaises ont pris connaissance du décret publié le 14 juin par le Conseil Suprême de l'URSS et concernant la réintégration dans la nationalité soviétique des émigrés russes résidant sur territoire français. Elles en examinent actuellement les principales dispositions de façon à fixer leur point de vue sur les différentes questions juridiques soulevées par ce décret, notamment en ce qui concerne les permis de séjour que les émigrés russes ayant opté pour la nationalité soviétique devraient obtenir pour être autorisés à résider en territoire français. »

3

Retour à la terre natale
Des Russes émigrés rejoignent l'URSS

Samedi, vers 23 heures, une animation inaccoutumée régnait sur une voie de garage de la gare de Bercy, à proximité des nombreux hangars désapprovisionnés. Cent vingt-trois Russes, profitant de l'oukase du Conseil suprême de l'Union soviétique en date du 14 juin dernier leur permettant d'acquérir la nationalité soviétique, se pressaient dans six wagons archaïques pour rejoindre leur patrie via Marseille. De nombreux amis étaient venus les accompagner, et l'atmosphère était à la gaieté et à l'espoir.

Sur quarante-cinq mille Russes actuellement en France, dix mille ont demandé à profiter de cette mesure ; aucun de ces derniers n'avait précédemment opté pour la nationalité française. Le bateau *Rossiia*, qui doit transporter le premier convoi, embarquera en outre une centaine de Russes provenant des autres régions françaises, ainsi qu'un certain nombre d'Ukrainiens et de Biélorussiens, mais ceux-ci non émigrés politiques.

Le gouvernement soviétique a pris en considération toutes les demandes, sauf celles des criminels de droit commun et celles des Russes qui se sont compromis avec des Allemands. C'est à la suite de requêtes présentées par différents groupements de Russes émigrés que le gouvernement de Moscou a pris cette décision, applicable en outre à la Bulgarie, à la Yougoslavie et à la Mandchourie. Le logement et le travail dans la ville de leur choix sont assurés aux rapatriés.

Parmi les notabilités ayant sollicité la nationalité soviétique on peut noter les écrivains Alexis Remizov et Rochtchine, les généraux Postovski et Makrov, le prince Obolenski et le comte Bezobrazov, les peintres Mansourov, Benatov et Kraïter.

Nous avons pu joindre dans la foule du départ M. Rochtchine, qui fut notoirement antibolcheviste, et nous lui avons demandé les raisons de son revirement. « J'ai terminé, nous a-t-il déclaré, la première guerre mondiale comme capitaine, puis j'ai vécu en Yougoslavie avant de venir en France où j'ai complété mon œuvre littéraire qui comprend actuellement dix-sept volumes. Lors de l'invasion de la Russie par l'Allemagne, je me suis rendu compte que le pangermanisme renaissait comme en 1914 et que ma place était au combat pour la Russie éternelle. J'ai immédiatement adhéré à l'organisme de résistance CADI, où j'ai retrouvé de nombreux camarades. Les Soviets ont sauvé la Russie, et je n'ai plus qu'un désir : rejoindre ma patrie. Je continuerai à écrire à Moscou où je serai en outre le correspondant permanent des *Nouvelles soviétiques*, dans lesquelles j'exposerai impartialement la vie que je découvrirai là-bas avec tout ce qu'elle peut présenter de bien comme de mauvais, mais toujours avec enthousiasme.

Que pensaient les autres Russes présents ? Un jeune homme né en France, venu accompagner des camarades, nous dit son refus de partir dans l'ignorance de ce qui l'attend dans ce pays qui lui est inconnu. Un père qui, lui, rejoindra bientôt sa patrie nous confie la résolution de son fils de demeurer en France où il s'est créé une situation. Au contraire deux jeunes Bessarabiennes nous ont fait part de leur décision de retourner bientôt vers leur lointaine province. Un jeune scientifique suit ses parents qui désirent renouer avec leur famille, et il terminera l'équivalent de sa licence à Moscou ou à Saratov. Une charmante artiste peintre n'hésite pas à abandonner « son délicieux mari français, qui lui a d'ailleurs promis de l'attendre », pour les nouvelles écoles d'art soviétiques.

Si la nostalgie de la terre natale a été pour beaucoup dans la décision de certaines personnes âgées, pour la plupart il semble que ce soit la magnifique épopée de l'armée rouge qui est à la base de leur revirement d'opinion.

Pendant les dernières minutes l'animation s'accentue. Des chœurs s'élèvent dans la nuit, chants de l'armée soviétique pendant cette dernière guerre ou vieilles chansons de la guerre russo-japonaise. Un rapatrié fait naturellement acclamer Staline et Molotov, et toute la colonne présente entonne *Allons au-devant de la vie*, symbole de l'espoir et de la foi en la patrie retrouvée.

Lorsque le lieutenant commandant le convoi ordonne de rejoindre les wagons, hommes et femmes se pressent et s'embrassent, et donnent rendez-vous là-bas à ceux qui restent pour quelques jours encore... Puis le train s'ébranle, dans les cris d'adieu. Et, comme la propagande ne saurait être absente des manifestations soviétiques, on voit jaillir de chaque portière, en réponse aux anodins mouchoirs blancs qui s'agitent sur le quai, d'énormes drapeaux rouges à la faucille et au marteau d'or.

A. Brisson, *Le Monde*, 5/11/1946.

4

Liste nominative des militaires soviétiques — guerre 1939/1945 inhumés dans le cimetière militaire de Saint-Hilaire-le-Grand (Marne)

Noms & prénoms	Grade	Date de décès	Unité	N° tombe	État d'entretien	Cause de décès
1. REKSINE Wladimir	S/Lieut.	8/6/40	23° R.M.V.E.	140	Bon	Inconnue
2. STASIUK Yvan		Inconnue	F.F.I. Russe	446	Bon	Inconnue
3. YERKE Kyncohro		Inconnue	Armée russe	447	Bon	Inconnue
4. MARCINEVITCH Léonzi	Soldier	Inconnue	Armée Russe	448	Bon	Inconnue
5. NYAZDOF Saffol	Former	Inconnue	n° 7775 Stalag 318 VIII F.P.O.W.	449	Bon	Inconnue
6. BELINI Michael	Former P.O.W.	Inconnue	Armée Russe	450	Bon	Inconnue
7. IVANCZYNOW Iwan		Inconnue	Civil Russe	451	Bon	Inconnue
8. SATUADIB Gambérak		Inconnue	Armée Russe	452	Bon	Inconnue
9. LEZOFF Mantizo		Inconnue	Russe Libre	453	Bon	Inconnue
10. LOTOW Nikolaus		Inconnue	33° Corps A. Div.	454	Bon	Inconnue
11. GMAPKOL Miscoe		Inconnue	Armée Russe	455	Bon	Inconnue
12. KOSCIORA Kovssiew	R.A.P.M.	Inconnue	Armée Russe	456	Bon	Inconnue
13. PROTOPOPOV Sergy	R.A.P.M.	Inconnue	Armée Russe	457	Bon	Inconnue
14. MITRAFANOVICH Nicholas		Inconnue	Civil Russe	458	Bon	Inconnue
15. SERGENKO Katia		Inconnue	Of Soviet Femme civile	459	Bon	Inconnue
16. KOUVRETZOWW Victor	Sergent	27/9/44	Russe F.F.I.	460	Bon	Inconnue
17. AFAGONOV Alescandre		27/9/44	Russe F.F.I.	461	Bon	Inconnue
18. KOSTIN — WAN		28/9/44	2° Bat. de Franche comté	462	Bon	Inconnue
19. LAZAREY — NASH		27/9/44	Russe F.F.I.	463	Bon	Inconnue
20. MARTENKO Fédor		10/9/44	2° Bat. Ukrainien	464	Bon	Inconnue
21. MATVLIN Osif		12/9/44	2° Bat. Ukrainien	465	Bon	Inconnue
22. JUREVITH Alescandre		10/9/44	2° Bat. Ukrainien	466	Bon	Inconnue
23. PCHERNOFF Roaron		26/9/44	Ukrainien F.F.I.	467	Bon	Inconnue
24. MITROKIN Volzirin		26/9/44	Ukrainien F.F.I.	468	Bon	Inconnue
25. KAPITANOFF Alescandre		29/9/44	F.F.I.	469	Bon	Inconnue
26. INCONNU		39/45		470	Bon	Inconnue

27. INCONNU	39/45	471	Bon	Inconnue
28. OIEINIK (8745)	2/10/42	472	Bon	P.G. Russe
29. SSOSLEWCR (15 516)	2/1/43	473	Bon	P.G. Russe
30. NETSCHASEW (8746)	9/12/43	474	Bon	P.G. Russe
31. SCIWOSCHOW (43121)	2/1/43	475	Bon	P.G. Russe
32. BARINOW Constantin	26/9/44	476	Bon	P.G. Russe
33. STAPANSAN (6988)	21/11/42	477	Bon	P.G. Russe
34. PFOIROTN (12742)	22/12/42	478	Bon	P.G. Russe
35. CECHNIENM (9077)	6/1/43	479	Bon	P.G. Russe
36. SOIWEIOW (1779)	1/12/42	480	Bon	P.G. Russe
37. SWITCHEAR Irigori	30/7/44	481	Bon	Inconnue

CHALONS S/MARNE, le 19 FEVRIER 1969
Le chef de secteur d'Etat-civil
militaire de la Marne et des Ardennes

Notes

1. Le camp modèle de Beauregard

1. Témoignage personnel d'Ivan Kolesnik recueilli par l'auteur (1992/1996).
2. Copie d'une lettre en date du 5 août 1992 transmise, traduite, par l'ambassade de France à Moscou.
3. Copie de l'acte de décès n° 27 (année 1945) enregistré à la mairie de La Celle-Saint-Cloud. Le nom exact du déclarant a été masqué par nous, auteur et éditeur.
4. Lettre d'Alexis Borodatchev à Ivan Kolesnik en date du 9 avril 1996 pour le remercier des renseignements fournis.
5. Publiés sous le titre (anglais) *The Waif*, New York, Pantheon Books, 1955.
6. Lettre à Ivan Kolesnik en date du 7 janvier 1991.
7. *Le Monde* daté du 5 novembre 1946, article signé : A. Brisson.
8. Note dactylographiée du commandant Victor Gardon accompagnant la lettre d'un de ses anciens soldats du « 1er régiment soviétique de partisans en France », novembre 1956.
9. Jean Laloy : « A Moscou : entre Staline et de Gaulle / Décembre 1944 » in *Revue des Etudes slaves*, Paris, 1982 (LIV / 1-2, pp. 137 à 152).
10. *The Waif*, *op. cit.*
11. Archives du ministère des Affaires étrangères, série Z / Europe, URSS, carton 473, dossier 3, volume 65, folio 1.

Sauf exception, nous présenterons ces références sous forme abrégée : MAE Z/473.3/vol. 65 f° 1.

2. Naissance d'un goulag en France

1. Cité par Nicholas Bethell : *Le Dernier Secret*, Paris, Seuil, 1975, pp. 48/49.
2. Texte communiqué à M. Coulet (Quai d'Orsay) par l'ambassade britannique à Paris dès le 27 février 1945. MAE Z/473.3/vol. 66 ff° 136, 137, 138.
3. MAE Z/473.3/vol. 65 f° 61.
4. Le terme est fréquemment employé à l'époque par les maquisards et, plus tard, par l'administration des ACVG. Cf. annexe, p. 323 et 324.

5. Achille Guillermet : *Les Oubliés*, mémoire dactylographié communiqué à l'auteur.
6. MAE Z/473.3/vol. 65 f° 6.
7. MAE Z/473.3/vol. 65 ff° 20, 21.
8. MAE Z/473.3/vol. 65 f° 17 (26/09/1944).
9. MAE Z/473.3/vol. 65 ff° 24, 25.
10. MAE Z/473.3/vol. 65 ff° 14, 15.
11. MAE Z/473.3/vol. 65 ff° 33, 34, 35 (« copie pour information »).
12. MAE Z/473.3/vol. 65 ff° 27, 28, 29.
13. MAE Z/473.3/vol. 65 f° 48.
14. MAE Z/473.3/vol. 65 f° 46.
15. *Ibid.*
16. MAE Z/473.3/vol. 65 f° 77.
17. MAE Z/473.3/vol. 65 f° 86.
18. MAE Z/473.3/vol. 65 ff° 54 à 58.
19. MAE Z/473.3/vol. 65 ff° 146 à 148.
20. MAE Z/473.3/vol. 65 ff° 149 à 152.

3. La part de Staline

1. Charles de Gaulle : *Mémoires de guerre*, t. III, *Le Salut*, Paris, Plon, 1959, p. 657.
2. Cité par Boris Souvarine : *Staline, aperçu historique du bolchevisme*, « Arrière-propos », Paris, Champ libre, 1977.
3. Henri Barbusse : *Staline*, Paris, Flammarion, 1934.
4. Boris Soùvarine, *op. cit.*
5. Cette citation constitue le second point de l'argumentaire du général Juin. MAE Z/473.3/vol. 65 ff° 27, 28, 29 (original signé : « A. Juin »).
6. Télégramme du Foreign Office à l'ambassade britannique à Washington (FO 371 47907) cité par Nicholas Bethell, *op. cit.*, p. 243.
7. Adam B. Ulam : *Staline*, t. II, *Le Pouvoir*, Paris, Gallimard/Calmann-Lévy, 1977, p.137.
8. Alexandre Soljenitsyne : *L'Archipel du Goulag*, tome I, chapitre 2 : « Histoire de nos canalisations », Paris, le Seuil, p. 69.
9. Article republié dans le numéro du *Monde* daté du 5 juillet 1996, rubrique : « Il y a cinquante ans dans *Le Monde* ».
10. Alexander Werth : *La Russie en guerre*, t. I., Paris, Stock, 1965, p. 416.
11. Adam B. Ulam, *op. cit.*, p. 185.
12. Soljenitsyne, *op. cit.*, p. 67.
13. *Ibid.*, p. 64.
14. Jerzy W. Borejsza : article « Katyn », in *1938-1948, les années de tourmente, de Munich à Prague. Dictionnaire critique*, Paris, Flammarion, 1995, sous la direction de Jean-Pierre Azéma et François Bédarida.
15. Charles de Gaulle, *op. cit.*, p. 665.

4. La France applique les accords avant la lettre

1. Service historique de l'armée de Terre (SHAT), série P.
2. SHAT, série P.
3. MAE Z/473.3/vol. 68 ff° 132 à 137.
4. SHAT, série P.
5. MAE Z/473.3/vol. 65 ff° 36 à 39.
6. SHAT, série P.
7. SHAT, série P.
8. SHAT, série P.
9. MAE Z/473.3/vol. 65 f° 105.
10. SHAT, série P.
11. Archives de Seine-et-Oise, Versailles, dossier 300 W 84.
12. *Ibid.*
13. *Ibid.*
14. *Ibid.*
15. *Ibid.*
16. *Ibid.*
17. *Ibid.*
18. Service historique de l'armée de l'air (SHAA).
19. Sur le COA, voir les quelques paragraphes que lui consacrent, dans le chapitre sur Berliet, Renaud de Rochebrune et Jean-Pierre Hazera in *Les patrons sous l'occupation*, Paris, Odile Jacob, 1995.
20. Henri Noguères : *Histoire de la Résistance en France*, Paris, Robert Laffont, 1967-1981, t. II, p. 241.
21. Archives de Seine-et-Oise, Versailles, dossier 300 W 84.
22. *Ibid.*
23. *Ibid.*
24. *Ibid.*
25. Témoignage recueilli par l'auteur auprès de Mme Desmur.

5. Les hommes de Staline

1. MAE Z/457.4/ f° 8.
2. Nicolas Tolstoï (Nikolaï Tolstoy) : *Les Victimes de Yalta*, Paris, France-Empire, 1980.
3. MAE Z/457.4/ff° 9, 10.
4. MAE Z/457.4/f° 21.
5. MAE Z/473.3/vol. 67 ff° 14,15.
6. MAE Z/473.3/vol. 68 ff° 132 à 137.
7. Gaston Laroche (Boris Matline) : *Les immigrés dans la Résistance* (« On les nommait des étrangers »), Paris, Éditeurs français réunis, 1965.
8. MAE Z/473.3/vol. 65 f° 2.
9. MAE Z/473.3/vol. 65 f° 1.
10. MAE Z/473.3/vol. 65 f° 3.
11. MAE Z/473.3/vol. 65 ff° 4, 5.
12. Archives de la Bibliothèque de documentation internationale contemporaine (BDIC), Nanterre.

13. Archives personnelles de l'auteur.
14. Mémoire communiqué à l'auteur.
15. MAE Z/473.3/vol. 68 ff° 77 à 83.
16. *Ibid.*
17. Archives de Seine-et-Oise, Versailles, dossier 300 W 84.
18. MAE Z/473.3/vol. 65 ff° 27, 28, 29.
19. MAE Z/473.3/vol. 65 ff° 30, 31.
20. Archives de Seine-et-Oise, Versailles, dossier 300 W 84.
21. SHAA.

6. Les règles du jeu sont fixées en fin de partie

1. Témoignage personnel recueilli par l'auteur.
2. *La Deuxième Guerre mondiale*, t. III, Paris, Tallandier, 1967, p. 839.
3. Marie-Joseph Bopp, in *Le Journal de la France*, Paris, Tallandier, 1972, p. 1620.
4. MAE Z/473.3/vol. 66 ff° 83, 84.
5. Nicholas Bethell, *op. cit.*
6. MAE Z/473.3/vol. 66 ff° 102, 103, 104.
7. MAE Z/473.3/vol. 65.
8. MAE Z/473.3/vol. 67 f° 103.
9. MAE Z/473.3/vol. 65 f° 168.
10. MAE Z/473.3/vol. 66 ff° 32 à 36.
11. MAE Z/473.3/vol. 66 ff° 83, 84.
12. Paris, Hachette, 1952.
13. MAE Z/473.3/vol. 67 ff° 137, 138, 139.
14. MAE Z/473.3/vol. 68 f° 81.
15. MAE Z/473.3/vol. 68 f° 82.
16. MAE Z/473.3/vol. 68 ff° 82, 83.
17. MAE Z/473.3/vol. 68 ff° 132 à 137.
18. MAE Z/473.3/vol. 68 f° 83.

7. D'où viennent-ils et combien sont-ils ?

1. L'anecdote est rapportée par Nicolas Tolstoï, *op. cit.*
2. Wilfried Strik-Strikfeldt : *Contre Staline et Hitler*, Paris, Presses de la Cité, 1948. Serge Fröhlich : *General Wlassow*, Cologne, Markus Verlag, 1987.
3. *Ibid.*
4. Wolodymyr Kosyk : *L'Allemagne nationale-socialiste et l'Ukraine*, Paris, Publications de l'Est européen, 1986.
5. SHAT, série P.
6. SHAT, série P.
7. Wilfried Strik-Strikfeldt, *op. cit.*
8. SHAT, série P.
9. SHAT, traduction par le commandant Even.
10. Précisions apportées en conclusion du livre de Strik-Strikfeldt, *op. cit.*
11. Cf. l'article de Maurice Role : « La stratégie navale japonaise dans

l'océan Indien au printemps 1942 », in *Guerres mondiales et conflits contemporains*, n° 159, PUF.

12. Hans Wegmüller : *Die Abwehr der Invasion*, Fribourg, 1979.

13. *Ibid.*

14. Georg Tessin : *Verbände und truppen der deutschen Wehrmacht und Waffen SS, 1939-1945*, Osnabrück, 1977. Enumération, en treize volumes, des unités allemandes de la Deuxième Guerre mondiale.

8. Des mercenaires peu fiables

1. Gaston Laroche (Boris Matline), *op. cit.*
2. Nicolas Tolstoï, *op. cit.*, chap. 2 et 3.
3. Major L.H. Manderstam : *From the Read Army to SOE*, Imber & C°, 1985 (BDIC, cote : 0156018).
4. Nicolas Tolstoï, *op. cit.*, p. 50, 51.
5. Achille Guillermet (« l'Amiral ») : *Les Oubliés*, manuscrit confié à l'auteur. Une partie du texte a été publiée in *Résistance FFI, Doubs, Jura-Nord et Territoire de Belfort*, n°17, 1991.
6. Wilfried Strik-Strikfeldt, *op. cit.*
7. Louis Lemoigne : *L'Armée secrète en Haute-Corrèze*, Chambreuil, s.d.
8. SHAT, série P.
9. Gilles Levy et Francis Cordet : *À nous, l'Auvergne !*, Paris, Presses de la Cité, 1981.
10. Extrait du KTB du groupe d'armées « G ». SHAT, traduction du commandant Even.
11. David Wingeate Pike : « La retraite des forces allemandes dans le sud-ouest de la France », in *Guerres mondiales et conflits contemporains*, n° 164, 1991, PUF.
12. Général Pierre Bertin : *Résistance en Haute-Saône*, Langres, Dominique Gueniot, 1990.
13. André Besson : *Les Maquis de Franche-Comté*, Paris, France-Empire, 1978.
14. Commandant Pierre, FFI/FTPF, BDIC Nanterre (réf. Delta 49, Rés. R5/20).
15. Raymond Fournier : *Terre de combat*, Rodez, Maury, 1972.
16. Arthur Layton Funk : *Hidden Ally*, New York, Londres, Greenwood Press, 1992.

9. Les « Vlassov », mythe et réalité

1. Serge Fröhlich, *op. cit.*
2. Commandant X : *La formation des unités de l'Est (Osttruppen) par le Haut Commandement allemand en 1942-1945*, préface du général Guillaume, Ecole de Guerre, 1952 (SHAT F 210/8).
3. Strik-Strikfeldt, *op. cit.*
4. *Signal*, 1943, n° 24, et 1944, n° 16.
5. Strik-Strikfeldt, *op. cit.*

6. Jurgen Thorwald : *L'Illusion*, Paris, Albin Michel, 1975 (en allemand, *Die Illusion*, 1974).
7. Synthèse de témoignages sur la capture de Vlassov proposée par Nicolas Tolstoï, *op. cit.*
8. Joachim Hoffmann : *Die Geschichte der Wlassow Armee*, Fribourg, Rombach Verlag, 1986.
9. Strik-Strikfeldt, *op. cit.*

10. Waffen SS, Cosaques et Géorgiens

1. Philippe Masson : « Qui étaient les SS ? », in *La Deuxième Guerre mondiale*, Tallandier, 1967, vol. II.
2. Gaïto Gazdanov : *Je m'engage à défendre...*, traduit du russe, Paris, Défense de la France, 1946.
3. KTB de la XIXe Armée allemande, SHAT (microfilms : « Military Studies »).
4. Lettre du général Béthouart au général de Vernejoul en date du 16 janvier 1966. Archives François et Roger de Vernejoul communiquées à l'auteur.
5. Général Jean de Lattre de Tassigny : *Histoire de la Ire armée française*, Paris, Plon, 1949-1956.
6. SHAT.
7. SHAT.
8. Henri Amouroux, de l'Institut : *La Grande Histoire des Français sous l'Occupation*, Paris, Robert Laffont, dix vol.
9. Général Marcel Bigeard : *Pour une parcelle de gloire*, Paris, Plon, 1975.
10. Cité par le commandant Henri Leuzinger, de l'armée helvétique. Inédit : *Étude sur la libération du Jundgau.*
11. Général Jean de Lattre de Tassigny, *op. cit.*
12. SHAT.
13. Jean Vartier : *Histoire secrète de l'occupation en zone interdite*, 1972, Paris, Hachette.
14. Claude Paillat : *Dossiers secrets de la France contemporaine*, Paris, Robert Laffont, vol. 8 : « Le monde sans la France ».
15. Archives rassemblées par le colonel Robert Dutriez, de l'académie de Besançon, et communiquées à l'auteur.
16. Monique Bobillier et Albert Dhote : *Résistance, Libération, Pontarlier, Haut-Doubs*, Lons-le-Saunier, Masque-Maillard, 1984.
17. *Ibid.*
18. *Ibid.*
19. André Chamson : *La Reconquête*, Paris, Plon, 1975.
20. *Ibid.*
21. Jeffray Clarke : *Riviera to Rhine*, Washington, Center of Military History, 1993.
22. Georg Tessin, *op. cit.*
23. SHAT, 10 P 92 (BCRA).
24. Témoignage recueilli par l'auteur (1994/1996).
25. *Ibid.*
26. *Ibid.*

11. Histoire d'Igor B. et des Russes « blancs »

1. Témoignage personnel recueilli par l'auteur (1992/1996).
2. Yves Courrière : *Pierre Lazareff*, Paris, Gallimard, 1995. David Nicolas Lazareff, père de Pierre, s'installe dans le quartier parisien du faubourg Montmartre.
3. Nina Berberova (1901-1993), russe naturalisée américaine, écrivain. Connaît un succès tardif en France dans sa peinture des milieux de l'émigration.
4. Joseph Kessel (1898-1979), écrivain français né en Argentine mais d'ascendance russe. Sa famille est chassée de Russie par les pogromes de la fin du XIXe siècle.
5. MAE Z/ Y international/vol. 124 ff° 32 à 39.
6. Catherine Andreïev : *Vlassov and the Russian Liberation Movement*, Cambridge University Press, 1982.
7. *Histoire du PC (b) de l'URSS*, « Précis rédigé par une commission du CC du PC (b) de l'URSS, approuvé par le CC du PC (b) de l'URSS, 1938 ». Moscou, Editions en langues étrangères.
8. Max Raeff : *Russia Abroad*, New York, Oxford, Oxford Press. L'odyssée de la Russie « blanche » et, notamment, la guerre civile et l'exil.
9. Raymond de Ponfilly : *Guide des Russes en France*, Paris, Pierre Horay, 1990.
10. Pierre Kovaleski : *La Russie de l'étranger*, Paris, Librairie des Cinq Continents, Paris, 1972, 2 vol.
11. Nina Berberova : *Chronique de Billancourt*, Arles, Actes Sud, 1985.
12. MAE Z/475. 3/vol. 74 ff° 1 à 6.
13. *Der Erlkönig*, poème de Goethe. Titre d'un roman de Michel Tournier, Gallimard, 1970.
14. MAE Z/475. 3/vol. 74.
15. MAE Z/475. 3/vol. 75.
16. Nina Berberova : *C'est moi qui souligne*, Paris, J'ai lu, 1992.
17. *Ibid.*
18. Serge Fröhlich, *op. cit.* Joachim Hoffmann, *op. cit.*
19. Serge Fröhlich, *op. cit.*
20. *Ibid.*
21. *Ibid.*
22. *Bulletin d'information des groupes de liaisons internationales*, n°4, mars 1950 : « Le général de Gaulle livrait des DP à Staline ! ».
23. Nina Berberova : *C'est moi qui souligne*, *op. cit.*
24. Témoignage personnel recueilli par l'auteur.

12. Le cas des Ukrainiens

1. Wolodymyr Kosyk : « Les Ukrainiens dans la Résistance française », in *L'Est européen*, n° 207.
2. Fabrizio Calvi : *OSS, la guerre secrète en France*, Paris, Hachette, 1990.
3. Archives du colonel Robert Dutriez, de l'académie de Besançon.
4. Fabrizio Calvi, *op. cit.*
5. *Ibid.*

6. Compte rendu communiqué au colonel Dutriez (1982).
7. Témoignage recueilli par l'auteur (1992/1995).
8. La brigade Siegling avait pour origine une milice d'autodéfense (*Schutzmannschaft* alias *Schuma*, en abrégé) composée d'Ukrainiens, de Biélorusses et de Ruthènes.
9. Wolodymyr Kosyk : *L'Allemagne nationale-socialiste et l'Ukraine*, *op. cit.*
10. Témoignage écrit reçu par l'auteur en 1993.
11. Achille Guillermet, *op. cit.*
12. *Ibid.*
13. MAE Z/473. 3/vol. 68 ff° 77 à 83.
14. MAE Z/473. 3/vol. 68 f° 150.
15. MAE Z/473. 3/vol. 68 f° 80.
16. *Ibid.*
17. *Ibid.*
18. *Paris-Matin*, 10 mars 1946.
19. MAE Z/466. 2/vol. 94 f° 103.
20. MAE Z/473. 3/vol. 67 f° 269.
21. MAE Z/473. 3/vol. 67 f° 671.
22. MAE Z/ (URSS 1940-1949) /vol. 94 ff° 218 à 250.
23. *Ibid.*
24. *Ibid.*
25. *Ibid.*
26. *Ibid.*
27. Le capitaine de Condé était chargé de négocier, avec les Britanniques, le retour à l'armée française d'un lot de voiture parquées à Rimini.
28. L'expression est du maréchal de Lattre de Tassigny. Cf. Robert Paxton : *The French Officers Corps under Marshall Pétain*, Princeton University Press, 1966 (aucune traduction à ce jour).

13. Sapeur d'Ukraine et Tatar letton

1. David Wingeate Pike, *op. cit.*
2. Une médaille « en bronze », créée en 1942, récompensait les « actes de bravoure » des *Ostvölker*.
3. Cf. « Recueil de documents relatifs à l'action des FFI pour la libération du territoire et aux opérations de guérilla menées en liaison avec le corps expéditionnaire des armées alliées en 1944. [...] 2. — Rapport sur les opérations de la mission Verveine par le lieutenant-colonel Jrh Hutchinson », BDIC, cote Rés. 4° Lh4 4741 (2).
4. SHAT.
5. Gregori Ritvas : *Grégoire*, traduit du yiddish, Paris, Cino Del Duca, 1972.
6. Gilles Levy et Francis Cordet, *op. cit.*

14. Sur l'autre rive

1. Raymond Fournier, *op. cit.*
2. Diana et Robert Favre : *Sept du Tarn. Les lieux de mémoire de la Seconde Guerre mondiale*, 1984.
3. Henri Amouroux, de l'Institut, *op. cit.*
4. Edmond Christinet : mémoire dactylographié communiqué à l'auteur.
5. Archives de l'auteur. A noter que le site de la forêt d'Elzange recèle soixante-dix-huit corps d'Ukrainiennes inhumées par l'armée américaine.
6. Gaïto Gazdanov, *op. cit.*
7. SHAT, série P.
8. Gaïto Gazdanov, *op. cit.*
9. *Ibid.*
10. Nina Berberova : *C'est moi qui souligne*, *op. cit.*
11. Par exemple celle du général I.B. Parotkin, éditée à Moscou en 1972, où est évoqué le maquis « soviétique » de la forêt de Chaux, dans le Jura.

15. Le retour d'Ivan

1. Note dactylographiée du commandant Gardon (déjà citée chap. 1, note 8).
2. Document joint à la note du commandant Gardon.
3. SHAT, série P (7 P 152). Les rapports de gendarmerie de 1944-1945 décrivent la transformation des bataillons FFI en unités régulières. De Lattre utilise, à propos de sa Ire armée, le vocabulaire révolutionnaire de l'An II : « amalgame ».
4. SHAT, série P (7 P 191 à 194).
5. Témoignage d'Achille Guillermet à l'auteur.
6. In *Résistance, Doubs, Jura-Nord et Territoire de Belfort*, *op. cit.*
7. *Bulletin...*, n° 4, *op. cit.* Cette publication éphémère compta, parmi ses rédacteurs, l'écrivain Albert Camus.
8. Nicolas Voïnov : *The Waif*, *op. cit.*
9. Ministère des ACVG.
10. Entretien avec l'auteur (1992).
11. MAE Z/473.3/vol.68 f° 150.
12. MAE Z/473.3/vol.68 f° 167.
13. SHAT, 10 H.
14. *Ibid.*
15. MAE Z/473.3/vol. 68 f° 77.
16. MAE Z/473.3/vol. 68 f° 304.

16. Changement de cap

1. MAE Z/473.3/vol. 68 ff° 132 à 137.
2. MAE Z/473.3/vol. 68 f° 32.
3. MAE Z/473.3/vol. 68 f° 19.
4. Nicolas Tolstoï (Nikolaï Tolstoy), *op. cit.*
5. Cité par Nicolas Tolstoï, *op. cit.*, p. 291.
6. MAE Z/473.3/vol. 68.

7. MAE Z/473.3/vol. 68 f° 192.
8. MAE Z/473.3/vol. 67 ff° 307, 308, 309.
9. MAE Z/473.3/vol. 68 ff° 187 à 218 (sur toute la série d'incidents).
10. MAE Z/473.3/vol. 68 f° 245.
11. MAE Z/473.3/vol. 68 ff° 194 à 197.
12. Roger Wybot, *La Bataille de la DST*, Paris, Presses de la Cité, 1975.
13. ANF F9 3833.
14. État nominatif des ressortissants soviétiques ayant transité par le camp de Beauregard du 1er janvier 1948 au 7 janvier 1951 :
— 1948 : 51 rapatriés, 18 hébergés ;
— 1949 : 31 rapatriés, 4 hébergés ;
— 1950 : 18 rapatriés, 2 hébergés ;
— 1951 : 3 rapatriés, 2 hébergés.
15. MAE Z/473.3/vol. 68 ff° 274, 275, 276.
16. MAE Z/473.3/vol. 68 f° 310.

17. Le modèle suisse

1. SHAT (7 P 154). Reproduction d'un rapport (compte rendu de renseignement n° 122) daté du 16 septembre 1944. Objet : « Internés allemands en Suisse ». Le rapport de l'armée helvétique précise : « Orientierende Kurzeinvenahme der 400 Offz & Sdt nach Gz-Uebertritt und internierung am 4/9/44 in Le Brassus ».
2. Rapport publié à la suite de la XVIIe conférence internationale de la Croix-Rouge à Stockholm.
3. *Revue internationale du CICR*, n° 332, août 1946.
4. Monique Bobillier et Albert Dhote, *op. cit.*
5. Colonel Daniel Reichel : « L'internement et le rapatriement des militaires soviétiques réfugiés en Suisse pendant la Seconde Guerre mondiale », in document communiqué par le colonel Dutriez.
6. Colonel Flückiger : « Boricht über die Verandlungen zwischen der russischen und der schweizerischen Militärmission in Bern ». Rapport sur la négociation entreprise par la délégation suisse qu'il a dirigée face à la délégation soviétique du major-général Vikharev, du 26 juillet au 29 décembre 1945 (BAR 14525). Déposé aux Archives fédérales, Berne.

18. Au pied des stèles

1. Bulletin municipal de Vercel (Doubs).

Pour son récit, le maire de Vercel s'appuie sur « le livre de G. Jacquet : *Le perroquet n'est pas monté à l'échelle* ».

2. André Badot, historien du Valdahon, a enquêté et donné un récit exhaustif des actions du bataillon ukrainien et des circonstances de l'inhumation des morts dans son ouvrage : *Le pays qu'on enchaîne et les chaînes qu'on abat*, Langres, Dominique Guéniot, 1994.
3. SHAT, série P.
4. *Le Républicain lorrain*, numéro daté du 3 février 1993.
5. Archives personnelles de Wolodymyr Kosyk.

6. *Ibid.*
7. Mémoire dactylographié communiqué par la mairie de Boulay (Moselle).
8. *Ibid.*
9. Enquête et rapport de l'auteur pour les ACVG.
10. Ministère des ACVG.
11. Archives personnelles d'Ivan Sligouk communiquées à l'auteur.
12. Nina Berberova, *C'est moi qui souligne*, *op. cit.*
13. Ministère des ACVG.
14. Henri Amouroux : *La Grande Histoire des Français sous l'Occupation*, *op. cit.*, vol. IX, « Les règlements de comptes ».

Remerciements

Je suis tout particulièrement redevable au colonel Robert Dutriez, de l'académie de Besançon, à l'intendant-général Paul Rigoulot et au professeur Wolodymyr Kosyk, président de l'Association des Ukrainiens de France, sans qui ce livre n'aurait jamais vu le jour.

Mes remerciements vont tout d'abord aux témoins de cette époque dont je tiens des récits de première main : Ivan Kolesnik, Igor Brackhausen, Zedon Strauwir, Constantin Maschlikoff, Achille Guillermet, Edmond Christinet, Hanns Biering, Ivan Sligouk, Marina Donkov, Mme Liba Ritvas, Basile et Michel Pequelgny, Guy Xoual... Leurs témoignages ont ouvert une piste historique nouvelle.

J'ai trouvé une aide précieuse auprès de nombreux émigrés de la seconde et de la troisième génération, notamment auprès de Mme Olga Girardet, du prince Obolenski et de M. Schmemann.

Les historiens Guy Pedroncini, Henri Amouroux, de l'Institut, Philippe Bourdrel, Henri-Christian Giraud, Mario Rossi, Marcel Spivak, Frank Gurley, Arthur Funk, David Wingeate Pike, Jacques Delarue, Nicolas Werth, Thierry Wolton, Stéphane Courtois et Gérard Guicheteau m'ont utilement conseillé et encouragé. Je les remercie de l'aide qu'ils m'ont apportée à un moment ou un autre de mon travail.

Ma reconnaissance va également au colonel Paul Zeller ainsi qu'au colonel Jacques Borie dont je salue les mémoires.

J'ai toujours reçu le meilleur accueil auprès de Jean-Claude Allain (directeur de la revue *Guerres mondiales et conflits contemporains*) et de René Girault (directeur de *Matériaux pour l'Histoire* et président de l'Association des amis de la BDIC à Nanterre).

Les responsables des centres d'archives qui suivent n'ont jamais manqué de me fournir toute l'aide qu'ils pouvaient : M. le colonel Bodinier, du Service historique de l'armée de terre, le Dr Detlef Vogel, du Militär Geschichtliches Forschungsamt (Fribourg-en-Brisgau), Hélène Kaplan, conservateur à la BDIC de Nanterre, Pierre Rigoulot, de l'Institut d'histoire sociale. Une fois encore, qu'ils me permettent de leur témoigner toute ma reconnaissance. Serge Barcellini, inspecteur général au ministère des Anciens Combattants et Victimes de guerre, m'a autorisé, en 1991, à une recension des tombes soviétiques en France. Je lui suis redevable de cette mission. Pierre Hervet, du même ministère des ACVG, a participé à l'établissement des plans et cartes.

Des amis n'ont pas ménagé leur compréhension et leurs efforts : Marc Dubost, le commandant Henri Leuzinger, Paul Lesouef, le commandant Mugnier-Pollet, Jean-Bernard Dupont-Melnyczenko, Martine Lemaitre, Geneviève Dreyfus, André Fauchon, Marcel Cordon, Léon Lesaulnier... et tant d'autres dont la modestie m'empêche d'outrepasser l'interdit qu'ils m'ont fait de les nommer.

Que tous soient ici vivement remerciés.

Table

Cet ouvrage a été réalisé par la
SOCIÉTÉ NOUVELLE FIRMIN-DIDOT
Mesnil-sur-l'Estrée
pour le compte des Éditions Albin Michel
en janvier 1997

Ouvrage composé par
Nord Compo (Villeneuve d'Ascq)

Imprimé en France
Dépôt légal : février 1997
N° d'édition : 16107 - N° d'impression : 37287